中国特种作物概论

◎ 许发辉　张　玉　主编

中国农业科学技术出版社

图书在版编目(CIP)数据

中国特种作物概论 / 许发辉，张玉主编. —北京：中国农业科学技术出版社，2020. 4

ISBN 978-7-5116-4605-7

Ⅰ. ①中… Ⅱ. ①许… ②张… Ⅲ. ①作物经济—产业发展—概论—中国 Ⅳ. ①F326.1

中国版本图书馆 CIP 数据核字（2020）第 023309 号

责任编辑 崔改泵 李 华
责任校对 李向荣

出 版 者 中国农业科学技术出版社
北京市中关村南大街12号 邮编:100081
电 话 (010)82109708(编辑室)(010)82109702(发行部)
(010)82109709(读者服务部)
传 真 (010)82106650
网 址 http: // www.castp.cn
经 销 者 各地新华书店
印 刷 者 北京建宏印刷有限公司
开 本 787mm×1 092mm 1/16
印 张 19.25
字 数 388千字
版 次 2020年4月第1版 2020年4月第1次印刷
定 价 85.00元

《中国特种作物概论》

编委会

主　　任： 杨礼胜

副 主 任： 汪学军　王元英　张忠锋

委　　员： 胡立勇　柯卫东　戴培刚　冯全福

石　屹　刘新民　孔凡玉　李义强

主　　编： 许发辉　张　玉

副 主 编： 闫　宁　杨爱国　张成省　董建新

编写人员（以姓氏笔画为序）：

方　松　刘国祥　闫　宁　许发辉

杜咏梅　杨爱国　宋文静　迟立鹏

张　玉　张成省　张兴伟　张洪博

孟　霖　荆常亮　徐宗昌　陶　健

董建新　戴培刚

Preface 前　言

习近平总书记在党的十九大报告中就“三农”工作提出很多新概念、新表述，首次提出实施乡村振兴战略，这是一项重大战略任务，是以习近平同志为核心的党中央对“三农”工作作出的新的战略部署，为我们进一步做好“三农”工作，加快推进科技创新、转型发展指明了前进方向。作为科研院所党员领导干部要全面学习党的十九大精神，要结合工作实际，学习领会习近平同志关于“三农”工作的重要论述，深入理解、系统把握其深刻内涵和精神实质。加强调查研究，坚持学以致用，系统谋划科技创新战略定位，找抓手、筑平台、建机制、出实招，研究提出具体办法和行动举措。

近年来，中国农业科学院烟草研究所以推进实施科技创新工程为抓手，以“一主体两拓展”发展定位为导向，积极开展烟草及特种作物基础和应用基础研究，在烟草学科领域聚焦凝练学科目标，在烟草功能成分与综合利用、特种作物种质与滩涂生物资源保护利用方面拓展科技支撑领域，在实践中紧紧围绕国家和产业的重大需求，强化创新引领，支撑服务“三农”工作。

2015年7月，专门成立了项目课题组，承担了农业部办公厅下达的“我国特种作物现状调查与发展趋势专题研究”任务。课题组通过多方资料搜集、查询整理，结合项目组研究进展，了解国内外特种作物种植和产业化发展情况。同时，项目组以东北、黄淮、西南、华中4个片区为单元，采取专题调研和交流研讨的方式，实地考察了解了特种作物产业发展在区域精准扶贫、生态环境保护、灾后恢复生产，以及“调结构转方式”供给侧改革中发挥的特有作用，凝练提出特种作物从种植、加工到产业化发展“特”在哪里，“立”在哪里，“位”在哪里的重要命题，撰写了《中国特种作物概论》，为农业、科技主管部门制定政策和编制规划提供参考和支撑。

本书在编写过程中得到了华中农业大学胡立勇教授、武汉市蔬菜科学研究所柯卫东研究员等相关专家，以及湖北省农业农村厅、重庆市农业农村委员会、四川省农业农村厅、湖南省农业农村厅、山东省农业农村厅等政府部门的大力支持，在此表示衷心的感谢！

编　者

2019年7月

Contents 目 录

1 绪论

1.1 特种作物定义与分类

1.1.1 特种作物定义

近年来，我国在农业转方式、调结构、促改革等方面进行积极探索，为进一步推进农业转型升级打下一定基础，但农产品供求结构失衡、要素配置不合理、资源环境压力大、农民收入持续增长乏力等问题仍很突出，必须深入推进农业供给侧结构性改革，加快培育农业农村发展新动能。国家“十三五”发展规划提出，要牢固树立和贯彻落实创新、协调、绿色、开放、共享的发展理念，以提高发展质量和效益为中心，以供给侧结构性改革为主线，优化特色农产品生产布局，加大扶贫攻坚力度，坚决打赢脱贫攻坚战。2017年中央1号文件确定主题是“农业供给侧结构调整和改革”，要求突出“优、绿、新”，推进“产品结构、生产方式、产业体系”三大调整，实现农业的全环节升级、全链条升值。因此，随着社会经济的发展、人类需求的多元化趋向，以及各类植物资源的不断开发利用，特种作物越来越受到关注，其产生的经济效益也越来越大。但从目前形势来看，我国特种作物产业发展存在诸多问题，亟须在资源保护、规模化种植、深度加工利用等方面统筹规划、合理布局，坚持“保护优先、利用为重”的原则，把特种作物作为国家的重要战略资源，纳入农业可持续发展规划布局中。

作物（Crop）的概念分为广义和狭义两种。广义的作物是指由野生植物经过人类不断的选择、驯化、利用、演化而来的具有经济价值的被人工栽培的植物。目前世界上被人们栽培的植物约1 500种，可分为农作物、园艺作物、林木3类。狭义的作物则指田间大面积栽培的农艺作物，即粮、棉、油、麻、桑、茶、糖、烟和饲料等作物，又称大田作物（Field crops）、农作物等，俗称庄稼。我国目前栽培的主要农作物有50～60种。

特种作物（Specialty crop）是随着农业生产的发展，在农作物概念基础上派生出来的、引发广泛关注并在特定区域种植的，具有特殊功效的农作物。随着我国居民生活水平的不断提高，对物质生活的需求也有了特殊要求。因此，为了满足国民生活需求和国家经济发展的需要，而在特定区域种植的，一些栽培面积较小、有特殊用途和经济价值的作物被称为特种作物。随着人类对食品、营养保健品、衣着原料、香精香料、医药卫生、化工原料、能源等多方面的特殊需求越来越多，对农作物特殊用途的开发利用越来越重视，使特种作物的概念不断得到完善。其中特种作物的含义可概括为4个方面。

（1）在国民经济以及人类消费中具有特殊用途的植物。产品品质独特，功能特殊，有某些特殊方面的营养价值和用途，开发出的产品有一定认知度；产业可延伸性强，经济开发价值高；现实市场竞争优势明显或具有潜在市场需求。

（2）在特殊的自然地理环境条件下才能生长的植物。原产地或区域具备最适宜的自然生态条件，能生产品质优良、质量独有的特色产品，能够形成特有的地域商标，来发展地区特种作物产业。特种作物的生长发育往往需要特定的土壤、气候和栽培条件，一些特种作物对栽培环境的选择性强，要求集中布局在自然条件适宜地区。根据不同作物的选择要求，又可将它们分为：选择性特别强、适应性弱型经济作物（如橡胶）；选择性强、适应性弱型经济作物（如甘蔗）；选择性较强、适应性较弱型经济作物（如彩色棉）；选择性一般、适应性较强型经济作物（如苎麻）；选择性不强、适应性强型经济作物（如红麻）。还有一些如绞股蓝、黄连等要求遮阴，西红花、罗汉果、西洋参等对气候、土壤要求严格，许多地方不宜种植。

（3）一般种植、加工的技术比较特殊。需要采用特定的栽培管理和加工手段，才能收获优质高产的最终产品。

（4）需求量相对较小，市场波动较大。大宗农产品是人们生活的必需品，用量大，人人每日必用。而特种作物相对用量小，渠道狭窄，一般具有特殊的消费群体，有特殊的消费渠道，消费群都不是很大。因此，这类特种作物市场容量小，社会需求有限，承受市场风险能力比较脆弱。

1.1.2 特种作物分类

1.1.2.1 按用途分类

特种粮食作物（Specialty food crops），如香稻、色稻；高赖氨酸玉米、高油玉米、甜玉米、爆裂玉米、玉米笋等；高蛋白小麦等。

特种纤维作物（Specialty fiber crops），包括木棉、龙须草、席草、芦苇、芦荻等。

特种油料作物（Specialty oil crops），包括红花、苏子、油茶、花椒、核桃、油橄榄、棕榈（油棕）、椰子、油桐、乌桕等。

特种蔬菜浆果（Specialty vegetable crops），如芦笋、山药、荸荠、草莓等。

特种糖料作物（Specialty sugar crops），如甜叶菊、甜茶、罗汉果等。

香料作物（Spice crops），可分食品（Food substance）香料和精油工业（Essential oil industry）香料。食品香料可分为，香味料（Flavor）如芹菜、芫荽、葱、茴香、桂皮等；辛香料（Spice）如姜、胡椒、辣椒等。精油工业香料即香精香料，如薄荷、留兰香、香茅、玫瑰、玉兰等。

色素作物（Pigment crops），如红花、藏红花、苏丹草、黑麦草、姜黄、玫瑰茄等。

药用作物（Medicinal crops），主要有三七、天麻、人参、黄姜、黄连、贝母、枸杞、白术、白芍、甘草、半夏、红花、百合、何首乌、穿心莲、五味子、茯苓、灵芝等。其中，具有保健作用的作物近年来发展较快，如绞股蓝、枸杞、金银花、杜仲、薏苡、魔芋、山药等。

能源作物（Energy sources crops），如甘蔗（能源型品种）、甜高粱、木薯、黄连木、麻疯树、光皮树、文冠果、油桐、乌桕、石栗树等。

植物胶作物（Vegetable gelatin crops），如葫芦巴、田菁、野皂荚、塔拉（*Caesalpinia spinosa*）等。

1.1.2.2 按植物学系统分类

瑞典学者林奈是这一分类系统的奠基者，该系统经后人增补更加完善。它以种为基本单位，相近的种归成一属，相近的属归成一个科，依次类推，归成目、纲、门、界，反映了生物界的自然谱系。如水稻属于植物界，种子植物门，单子叶植物纲，禾本目，禾本科，稻属。这一分类和命名系统能反映出物种间的亲缘关系。我国主要特种粮食及糖料作物见表1-1。

表1-1 我国主要特种粮食及糖料作物中文名、学名、英文名对照

科	中文名	学名	英文名
禾本科 Gramineae	稻	*Oryza sativa* L.	Rice
	黑麦	*Secale cereale* L.	Rye
	燕麦	*Avena sativa* L.	Oat
	玉米	*Zea mays* L.	Maize
	高粱	*Sorghum bicolor*（L.）Moench	Sorghum
	栗	*Castanea mollissima* BL.	Chestnut
	薏苡	*Coix lacryma-jobi* L.	Job's-tears
	甘蔗	*Saccharum officinarum* L.	Sugarcane
蓼科 Polygonaceae	荞麦	*Fagopyrum esculentum* Moench.	Buck wheat
豆科 Leguminosae	蚕豆	*Vicia faba* L.	Broad bean
	豌豆	*Pisum sativum* L.	Garden pea
	绿豆	*Phaseolus aureus* L.	Mung bean
	小豆	*Phaseolus angularis* Wight	Adzuki bean
薯蓣科 Dioscoreaceae	山药	*Dioscorea batatas* Decne	Chinese yam
大戟科 Euphorbiaceae	木薯	*Manihot utilissima* Pohl.	Cassava

（续表）

科	中文名	学名	英文名
藜科 Chenopodiaceae	甜菜	*Beta vulgaris* L.var.*saccharifera* Alef.	Sugar beet
菊科 Compositae	甜叶菊	*Stevia rebaudina* Bertoni	Stevia

1.1.2.3 按照生物学特性进行分类

从目前定义来看，特种作物所涉及的作物种类远远多于大田作物，对光、温、水等环境条件反应类型更加多元化。

（1）按感温特性分类。

喜寒作物：只能生长在雪线以上高寒地区的作物，如雪莲。

耐寒作物：生长发育最低温度为1～3℃，能耐−2～−1℃低温，短期可忍耐−10～−5℃低温，同化作用最旺盛温度15～20℃，如小麦、大麦、油菜、蚕豆、马铃薯等。

耐热作物：同化作用最适温度多在30℃左右，个别在40℃下正常生长，如丝瓜、冬瓜、南瓜、罗汉果、高粱、花生、甘蔗等。

喜温作物：生长发育最低温度为10℃左右，同化作用最旺盛温度为20～30℃，花期遇低于10～15℃低温则授粉不良或落花落果，如棉花、水稻、玉米、大麻等。

（2）按光反应特性分类。

①根据作物对光照强度的要求不同分类，可分为阳地作物、阴地作物、耐阴作物三大类。

阳地作物：在强光环境中才能生育健壮，在荫蔽和弱光条件下生长发育不良的植物，如大多数大田作物。

阴地作物：在较弱的光照条件下要比在强光下生长得好的作物。但光线太弱以致达不到阴地作物的光补偿点时，也不能正常生长，如人参、三七、半夏等。

耐阴作物：介于以上两类之间的作物。这类植物对光照强度具有较广泛的适应能力，但在全日照下生长最好，如麦冬、玉竹、党参等。

②根据作物对光照时间长短的要求不同分类，可分为长日照作物、短日照作物、中性作物和定日作物。

长日照作物：在长日长于临界日长条件下开花或促进开花的作物，如麦类作物、蚕豆、甜菜等。

短日照作物：日长等于或短于临界日长条件下开花或促进开花的作物，如特种稻、特种玉米、特色棉、芝麻等。

中性作物：开花与日长没有关系的作物，如荞麦、豌豆等。

定日作物：此类作物要求有一定时间的日长才能完成其生育周期，如甘蔗的某些品种只有在12.75小时的日长条件下才能开花，长于或短于这个日长的都不开花。

（3）按CO_2同化途径分类。

按作物对CO_2的同化途径可分为C_3作物、C_4作物和CAM（景天酸代谢）作物。

C_3作物：光合作用最先形成的中间产物是带3个碳原子的磷酸甘油酸，其光合作用的CO_2补偿点高，有较强的光呼吸，如水稻、麦类、棉花等。

C_4作物：光合作用最先形成的中间产物是带4个碳原子的草酰乙酸等双羧酸，其光合作用的CO_2补偿点低，光呼吸作用也低，在强光高温下光合作用能力比C_3作物高，如玉米、高粱、甘蔗等。

CAM作物：CAM植物的含义是细胞采用“景天科酸代谢途径（简称CAM）”的多肉植物，因为它们生长环境极为缺水干旱，在酷热难耐的白昼，这类植物的气孔处于关闭状态，把呼吸作用产生的CO_2保存在植物体内叶肉细胞的有机酸中，当有光照的时候，这些有机酸在维管束鞘细胞中分解释放CO_2供光合作用使用，不发生或者极少发生气体交换；而在稍微凉爽的夜晚，它们打开气孔，进行光合作用和呼吸作用的气体交换，并且表现出释放的氧气多于呼吸作用产生的CO_2气体。此类作物很少，除凤梨科外，仅有龙舌兰、菠萝蜜等少数纤维作物，以及百合、芦荟等。

特种作物的分类尚未形成统一的规范，在上述分类中，实际上也包含有部分特用作物种类在其中。特种作物与大田作物的界限并不十分严格，确切地说特种作物只是一个相对的概念。随着生产的发展和科学技术的进步，人类对野生植物的利用不断增强，预计会有更多的野生植物进入到栽培作物的行列中来，特种作物的种类与品种会越来越丰富。

1.2 发展特种作物的意义

2015年12月24—25日，中央农村工作会议强调，要着力加强农业供给侧结构性改革，提高农业供给体系质量和效率，使农产品供给数量充足、品种和质量契合消费者需要，真正形成结构合理、保障有力的农产品有效供给。“农业供给侧结构性改革”这一新鲜表述首次进入公众视野。2017年中央1号文件提出深入推进农业供给侧结构性改革，把体制改革和机制创新作为农业供给侧结构性改革的根本途径，优化产品产业结构和农业区域布局，做大做强优势特色产业。因此，发展具有区域优势，满足市场需求的特种作物的生产，大力开发其产品，是农业发展新阶段的重要任务之一，未来，特种作物将在我国农业农村经济新一轮的战略性结构调整和供给侧改革中展现出越来越重要的作用。

1.2.1 我国对于特种作物的发展规划

进入21世纪以来，特种作物在我国有了长足发展。发展历程主要分为3个阶段，分别以农业农村部在不同时间点发布的3个规划为代表。这3个规划分别为《优势农产品区域布局规划（2003—2007年）》《特色农产品区域布局规划（2006—2015年）》和《特色农产品区域布局规划（2013—2020年）》。这3个重要规划在特种作物概念的内涵和外延上，在战略意义、指导思想、基本原则、发展目标、布局重点、保障措施及主要建议上既有延续又有升级，充分体现了我国对特种作物认识的与时俱进和不断加深。

《优势农产品区域布局规划（2003—2007年）》提出，从应对入世和促进新阶段农业结构战略性调整的要求出发，遵循自然规律和经济规律，着眼“两个市场、两种资源”，充分发挥比较优势，实施扶优扶强的非均衡发展战略，坚持以质取胜，在发挥市场配置资源的基础性作用的同时，加强宏观调控，实施政策倾斜，合理有效地配置农业生产要素，重点培育优势农产品和优势产区，做大做强一批具有国际竞争力的农产品产业带区，形成合理的区域布局和专业分工，力争在较短时期显著提高我国农业的国际竞争力。规划期内，优先培育11种在国内外市场上有较强竞争力的农产品，形成35个具有鲜明特色、世界知名的优势产业带区，建立一批规模较大、市场相对稳定的优势农产品出口基地，培育一批在国内外公认的知名品牌，抵御进口农产品的冲击，扩大优势农产品的出口。构筑具有较强国际竞争力的农业产业体系，形成科学合理的农业生产力布局，提高农业的整体素质和效益，实现农民收入的持续稳定增长，加快优势产区农业现代化的步伐。

《特色农产品区域布局规划（2006—2015年）》提出，以科学发展观为统领，以农业增效、农民增收为目标，以发展“一村一品”为抓手，采取政府扶持与市场运作相结合的方式，在确保国家粮食安全的同时，深度挖掘区域特色资源潜力，加快培育一批特色明显、类型多样、竞争力强的知名品牌和专业村、专业乡镇，加快培育特色农产品知名品牌和优势产区，打造现代特色农业产业链，逐步形成合理的区域分工和专业化生产格局，拓展国内外市场，做大做强特色农产品产业，实现农民收入稳步增长，为社会主义新农村建设奠定产业基础。规划期内，重点发展10类114个特色农产品，制定和完善特色农产品有关的国家标准和行业标准，启动建设一批特色农产品标准化生产示范区，建立一批特色农产品原产地保护基地，开发驯化一批特色农产品名优品种，推广一批特色农产品的生产、加工、储藏实用技术，大力扶持特色农产品专业协会和农村合作经济组织，构建特色农产品质检体系、营销体系和信息平台，培育一批知名的特色农产品优势产区，逐步形成一批在国内外公认、拥有自主知识产权的知名品牌。

《特色农产品区域布局规划（2013—2020年）》提出，以邓小平理论、“三个代表”重要思想、科学发展观为指导，落实“四化同步”的战略部署，以农业增效、农民增收为目标，以“完善布局、突破制约、升级产业”为主线，采取政府引导与市场运作相结合的方式，在产前和产后环节引入工商资本，深度挖掘区域特色资源潜力，加快培育一批特色明显、类型多样、竞争力强的知名品牌和专业村、专业乡镇，加快培育特色农产品知名品牌和优势产区，打造现代特色农业产业链，逐步形成合理的区域分工和专业化生产格局，拓展国内外市场，做精做强特色农产品产业，实现农民的农业经营收入稳步增长，为社会主义新农村建设奠定产业基础。规划期内，重点发展10类144个特色农产品，制定和完善特色农产品有关的国家标准和行业标准，启动建设一批特色农产品标准化生产示范区，建立一批特色农产品原产地保护基地，开发驯化一批特色农产品名优品种，推广一批特色农产品的生产、加工、储藏实用技术，大力扶持特色农产品专业协会和农村合作经济组织，构建特色农产品质检体系、营销体系和信息平台，培育一批知名的特色农产品优势产区，逐步形成一批在国内外公认、拥有自主知识产权的知名品牌。确定特色蔬菜、特色果品、特色粮油、特色饮料、特色花卉、特色纤维、道地中药材、特色草食畜、特色猪禽蜂、特色水产10类特色农产品，重点予以扶持建设，尽快提高这些特色产品的市场竞争力，培植区域特色支柱产业。

1.2.2 特种作物在农业供给侧结构性改革中的支撑作用

1.2.2.1 深化农业结构战略性调整，保障国家粮食、能源安全

影响全球的粮食危机进一步增加了人类培育粮食安全新的增长点的紧迫性。特色作物是粮食生产的重要组成部分，我国常年种植特种作物面积约1.5×10^7公顷，约占全国农作物播种面积的13%。特种作物的单位面积产量往往仅相当于其高产潜力的30%～40%，在现有面积上提高单产和增加总产，与其他大宗作物相比具有更大的增产空间。同时，特种作物对特殊地域环境的适应性，拓展了粮经作物的生长空间，也是农作制度改革和优化农作物种植结构的重要元素。当前我国许多省（区）把特种作物作为农业产业结构调整中的优势作物，正逐步向高效益型经济作物转变，特种作物的比例不断提高。从我国作物生产潜力分析，特种作物单产再翻一番甚至更高都是有可能的。以甘薯为例，20世纪80年代以来，我国甘薯单位面积产量保持在18吨/公顷左右，近3年一直稳定在20吨/公顷。但从品种和高产栽培潜力分析，我国甘薯平均单产再翻一番是完全有可能的。因此，特种作物既是我国作物单产增产潜力巨大的作物群，也是我国粮食安全的重要保障源。

特种作物种类繁多，具有各自不同的功能与用途。一些特种作物营养丰富或独

特，具有保健作用及特殊疗效，可满足人们生活水平提高后对多种多样和高品质产品的需求。一些特种作物是重要的工业原料，我国约40%的工业原料、70%的轻工业原料来源于农业生产，其中制糖、卷烟、造纸、食品等轻工业的原料均来源于特种作物。目前我国轻工业的发展仍受制于农业产品，特别是受制于经济作物及特种作物的生产状况，同时我国对特种作物加工品的需求还在不断增加。还有不少特种作物可直接用于生物能源开发。目前利用甘蔗、甜高粱、薯类等生产燃料乙醇得到快速发展与应用。可见，未来能源作物生产也是特种作物生产的重要发展方向。

1.2.2.2 增加农民收入，实现农业提质增效

我国特种作物主要种植在东北、华北、西北和西南地区等干旱半干旱地区，这些地区多属于“老、边、穷、少”地区，经济不发达，生产条件差，农业产业化程度低，农民收入渠道少。因地制宜发展特种作物可充分利用其自然生态优势，挖掘和利用特种作物“名、特、优、新”特性，把特种作物培育成为高效益的特色产业，提升其经济效益，使之成为农民增收新的经济增长点和区域经济的支柱产业，对促进“老、边、穷、少”地区经济发展不失为一条重要途径，有利于开拓农民增收渠道，形成农民收入的新增长点。

1.2.2.3 有机绿色食物的重要来源，满足人民生活和市场多样化需求

农业是国民经济的基础，这是由于农产品具有特殊的使用价值，是人类生存最基本、最必需的生活资料。因此，作物生产的发展对整个国民经济的发展和社会的稳定起着十分重要的作用。随着我国城乡居民收入的增长，生活需求开始由仅注重物质消费的温饱型向注重精神消费的小康型过度，富裕型消费也开始出现。人们对农产品品种和质量有了新的更高要求，农产品需求结构发生很大变化，“新、特、奇、名、优、安”便是农产品需求的新特征，人们对农产品的营养功能、保健功能和安全性等个性化特殊需求逐步增加，丰富多样的特色农产品越来越受到市场青睐。

健康食品的开发已成为全球食品加工发展的主流。薯类、燕麦、糜子、青稞、芸豆、绿豆、小豆、豌豆、蚕豆、荞麦等都有其独特的绿色食品优势，作物及品种类型丰富、多种植于环境无污染的不发达农区；具有较强的抗逆性，生产中农药、化肥污染少；产品营养丰富，并含有多种强身、防病的营养元素。例如，20世纪80年代初，日本科学家就发现，甘薯抗癌作用位居40种蔬菜之首，尤其是紫色甘薯富含花色素苷，除了具有普通甘薯的生理保健功能以外，还具有许多重要的保健和食疗价值。近年研究表明，花色素苷有抗氧化活性功能，能清除体内产生的有害物质氧自由基；具有抗突变活性，可抑制肿瘤活性，防止血管紧张，恢复正常血压；可抑制葡萄糖苷酶活性，控制Ⅱ型糖尿病；可防止肝组织缺血，恢复肝功能正常；抑

制脂蛋白氧化和防止血小板凝集，降低毛细血管通透性和脆性；防止肥胖症等。由于其多种保健功效，紫色甘薯在日本、韩国等受到广大消费者的青睐。事实上，每一种特种作物都有其独特的保健及食疗效用。因此，特种作物是尚未被充分认识和开发利用的具有特殊价值的经济作物，其作为绿色保健食物的重要来源具有广阔的发展前景。

1.2.2.4 打造区域特色农产品，推动区域特色经济发展

发展特种作物，也有利于对不同地区的气候资源与土地资源加以合理利用。其中特别是独具特色的山地资源利用。山区的气候资源种类丰富，山地逆温、山地雾、坡面径流、冰川、积雪、矿泉等都是非山地所根本不具备的或无法转化为资源的特色气候资源。山地特色气候资源大多源于并依存于山地地势地貌特征及衍生属性，复杂变化的异质性地面形态产生了多样化的山地特色气候资源。一般来讲，大部分贫困地区特产资源比较丰富，生态环境好，污染少，发展特种作物有得天独厚的生态优势。“中国香菇之乡”“中国药材之乡”浙江省磐安县，是一个“九山半水半分田”的贫困县，但是该县立足山区开发资源优势，逐步形成了香菇、药材、茶叶、制种、高山蔬菜、经济林六大支柱产业。长白山人参、山葡萄等栽培业已经形成了一定的规模，产生了明显的经济效益、社会效益和生态效益。

1.2.2.5 提高农业竞争力，加速我国特色农业走向世界

充分利用中国植物资源和气候资源丰富多样的优势，开发和利用特种植物，积极发展具有地域特色的名特优农业产品和产业，将是我国在加入WTO以后，增强与世界各国农业的经贸合作关系，顺应世界经济全球化的必然趋势，是我国农业参与国际竞争，促进贸易平衡的重要手段。加快推动优势区域特色农产品生产基地建设，全面推行标准化生产，提高产品品质，做强做大优势区域特色品牌产品，可以将特色资源优势转化为现实的出口竞争优势，扩大出口，优化出口结构，这对于提高农业整体竞争力，广泛参与国际农业竞争具有重要意义。

改革开放以来，中国农业结构开始进行有步骤的调整优化，进入21世纪，随着全球大力发展外向型农业的主流，我国农业正在向以面向国内外市场，依靠科技进步，着力提升农产品的品种和质量档次，发展优质高产高效农业的复合型目标进行转变，在更大范围和更高层次上参与国际竞争。

1.2.2.6 保护生物多样性，保障特色农业可持续发展

我国特种作物品种繁多，资源丰富，分布范围广，区域性强，地理生态环境千差万别，储备了具有多元利用价值的种质资源。据统计，特种作物产区农作物种质

资源占全国种质资源的50.43%，收集、保存、研究和利用特种作物丰富的生物多样性遗传资源，对于我国生物多样性保护和开发利用，克服和预防大宗作物遗传基因来源单一化而导致的作物遗传结构的脆弱性，对于培育遗传结构稳定和生物种质资源丰富的基因产业具有广阔的市场前景，为特色农业发展提供源源不断的优良后备品种，保障特色农业健康、稳定发展。

1.2.3 特种作物在我国农业农村经济社会发展中的实践作用

1.2.3.1 发展特色农业对解决“三农”问题具有重要现实意义

农业、农村和农民问题，始终是一个关系我们党和国家全局的根本性问题。习近平总书记提出“小康不小康，关键看老乡”，农民富裕是全面实现小康社会的关键。解决“三农”问题，最重要的是从农业的内部挖掘潜力。根据比较优势理论，整合资源，科学规划，走特色农业之路。特色农业的兴起引来龙头企业，这些企业的发展又带动农户扩大生产规模。这种良性互动使农业一改传统农业模式，通过特色农业的发展连接全国市场，进而连接国际市场，促进农业产业化发展。通过发展特色农业，促进县域二、三产业发展，吸引农村富余劳动力就地、就近转移，从而提高农村生产力水平和农业生产效率，增加农民收入。

1.2.3.2 发展特色农业有助于推进县域工业化、城镇化进程

农村经济发展滞后的根本原因在于工业化水平低。特色农业作为连接城市经济与农村经济的纽带，其发展程度直接关系到农村工业化的进程。发展特色农业有利于接受周边城市的经济扩散效应；通过现代科技园区和城镇建设的有机结合，可以更好地发挥聚集效应，从而提高县域工业化的整体水平。

1.2.3.3 发展特色农业有利于农业产业结构优化

产业结构调整是实现经济发展的重要推动力，是经济发展方式转变的必要前提，是提升农业产业国际竞争力的重要途径。以结构调整为主线，以农民增收为目标，结合实际，因地制宜，合理规划，加快推进以“一县一业、一乡一色、一村一品”为主要内容的特色农业产业。把优势农产品产业带（基地）规划好、龙头企业培育好、科学技术掌握好、农村经济合作规范好、一村一品产业建设好的农村经济发展思路，大力发展特色优势高效种植业。

1.2.3.4 发展特色产业有助于保护生态，推动我国农业可持续发展

我国是世界栽培植物八大起源中心之一，地跨热带、亚热带、温带，植物资源十分丰富，整理发掘、推广利用大量分散在各地零星栽培的不同特性的特种农作物

或野生植物，任重而道远。由于人口快速增长，需求不断增加，导致乱采乱挖，一些物种面临灭绝，生态环境遭到破坏。特种作物的种植，可使我国珍贵、稀有、经济价值高的植物资源及生态环境得到有效保护。据统计，我国仅长白山地区就分布有可食用植物110多种，药用植物870多种，蜜源植物300多种，可观赏植物110多种。目前我国特种植物的研究、利用、保护等体系逐渐趋于完善，科技进步推动了特种作物的快速发展，部分珍贵的特种植物资源得到了可持续利用。但是我国还有大量的特种植物资源仍处于野生、半野生状态，合理开发可持续利用我国特种植物资源具有极大的潜力和广阔的前景。

参考文献

百度百科. 香料植物[EB/OL]. https://baike.baidu.com/item/%E9%A6%99%E6%96%99%E6%A4%8D%E7%89%A9/7930675?fr=aladdin#ref_[1]_2014077.

百度百科. 能源作物[EB/OL]. https://baike.baidu.com/item/%E8%83%BD%E6%BA%90%E4%BD%9C%E7%89%A9.

百度百科. 药用植物[EB/OL]. https://baike.baidu.com/item/%E8%8D%AF%E7%94%A8%E6%A4%8D%E7%89%A9/57503.

程世鹏，彭凤华，施安国. 2005. 我国特种经济动植物资源可持续利用与开发[J]. 中国农学通报（2005年专刊）：343-345.

胡立勇. 2009. 特种作物栽培学[M]. 武汉：湖北科学技术出版社.

农业部. 特色农产品区域布局规划（2006—2015年）[EB/OL]. http://www. moa. gov. cn/nybgb/2007/dbq/201806/t20180614_6152016. htm.

农业部. 全国优势农产品区域布局规划（2008—2015年）[EB/OL]. http://www. moa. gov. cn/xw/zwdt/200809/t20080912_1132619. htm.

农业部. 特色农产品区域布局规划（2006—2015年）[EB/OL]. http://www. agri. gov. cn/zcfg/bmgz/t20070724.

农业部. 特色农产品区域布局规划（2013—2020年）（农计发〔2014〕1号）[EB/OL]. http://jiuban. moa. gov. cn/fwllm/tpgj/zcgh/201605/t20160523_5146633. htm.

农业部. 优势农产品区域布局规划（2003—2007年）[EB/OL]. http://www. gov. cn/test/2005-07/04/content_11963. htm.

中共中央国务院. 中共中央国务院关于深入推进农业供给侧结构性改革 加快培育农业农村发展新动能的若干意见（中发〔2017〕1号）[EB/OL]. http://www. gov. cn/zhengce/2017-02/05/content_5165626. htm.

（张玉　许发辉　迟立鹏　撰写）

2 特种粮食作物

2.1 特种粮食作物概述

粮食作物亦称“食用作物”“粮谷作物”，是我国对谷类作物、薯类作物（包括甘薯、马铃薯等）及食用豆类作物（包括大豆、蚕豆、豌豆、绿豆、小豆等）的总称。特种粮食作物，也称特色粮食作物，是粮食作物的一类，主要是指水稻、小麦、玉米、大豆和薯类五大主粮作物以外的粮豆作物的总称，大体上包括我国农业统计中的小杂粮范畴。特种粮食作物种植面积比较小、食用功能比较独特，同时具有一定市场需求，或具有市场开发前景。目前我国主要的特用粮食作物有高粱、谷子、荞麦（甜荞、苦荞）、燕麦（莜麦）、大麦、糜子、黍子、薏仁、籽粒苋、菜豆（芸豆）、绿豆、小豆（红小豆、赤豆）、蚕豆、豌豆、豇豆、小扁豆（兵豆）、黑豆以及主要粮食作物遗传变异产生的新类型等。特种粮食作物包括的种类是相对的且不断变化的，但特种粮食作物仍归属于粮食作物，以食用为主。

2.2 特种粮食作物种类及分布

2.2.1 特种粮食作物种类

根据胡立勇主编的《特种作物栽培学》，从来源上可将特种粮食作物分为3类。

2.2.1.1 具有独特食用功能及生态适应性的小杂粮作物

包括具有悠久栽培历史的200多种杂粮杂豆，这些特种粮食作物具有良好的生态适应性和独特的食用功能。例如，原产于我国的谷子，其营养价值高，耐干旱、耐贫瘠、抗逆性强且适应性广；荞麦营养价值高，蛋白质含量达到12.8%，维生素B_1和维生素B_2含量比白面高3～4倍，荞麦还有很高的药用价值，其幼苗和花、叶中含有芦丁（糖苷化合物），荞麦抗旱、耐寒，生育期短，是高寒、干旱、贫瘠地区的重要栽培作物，也是灾后重要补救作物。

2.2.1.2 主要粮食作物遗传变异产生的新类型

这些变异包括颜色、气味、营养成分、生理活性等方面导致粮食作物商品性和营养成分的改变，经过人类进一步的选择培育，成为今天的特用粮食作物。

（1）颜色变异。水稻（黑米、紫米、红米）、玉米（黑玉米、紫玉米）、大麦中的黑大麦、食用豆类（赤、橙、黄、绿、黑等各种颜色）、甘薯（紫色薯）、荞麦（绿色籽粒，用于酿酒，酒色翠绿）。

（2）气味变异。香稻是一种特殊的水稻，因其蒸煮时能散发出令人愉快的清香而有着巨大的市场前景。

（3）营养成分变异。糯玉米的胚乳淀粉几乎全部是支链淀粉，甜玉米由于其胚乳中的淀粉合成受到阻碍，种子中的储藏物质只有少部分以淀粉形式存在，大部分为水溶性的糖分，从而适于鲜食或加工，高油玉米是对玉米脂肪含量变异的遗传选择，高赖氨酸玉米是对玉米不同氨基酸成分变异的遗传选择。

（4）生理活性成分变异。在水稻中富集着各种有生理效应的功能性因子，如维生素、铁、锌等微营养元素以及γ-氨基丁酸、肌醇、谷维素、谷胱甘肽、膳食纤维等多种功能性生理活性成分。1994年，国际水稻研究所等开展了富铁、锌稻米遗传育种研究，并培育出铁含量比普通水稻高60%以上的富铁高产的水稻品种IR164。日本利用化学诱变的方法，选育出含有可被人体吸收的水溶性有机铁比普通品种高出3～6倍的突变体“富含铁”，通过辐射诱变，还育成了低水溶性蛋白稻米品种“LGC-1”，该品种谷蛋白含量低，稻米中总的可吸收蛋白明显减少，可供肾病和糖尿病患者食用。

（5）基因工程创造的变异。随着现代生物技术的发展，目前已经可以在基因水平上对作物进行遗传改良，从而创造了许多前所未有的粮食作物变异类型。Rachel Drake将一种从玉米中提取的八氢番茄红素合成酶基因植入水稻，使植入后的水稻中的原维生素A含量比传统水稻提高了20多倍。这种水稻米粒呈金黄色，被称为“金稻”。原维生素A能在人体中转变成维生素A，对防止儿童夜盲症十分重要。转基因水稻目前尚未被批准用于生产，但是为创造新的特用粮食作物提供了广阔的前景。

2.2.1.3 可供开发的具有粮食功能的其他作物

籽粒苋是对苋科中以采收籽实为栽培目的的品种的总称，其种子中含淀粉61%、蛋白质14.5%～17%、脂肪6.8%，赖氨酸含量0.92%～1.02%，相当于小麦的2倍，玉米的3倍。板栗含50%以上的淀粉，还含有其他多种营养成分，栗果磨成面粉，可制作多种食品。魔芋、香芋、蕉芋等有时也作为小杂粮统计。

根据植物学分类可以分为禾谷作物、豆类作物和薯类作物三大类，每一类又可以分成许多种。其中禾本科的稻类、麦类（小麦、大麦、燕麦、黑麦等）、玉米、高粱、粟、黍、谷子等叫做谷类作物，简称谷物。在众多的谷物中，最主要的是小麦、稻谷和玉米，这3种粮食产量约占全部粮食总产量的2/3。因此，在不加说明的情况下，平常所说的粮食或谷物多指这3种作物。豆类作物主要包括大豆、蚕豆、豌豆、绿豆、小豆、饭豆、菜豆、鹰嘴豆、利马豆等20余种。薯类作物主要包括甘薯（旋花科）和马铃薯（茄科）等。

我国特种粮食作物产品种类繁多，品质优良，市场需求增长空间大。特种粮食作物大部分属于抗旱作物，是我国半干旱地区的主要粮食作物，不但可以食用，而且可广泛应用于化工和医药等领域，具有很高的营养保健功能和综合利用价值，在国际市场上具有明显的品质优势与价格优势，是我国重要的出口农产品，出口量占世界出口量的10%左右。

2.2.2 特种粮食作物分布

目前重点发展的15种特种粮食作物优势区域如下。

（1）芸豆。芸豆主要分布在河北、山西、内蒙古、吉林、黑龙江、山东、重庆、四川、贵州、云南、陕西、甘肃、新疆等地的部分县（市）。具体区域分布如图2-1所示。

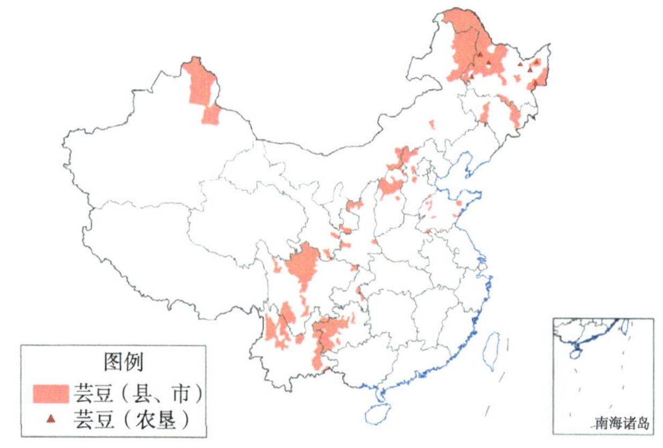

图2-1 芸豆区域分布示意图

（2）绿豆。绿豆主要分布在河北、山西、内蒙古、辽宁、吉林、黑龙江、江苏、安徽、山东、河南、湖北、广西、重庆、四川、贵州、陕西、新疆等地的部分县（市）。具体区域分布如图2-2所示。

图2-2 绿豆区域分布示意图

（3）红小豆。红小豆主要分布在北京、天津、河北、山西、内蒙古、辽宁、吉林、黑龙江、江苏、山东、湖北、四川、贵州、云南、陕西、甘肃等地的部分县（市）。具体区域分布如图2-3所示。

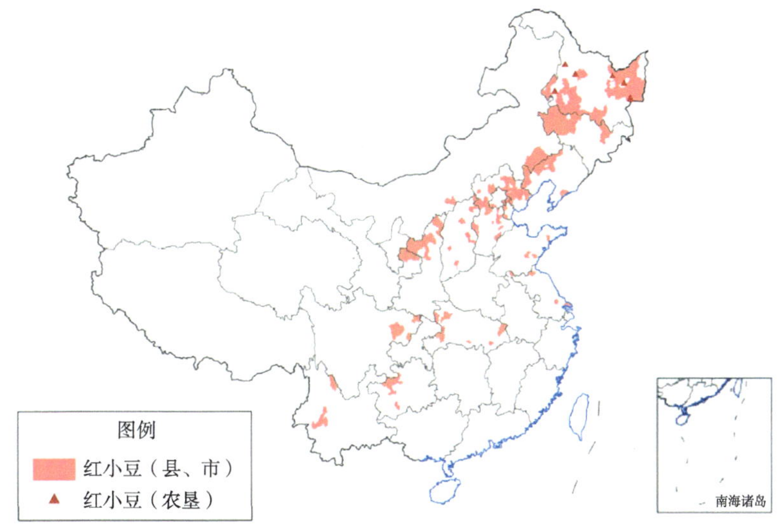

图2-3　红小豆区域分布示意图

（4）蚕豆。蚕豆主要分布在河北、江苏、安徽、湖北、广西、重庆、四川、贵州、云南、陕西、甘肃、青海、宁夏等地的部分县（市）。具体区域分布如图2-4所示。

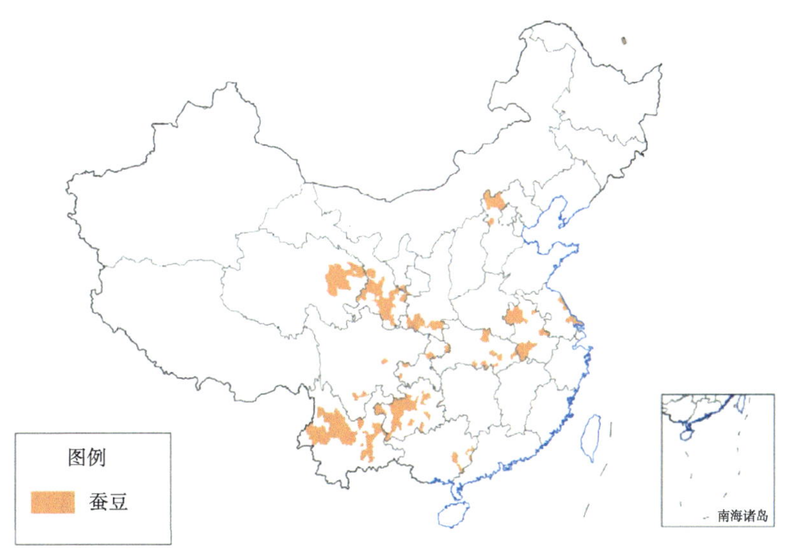

图2-4　蚕豆区域分布示意图

（5）豌豆。豌豆主要分布在河北、山西、江苏、山东、湖北、广东、重庆、四川、贵州、云南、甘肃、青海、宁夏等地的部分县（市）。具体区域分布如图2-5所示。

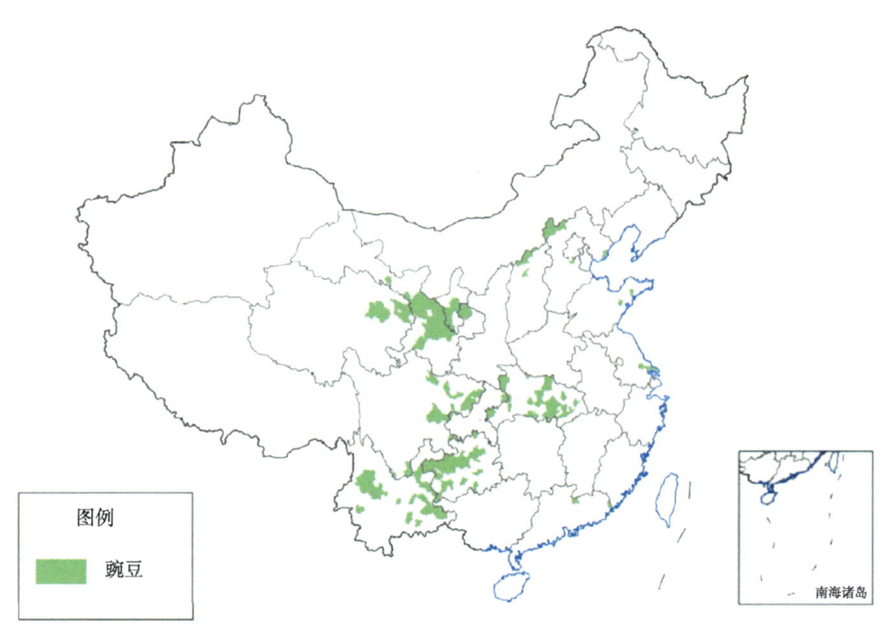

图2-5　豌豆区域分布示意图

（6）豇豆。豇豆主要分布在大兴安岭南麓地区。具体区域分布如图2-6所示。

图2-6　豇豆区域分布示意图

（7）荞麦。荞麦主要分布在河北、山西、内蒙古、安徽、广西、重庆、四川、贵州、云南、西藏、陕西、甘肃、宁夏等地的部分县（市）。具体区域分布如图2-7所示。

图2-7 荞麦区域分布示意图

（8）燕麦。燕麦主要分布在河北、山西、内蒙古、吉林、四川、贵州、云南、甘肃、宁夏等地的部分县（市）。具体区域分布如图2-8所示。

图2-8 燕麦区域分布示意图

（9）青稞。青稞主要分布在四川、云南、西藏、甘肃、青海等地的部分县（市）。具体区域分布如图2-9所示。

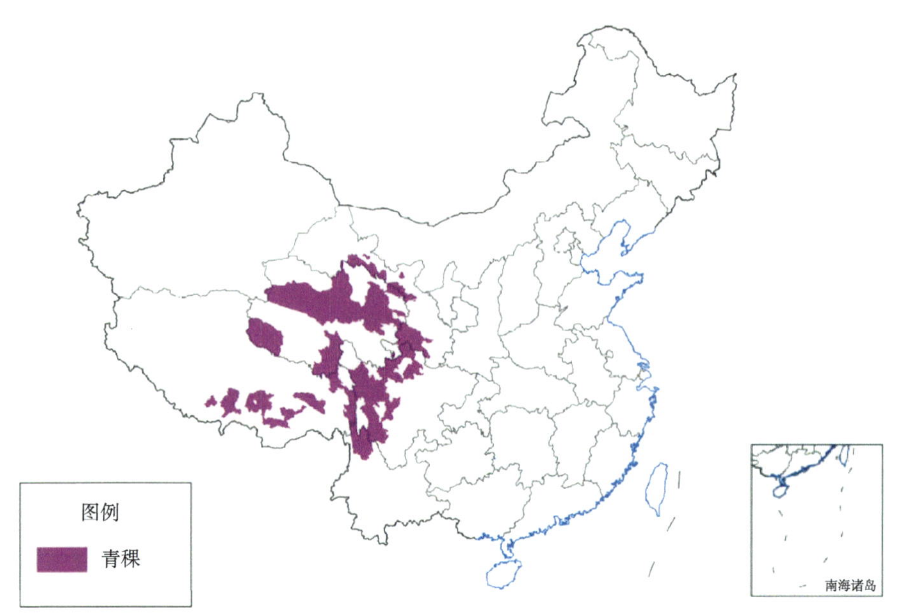

图2-9 青稞区域分布示意图

（10）谷子。谷子主要分布在河北、山西、内蒙古、辽宁、吉林、黑龙江、山东、河南、陕西、甘肃等地的部分县（市）。具体区域分布如图2-10所示。

图2-10 谷子区域分布示意图

（11）糜子。糜子主要分布在河北、山西、内蒙古、辽宁、吉林、黑龙江、陕西、甘肃、宁夏等地的部分县（市）。具体区域分布如图2-11所示。

图2-11　糜子区域分布示意图

（12）高粱。高粱主要分布在河北、山西、内蒙古、辽宁、吉林、黑龙江、山东、湖北、重庆、四川、贵州、陕西、甘肃、新疆等地的部分县（市）。具体区域分布如图2-12所示。

图2-12　高粱区域分布示意图

（13）薏苡。薏苡主要分布在浙江、广西、贵州、云南等地的部分县（市）。具体区域分布如图2-13所示。

图2-13　薏苡区域分布示意图

（14）啤酒大麦。啤酒大麦主要分布在内蒙古、黑龙江、江苏、安徽、河南、云南、陕西、甘肃、新疆等地的部分县（市）。具体区域分布如图2-14所示。

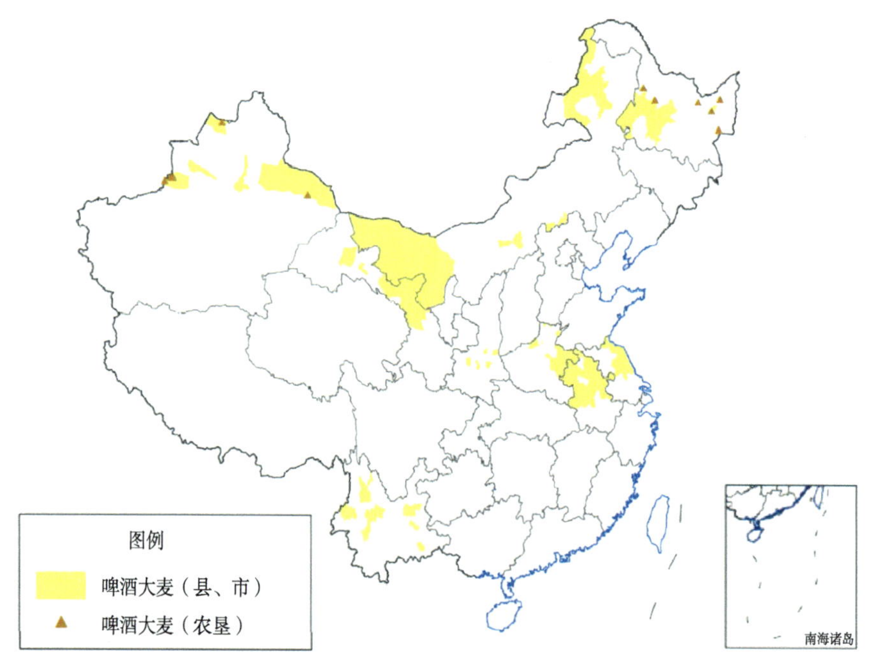

图2-14　啤酒大麦区域分布示意图

（15）啤酒花。啤酒花主要分布在甘肃、新疆等地的部分县（市）。具体区域分布如图2-15所示。

图2-15 啤酒花区域分布示意图

2.3 特种粮食作物发展现状

特种粮食作物不仅是重要的食用作物，还是重要的饲料和工业的原料，有着很大的开发和利用价值。根据营养品质和加工应用等方面可以分为以下几种类型。

一是营养保健型。如黑米、高油玉米、高赖氨酸玉米、高硒谷、高蛋白高亚油酸燕麦、荞麦和薏苡等。这些作物都含有人体必需的营养成分（氨基酸、油酸、亚油酸、矿物质、维生素和微量元素），比普通作物含量丰富，甚至单独具有药用有效成分，如黑米的水溶性花青素。

二是创汇型。例如香米、黑米、软米和超长粒优质米，小麦的面包小麦，玉米笋和甜玉米等，均以其名优特产品优势进入国际贸易市场，是出口创汇的重要来源。

三是优质加工型。例如专用优质小麦、高蛋白质高亚油酸燕麦、特用玉米、酿酒高粱、甜高粱等，广泛应用于食品、医药、轻工业和民用品等方面，具有很高的生产效益。

四是增效型。例如鲜食玉米和笋玉米，其特点是种植成本低，生产周期短，见效快，既可以作粮食又可以作青贮饲料，作物利用率高，经济效益好。

五是优质饲料型。例如小黑麦、燕小黑麦、高蛋白质大麦、高油玉米和专用青饲玉米等，其籽粒营养丰富，有较高的产热值，所以饲料单位的重量增益比普通品种高，且适口性好。

六是生态效益型。例如耐旱耐盐水稻、陆稻、耐盐小麦、耐干旱小麦、类高粱、旱谷等，能适应农田干旱缺水、高盐碱等特殊的生态环境，从而发挥其种植的效益。

2.3.1 彩色小麦

“中普”系列彩色营养小麦是由我国著名育种专家周中普采用其独创的“三结合”突变育种法，即通过远缘杂交、物理诱变和化学诱变等手段综合运用进行品种选育。其中，“中普黑麦1号”是以“宛原50-2”为矮源与赖草杂交；“中普绿麦1号”是以“宛原50-2”与冰草杂交，经一定量射线和NaN_3处理，十几年系谱选育而成。

“中普”系列彩色营养小麦的出现，从一定意义上满足了消费者对营养保健的需求。彩色小麦富含多种人体必需的微量元素，尤其是铁、硒、锌、碘和赖氨酸等，而且其蛋白质含量居小麦之首，是真正意义上的绿色保健食品，随着消费者对有机食品需求量的不断增大，天然彩色小麦的市场前景必然十分广阔。可以开发出多种食品，其制成的食品具有较高的营养价值和很好的经济价值。

（1）彩色小麦营养麦仁。麦仁是将小麦粒脱去外层种皮后所剩的整体颗粒，是小麦最具有营养价值的部分。我国历来有使用麦仁的饮食习惯，若配合莲子、枸杞、绿豆和大米等食物就是深受人们喜爱的八宝粥，并且可以根据个人的口味不同来搭配。

（2）速溶即食彩色小麦营养麦片。速溶即食彩色小麦营养麦片是以具有较高的营养品质和保健价值的彩色小麦为基础原料，再加入适当的食用添加剂和一定的配方，经过一定的生产工艺流程，最终制成的新型特色营养食品。速溶即食彩色小麦营养麦片具有口感新颖、麦香味浓、营养丰富、能量均衡、食用方便等特点，通过改善产品配方，可以适用于不同人群的营养需求，形成产品系列化，满足用户的不同要求。

（3）彩色小麦营养全麦粉。利用彩色小麦的脱皮清理工艺，将脱皮后的小麦，采用超微粉碎机进行粉碎和过筛，达到100目以上，通过工艺化流程进行分装，可以生产出全营养的彩色小麦全麦粉，其营养天然、丰富，可作为居民的家庭用粉。

（4）彩色小麦营养挂面。根据彩色小麦的品质，可以开发彩色小麦系列营养挂面，在尽可能保留自身营养的前提下，不加任何添加剂，通过先进的生产工艺，开发彩色小麦营养挂面，走中高端路线，扩大彩色小麦市场。彩色小麦制成的面条品质好，耐煮，特别适合火锅面条，久煮不断、不浑汤、复水性好、还原性好。

2.3.2 特种稻

特种稻主要有香稻、色稻和专用稻三大类，特种稻的营养价值和生产效益都要好于普通大米，具有比较大的生产潜力和推广潜力，有很大的开发前景。

2.3.2.1 香稻类

在籼稻、粳稻和糯稻中会有茎、叶、花和谷、米中散发出香味的自然群体，具有这种遗传性状的稻谷称为香稻。在色稻和甜米的自然群体中也有自然香味的存在。由于散发香味的化学成分和结构的不同，散发出的天然香气也有所不同，通常有莴苣香、桂花香和茉莉香等自然群体。我国香稻种植历史悠久，产地遍布15个省（市、自治区）。各个地方都有著名的当家品种，如陕西洋县的香谷、云南景洪县的大香糯和江苏、浙江、上海一带的香粳、香粳糯等。国外著名的香稻有原产自巴基斯坦的“巴斯玛蒂”，该品种广泛种植在巴基斯坦、印度、阿富汗和东南亚等国，其米粒长、透明、香味浓、吃味好，属于感光性不强的籼型中稻。我国育种家用其当家品种Basmati做亲本进行香稻品种改良，成功选育了“桂香占1号”。

2.3.2.2 色稻类

色稻主要是指糙米中带有色泽的籼、粳和糯稻，也有一些栽培稻中茎叶、花上带有色泽的自然群体，根据糙米色泽的变化，可分为乌黑、红黑、紫红、红色、红褐、褐、黄色和绿色等。这种自然色素的化学成分主要取决于花色素苷。花色素苷根据花色素可分为3类：一是天竺葵素类，颜色为鲜红色；二是花青素类，颜色为西洋红；三是翠雀素类，颜色为蓝和紫。这3类花色素的差别通过化学成分分析表明是由于侧酚环中羟基数目的多少决定的。色稻中的绿米是叶绿素沉积在果皮、种皮上而带的天然绿色，但在光线下容易分解褪色，色素极不稳定。色稻中以红黑稻占多数，利用价值也很高。现全世界有黑米品种583份。其中我国有359份，占总数的61.6%，主要产于我国西南各省和陕西、湖南、福建等省。我国有一些著名的黑米地方种，如云南的西双黑糯、贵州的惠水黑糯、福建的云霄紫米等。国外主要分布在东亚、东南亚和南亚。资源丰富的国家为泰国、马来西亚、孟加拉国、印度和印度尼西亚等国。

2.3.2.3 专用稻类

专用稻是指稻米或植株的内含成分、形态结构对人类健康、食品加工和工艺制作等方面具有专门用途的栽培稻。例如，加工型专用稻，利用此类专用稻对各种米制品点心增加其特殊色、香、味、营养等，还用其稻草、米糠为原料加工成饲料、糠油和工艺品。高营养功能性专用稻，此类专用稻往往含有丰富的人体生长、发育和繁衍所必需的天然营养成分（蛋白质、脂肪、碳水化合物、维生素等）。这些营养源中的某些物质含量非常突出，具有降低血清胆固醇、预防贫血、降血压等功能，并富含硒、铁、维生素A等。人们经常食用功能性稻米加工成的糙米或精米，可以对某些慢性病，如高血压、牙周炎、贫血、夜盲症等有很好的辅助治疗作用。观赏专用稻，是指一些水稻的株型、叶型、叶色、穗型、穗色具有观赏价值的专用水稻。这类水稻因其形状奇特、颜色多样而被用作观赏用。例如，湖北省农业科学院培育的多小穗水稻，它比普通水稻每穗多长两个小穗，开花时形成与单穗稻完全不一样的景象，这类水稻在大城市绿化中有较大的应用空间。

2.3.3 特种玉米

特种玉米现在应用广泛，由于其特殊性和专用性，有着很高的利用价值和发展前景。一些特种玉米可以作为餐桌上的美食、饮料和零食，还可以作青贮饲料和工业原料。特种玉米主要分为糯玉米、甜玉米、五彩玉米、高油玉米和高赖氨酸玉米等。糯玉米是由于硬粒玉米发生自然突变，经过人工选择而保存下来的一种类型。糯玉米有一定的黏性，既可以食用，也可以作工业原料，因此种植面积较大，有较大的推广价值。甜玉米起源于美洲，是由糖分含量比较高的一种胚乳突变体转育而成的，有很高的营养价值和食用价值，因此慢慢成为日常食用的主要玉米来源。笋用玉米又称为蔬菜玉米，用法和蔬菜类似，也可以当玉米笋用，可做成罐装食品。高油玉米可以作为提炼食用油的原料，高赖氨酸玉米可作为饲料用。爆裂玉米作为一种休闲食品，很早就已经被人们广泛食用。

特种玉米深加工及其综合利用领域较为广泛，在医药、化妆品、工业、畜牧业等领域有着广泛的利用，而且近年来在食品深加工方面应用广泛，包括玉米罐头、玉米胚芽油、黑玉米营养糊、玉米方便面、玉米粥、玉米饮料、玉米粉和各类膨化食品等，创造了巨大的产值。特用玉米在美国已经形成了成熟的产业，每年创造的产值高达数十亿美元。特种玉米在日本、韩国和中国台湾地区也都得到极大普及，我国台湾年种植甜玉米2万公顷以上，日本每年种植超甜玉米4万公顷以上。我国特种玉米及其深加工产业发展也十分迅速。据有关资料统计，我国年产甜玉米罐头和其他保鲜玉米产品分别在1万吨左右。鲜食玉米年种植16万公顷左右，高油玉米10万公顷左右。我国特种玉米资源非常丰富，但由于起步较晚，加上受我国社会环境、经济基础和种植业结构等影响，导致农民大都重视普通玉米生产，对特种玉米生产重视不够，导致特种玉米研究推广速度较慢，生产加工和综合利用率不够，限制了特种玉米的发展。

2.3.4 特色大豆

我国是大豆生产大国，也是大豆消费大国，同时是大豆的原产地。因此，有着丰富的大豆种质资源，其中包含了一些特色大豆品种资源，慢慢被人们开发利用。

特色大豆的蛋白质含量达35%～45%，是植物中蛋白质质量和数量最佳的作物之一，且各种B族维生素都比较高，例如维生素B_1、维生素B_2的含量是面粉的2倍以上。特色大豆中含有丰富的矿物质，总含量为4.5%～5.0%。其中钙的含量高于普通谷类食品，铁、锰、锌、铜、硒等微量元素的含量也较高。另外，特色大豆除了含有营养物质之外，还含有多种有益健康的物质，如大豆黄酮、大豆固醇、大豆低聚糖等。

随着育种和深加工技术的飞速发展，特色大豆产业也获得了巨大的提升。有专门用于生产豆制品的高蛋白大豆，有专门用于生产豆油的高油脂大豆，有营养丰富、色彩缤纷的彩色豆等。这些特色大豆因其特有的颜色、优良的品质和特殊的利用价值等而备受市场青睐。例如，黑大豆是典型的黑色食品和传统中药，具有活血、利尿和解毒的功效。黑大豆不仅含有丰富的营养成分，且含有独特的生命活性物质和微量元素，具有健身滋补、扶正防病、延年益寿等作用。黑大豆蛋白质含量居其他豆类之首，不仅富含人体所需的18种氨基酸，还含有丰富的维生素、微量元素和生理活性物质——大豆皂苷，有滋补强身，消炎解毒、补肾利水等功效；黑皮黄仁大豆，富含丰富的蛋白质，其含量高于肉类、鸡蛋和牛奶，有着植物蛋白之王的称号，并被广泛地应用于中药中，有很高的药用价值，且碘含量较高。其中蛋白质46.3%、赖氨酸5.95%、苏氨酸3.68%，亮氨酸7.51%，其脂肪酸中不饱和脂肪酸为油酸18.84%、亚油酸56.36%、亚麻酸10.28%，铁含量较高为48.31%，并含有丰富的糖类、胡萝卜素、维生素、胆碱等。

2.3.5 特用甘薯

特用甘薯是指具有独特性状和较高经济价值、营养价值或加工利用价值的甘薯。目前，我国特用甘薯主要包括高淀粉甘薯、高胡萝卜素甘薯、高花青素甘薯、高蛋白甘薯、药用甘薯、菜用甘薯和果用甘薯等。随着特用甘薯多元化利用的不断深入，新的特用甘薯还在不断涌现，如绿化甘薯等，极大地促进了甘薯产业的健康发展。

高淀粉甘薯，是指以工业原料为主要用途的甘薯类型，其薯干产量高，淀粉含量高。我国高淀粉甘薯的育种目标是培育优质、丰产、稳产、抗病、耐低温，且蛋白质、灰分和多酚类物质有所降低的品种。高淀粉甘薯主要用于酿酒、淀粉及淀粉衍生物的生产、氨基酸和有机酸的制造等，高淀粉甘薯可以作主食或加工甘薯粉食用，其薯块、茎叶及加工后的副产品也是很好的饲料。高花青素甘薯，甘薯紫红色，薯肉颜色越深，花青素含量越高。甘薯的紫色素稳定性高，从高花青素甘薯中提取的食用色素具有更好的耐光性和耐热性，而且紫甘薯还具有产量高、成本低、营养丰富等优点，在饮食界日益注重纯天然的今天，甘薯色素的开发具有很好的应用前景。高花青素甘薯中的花青素是水溶性的，遇到酸会变成鲜红色，因此可利用此特点制作传统糕点和西式糕点等。另外，高花青素甘薯还可以作保健食品，其含有较多的维生素P，是其他甘薯和蔬菜不能比拟的，维生素P能增强细胞黏着性，提高微血管弹性，防止小血管出血。药用甘薯，是指具有独特医疗保健作用的特种甘薯。有营养学家发现，甘薯含有丰富的黏液蛋白，这是一种多糖体与蛋白质混合物，对人体有特殊的保护作用，并能够增强人体的免疫能力，可预防肝及肾脏器官结缔组织的萎缩，减缓人体器官的老化，减少高血压的发生。

2.4 特种粮食作物发展趋势与对策

2.4.1 特种粮食作物发展存在的问题

随着经济社会的发展，人类对食品的需求呈现多元化、功能化趋向，而特种粮食作物作为传统食品多元化的重要部分起着重要作用。以杂粮为例，杂粮营养丰富，保健功能突出；与大宗粮食相比，杂粮不仅营养成分全面，而且含有许多营养元素，如亚油酸、酚类、黄酮、胡萝卜素及矿质元素镁、铁、钙、锌、硒等，具有降血脂、降血糖、软化血管等功能，对高血压、糖尿病、心脑血管疾病、动脉硬化等现代多发疾病有防控作用，是其他粮食作物无法替代的。因此，发展特种粮食作物具有重要生产意义：一是满足人民生活和市场多样化需求，深化农业结构战略性调整。二是合理利用与挖掘资源潜力，打造区域特色农产品。三是有利于农业增效，促进农民增收。四是有利于提高农业竞争力，广泛参与国际竞争。但是，从目前来看，我国特种粮食作物存在种植粗放、品种混杂、退化严重、加工开发不足、出口市场秩序混乱等诸多问题。

2.4.1.1 科研支持力度不够

科研支持力度不够，科研实力和水平仍然较低。特种粮食作物从播种到采收、初加工到形成商品，涉及农学、植物学、医药学、生态学、环境学及管理学等多领域，是一门跨系统的学科。但是，当前我国特种粮食作物科研与生产方面存在相互脱节的现象，在科学研究、生产技术及种植模式方面仍然存在诸多问题。

在科学研究方面，专门侧重特种粮食作物研究的科研院所较少，科研人员比例非常低，国家及地方的科研项目支持非常少。在生产技术上，对特种粮食作物的研究不深不透，如种质资源保护与良种选育、种子、种苗检测与标准，生产关键技术与共性技术，无毒、无残留协调与重金属污染防治配合技术，合理采收与产地加工技术，优质与高产协调栽培技术等没有深入系统的研究。对特种粮食作物的基础研究或应用基础研究较少、不深入，技术成果的推广率、应用率和普及率不高，科技产业支撑能力差。

2.4.1.2 产学研合作与分工链条不健全、不完善

特种粮食作物科研资源缺乏有效整合，科技人员、科技团队无法充分共享资源、展开合作，难以形成协同创新的合力。条块分割、各自为政的体制难以建立有效的共享合作机制。从科研组织方式来看，散兵游勇的组织方式大量存在，难以适应现代科学技术活动复杂化、交叉化、综合化、现代化趋势。一些大学、科研机构、科研人员寄希望于通过相对封闭的科研活动在科研过程中获得竞争性优势，科研人员考核机制、科研项目遴选机制、科技成果评选机制不利于小宗作物协同创新，使得科研组织化程度低，产学研各环节间缺乏有效链接，科技资源使用效率难以提高，科技创新的整体效率难以提高，科技成果向现实生产力转化难以加快进行。

2.4.1.3 缺少政府引导，产业发展扶持力度低

特种粮食作物产业的发展离不开国家的政策支持，特种粮食作物产业支持政策制定应当从产业发展布局、产业扶持力度、科技服务体系建设、标准化生产、品牌建设、龙头企业带动、合作经济组织发展和“互联网+农业”发展模式等方面进行考虑。

产业的扶持政策空白。特种粮食作物虽属涉农行业，但远不及主粮那样受到国家粮食安全战略的保护和支持，国家和省、市对特种粮食作物基础设施建设缺乏专项投入。市场的兴衰完全取决于市场机制的调节，更主要的是特种粮食作物的市场变化诡秘多变且复杂多样、把握的难度大、农民抵御市场风险的能力低、产业集聚的能力脆弱。

市场流通机制不健全。市场宏观调控不足，产供销信息不畅。目前，大部分地区尚无规范统一的特种粮食作物市场供求信息平台，特种粮食作物的种植方向往往由往年市场行情所决定，农民种植带有很大的盲目性。市场主体主要是零散种植的农户，产品最终价格受产地经纪人和收购加工企业决定，部分地区虽然有公司（协会、企业）+农户等组织形式，但现有合作组织多为分散型或松散型，成员之间利益连接机制不紧密，规范运作、利益共享、风险共担意识不强，企业拓展外部市场能力有限，其运作的成效并不显著，也无力承担市场的风险。

2.4.1.4 规模化种植程度低，种植模式落后，栽培方式问题突出

种植规模分散，规模化程度低。从直接原因上理解，农产品滞销是因为农产品供大于求、价格波动、产销信息不对称，但是从根本原因上分析，症结在于一家一户的分散生产经营模式，只有农产品的规模化生产和专业化经营，才能更加准确地掌握市场信息，才能让产品更加具有市场竞争力。

我国特种作物往往依靠独特的地理环境，有的甚至还没有人工种植，而开展了人工种植的作物，往往也因为规模小而导致产量有限，直接导致了特种作物原料供应不足。同时，由于农产品种植受季节、极端天气以及人为的种植习惯和采收不当等原因使得特种作物产品原料供应不稳定。以杂粮为例，杂粮主要分布在干旱半干旱地区和高寒山区，面积相对集中，区域分布明显，其主要包括谷子、高粱、荞麦、糜子、燕麦、大麦、薏苡、蚕豆、豌豆、芸豆、小扁豆、鹰嘴豆、草豌豆等数十类作物。相对于大宗粮食作物，小杂粮种植分散，耕地地形复杂，机械化程度低，加之品种混杂退化，优良品种少且推广困难，生产潜力发挥受到严重制约。据统计与调查，我国小杂粮种植面积占粮食作物播种面积的5%～6%，总产量占比不足3%。我国小杂粮作物单产水平普遍偏低，平均不足大宗粮食作物的40%，与其他管理水平相对较高的国家相比相差甚至更多。种植规模小、原料供应不稳定限制了我国特种粮食作物产业化的发展。以湖北省为例，2015年湖北省蚕豆种植面积为95万亩*，仅占全省粮食作物面积的1.45%，高粱、杂豆等面积为57万亩，仅占全省粮食作物面积的0.88%。并且生产多以自食为主，生产区域分散，长期处于自产自食状态，商品异色率、异型率高，达不到市场要求的商品质量标准，影响了湖北省特种粮食作物销售和产品市场竞争力。

因此，我国特种作物种植规模小、种植分散的问题是目前限制特种作物产销平衡的一个重要的瓶颈，而如何突破这个瓶颈，就需要“化零为整”，将产、供、销联系在一起，实现信息的互联互通。例如，“一亩田”模式是我国互联网农业的创新典型，一端服务批发商和采购商，一端服务农民和产地，通过移动互联网、大数据，以及线上线下的撮合服务，帮助产地农民实现农产品产销对接，缓解农产品卖难和卖价低等传统难题。截至2015年底，与“一亩田”达成战略合作的各级政府超过70家（含省、市、县），合作内容包括电商培训、农产品贸易对接、农产品批发市场信息化改造及“中国好产地”标准化建设等。“一亩田”在全国范围内解决或缓解农产品滞销事件近70起，先后多次被中央电视台、人民日报、农民日报等中央类权威媒体报道。

* 1亩≈667平方米，15亩=1公顷，全书同

2.4.1.5 作物品种盲目引进，种植模式落后

部分农民当听闻某种植物赚钱时，急功近利思想严重，没有完整考虑当地生态资源的适宜性，并且不顾市场经济规律，跟风引进不适宜本地种植的特色经济品种，造成不必要的损失。更主要的是种植资源市场缺乏监管，引进了一些没有经过严格产地检疫的特色粮食植物，造成新的土传病菌和杂草虫害入侵，在本地产生了新的变异病株，使病虫草害的防治工作越来越难。以湖北省为例，湖北大多数地方种植的特色粮食品种以地方品种为主，良种采用率不足10%，缺乏优质高产品种和专用品种，阻碍了湖北特种粮食作物实现产业化的步伐。此外，特种粮食作物大多种植在瘠薄土壤或边缘土地，栽培管理粗放，种植技术、病虫害防治措施等应用较少，呈现出投入少、产量低、经济效益差的特点。山区生态环境恶劣、自然灾害频繁，总产量年度间变化大，种植风险较高。

特种粮食作物科学研究处于发展阶段，多数特种粮食作物的连作障碍机理尚待进行深入研究，实际推广种植过程中的连作重茬问题突出。大部分特种粮食作物原产地及适宜种植区域的种植技术比较落后，没有对特种粮食作物当地条件及种植区域生态资源进行匹配，并配套相应的种植模式。以盐城地区为例，在盐城市沿海地区，由于土地资源有限，小宗特种粮食作物呈现集约化、复种指数高的发展趋势。在生产中，往往在固定的土地上多次种植同一种植物，或在同一块土地上连续多年种植，导致了植物发育不良、品质降低、产量下降、病虫害发生严重等连作障碍，严重影响了特种粮食作物的可持续发展，并对生态环境造成了严重的干扰。

2.4.1.6 区域生产布局不合理，销售及加工原料供需不匹配

生产布局不合理，农产品供需时间不匹配。目前由于特种粮食作物的种植模式欠缺，生产布局不合理，导致特种粮食作物销售及加工过程中的供应与需求不匹配。多数种植区缺乏不同适宜种植期品种的搭配，果实成熟期较短且集中，这就导致其销售价格的波动性较大。同时，在加工方面，加工企业存在季节性原料供应不足。从而导致生产者与加工方的链条断裂，出现粮农卖粮难、企业收粮难的两难境况。

产品深加工技术落后，产品附加值低。目前，我国特种粮食作物农产品加工主要以初加工为主，深加工产品少。特种粮食作物农产品加工企业因为各方面的原因，普遍生产规模小，技术装备水平和产品开发层次较低，中小企业占比高，缺乏具有竞争力的名牌企业或企业集团，企业效益低下，核心竞争力弱。同时，特种粮食作物在农产品加工领域的科研投入同样不足，科技创新能力不足。

2.4.1.7 品牌营销及产销矛盾问题凸显

品牌营销落后，市场战略缺失。我国特种粮食作物农产品由于生产规模小、专业市场发育不完善、流通效率低而且流通成本高和信息化服务水平不够完善等原因，导致农产品营销仍以政府推广为主，传统的生产者、批发商、零售商和消费者组成的传统营销模式为辅。随着市场经济的发展，特种粮食作物农产品的买方市场逐渐形成，市场关注度大幅提高，需求也呈暴发式增长的态势，其产品品牌营销成为企业不可忽视的课题。目前在网络市场上，特种粮食作物农产品的品牌尚处在初步发展阶段。就我国特种粮食作物品牌战略管理而言，尚有相当长的路要走，多数品牌处于品牌战略缺失状态，一些品牌即使完成了战略规划，也往往是流于形式，一些区域甚至连品牌发展的基本战略问题都悬而未决。

2.4.1.8 特种粮食作物标准化生产程度低

实施全过程的标准化生产是保证特种粮食作物农产品产量和质量的重要手段。我国特种粮食作物标准化工作滞后，而且制定的各种标准没有在生产过程中彻底执行，加上东、中、西部经济发展不平衡，在一些落后地区，根本不知道在生产过程中有何标准。产前、产中和产后整个过程均缺乏对标准化问题的认识，生产、加工和流通各环节的标准也不能很好地衔接。另外，我国现有的出口检疫标准并没有建立起完整的体系，各种检验检测标准没有跟上农产品加工技术的发展，影响了我国特种粮食作物进入国际市场。

部分农户不熟悉特种粮食作物的采收时间和加工方法。在采收上，有时季节把握不准，错失最佳采收时间；或采收混乱，不精心；或混等混级、掺假使杂等。在加工方面，没有根据植物自身特性，选择合适的加工方法，该用硫黄熏蒸的没有硫熏，该蒸煮的没有蒸煮，该发汗的没有发汗，该干燥的没有干燥等。由于没有适时、合理的采收，直接导致植物生物学产量和品质下降，有效成分含量降低，降低了产品的美观和质量。并且，由于特种粮食作物品种种类繁多，种植模式欠缺，一种作物可能会受到很多种病虫为害，特别是一些大引大调带进的新的病害缺少有效的药剂防治，部分农民盲目用药，造成了农药残留量严重超标，直接影响了产品质量和产地声誉。

2.4.2 特种粮食作物发展趋势与对策

特种粮食作物农产品加工业的产业化是以市场为导向，以经济效益为中心，依靠龙头企业带动科技进步，对农产品加工中产、加、销产业链实行区域化布局、专业化生产、一体化经营、社会化服务和企业化管理，形成贸工农一体化、产加销一条龙的经营方式和产业组织形式。我国特种粮食作物农产品加工产业化对策如下。

2.4.2.1 优化特种粮食作物产业布局，构建优势发展区域

根据全国各地农业自然资源禀赋状况，做好区域布局规划，从品种结构、生产结构和区域布局3个层次上优化调整特种粮食作物产业结构，支持和培育优势农产品产业带建设，形成合理的区域分工，把特种粮食作物基地布局在最佳区域内，做到自然适宜、经济合理、技术可行、生态平衡。建设一批优势突出、特色鲜明、效益显著的特种粮食作物产业集中发展区。做好信息服务，引导特种粮食作物农产品加工业尽量在产区布局，建立产业投资预警机制，发展块状特种粮食作物产业，实行错位发展、错峰竞争，避免重复投资和过度竞争。进一步发掘和延伸特种粮食作物农业功能，大力推进特种粮食作物旅游和休闲农业发展。

2.4.2.2 培育特种粮食作物农业生产经营主体，构筑龙头带动机制

特种粮食作物产业的发展和水平提高，最终决定于生产经营主体的素质和组织形式。必须以组织化、规模化为方向，积极培育龙头企业、专业合作经济组织、专业大户、批发市场等适应产业化要求的特种粮食作物新型农业生产经营主体，创新特种粮食作物组织形式，一头对接市场，一头连接农户，形成“龙型”的生产经营体系。一是加速土地规模经营。根据“自愿、有偿”的原则，依法合理引导土地经营权有序流转，扩大特种粮食作物农户经营规模，发展订单农业，形成集中连片种养的条件，便于基础设施改善和设施农业发展，吸引资本、技术等要素投入。二是以特种粮食作物专业合作组织为载体，引导农户自主联合。加强农业合作文化建设，扶持和帮助农民走合作的路子，根据农田、园地、林地等资源优势和不同的区域生产特点，在相对集中的区域内形成自我管理、自我服务、自我发展的组织形式。三是引导特种粮食作物龙头企业与农户扩大合作。在扶持农业龙头企业的同时，把重点放在带动功能的发挥，放在与农户连接机制建设上。大力发展“合作社+农户”“企业+合作社+农户”等形式，促进特种粮食作物龙头企业壮大与农民增收相协调，避免企业与民争利，实现农企互动、产销对接，形成带动规范生产、促进农户增收的组织机制。

2.4.2.3 完善特种粮食作物产业利益协调机制，形成互惠互利的合作关系

特种粮食作物农产品生产、加工、营销的经济活动，都是以利益最大化为目的。参与特种粮食作物农产品加工产业化的各个实体必须形成一种利益共享、风险共担的利益共同体，以经济利益为纽带，形成互惠互利、共兴共衰的关系。在协调各方的利益关系时，要遵循以下原则：一是要通过利益协调机制，使特种粮食作物

生产环节得以分享其后续环节（加工、运销）的利润，加工、运销企业要把扶持生产作为实现自身利益的必要手段和基本义务，自觉地为特种粮食作物生产环节服务。二是按照风险共担、利益共享、互助协作、联动发展的原则，建立特种粮食作物产加销各环节、贸工农各方面同甘共苦的关系。三是在一体化经营创利多的市场波峰阶段，可以考虑提取适当的风险基金，以备在特种粮食作物产品滞销、市场跌入低谷、遭受自然灾害时提供自我保护，避免特种粮食作物食品生产和加工经营的大起大落。

2.4.2.4 全方位畅通特种粮食作物农产品物流，构筑市场拉动机制

特种粮食作物产业从根本上讲要反映市场的需要、体现竞争的要求。按照市场经济规则，选定特种粮食作物农产品目标市场，着力拓展市场，提高特种粮食作物农产品商品率和市场竞争力，是发挥市场机制的基础性作用，突出市场拉动作用的有效途径。一是加强特种粮食作物农产品市场研究。既要系统调查现有特种粮食作物农产品的市场，详细了解需求情况，包括需要的品种、数量、档次要求、流通渠道等，还要从经济社会发展与一些市场迹象分析未来走势，进行科学的市场细分、营销策略和销售渠道研究，开拓市场，引导消费，创造市场。二是大力发展特种粮食作物现代市场营销业。加快特种粮食作物农产品批发市场的升级改造，建立以重点农产品批发市场为核心、以产地批发市场为主的农产品市场体系。发挥农业龙头企业、农民专业合作社、农产品行业协会（农产品出口企业协会）和专业大户的市场营销作用，积极培育农产品流通、农村经纪人队伍和营销大户。规范农产品流通秩序，降低交易成本，提高流通效率，构建集约化、系统化、市场化程度较高的农产品市场营销网络。三是加快农业“走出去”。把开发要素市场与开拓产品市场有效结合起来，做大做强两种资源、两个市场，运用资本经营的办法，把资金、技术、品牌、加工、管理和种子种苗等优势，与外地的土地、人力、市场等优势相衔接，在更大范围、更广领域、更高层次上促进生产要素的优化配置。在内外市场的共同拉动下，为特种粮食作物农业结构调整和产业升级提供动力。

2.4.2.5 加快特种粮食作物农技推广体系建设，构筑科技促进机制

科技是特种粮食作物产业发展的根本保证。它不仅包括生产技术，还包括加工、贮运、种子种苗、种养模式等技术，不仅包括技术本身，还包括创新推广技术的能力和农民的吸纳能力。一是特种粮食作物技术创新和研发重点要对路。特种粮食作物科技开发不应为技术而技术，而要提高有效性、适应性，重点解决生产实际中的重大问题。加快研发与特种粮食作物产业发展相适应的先进实用技术和技术模式。加强科技协作攻关，力求在特种粮食作物种子种苗、农产品精深加工保鲜、标

准化、质量安全、资源综合利用和生态开发技术等方面取得突破。二是特种粮食作物技术研究和应用要对接。特种粮食作物生产实际中的技术问题能及时反馈，并得到科研部门的积极响应。科研部门的研究成果能有效得到生产部门的示范和推广应用，提高转化率。其中，很重要的是根据特种粮食作物农业区域化布局的要求，完善农技推广和社会化服务体系，提高农技组织及人员素质，创建高效的农技推广服务平台。三是特种粮食作物科技推广和农民应用要对应。加强农民素质教育和技能培训，增强专业技能和吸纳现代科技的能力，加快特种粮食作物农业科技成果普及转化。

2.4.2.6 构筑特种粮食作物农产品质量安全保障机制，推行标准化生产

特种粮食作物农产品质量安全是特种粮食作物生产的基本要求。保证特种粮食作物质量安全，最关键的就是把企业化的质量管理模式引入农业领域，实施标准化生产。一是完善特种粮食作物标准化制度。建立一套与特种粮食作物农产品相适应的质量管理制度和办法，通过标准化的手段规范从种子到加工、包装的全过程，生产出外观统一、内质符合要求的优质的特种粮食作物农产品。积极采用国际标准和国内同行领先水平的特种粮食作物标准，广泛引进、推广国际通用的危害分析与关键点控制技术（HACCP）和良好的管理规范（GMP），鼓励生产经营者积极争取相关认证，取得特种粮食作物农产品进入国际市场的“入场券”。二是全面建设特种粮食作物标准化生产基地。以无公害农产品基地认定，有机食品、绿色食品认证为抓手，加快培育特种粮食作物标准化实施主体，建立一大批农业标准化生产基地，全面推行标准化模式图、生产档案记录等，形成稳定的特种粮食作物农产品质量生产基础。三是推行特种粮食作物农产品市场准入制度。按照布局合理、功能完备、服务便捷的原则，建立健全特种粮食作物农产品质量检测网络和农业质检机构，加强对特种粮食作物农产品质量全过程的监测，定期发布特种粮食作物农产品质量安全状况，形成政府管理和市场约束的“倒逼”机制，提高特种粮食作物农产品质量安全水平。

2.4.2.7 切实强化特种粮食作物农业文化建设，构筑品牌辐射机制

当今社会，经济与文化日益融合，文化在经济发展中发挥着更为积极的作用。品牌是特种粮食作物农产品质量和特色的标志，也是联系商品和消费者的媒介，是现代农业文化的重要代表，也是引领特种粮食作物产业的“旗帜”。一是整合品牌资源，形成强势品牌。根据各地资源优势和特种粮食作物产业发展状况，选准一批影响大、对相关产业带动力强的特种粮食作物产业，选择一批有影响的品牌进行重点培育，逐步形成国内和国际知名的特种粮食作物品牌。在继续支持农产品商标注

册的同时，针对当前特种粮食作物品牌“多、杂、散、小”的问题，加强市场化的品牌整合，凸显品牌知名度。通过充分发挥区域比较优势，不断扩大优势特种粮食作物市场份额，根据区域特种粮食作物产业的总体布局、产业化经营的要求，发展区域特种粮食作物农业，壮大特种粮食作物区域公用品牌。二是保护品牌资源，打造诚信品牌。一方面，依托无公害农产品、绿色食品、有机食品生产基地，保障品牌特种粮食作物农产品质量；另一方面，加大对假冒品牌的打击力度，坚决抵制各种盗用名牌等违法行为。对地方特色或已有一定规模优势或有较高知名度等一切符合商标注册条件的特种粮食作物农产品，抓住机遇进行原产地保护以及保护性商标注册。三是宣传品牌，扩大品牌辐射力。大张旗鼓地开展农产品品牌宣传推介活动，针对不同产品和不同消费群体，从特种粮食作物农产品包装、市场定位、消费者信心鼓励、营销方法、文化内涵等角度，强化品牌创意和营销策划，积极引进企业形象识别体系，努力扩大特种粮食作物农产品名牌影响。

2.4.2.8 科学把握生态经济化的规律，构筑特种粮食作物有序开发机制

农业作为与环境紧密关联的产业，它有可能对资源环境造成破坏，也完全可以对遭受破坏的资源环境进行修复。关键要顺应时代潮流和新的发展趋势，从多功能开发切入，努力开辟生态经济化的合理途径。一是以高效生态农业示范县、示范区建设为载体，从整体区域范围，探索发展特种粮食作物生态经济的路子，建立农业农村生态环境安全评价、预警、监测和保障体系，加强生态环境建设，全面治理农业环境污染。建立生态补偿机制，坚持多管齐下，从控制、监测、治理、保护、合理利用和改善等多层次建设农业生态。二是围绕特种粮食作物产业，在农产品开发中注入生态内涵，满足人们求质、求新、求奇的消费取向，使生态资源的价值在优质、高价值的农产品中得到体现。三是着眼人与自然的和谐相处，充分运用资本、基地、设施、文化和地理等优势，大力发展特种粮食作物休闲观光农业、旅游农业等，美化生态环境，实现生态的经济化。

参考文献

陈俊安. 2009. 四川省种植业区域优化布局研究[D]. 雅安：四川农业大学.

陈林. 2015. 茶叶种植现状与探讨[J]. 农家顾问（2）：49.

陈志成. 2008. 小麦新资源与特色营养食品[J]. 粮食加工（4）：15-18.

崔明新. 1992. 适应市场需求调整种植业结构[J]. 农村经济（12）：14-16.

韩春梅，李春龙. 2013. 特色粮食作物栽培技术[M]. 成都：西南交通大学出版社.

胡立勇. 2009. 特种作物栽培学[M]. 武汉：湖北科学技术出版社.

康裕鑫，刘献景. 1994. 特色粮食作物栽培[M]. 北京：中国农业出版社.

李明铣，叶昌达.1985.对四川省种植业结构调整的探索[J].农村经济（11）：10-13.
梁玉刚，周晶，杨琴，等.2016.中国南方多熟种植的发展现状、功能及前景分析[J].作物研究，30（5）：572-578.
林隐荫.1994.特种粮食作物的开发[J].新疆农业科技（1）：15.
刘行，张小军，岳福良，等.2017.特色花生研究进展及发展优势[J].四川农业科技（7）：71-73.
刘娟.2014.四川省特色效益农业发展现状、问题及对策[J].四川农业科技（10）：5-6.
邵达三，黄细喜，陈后庆.1989.江苏省种植制度的现状与发展[J].江苏农学院学报（2）：21-24.
施尚泽.2002.四川中药材种植现状及发展[J].西南农业学报（1）：120-122.
石桂双，李铁忠.2012.我国特种玉米生产的现状及发展对策[J].辽宁农业职业技术学院学报，14（1）：16-17.
谭和平.2001.四川省种植业结构调整的思考[J].四川农业科技（3）：4-5.
唐腾飞.2015.豫东地区主要经济作物种植结构演变分析——以河南省睢县为例[J].商（46）：275.
王建玲，刘学庆，林祖军，等.2000.特用甘薯的研究进展及综合开发利用[J].杂粮作物（3）：43-49.
小杂粮网[EB/OL].http://www. mgcic. com/
向平，郭元林，唐江云，等.2014.基于SWOT模型的四川省农作物种业科技发展现状分析与对策研究[J].种子，33（11）：64-67.
杨国凤.2015.特色大豆的营养价值与利用[J].农民致富之友（13）：89.
殷定华.2002.扩种特经作物须谨慎[J].中国老区建设（9）：25.
尹秀波，张兆才.2007.山东省经济作物生产现状及前景展望[J].中国农技推广（1）：16-18.
曾其国，彭培好，陈文德，等.2010.四川干旱河谷地区经济作物可持续发展战略[J].生态经济（12）：56-59.
张海霞，庄天慧，傅新红.2007.农业兼业化地区农作物良种推广现状的实证分析——以四川省雅安市雨城区为例[J].农村经济（10）：105-107.
张璐.2016.基于特色农业背景下种植因素对种植结构的影响分析[J].农民致富之友（18）：77.
赵则胜.2007.特种稻研究与利用[J].北方水稻（6）：1-6.
中国有机杂粮网[EB/OL].http://www. zgzl. com/
中国杂粮网[EB/OL].http://www. chinazlw. cn/
中国种植业网农业数据库[EB/OL].http://zzys. agri. gov. cn/nongqing. asp
周仁贵.1986.四川种植业结构调整的现状与问题[J].财经科学（2）：42-45.

（杨爱国　刘国祥　撰写）

3 特种纤维作物

3.1 特种纤维作物概述

3.1.1 特种纤维作物定义

纤维植物是指植物体某一部分的纤维细胞特别发达，能够产生植物纤维，人们可从中取得纤维，并加以利用的植物。纤维作物是指利用其纤维做纺织、绳索、编织、填充等用途的作物。

人类栽培纤维作物历史悠久，棉纤维曾被广泛使用，成为人们的必需品。近现代随着尼龙、亚克力和聚酯纤维的使用，棉织物的用量急剧减少。21世纪以来，随着人们对环境与健康的日益重视，植物纤维需求有增加的趋势。棉纤维是当今纺织工业中使用最广泛的天然纤维，通常纺成纱或线，用来制造柔软、透气的纺织品。但是种植棉花需要大量灌溉、使用杀虫剂和肥料。

随着人们对生态环境和能源问题关注程度的加深，开发和利用具有绿色环保性能的特种植物纤维成为纺织业发展的趋势，具有广阔的发展前景。苎麻、亚麻、黄麻、红麻、大麻、罗布麻、青麻、剑麻、蕉麻、菽麻等麻类作物对环境压力小，日益得到广泛栽培。这些栽培面积相对较小的纤维作物通常被归类于特种纤维植物。

3.1.2 特种纤维作物分类

按照植物纤维的器官、组织来源划分，一般分为八大类。

（1）韧皮纤维。又称软纤维，位于茎的表皮层下，不会木化或木化后质地仍柔软，商业用的韧皮纤维植物主要有苎麻、大麻、红麻、黄麻、亚麻等。

（2）叶纤维。又称硬纤维，纤维木化较硬，产自单子叶植物的叶，叶纤维植物主要有蕉麻、剑麻（原产墨西哥等国家，现广泛栽培），其他还有龙舌兰科的丝兰属、毛里求斯麻、新西兰麻、虎尾兰属及凤梨科的菠萝等。

（3）种子纤维。一些植物种子表皮细胞生长成的单细胞纤维，产自双子叶植物，如棉、木棉，现主栽的为原产于西半球的产细绒棉的陆地棉及产长绒棉的海岛棉。

（4）果实纤维。从一些植物如吉贝、椰衣、丝瓜等果实中取得的维管束，这种纤维现多用于飞机隔热隔音、家具等业或用作装甲车减震衬料。

（5）根纤维。一些植物根系发达，如产于墨西哥的禾本科帚用乱子草，其不定根细韧，用作出口扫帚。

（6）穗轴纤维。禾本科的芒属及高粱的穗状花序各级侧轴，细韧，富含纤维，可用于制帚。

（7）木材纤维。常用于造纸，又分为软木纤维和硬木纤维，软木纤维为针叶木，如云杉、冷杉、铁杉、落叶松，硬木纤维为阔叶木，如白杨、桦木、桉木。

（8）其他纤维。除上述的7大类纤维以外，其他类纤维如禾本科、芒属等植物的茎秆，可供编织、造纸，竹纤维是新兴的一类纺织纤维，具有散热、透气等优良特性，是继棉、麻、丝、毛四大天然纤维之后的第五大天然元素。

3.1.3 特种纤维作物用途

植物纤维用途广泛、消费量大，且具有绿色环保及可再生的特点。中国利用植物纤维，特别是苎麻和大麻的历史很早，在新石器时期的土陶器上已有麻布的印纹。《诗经》中已有沤纻（沤制苎麻）的记载，"东门之地，可以沤纻"（《陈风》）。纤维作物主要用于纺织。一般来讲，用纤维作物为原料生产的纺织用品可分为3类：一是用于纺织衣物、服饰，如棉花、苎麻、亚麻、大麻、罗布麻等。二是用于包装，如黄麻、红麻、苘麻等。三是用于制作绳索、地毯等，如剑麻、蕉麻、菠麻等。将这些纤维作物用于纺织用途中，彩色棉的独特性，主要是因为彩色棉在纺织过程中无须印染、漂白和煮炼等化学处理，制成的服装色泽自然、质地柔软、富有弹性、永不褪色、穿着舒适，对人体健康无任何危害，常用来纺织高级内衣。还有罗布麻纤维的面料制成的衣物，有清火降压等保健作用，是一种具有广阔开发利用前景的保健纺织品。在椰壳中的高弹性纤维，可以用来生产地毯、棕垫、隔音隔热材料和防震包装材料等。近年来随着人们对环境与健康的日益重视，作为绿色环保且可再生的纺织原料应用也日益得到重视。

植物纤维与人类生活的关系极为密切，除日常生活必需的纺织用品，像造纸、化工、材料等工业也都需要植物纤维做原料。造纸工业原料，目前利用的主要是黄红麻全秆。其他如红麻可用来生产汽车内装饰麻衬垫、麻骨胶合板、水面排污用吸附材料等，罗布麻茎、叶所含乳胶液可提炼橡胶。用亚麻纤维可生产汽车车门的内饰板，麻屑可用来生产麻屑板、种植食用菌、活性炭等。剑麻纤维与玻璃纤维、酚醛树脂共混，制备纤维混杂复合材料。

3.2 特种纤维作物种类及分布

3.2.1 特种纤维作物种类

3.2.1.1 主要特种纤维作物种类

产生植物纤维的纤维植物，全世界有数百种。川锅祐夫等（1981）总结了128

种纤维作物，在双子叶类中有86个种，分属13个科53个属；在单子叶类中有42个种，分属4个科11个属。在双子叶类中主要有锦葵科，包括棉花、红麻、青麻等；荨麻科，包括苎麻等；大麻科，包括大麻等；亚麻科，包括亚麻等；椴树科，包括黄麻等；夹竹桃科，包括罗布麻等；豆科，包括菽麻等。在单子叶类中有龙舌兰科，包括剑麻等；芭蕉科，包括蕉麻等。

栽培的纤维作物，全世界30种左右。纤维植物主要有锦葵科、荨麻科、椴树科、亚麻科、桑科、豆科、梧桐科、大戟科、榆科、卫矛科、瑞香科、夹竹桃科、萝科、龙舌兰科、芭蕉科、凤梨科、百合科、棕榈科和禾本科等。我国栽培的纤维作物主要包括山杨、青檀、胡麻、胡枝子等。需要指出的是，狭义的纤维植物仅指麻类，包括软纤维和硬纤维，因此本书重点介绍苎麻、亚麻、剑麻、罗布麻等具有重要经济开发价值的麻类作物（表3-1）。

表3-1　我国主要特种纤维植物资源

名称	分类	分布	用途
山杨	杨柳科	我国东北大兴安岭、小兴安岭、长白山及黄河中下游地区均有生长	可在造纸、家具、建筑方面使用
旱柳	杨柳科	常栽培在河湖岸边或孤植于草坪，对植于建筑两旁	树皮、枝条纤维可以代麻用，并可以用来做造纸原料
青檀	榆科	辽宁、河北、山西、陕西、甘肃南部、青海东南部、山东、江苏、安徽、浙江、江西、福建、河南、湖北、湖南、广东、广西、四川和贵州	茎皮、枝皮纤维为制造书画宣纸的优质原料
胡麻	亚麻科	山西、甘肃、宁夏、内蒙古等地	茎皮纤维为高级纤维，白色而柔软有光泽，可以单纺或者混纺，也是特种纸的原料
胡枝子	豆科	我国大部分地区都有栽种	枝条纤维可以造纸，制造人造棉以及麻制绳索
亚麻	亚麻科	主要分布在黑龙江和吉林两省	亚麻纤维具有拉力强、柔软、细度好、导电弱、吸水散水快、膨胀率大等特点，可纺高支纱，制高级衣料
苎麻	荨麻科	中国主要产地分布在北纬19°~39°，南起海南省，北至陕西省均有种植苎麻的历史，长江流域麻区是中国的主要产麻区	优良的纺织原料

（续表）

名称	分类	分布	用途
红麻	锦葵科	广东、广西、浙江、河南、山东、安徽、江苏、湖南、湖北、江西、四川等地均有种植	重要的轻纺工业原料
罗布麻	夹竹桃科	中国淮河、秦岭、昆仑山以北各省(自治区)都有罗布麻分布	茎皮纤维可作高级纺织原料,制作渔网线、皮革线、高级绘图纸等,还可以用于国防工业、航空、航海和其他机械工业
芦苇	禾本科	灌溉沟渠旁、河堤、沼泽地等	苇秆可作造纸和人造丝、人造棉原料
龙须草	禾本科	分布东北、华北、湖北十堰、陕西南部、西北和华东的山东、江苏	纤维长、拉力好、色泽乳白,是制造胶版印纸、复印纸、钞票纸的优质原料

3.2.1.2 主要特种纤维作物优缺点

棉纤维是主要纤维材料，但其栽培需要大量灌溉、喷施农药，人们开始寻找新的植物纤维来替代或部分替代棉纤维，如黄麻、苎麻、大麻和亚麻，这些被归类为韧皮纤维。表3-2列出了主要麻纤维与棉纤维性状比较。其中黄麻具有很长、柔软、有光泽的植物纤维，主要种植在印度次大陆、中国和泰国，因其优异的性能，日益受到人们关注，已被广泛用于制造软包装织物、地毯衬垫和装饰织物。黄麻纤维几乎没有任何缺点，除了刚度和粗糙度特性外，需要使用化学品和工艺来最小化纺纱问题。除了黄麻、亚麻纤维，特别是长纤维亚麻几乎专门用于亚麻生产。苎麻越来越多地被用于制作工业缝纫线、包装材料、渔网、滤布，也被用于家装面料（室内装潢、帆布）和衣服。在苎麻纤维结构中加入乙二胺交联剂合成了聚环氧氯丙烷胺，这种改性纤维显示出与羊毛纤维相似的特性和显著提高染料吸收效果。在其他环保纤维作物中，工业大麻是一种生产大麻纤维的良好来源，广泛应用于耐用织物生产。但由于存在植物化学药物组分D-9-四氢大麻酚（THC），在大多数国家都被禁止种植。加拿大和中国允许低THC含量的工业大麻合法种植。减少与大麻纱线生产相关的环境影响，应优先考虑减少纤维加工和纱线生产阶段所用的能源，以及减少作物生产阶段的富营养化。

表3-2 主要纤维作物优缺点

植物纤维	来源	优点	缺点
棉花	棉属植物	来源丰富，环境友好，透气柔软，成本低，可再生	栽培过程需水量大，且需大量使用除草剂和杀虫剂，易造成环境污染
黄麻	黄麻属	可再生，成本低，栽培过程不用大量使用农药，可生物降解	纺织难
亚麻	亚麻	栽培过程农药用量少，环境安全	质量和一致性难以控制
大麻		无须杀虫剂，高拉伸强度，麻织物手感柔软，环保作物，需要少量的水，无废物产生	栽培受到限制
苎麻	苎麻	耐皱、高强度、抗细菌、霉菌和虫害	需要化学处理使纤维脱胶，高成本

3.2.2 主要特种纤维作物分布区域

我国特用纤维作物在世界占有重要的地位，生产总量居于世界前列。其中，我国苎麻产量世界第一，出口量占世界苎麻出口的95%；亚麻、红麻和黄麻产量世界第二。同时，我国特用纤维作物在国际市场上具有较强的质量和价格竞争优势，是我国极为重要的出口创汇产品。目前存在的主要问题是，麻类优质品种比重低，剥麻设备简陋，劳动强度大，综合利用能力低，麻类加工导致环境污染严重。目前重点发展的3种特用纤维作物优势区域如下。

（1）苎麻。苎麻主要分布在湘鄂赣、川东—渝中南地区、桂北地区。具体区域分布如图3-1所示。

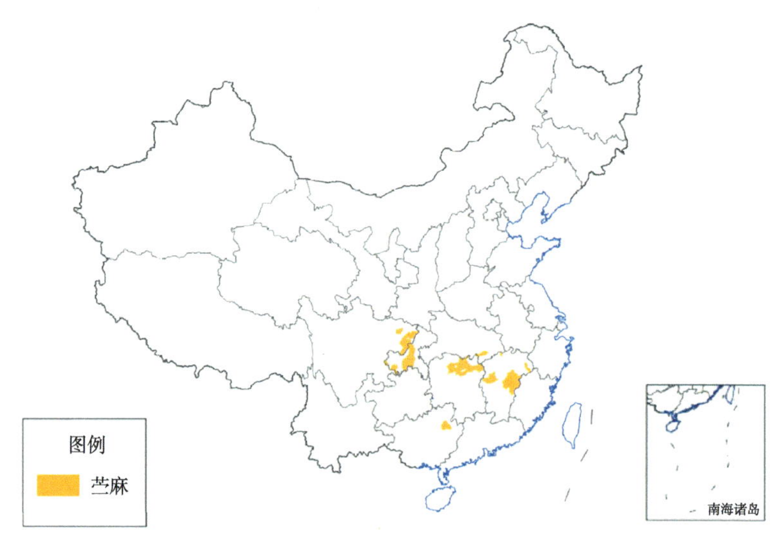

图3-1 苎麻区域分布示意图

（2）亚麻。亚麻主要分布在黑龙江、新疆伊犁、甘肃中东部。具体区域分布如图3-2所示。

图3-2 亚麻区域分布示意图

（3）剑麻。剑麻主要分布在华南南部。具体区域分布如图3-3所示。

图3-3 剑麻区域分布示意图

（4）罗布麻。在我国，罗布麻主要分布在长江、淮河、秦岭和昆仑山以北的广大地区，在新疆、甘肃、内蒙古、陕西、山西、河北、吉林、山东等地均有分布。根据我国罗布麻主要分布区年降水量的多少，将我国罗布麻地理分布划分为了3个主区。包括年降水量250毫米以下的西北内陆白麻和红麻干旱分布区，主要包括甘肃河西走廊、内蒙古西部、新疆塔里木盆地等区域；年降水量400毫米左右的北部红麻半干旱分布区，主要包括辽宁、吉林、内蒙古东南部、山西、陕西和宁夏等地；以及年降水量500～700毫米的沿海及内地红麻半湿润及湿润分布区，主要包括江苏北部、安徽北部、河南北部、山西南部、山东、北京、天津等地。杨会枫等通过MaxEnt模型对国内44个罗布麻分布点的环境因子进行分析指出，最冷月低温、年平均温、最冷季平均降水量和最湿季平均温是影响罗布麻分布的主要环境因子，我国适宜罗布麻生长的地域占国土面积的11.94%，这与张绍武等划分的罗布麻分布地域基本一致。杨会枫等同时还预测随着全球气候变化的不可逆性，国内罗布麻适宜生境将会持续减少，因此罗布麻种质资源的收集和迁地保护工作需要得到重视。

3.3 特种纤维作物发展现状

3.3.1 产业化发展现状

3.3.1.1 苎麻

所谓苎麻产业化，是指以苎麻作物为原材料和核心，以国家政策支持和科学技术支撑为先导，以苎麻纤维纺织制成品为产品，以开拓和占领市场为市场营销方向，形成一条以苎麻为线索的产业价值链条。苎麻的经济价值和用途主要包括纤维用作纺织原料，叶、根、骨、壳用作饲料、树脂塑料膜原料，地上部分用于提取乙醇原料等。中国是世界上最大苎麻生产国。在2006年，其苎麻种植面积和产量已经分别占到了世界的97.1%和98.2%。苎麻在其他国家的种植面积一直非常少，只在老挝、巴西、菲律宾等国家有小规模的种植。

目前，苎麻种植面积稳步上升，市场供求较为平衡，苎麻产业步入良性循环轨道。2009年我国苎麻产量为28.17万吨，苎麻纤维使用量为26.01万吨，苎麻行业发展基本实现了供求平衡。从1999—2010年，我国苎麻产业摆脱了大起大落的不可持续的怪圈，苎麻原料市场供求也基本达到了平衡，淘汰了一些老旧、低劣的苎麻种植园，苎麻良种面积有所扩大，品质和单产都有所提高。我国苎麻单产从1996年的平均每平方千米1.55吨提高至2005年的每平方千米1.92吨。这些年，苎麻种植面积、产量和原料价格稳步上升，并实现了供需的基本平衡和合理价位的维持稳定，市场秩序井然，供求达到平衡，走上了良性循环的轨道。政府和麻区种植户对待过去几年来的苎麻热，少了些许盲目性，多了几分理智性。

近年来，我国苎麻纺织业得到迅速发展。苎麻短纺锭从265 836锭增长到485 180锭，增长了82.60%；苎麻长纺锭从235 935锭增长到441 920锭，增长了87.30%；主要苎麻纺织产品纯苎麻纱的产量由17 007吨增长到41 013吨，增长了141.21%；苎麻棉混纺纱由38 938吨增长到68 496吨，增长了75.9%；工业总产值从31.4亿元增长到

65.8亿元，增长了110.30%；纯苎麻布从5 593万米增长到11 460万米，增长了104.8%；利税总额从3.35亿元增长到3.67亿元，增长了9.61%；出口苎麻纱线从27 031吨下降到7 370吨，下降了72.70%；出口苎麻织物从7 927万米增长到8 006万米基本持平；出口创汇从1.14亿美元增长到1.56亿美元，增长了36.81%。

从产业政策导向看，苎麻纺织业属于我国比较优势行业，列为国家鼓励发展的范畴。在“十二五”纺织行业振兴规划中，我国政府已经提出要将行业结构调整作为重点，加大对纺织品新材料的投入，天然有机苎麻作为非棉类天然纤维等再生资源的研发和产业化会大大加强，苎麻纺织业乃至苎麻行业显然将受其利。麻产品作为农业部（现农业农村部）首次重点资助的52种农产品之一。2010年，农业部专门成立了以中国农业科学院麻类研究所牵头的“麻类产业技术体系”，科技部专门成立了以武汉纺织大学牵头的“苎麻产业技术创新战略联盟”，国家对麻类领域的生产和科技的支持力度得到空前提高。

3.3.1.2 亚麻

亚麻在我国种植已有近百年的历史，亚麻生产和科研获得了很大进展。我国亚麻主要分布在黑龙江、新疆、云南、吉林、内蒙古、甘肃等地。在黑龙江省北至大小兴安岭都是亚麻的适宜种植区域，种植范围广。在黑龙江省的盐碱地和江滩河套地区都能种植，兰西、肇州、安达等都是黑龙江省的亚麻种植区。但受金融危机的影响，亚麻种植受到了很大冲击，面积直线下降，我国亚麻面积从17.3万公顷下降到现在的2.7万公顷左右。黑龙江省亚麻面积为0.7万公顷。

我国纤用亚麻品种目前有36个，分为早中晚类型。国内品种主要是黑亚系列：黑亚14～20号，双亚系列：双亚12～16号，主要在干旱和岗地种植。国外引进品种主要为国外抗倒伏的品种，如法国引进的DIANE、HERMS、ARGORS，荷兰引进的AGATHA等，在江滩河套和降水多的地区种植。

亚麻是高档的面料纺织材料，其产品在国际市场上深受欢迎。亚麻布具有两个主要的优点，一是亚麻纱强度高，是棉花的2倍，另外一个是亚麻纤维中空，使它具有良好的吸水能力，能将人体体表的水分吸收。人们穿着亚麻面料制成的衣服时感觉舒适，因为汗水能够迅速蒸发，使人感觉凉爽。此外，毛细作用能够使亚麻纤维布料在潮湿的条件下拉力更大，因此亚麻布能制成耐用的帆、帐篷、毛毯和袋子。2002年全国亚麻纺纱30多万锭，麻纺织行业中排在前列。2003年开始快速发展，目前已经成为我国在国际市场上具有竞争优势的产业之一。

亚麻具有较高的营养价值。亚麻籽含油率35%～45%，属于高含油油料作物。由于亚麻油含有大量不饱和脂肪酸，容易变质。因此，80%的亚麻油用作工业，如用于生产油漆，制造瓷釉、油布、黑漆皮、雨衣、油墨、雨罩、肥皂等。在一些国家作为食用油被利用，我国西北、华北地区食用亚麻油历史悠久。冬天将亚麻油喷洒在水泥路上可防止路被冰雪冻住，同时还能防止路面磨损。亚麻籽含有10%～30%的蛋白质，亚麻籽经过压榨出油后，亚麻饼粕仍含3%～6%的亚麻油。因为蛋白质含量高，饼粕被认为是一种极好的饲料。将亚麻饼粕按适当比例，直接拌入牲畜饲料，可方便地进行饲养，用于养鸡、猪等。亚麻油中富含40%～60%的α-亚麻酸，α-亚麻酸具有多种保健功能。

我国发展亚麻原料生产与国外相比处于落后状态。亚麻纺织产业年需原料10万～14万吨，而我国仅产3万～4万吨，70%～80%的原料依靠进口。亚麻收获使用牵引式拔麻机。在亚麻加工水平方面，我国亚麻加工机械是从比利时和苏联引进的6DC-870和6DD-1200型，还有部分两节打手的加工设备，加工方法没有变化，机械水平也未升级。一条生产线至少需要20个人，加工数量8吨/天。

3.3.1.3 剑麻

剑麻是一种宝贵的热作资源，也是我国具有广阔发展前景和巨大出口潜力的优势产业。2002年我国剑麻栽培面积1.5万公顷，年产纤维6.8万吨，分别居世界第五位和第二位，单位面积产量为3 000千克/公顷，是世界平均水平的3倍以上，居世界第一位。我国剑麻种植主要分布在经济欠发达的区域，在推进农业结构调整，增加农民收入以及促进出口创汇方面发挥着重要作用。

我国剑麻主要分布在广东、广西、海南、福建和云南5省（区），其中主产区广东、广西和海南的剑麻面积和纤维产量分别占全国的92%和94%。广东和广西种植区大面积麻田从种植到收获已初步实现机械化，机械化综合作业水平达到85%，户均种植面积由过去1.5公顷，发展到现在的3公顷，大大提高了生产效率。

通过多年的生产实践，我国已摸索出实现剑麻高产稳产的栽培技术措施，并制定了剑麻栽培技术规程。通过剑麻种植业标准化实施，我国剑麻大面积平均单产可达3 000千克/公顷，居世界最高水平。在世界剑麻面积和产量逐年递减情况下，我国剑麻面积和产量稳步发展。近年来，我国剑麻受到新病害影响，收获面积逐年减少，然而我国先进的栽培技术使单产逐年提高，产量稳步增长。

国外剑麻生产主要集中在经济欠发达的发展中国家，剑麻主产国如巴西、坦桑尼亚、肯尼亚，生产的剑麻主要以销售纤维为主。我国经过多年的发展，剑麻加工业得到了长足发展，目前开发的产品已有12个系列920多个品种，在国内外形成了比较固定的销售网络。主产区如广东、广西及海南等省（区）已建立起一批剑麻龙头企业，基本实现了以产品为龙头、以市场为导向、产供销一条龙的产业化经营模式，如广东、广西两家剑麻集团实行产加销一条龙，农工贸一体化经营，覆盖了全国70%种植户和90%的产品，初步形成了集约化和规模化经营的格局。

近年来，我国剑麻产品出口呈良好态势，已拥有一批知名品牌和出口免检产品。例如，出口免检的广东东方剑麻集团“太阳牌”系列产品已经出口欧美30多个国家和地区，产品供不应求；广西剑麻集团的“剑王牌”系列产品也畅销国外。我国现年出口剑麻产品5 000吨，创汇达400万美元。

3.3.1.4 罗布麻

虽然目前对于罗布麻种质资源、育种、遗传学研究等基础研究较为薄弱，但是利用开发罗布麻的下游产业发展却如火如荼，目前对罗布麻的开发利用主要集中在纺织用和叶提取物的药用两个方面。作为一种药食同源植物，罗布麻茶、保健饮料、药膳等相关产业开发也在蓬勃发展。

罗布麻纤维的开发利用。罗布麻在我国发现之初，正逢国内纺织原料短缺，作为一种新型纺织原料在国内逐渐得到利用。罗布麻纤维是指茎秆韧皮部中的韧皮纤维，长度在10～220毫米，长短差异大且延展性低，纤维脆性大，只能和其他纤维产品混纺。但是和其他麻类纤维和棉纤维相比，罗布麻纤维具有良好的回潮率、抗静电性能、热稳定性以及抗菌抑菌活性。这些特点使得罗布麻纺织制品具有良好的舒适性，吸湿透气不易粘身，并且具有一定的保健功效，因此被誉为“野生纤维之王”。但目前罗布麻在国内纺织领域的开发利用率仅在10%左右。这也与罗布麻纤维特性和加工难度较大有关。

罗布麻提取物的药用价值开发。罗布麻根、茎、叶、花均能入药，是一味名贵的中药，1972年正式载入国家药典，并且于2017年被列入药食同源原料目录。罗布麻的根茎叶提取物中的主要活性成分为总黄酮类化合物，包括槲皮素、芸香苷类物质、黄酮苷类物质和强心苷类物质等，具有降血压、抗氧化、抗抑郁焦虑等多种药理活性。此外，还有丰富的有机酸类化合物，氨基酸，K、Ca、Fe等微量元素，具有极大的药用价值。目前一般认为罗布麻提取物具有抗氧化、降血压、抗脂质过氧化、抗抑郁、抗焦虑、抗高血脂、镇静、利尿和预防动脉硬化等作用。虽然罗布麻叶粗提物降血压的机制以及何种化学物质发挥主要作用并不完全清楚，但其治疗效果非常显著，国内医药市场已广泛应用罗布麻浸膏、复方罗布麻片等中成药治疗高血压。

3.3.2 特种纤维作物发展问题分析

3.3.2.1 苎麻

纺织工业是国家的出口创汇支柱性产业之一，是传统的比较优势行业，也是与人民日常生活紧密相关的行业。在苎麻产业传统发展模式的背景下，印染纺织业特别是天然纤维中的苎麻类产品受到市场的青睐，取得了较好的经济收益。然而，传统的苎麻产业模式也受到各种因素的影响，生产技术水平低下、生产工艺和设备相对落后，特别是呈现出高能耗、高污染、低资源利用率和低产品附加值等突出特点。在苎麻种植环节，存在品种老化、种植分散、产量低、收入少、施用化学肥料、土壤污染严重。人工收割劳动强度大、成本高、效果差、资源浪费严重，且品质不均。化学脱胶耗水大、污染严重、工序多、耗时长、成本高。纺纱环节效益低、利润空间小，终端产品偏少，以休闲服装为主。

因此，苎麻产业存在3个突出问题。一是苎麻产业附加值低，产业链脱节造成产品利润不高。许多苎麻纺织加工企业有的没有产品开发部门和研发人员，多年来就只是生产几种纱线，如果受到其他同行企业的挤压或者是需求市场的稍微剧烈的变化，那么前景可想而知。二是苎麻产业环境污染严重。传统的苎麻产业存在脱胶流程长、工序繁琐、能耗大、环保工艺落后等缺点，大大制约了苎麻产业的可持续发展。以“苎麻之乡”的咸宁地区统计为例，该市苎麻脱胶企业年产精干麻4万吨，按每生产1吨精干麻产生300吨污水计算，每年排放脱胶污水1 200万吨，日排放量在4万吨左右。而据湖北省新农生态麻业有限公司介绍，1.63吨原麻在该公司可以生产1吨精干麻，据测算每吨精干麻的加工成本3 500元左右，但其中污水处理成本达500元左右，由于污染和科技落后造成的损失程度可见一斑。三是产业链集中度与产品品牌影响度不够。以湖北省苎麻产业为例，上游湖北省苎麻产业的科技成果的优势转化为经济优势效果很不明显。中游产业发展模式相对滞后，不仅产品附加值低下，而且生产过程中环境污染情况严重，令人担忧。下游产品文化价值推广力度与科技产品市场营销力度不够，经济效益与社会效益不能令人满意。

3.3.2.2　亚麻

亚麻产业发展的瓶颈问题突出表现在以下几个方面。

种麻比较效益下降。我国对粮食等大宗作物采取种植补贴和保护价收购的政策。粮食价格等上涨，极大地提高了农民的种粮积极性。与粮食作物相比，亚麻价格提高相差一半，而且随市场波动。种植面积不断下降，2010年下降到0.7万公顷左右。例如，2002年玉米价格是1.0元/千克，亚麻原茎1.2元/千克，2011年玉米价格是2.0元，提高了100%，而亚麻是1.8元，仅提高了50%。近两年由于纤维价格上涨，面积才有所回升，但远没有恢复到危机前的水平。

优良品种匮乏、良种化低。亚麻种子问题，一直困扰着亚麻产业的发展。亚麻种子用量大，繁殖倍数低，所以亚麻良种化是生产中的关键问题。我国虽然已经培育出了30多个品种，引进了国外的一些优良品种在市场上应用，但高产优质的品种缺乏。国内品种产量高，但抗倒伏性差，给机械收获造成了难度。国外的品种麻率高，但抗旱性差。

亚麻栽培机械化水平低，降低了产业的竞争能力。我国亚麻播种还在使用小麦播种机，播种均匀度达不到亚麻要求。收获前仍然需要人力拔麻，为机车开道。亚麻生产发达国家都在使用自走式的拔麻机。国外雨露沤麻使用翻麻和打捆机械，我国这个环节上仍然是手工操作，工作效率低，成本高。生产上急需解决最后一公里的问题。

亚麻加工技术落后。加工机械自从20世纪50年代引进后，通过消化吸收使用至今，国外已经进行了很多方面的创新和改造，出麻率和工作效率都有很大提高。我国还是人工喂入，碎茎均匀度不好，国外是田间打捆，直接喂入机器，省工的同时还保障了麻茎均匀进入打麻机。

亚麻产业缺乏政策支持，与粮食作物比，经济作物的优势不明显，同国外同行比，由于他们有补贴，所以我国原料产业在竞争中处于劣势。随着国家对农业的支持，粮食作物等得到了国家的土地和良种补贴，使亚麻在与粮食作物的竞争中处于不利的地位。国外亚麻生产发达国家，如法国、比利时等对亚麻种植和加工都有补贴，农民每吨原茎补贴63欧元，加工长纤维200欧元，短纤维90欧元。所以这一地区的亚麻原料生产始终兴而不衰。

亚麻纺织依赖出口，国内市场亟待开发。我国亚麻纺织产品85%依赖出口，原料80%以上依靠进口，是个两头在外的行业。劳动力低成本的优势，使我国目前成为世界亚麻产品的生产基地。由于出口的是低端产品，利润空间不大，只是靠规模经营。尤其是国际市场的风吹草动，对产业产生很大的影响。开发高端终端产品和国内市场，才是产业发展的出路。

3.3.2.3 剑麻

我国剑麻纤维成本偏高，不同程度地影响剑麻产业的国际竞争力。虽然我国种植技术先进，在剑麻单产上占绝对优势，但世界剑麻主产国都是经济欠发达国家，劳动力成本低，且土地资源丰富，农产品税负轻，而国外剑麻纤维价格具有明显优势。

种植品种单一。由于剑麻科技投入总量不足，基础研究滞后，对新品种培育的许多技术难题尚未攻克，造成一个品种（H.11468）已经沿袭了几十年还没有更新。种植品种的长期单一及其老化退化现象严重地阻碍着剑麻生产的发展和剑麻制品的创新。

区域布局不够完善，特别是工业布局。目前我国有上百家剑麻制品厂，工厂多而分散，规模较小，技术装备落后，大部分产品是低级的绳纱，精深加工少，综合利用率和附加值低，造成资源的极大浪费。

新产品开发滞后。由于剑麻科技投入少，新产品开发资金和剑麻加工设备更新改造资金严重不足，设备陈旧，低档产品比例大，不能适应国际市场对花色多样化和产品高档化的需要。

3.3.2.4 罗布麻

种质资源保护和品种选育滞后。在我国的药用和纺织利用已经有很长时间，人们也多尝试不同地点、不同生境下罗布麻资源在形态、药用成分、纤维品质等各方面的特点，有目的地进行种质选择和人工驯化，然而目前罗布麻的应用仍以野生材料为主，人工培育驯化的专用型材料，除了以做罗布麻茶为主的“戈宝麻”系列和纺织用的“波西努姆麻”系列外，未见其他报道。而这两个系列用麻材料也都在新疆地区——我国最大的野生罗布麻分布区，以基地栽培和野生罗布麻为材料，没有在生产上游形成专用固定的定名品种。麻浩等认为野生罗布麻种质在形态、成分、品质等方面差异大，不易形成稳定的原料供应，制约着罗布麻相关产业的发展，并且提出了3点建议，包括优异罗布麻种质资源收集评价体系的建立、专用型罗布麻种质筛选和品种培育以及建立罗布麻规范化栽培基地并配套形成多种种植生产技术体系。山东、河北、吉林以及甘肃等几个省份的罗布麻资源丰富地区往往是在荒芜的非农田区域，而在人们日常活动较多的农田、沟边、河道湿地、垃圾存放地等几乎绝迹，当地居民普遍反映在10年前罗布麻几乎随处可见，近些年越发难找。可见我国野生罗布麻种质资源已大量丢失，对罗布麻野生种质资源进行实地考察迁地保护，收集野生种质资源建立资源圃不仅能够保持罗布麻种质资源的遗传多样性，对罗布麻种质资源农艺性状进行评价，种质亲缘关系进行分析也是种质资源合理利用、定向育种的基础。

3.4 特种纤维作物发展趋势与对策

由于消费者对基于可再生能源的“绿色”产品的强烈需求，人们对开发纺织工业用天然纤维非常感兴趣，纤维作物的生产仍将非常重要。我国特种纤维作物产业的振兴和腾飞，既取决于农工科贸能否协调一致，联袂行动，也取决于科技的进步和麻类生产者素质的提高，同时，还取决于国家政策的引导和激励。因此，应在如下几个方面做好工作。

从松散型联系走向全国麻类行业紧密型联合。麻类行业必须改变目前松散联系的状况，迅速走向联合，形成层次分明的麻类行业组织。例如，建立县市级、省级，直至全国性的麻类行业联合会，在行业内部能协调，在对外方面能一致，既能减少内耗，又能形成合力。

规划种植区域布局，优化产业带建设。我国麻类种植有较强的地域性，长江流域的苎麻、东北地区的亚麻、黄淮流域的红麻、雷州半岛和海南省的剑麻，已初步形成规模。要依据不同地区的生态和气候优势，因地制宜种植不同的麻类，推广优良的麻类品种和优质高产栽培技术，优化麻类区域布局，加速形成新的麻类产业带。可充分发挥我国农业的比较优势，稳步提高我国农业的竞争力，有力推动农业和农村经济结构的战略性调整。要顺应苎麻上山、亚麻南移、红麻西进的趋势，稳步适度扩大栽培面积，并逐步形成麻区特色。在湖南、湖北、四川和江西，利用其多山丘和坡耕地优势，形成苎麻主产区。利用南方省（区）大量冬闲农田和亚麻北种南移生育期延长而产量大增的优势，发展冬季亚麻，可在我国南方形成亚麻产区。将广东麻区逐渐西移至广西形成广西红麻区，这是麻业产业结构调整的趋势。近年来，我国麻业产品结构、市场结构、产业区域布局和企业结构得到优化。麻纺织产业链向下游产品延伸；麻纺织工业由资源产区向纺织集聚的地区发展；麻纺制品和服装的比重增大；麻纺织品国内市场逐步拓展；麻纺织企业资本结构多元化，民营企业稳步发展，国有企业改革加快。根据这些变化，要从两个方面建设好麻类优势产业带：一是依托世界纺织制造中心，建成江浙麻纺织产业带；二是立足主产麻区，在湖北、湖南、黑龙江、重庆建成麻纺织产业带。

明确科技重点方向，提高科技贡献率。全面提高科技在麻业中的应用，将是一个长期而艰苦的过程。考虑到科研进程的循序渐进规律性及投入的可能性，麻业科研应当采取重点突破方式进行。短期内的科研重点方向应当：一是用基因技术选育麻类优良品种，研究与推广先进的栽培方法；二是剥制与制纤基础技术的研究与应用；三是综合利用技术的研究。今后科研重点应当转移到良种及深加工技术的研究。

麻类加工转向生物法和环保化。通过研究和开发“高效、节能、低污染”的麻类生物脱胶技术、麻织品酶法处理工艺和膜分离生产技术，在我国各麻类产业带建立相应的麻类加工中心，可迅速提升我国麻类产业的科技含量，使麻类纺织加工产业向高新技术产业升级，增加麻类产品附加值，提高麻类产品的出口创汇能力，解决麻类加工与发展水产养殖业之间的矛盾，保持水资源和人类生存环境，促进我国农业健康快速及可持续发展。

开发高档多功能产品，依靠名牌取胜国际市场。我国服装面料的自给率只有50%，大量的高档面料需要进口。充分发挥苎麻、亚麻纤维粗犷、挺括的特色，加快特色天然苎麻、亚麻面料的开发，是促进麻类产业发展的重要措施之一。麻类工业用和民用市场有待开发。目前我国衣着用、装饰用、产业用纺织品的比例是70∶20∶10，而发达国家这三大类比例则各占1/3，可见，我国装饰用和产业用麻纺织品的生产能力较薄弱。近年我国黄（红）麻贴墙布，苎麻、亚麻和大麻凉席以及剑麻产品的开发，以及装饰和产业用麻产品的开发已具备了初步的基础，要进一步加大产业结构的调整力度，合理布局麻纺织工业的力量，开拓新的麻产品市场。

加大麻类新用途的研发力度。麻类生物质能源与生物材料今后的发展趋势，一是要利用山地、荒地、盐碱地和沙漠，发展麻类生物质资源，培育和开发高产的麻类品种，规划建立生物质能源基地。二是要加快麻类生物质的工业化应用进程，提高麻类生物质能利用的比重。三是要加快生物质转化技术研究。四是要开展麻类生物质利用新技术的探索。五是要攻克麻类地膜生产成本较高的技术难题，这是国家的紧迫需求，具有长期的发展潜力和后劲。

参考文献

陈云飞，苟光前，王瑶，等. 2016. 贵州省江口县常用木本纤维植物资源初步调查[J]. 山地农业生物学报，35（4）：48-53.

丁湖广. 1985. 皮茎类野生纤维植物的开发利用[J]. 野生植物研究（3）：35-36.

董正钧. 1957. 我国新发现的高级纺织纤维植物——罗布麻[J]. 科学通报（19）：607-608.

关凤芝. 2007. 亚麻产业发展存在的技术问题与建议[J]. 中国麻业科学（S2）：396-398.

黄峰华. 2017. 黑龙江省麻类产业现状及发展建议[J]. 辽宁农业科学（5）：70-71.

黄艳. 2013. 国内外剑麻产业研究现状与发展趋势[J]. 热带农业科学，33（4）：87-90.

黄艳. 2013. 海南剑麻产业的发展[J]. 热带农业科学，33（2）：88-90.

李中庆. 2013. 中国苎麻产业发展研究（1860—1958）[D]. 武汉：华中师范大学.

梁龙. 2017. 再造传统产业新辉煌　让“中国草”苎麻走向世界[J]. 中国纺织（12）：80-81.

刘红梅，陈文化，陈美华，等. 2012. 植物纤维资源利用现状与展望[J]. 湖南农业科学（10）：21-22.

刘其宁，赵振玲，杜刚，等. 2007. 云南发展亚麻产业的思路及对策[J]. 中国麻业科学（5）：295-297.

麻浩，郁崇文，粟建光，等. 2017. 罗布麻的研究现状与开发利用[J]. 中国麻业科学，39（3）：146-152.

祁建民，方平平，吴建梅，等. 2006. 我国黄麻红麻科技创新与产业发展的战略思考[J]. 中国麻业科学（6）：277-281.

祁建民，方平平，徐建堂，等. 2007. 黄麻红麻生物质高效利用与区域发展产业带建设[J]. 中国麻业科学（2）：57-63.

陶德定. 1989. 云南纤维植物资源利用及其评价[J]. 云南林业科技（3）：51-52.

汪波，彭定祥. 2007. 苎麻产业现有问题的若干思考[J]. 中国麻业科学（S2）：393-395.

王加跃，吴明亮，吕江南，等. 2017. 苎麻韧皮纤维撕裂力的试验研究[J]. 湖南农业大学学报（自然科学版），43（5）：565-569.

王莉，张健飞，巩继贤，等. 2012. 罗布麻纤维的微观结构及其力学性能研究[J]. 上海毛麻科技（1）：2-5.

吴碧波，吴若云. 2012. 湖南苎麻产业现状与振兴发展的对策[J]. 中国麻业科学，34（1）：43-46.

吴广文，袁红梅，宋喜霞，等. 2018. 黑龙江亚麻产业发展前景分析[J]. 中国麻业科学，40（2）：92-94.

徐益，张列梅，祁建民，等. 2018. 黄麻纤维产量与主要农艺性状的相关分析[J]. 作物学报，44（6）：859–866.

徐宗昌，周金辉，张成省，等. 2018. 我国罗布麻种质资源研究利用现状[J]. 植物学报，53（3）：382–390.

翟书华，陈子牛，张光飞，等. 2009. 云南石林野生纤维植物资源调查研究[J]. 昆明学院学报，31（3）：53–59.

赵洪涛，李初英，黄其椿，等. 2014. 苎麻多用途研究进展及广西苎麻产业发展方向[J]. 中国麻业科学，36（2）：105–110.

朱爱国，余永廷，陈权，等. 2013. 洞庭湖区苎麻产业发展现状与建议[J]. 中国麻业科学，35（6）：324–328.

庄馥萃. 2001. 植物纤维和纤维植物[J]. 生物学通报（11）：16–18.

Anand S. 2008. Designer natural fibre geotextiles–a new concept[J]. Indian J. Fibre Text. Res.，33：339–344.

Basu G，De S S，Samanta A K. 2009. Effect of bio–friendly conditioning agents on jute fibre spinning[J]. Ind. Crop Prod.，29：281–288.

Chapagain A K，Hoekstra A Y，Savenije H H G，et al. 2006. The water footprint of cotton consumption：an assessment of the impact of worldwide consumption of cotton products on the water resources in the cotton producing countries[J]. Ecol. Econ.，60：186–203.

Liu L，Wang Q，Xia Z，et al. 2010. Mechanical modification of degummed jute fibre for high value textile end uses[J]. Ind. Crop Prod.，31：43–47.

Liu Z T，Yang Y，Zhang L，et al. 2008. Study on the performance of ramie fiber modified with ethylenediamine[J]. Carbohydr. Polym.，71：18–25.

Ramchandran T，Rajendrakumar K，Rajendran R. 2004. Antimicrobial textiles–an overview[J]. IE（I）J. TX，84：42–47.

Sampaio S，Bishop D，Shen J. 2005. Physical and chemical properties of flax fibres from stand–retted crops desiccated at different stages of maturity[J]. Ind. Crop Prod.，21，275–284.

Wossink A，Denaux Z S. 2006. Environmental and cost efficiency of pesticide use in transgenic and conventional cotton production[J]. Agric. Sys.，90：312–328.

（张成省　徐宗昌　撰写）

4 特种油料作物

4.1 特种油料作物概述

随着人们生活水平的不断提高，工业、农业和外贸事业的发展，以及对作物油脂和脂肪酸品种及品质要求日益提高，使油料作物的发展不断加快。中国的油料作物品种繁多，地理分布较广，油料资源十分丰富。除了油菜、大豆、花生等大宗油料作物外，还有许多特种油料资源，常称之为“小油料”，通常是指一、二年生的草本或多年生木本油脂植物，这些油料作物生长范围、播种面积都不大，总产量也相对较小。一般产自特定的自然环境，有些品种仅在局部地区可形成商品优势。在一般情况下，大宗油料与特种油料没有明确的界限，如芝麻、向日葵、胡麻由于种植面积相对较小，也有时被称为特种油料。

特种油料作物根据其用途可分为特用食用油料作物及特用非食用油料作物。特用食用油料目前产量较大且已经开发利用的有芝麻油、胡麻油、葵花籽油、油茶籽油、茶叶籽油、核桃仁油、杏仁油、松籽油等。这些特种油脂多含有丰富的不饱和脂肪酸；尤其是油酸、亚油酸和亚麻酸的含量较高，还富含多种微量元素和生物活性物质，是我国开发调和油和功能性油脂的重要油源。近年来，植物油非食用的开发利用研究引起世界各国学者的广泛关注。中国完全用于非食用的油料有蓖麻、桐油、乌桕等。实际上作为潜在的非食用目的的植物资源较多，世界各国已发现上千种脂肪酸类型在植物中都可以找到。目前，已经取得一定研究进展且具有较好开发利用前景的新型非食用油料作物有海甘蓝、草地泡沫、千屈菜科萼距花属植物、浩浩巴等。研究利用特种油料的功能成分，研发特种油料加工产品也是特种油料作物重要价值之一，特种油料除了含有大宗油料中所含的磷脂、维生素E外，大多数还含有特有的功能成分，从而广泛应用于食品、美容及医疗保健等方面。另外，特种油料作物除了用于加工油脂，其叶、茎秆、饼粕等还可以综合利用，如苏子的茎叶也是传统中药材，紫苏可制成各种食品、降血压保健食品；向日葵种壳可用于提取糠醛、酒精、木质素等化工产品；胡麻饼粕经脱除剧毒的生氰糖苷后，也是油脂的高蛋白饲料资源。随着人们生活水平的提高，对食用油和各种功能食品的消费量呈增长趋势。特种油料由于其化学组成各有特色，将填补大宗油料所不具有的营养价值的空白。

4.2 特种油料作物种类及分布

目前，我国特种油料作物主要包括芝麻、胡麻、向日葵和木本油料，集中分布在中西部地区。随着西部大开发的推进以及人们生活水平的提高，这些特种油料作物将在保健食品、医药和工业等领域发挥越来越重要的作用。经加工后，特种油料作物主要用作营养保健品以及制作化妆品、药品的原料，增值幅度比较大。目前重点发展的4种特种油料作物的分布如下。

4.2.1 芝麻

芝麻属胡麻科一年生草本植物，是最古老的油料作物之一，因富含不饱和脂肪酸、营养价值高，被誉为油料作物“皇后”，具有品质优良、生育期短、适应性广、耐旱耐瘠、用地养地效果好、投入产出比高、加工转化增值高等特点。近年来，随着人们对芝麻保健和营养作用认识的逐步提高，芝麻产品越来越受到广大消费者的欢迎，国内外市场对芝麻的需求量日益增加。世界芝麻分布较广，近10年平均种植面积730万公顷，总产量约340万吨，主要种植在亚洲、非洲等发展中国家，其种植面积占世界总面积的96%以上。中国是继印度、苏丹、缅甸之后的种植面积第四大芝麻主产国，芝麻平均单产达到1 097.6千克/公顷，居四大主产国之首，总产量一直处于世界首位。目前，芝麻主要分布在吉林、江苏、安徽、福建、江西、河南、湖北、陕西、新疆等地的部分县（市），其主要分布区域见图4-1。

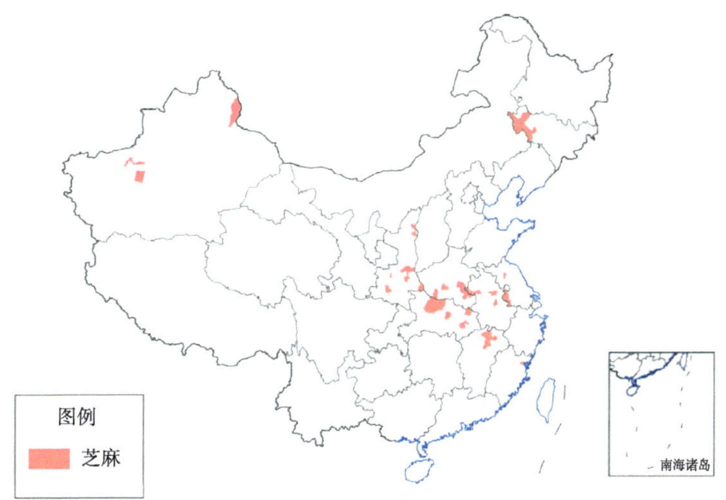

图4-1　芝麻主要分布区域示意图

4.2.2 胡麻

胡麻是我国的五大油料作物之一，其富含α-亚麻酸、木酚素、多种不饱和脂肪酸、膳食纤维等多种对人体有益的营养成分，是优质的油料作物，年种植面积在33.3万公顷左右。胡麻作为我国西北和华北地区重要的油料作物之一，近年来种植面积持续萎缩。由于种植业结构的调整和农业生产多元化，与其他经济价值较高的农作物相比，胡麻生产不具有竞争优势。加之胡麻新品种及高产栽培新技术的生产应用还较缺乏，胡麻籽相关加工产业滞后，生产效益偏低，很大程度上制约了胡麻生产的发展，导致我国胡麻种植面积呈逐年下降势头。目前，胡麻主要分布在河北、山西、内蒙古、陕西、甘肃、宁夏、新疆等地的部分县（市），其主要分布区域见图4-2。

图4-2 胡麻主要分布区域示意图

4.2.3 向日葵

向日葵浑身是宝，具有较高药用价值、食用价值和经济价值。全世界向日葵的播种面积约为2 200万公顷，主要产自阿根廷、印度、俄罗斯、乌克兰、美国、中国、西班牙及罗马尼亚。在这些播种面积中绝大部分是油用向日葵，如阿根廷向日葵面积约为346.67万公顷，其中食葵面积约为1.73万公顷，仅占播种面积的0.5%；美国向日葵面积约为140万公顷，食葵占16.67万公顷，仅占播种面积的12%；中国向日葵播种面积约为133.33万公顷，食葵面积超过40%，达53.33万公顷。葵花籽是世界3大主流食用油种之一，主要有黑油葵、大小三道眉、美葵和黑贝等。葵花籽可分为3类：食用型、油用型和中间型。葵花籽仁含油量高，榨出的油营养丰富，是国际市场畅销品。南斯拉夫、俄罗斯等国都用葵花籽油作为其主要食用油，近20年来，葵花籽生产发展很快，成为仅次于大豆的重要的油料。葵花籽还可以做脯炒食、药用、工业油用，并可作为饲料，葵花籽饼粕是家禽、家畜的好饲料，同时也可做生产味精、酱油的原料。向日葵种植技术简单、产量高，对生长环境适应性强，油葵在盐碱地、河滩地和下湿地也可以广泛种植，能够充分利用土地资源，推动农业种植结构的调整，可以促进地区经济的发展。目前，我国植物油年产量在1 100万吨左右，其中葵花籽油产量在50万吨左右。全国食用油每年消费量在1 400万吨左右，其中葵花籽油仅占4%～5%。因此，我国的植物油包括葵花籽油生产还不能满足国内的消费，仍然需要从国外大量进口。因此发展油葵产业，加工精炼葵花籽油有较广阔的市场，发展空间巨大。目前，向日葵主要分布在山西、内蒙古、辽宁、吉林、黑龙江、新疆等地的部分县（市），其主要分布区域见图4-3。

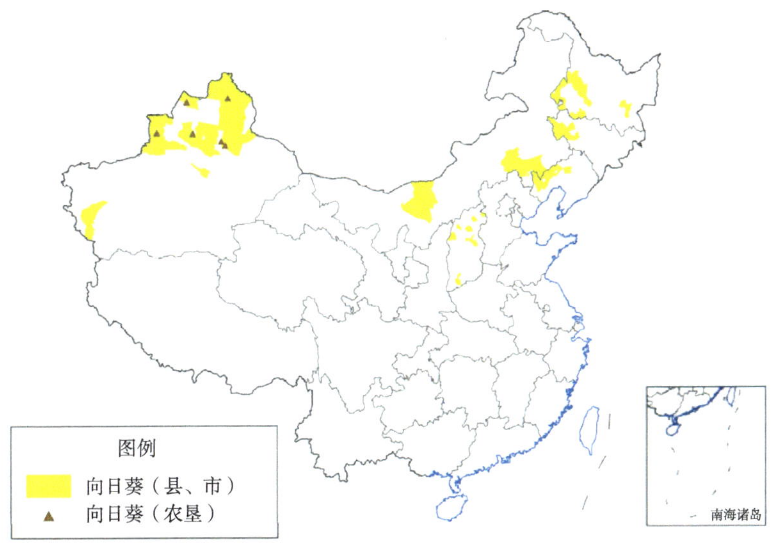

图4-3　向日葵主要分布区域示意图

4.2.4　木本油料

木本食用油料产业是我国的传统产业，也是提供健康优质食用植物油的重要来源。2014年12月26日，国务院办公厅印发《关于加快木本油料产业发展的意见》，部署加快木本食用油料产业发展，大力增加健康优质食用植物油供给，切实维护国家粮油安全。在木本食用油料植物中，油茶、油棕、油橄榄、椰子是我国的四大木本食用油料植物，除这四大植物外，我国还有牡丹、山核桃、核桃、榛子类及松子类等可食用的木本油料资源。发展与挖掘我国的食用油料生产和食用油料资源利用是提高我国食用油自给率的必由之路。在发展食用油料生产中，油茶、核桃、油用牡丹等植物是潜力最大、希望最大的几个树种，是提高我国食用油自给率的最佳选择。木本食用油料植物的籽油有着丰富的资源和独特的营养价值，大力发展这些籽油对缓解我国食用油紧缺的现状、保证食用油安全具有重要的意义。木本食用油料植物的推广种植，对调整我国农业产业结构，提高农民经济收入，保障国家粮油安全，提高国民身体素质也都有着十分重要的意义。目前，木本油料主要分布在浙江、湖北、湖南、贵州等地的部分县（市），其主要分布区域见图4-4。

图4-4　木本油料主要分布区域示意图

4.3　特种油料作物发展现状

4.3.1　芝麻

随着我国经济的持续稳定发展，人民生活水平不断提高，营养保健意识增强，对芝麻的需求量持续增加，但国内生产缺口大，进口量将超过40万吨。从加工品质来看，国产芝麻优于进口芝麻，加工产品附加值高，企业对国产原料需求量不断增大，尽管国内芝麻价格高于进口芝麻，但国产芝麻仍供不应求。从生产现状来看，我国芝麻生产实施“稳定黄淮、江淮主产区，发展西北、东北新产区”的战略已初见成效，西北、东北产区种植面积已增加15%；特别是国家芝麻产业技术体系建设的启动，为芝麻生产提供了强有力的技术支撑，新品种得到了合理布局，高产配套栽培技术通过示范带动、技术培训逐渐应用于生产，单产明显提高。

目前，我国芝麻加工企业100多家，但规模化企业不足1/3，企业间差异较大。未来将通过企业重组、技术改造、加大投资等发展规模化大企业，淘汰弱小企业，着力创建优质品牌。基于芝麻加工产品的多样性、质量要求的复杂性，将加强生产技术规范化、产品质量标准化进程。我国芝麻加工原料1/3依靠进口，加工产品出口日本、韩国及欧美市场，芝麻加工国际化趋势明显，这需要加快制定芝麻加工产品行业标准或国家标准、规范产品市场。在芝麻贸易方面，国内芝麻原料严重短缺，尽管大力发展芝麻生产，但也难以满足市场需求。

我国芝麻种植历史虽然十分悠久，但在芝麻的生产、加工技术研究与产品开发等方面一直未受到应有的重视，未将芝麻作为一个产业来抓，因此我国芝麻产业发展中存在生产和加工等方面的问题。

芝麻生产主要问题：一是受气候影响严重，产量不稳。我国芝麻生长期间常受涝害和病害威胁、侵袭，生产上长期缺乏抗病耐渍品种，导致芝麻生产是"听天由命"，平均亩产在20～90千克波动，极端年份甚至绝收。二是种植分散，品质一致性差。我国芝麻生产主要以农户为单位分散种植，缺乏统一布局，生产上品种多而杂，且随年份间气候不同，芝麻的品质呈现较大差异，市场竞争力低，不能满足加工品质的需要。三是缺乏专用品种。生产上缺乏加工专用品种，不能满足国内外市场及加工企业的需要。我国芝麻育种主要针对高产和抗病，培育高含油量、高蛋白、高木脂素、籽粒大小一致、色泽一致等加工专用型品种尚未提到议事日程。四是政府和农民重视不够，栽培管理粗放。芝麻在我国农作物生产中属于小作物，各级政府和有关生产管理部门重视十分有限，在优质高产种植技术的研究和推广应用方面投入少。此外，大批农民外出打工，农村劳动力短缺，加上撒播、不施肥等传统种植习惯的沿用，导致芝麻生产效益差，制约了芝麻产业的发展。

芝麻加工主要问题：一是对芝麻加工的研发工作重视不够，缺乏芝麻加工技术研究和产品开发的科研规划。二是对芝麻加工的科技投入和支持不足，对芝麻的科学认识还远远不够。正是由于重视不够和投入不足，与国外相比，我国缺乏芝麻加工的新技术、新产品、新装备，综合利用效率和经济效益低，影响和制约了芝麻加工业的快速发展。三是加工企业规模小，装备与工艺落后。目前我国芝麻加工约50%是小作坊方式，基本是土法上马，机械化、自动化程度低，一方面生产效率低，造成了资源的严重浪费，另一方面产品质量良莠不齐，影响了芝麻加工业声誉。四是加工粗放，产品单一。目前我国主要的芝麻加工产品有芝麻油、芝麻糊、芝麻粉、芝麻酱，芝麻保健品、化妆品、药品等深层次加工产品几乎没有，产品加工增值率低，商品转化率低。

4.3.2 胡麻

我国是胡麻种植的大国，也是胡麻消费大国，胡麻产区的人们有喜食胡麻油的传统习惯。因此，胡麻具有巨大的消费市场和较好的销售价格。以甘肃省为例，2000年以来，胡麻及其产品的价格一直上扬，2007年胡麻籽价格升至5.40元/千克，比当地油菜籽价格高出20%左右。21世纪以来，我国胡麻籽（原料）进、出口数量呈增长态势，从2000—2005年的6年中共进口1.5万吨、出口2.8万吨，出口大于进口，包括进口胡麻油折合在内的胡麻籽进口数量在逐年下降，出口数量明显增长，但各年度进口数量都明显高于出口，6年来进口总量是出口的6.75倍。

随着科学技术的进步，胡麻加工的高科技、高层次、高附加值趋势十分明显。胡麻功能食品和保健食品的开发，麻纤维和麻屑的综合利用以及胡麻饼粕蛋白综合开发，特别是胡麻胶、木酚素、高纯度α-亚麻酸的提取应用，使得胡麻加工的利润空间成倍增长，其原料价格提升的空间增大，必将带动胡麻产业持续发展。胡麻高科技产品的开发，促使胡麻消费观念由低劣向高优转变，消费方式由单一向多元转变，消费人群由产区农民向大中城市高消费者扩展，消费群体逐步增大。同时，我国社会主义新农村建设战略的实施，农民的生活水平不断提高，农民食用植物油的消费量持续增加，而我国胡麻产区受寒旱等自然条件的制约，没有其他优质油料能够替代胡麻，加之胡麻产区人们喜食胡麻油的生活习惯，产区胡麻的食用消费也将继续增长，多方面的消费增长定将带动胡麻产业进一步发展。

但是，胡麻产业发展仍旧存在诸多问题，主要包括：一是政府扶持不够，种植积极性下降。近年来国家颁发的鼓励农作物生产政策中涉及胡麻的补贴政策较少，而对玉米、马铃薯、小麦等粮食作物给予较多扶持，胡麻与玉米、马铃薯等作物争地矛盾日渐突出，严重制约着胡麻产业的发展。二是种植面积下降，发展空间有限。近年来由于退耕还林还草工程的实施，一定程度上挤占了胡麻种植面积。加之胡麻种植面积受国内食用油价格影响较大，油品价格高时种植面积随之扩大，反之种植面积下降。三是品种推广不够，产品市场竞争力弱。虽然对胡麻高产栽培技术示范推广较多，但多集中在沿黄灌区、库井灌区，新品种、新技术推广力度不够，农户大多自己留种或从邻近地区购进商品作为种子使用，种子质量难以保障，籽种质量不高，产业效益低下，农户多在传统加工企业直接兑换或榨取胡麻油，产品市场竞争力弱。四是生产机械化程度低，病虫草害监测与防控不够。通用机械作业难度很大，播种、移栽、施肥、收获等配套的机械设备和技术缺乏，适合机械化生产的胡麻品种研究起步晚，很大程度上限制了胡麻生产的集约化程度。加之对病虫草害的监测与防控工作重视不够，在生产中缺乏针对性强、经济高效的病虫草害防控技术措施，特别是干旱年间病虫草害发生率大增，严重影响了胡麻产量和品质，阻碍了胡麻加工、销售等产业链的发展。五是龙头加工企业少，产品增值效果不显著。因胡麻栽培品种、技术落后，传统的油料作坊仍占大多比例，能满足较大规模公司的胡麻品种收购量较小，且多以加工榨取胡麻油为主，加工能力不足且加工产品单一，主要为胡麻油和胡麻饼粕，产业带动效应不强，产品增值效果不显著。同时，大部分加工企业尚未建立自己的网络营销体系，产品在收购、加工、销售中由于信息不对称，难以应对国内外胡麻产量的波动与价格的变化。

4.3.3 向日葵

油用向日葵已成为五大油料作物之一，食用向日葵的发展更快，在全国向日葵种植面积中占70%以上。我国的向日葵多种植在北方冷凉地区，从黑龙江一直到新疆，且多分布在干旱瘠薄土地和盐碱地上，是农民增收的一个非常好的经济作物。我国葵花籽品种分食用葵花和油用葵花两种，其中食用葵花产量占70%，100万吨以上，这其中又有20万吨用于剥仁，其余用于炒货；油用葵花占30%，40万吨，主要用于榨油，葵花油年产量15万吨左右。

向日葵已成为世界的第四大食用油源，其油清亮、微带酱黄色，香美可口，亚油酸含量高达65%～73.9%。近代医学证明，亚油酸能将沉积在肠壁上过多的胆固醇脱离排泄出去，经常食用对预防动脉粥样硬化、高血压和冠心病都有良好作用。向日葵油含有丰富的维生素E、维生素B和胡萝卜素，可以防止心血管病的发生，延缓衰老，增强活力。向日葵油被誉为“健康营养油”。世界各国人民对向日葵油的食用兴趣日益增长，需求量日益增加。向日葵油属半干性油，品质优良，在工业上容易精炼加工；其亚麻酸含量仅0.2%，具有良好的干性油特性，用作油漆的原料，不会因时间的延续而变质；用于制革，会使皮革坚韧柔软而光亮；不仅是化妆品、印刷用油、人造奶油、糕点、塑料、树脂、胶片、聚酯、润滑油、香料、肥皂、卵磷脂及蜡烛的重要原料，而且在医药工业上可提取亚油酸制作降压药品。

我国向日葵产业发展中存在的主要问题包括：一是产业发展缺乏统筹性。资金投入总量小，渠道单一，加剧了葵花籽原料供需矛盾。加工企业因投资制约，难以建设自己稳定的较大规模的原料生产基地，向日葵种植业由千家万户的农民分散经营，供需双方存在一定的盲目性，供需矛盾突出。产地与加工异区域，提升了产业运营成本。目前我国盛产葵花籽原料的内蒙古和东北地区因劳动力匮乏制约了加工业的发展，而产品加工企业多数分布在劳动力密集的甘肃、云南、山东、安徽、宁夏、山西、陕西等向日葵副产区。由于原料主产区与产品加工区距离远，使产品运输成本上升8%左右。同时，市场需求量日益增加而原料供不应求，供需矛盾导致原料抢购越演越烈，中间环节层层加价，人为抬高原料采购成本15%～20%，挫伤了原料种植业和产品加工业双方利益。二是出口加工企业技术含量低，效益不乐观。葵花籽仁具有较高的营养价值、较好的食用性和优良的保健作用，越来越受到外商的青睐。美国、德国、英国、加拿大等国家每年从我国进口葵花籽仁1.0×10^6吨以上，并以每年20%左右速度递增。加入WTO后，国外的技术壁垒、绿色壁垒越来越多，产品的标准化要求也越来越高，而我国的农业标准化建设明显滞后于国际市场发展的需要，质量检测体系还不够健全，优质安全产品比重偏低，严重影响了产品的国际市场竞争力和经济效益。由于目前我国葵花籽仁出口企业普遍缺乏工程化技术，产品技术含量低而出口产品质量要求标准高，使产品生产成本居高不下，且面临较大的质量风险。传统的加工运营模式，使葵花籽仁出口企业常因产品含有恶性有害杂质、害虫或微生物超标等质量问题而引起顾客索赔投诉，使本来微利的国际贸易雪上加霜，甚至因此而使企业元气大伤，濒临破产。三是产品精深加工发展缓慢，消费方式不合理。目前，我国出口向日葵产品以半成品葵花籽仁为主，占出口葵花籽总量的80%以上，而国内消费以嗑食和油用为主。有关统计资料表明，国内葵花籽嗑食消耗量为1.13×10^6吨/年，压榨量为7.03×10^5吨/年，而这两种消费模式既造成资源浪费，也不利于身体健康。一方面未经加工的葵花籽仁直接食用时由于蛋白质多以球形蛋白存在，蛋白质颗粒大，不易被人体吸收，且葵花籽仁中含有毒成分绿原酸，生食过量易产生中毒；熟食葵花籽由于在炒制过程中蛋白质发生变性、维生素分解，从而降低了营养价值，所以直接嗑食不能充分利用葵花籽的营养价值，同时不利于环境卫生。另一方面葵花籽油因富含不饱和脂肪酸，烹调时经长时间加热便易生成过氧化物，对人体有害。四是资源综合利用率低。目前在我国尚无一家成型的葵花籽副产品加工企业。国外作为重要资源的葵花盘、葵花秆和葵花籽壳在我国却用作一般的燃料，甚至作为废弃物处理，造成了环境污染。

4.3.4 木本油料

木本油料产业是我国的传统产业，也是提供健康优质食用植物油的重要来源。近年来，我国食用植物油消费量持续增长，需求缺口不断扩大，对外依存度明显上升，食用植物油安全问题日益突出。为进一步加快木本油料产业发展，大力增加健康优质食用植物油供给，切实维护国家粮油安全，2015年1月13日国务院办公厅印发了《关于加快木本油料产业发展的意见》。力争到2020年，建成800个油茶、核桃、油用牡丹等木本油料重点县，建立一批标准化、集约化、规模化、产业化示范基地，木本油料种植面积从现有的1.2亿亩发展到2亿亩，年产木本食用油150万吨左右。《关于加快木本油料产业发展的意见》指出，要积极培育跨地区经营、产供销一体化的木本食用油龙头企业，鼓励企业通过联合、兼并和重组等方式做大做强。支持企业在主产区建立原料林基地和建设仓储物流设施，发展“企业+专业合作组织+基地+农户”等产业化经营模式，建立长期稳定的购销合作关系，引导农民开展标准化和专业化种植。鼓励木本油料林立体种植和综合开发，提高林地利用率和木本油料综合生产能力。支持专业合作组织和农户加强木本油料烘干、仓储等初加工设施设备建设。鼓励企业利用新技术、新工艺，开展精深加工和副产品开发，实现循环发展和综合利用。

虽然当前我国栽培木本油料面积已超过700万公顷，但是其中绝大部分还是处于粗放经营状态。究其原因，当前我国木本油料产业发展还存在生产、管理、加工、科技等诸多问题。

木本油料生产主要问题如下。

（1）良种推广速度缓慢。主要原因是良种接穗和嫁接苗的数量不足、价格较高，受经济条件限制而发展缓慢；其次是我国现有实生繁殖的大树数量太多，发展优质木本油料植物又不可能将现有大树大量毁掉，只能采用新栽幼树和大树改造相结合的办法。

（2）品种选用出现新的混乱。造成这一现象的原因，一是对品种特性了解不全面，识别能力差。二是没有建立正规的良种苗木繁育体系及相应的组织管理办法，苗木繁育及经营市场混乱，纯度和质量得不到保证。三是种植前计划不周，主栽品种不明确，造成种植季节采取无选择性购苗（条）。

（3）标准化程度低。一是良种区划标准问题。各产区对本地建设条件科学分析不足，没有做到严格按适地适树的原则筛选良种优质丰产的最佳地域，并根据市场需求方向和未来发展趋势确定2～3个主栽品种，以致造成一个产区品种多种多样或良种混杂。二是良种苗木标准问题。表现在标准化苗圃和采穗圃建设滞后，技术人员不足，缺乏科学经营管理理念；另外，苗木品种混杂、质量等级不明确、假冒伪劣掺和等。三是基地建设标准问题。明确基地选择是否符合适地适树原则；基地规划设计是否科学合理，具有现代性和远见性；基地管理是否符合科学化和现代化要求。四是人们对发展木本粮油的认识不到位，重视程度不够，价值认知不足，加上比较效益相对较低，农民缺乏再生产的积极性，限制了木本油料产业的发展。

木本油料管理主要问题如下。

（1）重栽植轻管理。主要表现在一是追求数量，忽视对建园条件的选择，二是受建设资金的影响，前期种植经费投入相对充裕，后期管理长期投入不足；三是管理粗放，缺乏科学的选种、整地、施肥、栽植，一些地方从栽植到死亡基本不修剪，许多盛果期大树也不进行施肥、灌水、深翻树盘、扩穴等抚育管理，不及时防治病虫害等，以致造成成活率、保存率低，植株生长不良，产量不高，大小年现象突出，病虫为害及高接换种树势早衰等不良后果。

（2）专业合作社组织松散。在一些主产区，专业合作社还没有真正建立起来，已建成的也表现得不很健全或组织松散。按照专业合作社组织办法，产区应建立各乡镇或村级的生产合作协会，要在农户自愿的基础上进行组织化生产，并由协会统一生产技术标准，统一种苗及肥料、农药供应，统一作业时间，统一产品销售等，但这些工作都难以协调和组织起来。

（3）行业协会组织不健全。从我国目前情况来看，各地主要产区还没有统一的行业协会组织能够将木本油料的生产管理、销售、宣传、品种选育与推广及功能的研究等各个环节有机结合起来，使整个产业能够有序的发展。特别是当前我国木本油料生产多数还是山区或丘陵的小农个体经营，缺少行业协会的组织参与，既难于实施统一的、规范化的集约经营和管理，也难于带领果农进入国际市场，而栽培经营的规模化、产业化则是提高技术含量，增产增收的必由之路。

木本油料加工主要问题如下。

（1）产品加工滞后。产区普遍存在“重面积，轻加工”现象，而且小加工厂多，精深加工企业不足，木本油料产业普遍存在深加工滞后情况，表现为加工企业规模小，加工技术落后，加工设备陈旧，加工产品质量差，市场开发不够等，很多产区未能形成真正的龙头企业，难以充分发挥企业对木本油料产业的带动和支撑作用。

（2）布局不合理，“散、小、低”现象突出。在现有加工企业中，不仅产品单一，规模小，产量低，且附加值不高，产业链短。

（3）市场宣传不到位，消费产品单一。目前，木本油料深加工产品消费市场处于萌芽阶段，在具有很大发展潜力的同时，开拓难度也很大。受传统消费习惯的影响，人们消费的终端产品一般是干果，一些精制产品如茶油、橄榄油、核桃油以及其饮料、胶囊等深加工产品，因市场价格高，其消费依然处于少数高端人群。

（4）木本油料加工企业发展受制约。一是流动资金短缺，企业受银行贷款规模的限制，加之企业融资渠道狭窄，资金融入不足，“贷款难”“难贷款”的矛盾比较突出，严重影响原料收购。二是建设性投资不够，仅靠自有资金来滚动发展，其加工能力、规模都受到限制，产量十分有限。三是受技术瓶颈的制约，许多加工企业的加工设备和加工技术落后，产品科技含量低，市场竞争力弱。四是受人才瓶颈的制约，很多企业普遍缺乏技术人才和外贸经营人才，尽管部分加工企业高薪聘请了国家和省里的个别专家，但总量上仍严重不足，这在很大程度上影响了产品的开发和国内外市场的开拓。

（5）营销网络不完善，市场开拓不足。从调查的情况看，一是规模化经营没有形成，没有相应的市场营销措施。二是产品的附加值不高，没有真正作出大而强的名优品牌。三是企业各自为政，互不联系，信息不沟通，导致市场竞争力弱，抗风险能力低。

木本油料科技主要问题如下。

（1）科研工作滞后。有关木本油料的科学研究基础薄弱，主要表现在良种繁育、丰产栽培技术、深加工利用等方面的系统研究不深；栽培品种混杂，劣质品种比例较大，良种覆盖率低；优良品种审认定滞后，除油茶优良品种的审认定较好外，核桃、油橄榄等优良品种的审认定都还有很大的差距，难以适应国家对发展木本油料的战略要求。

（2）科技服务不到位。受资金困扰，以及木本油料产业服务体系不完善的影响，致使生产中亟待解决的科技普及推广、新技术、新工艺的研发等难以正常开展，阻碍了木本油料科技水平的提高和产业开发后劲。

（3）人才培训制度不健全。木本油料栽培的科技含量要求很高，从栽植前的准备到田间管理，涉及栽植技术的各个环节，农户未经培训难以掌握。产区很多地方对木本油料实用技术的推广、宣传和培训不重视，对专业种植户特别是种植大户的培训制度没有建立起来，一些建立起来的也停留在形式上，以致科学种植的技术难以得到普遍推广和应用。

4.4 特种油料作物发展趋势与对策

4.4.1 芝麻

针对我国芝麻产业发展过程中存在的主要问题，着力提高我国芝麻产业水平、产品质量水平和市场竞争力，其发展趋势和对策如下。

（1）建立优质芝麻标准化生产示范基地，实施优势区域发展战略。针对当前芝麻发展中存在的种植规模小，难以进行质量管理和监控的现状，建立优质芝麻标准化生产示范基地是将优质芝麻科研成果和标准化生产相结合的一个重要突破口。优质芝麻标准化示范基地的功能主要包括：实施优质芝麻品种选择、繁种基地建设和大面积连片种植，在生产过程中采用先进的高产栽培技术规程，建立优质芝麻质量监督网络，对有关技术人员和农民进行技术培训等。

（2）扶持芝麻加工经营龙头企业，实施芝麻产品精品名牌战略。芝麻产业发展中，龙头企业、订单农业发挥着极为重要的作用，是沟通市场与种植者的桥梁和纽带。对于日生产能力为100吨左右的中小型芝麻加工企业特别适合实行“龙头企业+乡镇农技推广部门+农户”的发展模式，符合我国实际情况。开发创立一批芝麻加工产品的精品名牌，是优质芝麻产业发展的重要战略。近几年，我国逐步树立了一些芝麻油品牌，但这些品牌的市场影响力和市场占有率还很低，尚未充分发挥品牌效应促进芝麻产业发展的作用。

（3）加强科技创新和高新技术应用，实施科技兴油战略。通过科技创新，选育出满足国际国内市场需求的品质好、含油量高、蛋白质含量高、高产、多抗、广适性优质芝麻新品种，研究建立安全、节本、绿色的高效集约化栽培技术，以减少用工，降低劳力成本。应加快对现有优质芝麻品种和新型加工技术的推广力度，促进我国芝麻产业总体水平的提升。在加工技术方面，加强芝麻基础和应用基础研究，加强芝麻综合利用新技术的研究和新产品的开发，同时引进国外先进加工技术与工艺，并与国内传统技术相结合，形成先进完善的加工体系。

（4）延长芝麻产业化链条，实施产业化开发战略。通过探索芝麻产品多元化开发利用新途径，提高芝麻产业和加工业的总体效益，不断延长并加粗芝麻产业链条，对进一步增强我国芝麻产业的国际竞争力具有重要的意义。

（5）建立芝麻质量标准体系，实施标准战略。为提高我国芝麻产业水平和加工业技术水平，要进一步重视和加强现代农业生产中起技术基础性作用的农业标准化工作，建立、健全芝麻标准体系。

4.4.2 胡麻

针对我国胡麻产业发展过程中存在的主要问题，着力提高我国胡麻产业水平、产品质量水平和市场竞争力，其发展趋势和对策如下。

（1）加强政策支持，推动产业发展。在农业产业结构调整和布局中，应出台有关措施，鼓励胡麻产业发展。2006—2007年我国油料作物种植面积持续下降，国务院曾出台了《关于促进油料生产发展的意见》，意见将胡麻列为积极开发的特种油料作物之一。下一步应将胡麻作为特色优势农作物之一，优先发展。应加强胡麻种子繁育基地建设，提升胡麻综合生产能力。对于发展中的胡麻深加工企业，应给予政策扶持，扩大市场影响，带动产业发展。

（2）加强新品种、新技术研发和示范推广。胡麻新品种及配套技术是保证农民增产增收，促进胡麻产业发展的基础。自20世纪50年代开始，我国相继育成了陇亚、定亚、宁亚、晋亚等系列胡麻新品种100余个，在胡麻生产中发挥了重要作用，但品种创新是一项长期任务，必须持续加强高产优质（高油、高亚麻酸）、抗病、抗旱、抗倒伏等新品种的培育，农艺与农机的结合，良种良法相配套，研发集成栽培管理技术，如病虫草害综合防治技术、地膜栽培技术、间作套种技术、机械化收割技术等，同时加强科技培训，加大推广力度。

（3）加强深加工技术研发。胡麻籽含有多种营养成分，具有较高的营养保健价值。在美国、加拿大等国家，胡麻籽作为优质的食品加工原料，其相关食品及保健品开发和市场推广已相当广泛和深入。我国胡麻籽深加工产业发展还处于起步阶段，要积极扶持，促进胡麻深加工技术研发和加工企业的发展。

4.4.3 向日葵

针对我国向日葵产业发展过程中存在的主要问题，着力提高我国向日葵产业水平、产品质量水平和市场竞争力，其发展趋势和对策如下。

（1）加快品种选育，普及杂交种。加快品种引进和选育步伐，特别是食用向日葵品种的引进和选育步伐。我国是食用向日葵大国，食葵占向日葵面积60%～70%，应加强食葵品种的引进和选育，选出籽粒较长、蛋白质含量高、抗病、适应性广的食葵品种。我国向日葵产区多为贫困地区，目前杂交种的价格还较高，每667平方米地的种子投入20元左右，相当于每667平方米普通品种种子价格的1.8倍左右，影响农民购买杂交种的积极性。要使种子的成本降低，除了种子生产部门提高制种的产量外，种子生产部门还有必要与加工企业紧密合作，由企业选择品种，制定种子生产计划，尽量减少种子积压造成的损失，加工企业以订单回收产品，促进农民购种的积极性。

（2）防治病害，发展有机产品。引进、筛选抗病资源，积极开展防病工作。针对我国病害的严重性，如果不采取有效措施，向日葵的播种面积和产量就会受到严重影响。目前国内外对于菌核病都没有好的抗性资源和防治措施，只有采取引进、筛选较耐菌核病的资源用于育种工作，同时进行药剂拌种、早中期药剂防治，制定较长的轮作时间等以减轻其为害程度。我国多数向日葵产区施肥较少，一般不使用农药，对生产出口合格的有机产品十分有利。目前生产有机葵花仁的中小企业较多，出口的市场竞争力较强，效益较好，但目前还没有有机葵花油的品牌。拓展有机产品的生产区域，增加出口产品品种，使一些小企业的资源整合是当务之急。

（3）规范炒货的原料基地。近年来我国的向日葵炒货加工企业发展较快，如洽洽、真心等品牌年生产能力都可达到10万吨，但目前都没有稳定的原料基地，原料的来源十分零散，产区有关的政府部门应给予协调，引导农民的订单意识，这样不但可以稳定农民的收入，还可以提高企业的效益和市场竞争力。

（4）发展向日葵籽油加工业。积极推动油葵加工产业化发展。近年来，随着人们对向日葵籽油需求量的日益增加，我国引进技术步伐不断加快，很多国外的先进技术被消化吸收，在葵花籽油的加工工艺和设备等方面，与国外相比已没有多大差距。向日葵籽油是上好的延年益寿营养保健佳品。随着人们生活水平的提高和对向日葵籽油营养价值的深入认识，对向日葵籽油的需求量也不断增加。我国向日葵籽油的消费从1997年的43万吨增加到2003年的66万吨，向日葵精炼油的市场不断扩大，向日葵籽油产业的前景十分广阔。要做好向日葵籽油产业，企业本身必须具有一定的规模，至少年产应在3万吨以上，原料应选择籽实含油率43%以上的油葵杂交种；企业应与科研对接，实现科研、生产、加工一体化的产业格局，这样企业才有市场竞争力，也会稳定地增加农民收入。目前我国5万吨以上的较大型向日葵籽油加工企业较少，较大型的生产向日葵精炼油的企业更少，在我国东北向日葵产区还没有较大型的向日葵精炼油加工企业，所以在近期内上马向日葵精炼油企业，会收到良好的效益，也会促进向日葵科研和生产的健康发展。

4.4.4 木本油料

木本油料的产业发展趋势和对策包括政策方面、制度方面、科技方面、管理方面等，其发展趋势和对策如下。

（1）政策方面。一是制定产业化政策。制定产业化政策不仅为营造一种社会环境，推行一种新的经济体制，搞活产业化经营机制，更为重要的是加大对木本油料产业化龙头企业的扶持力度，特别是对民营企业的培育和扶持，从财政、金融信贷、税收、土地、农产品流通服务领域等多方面明确龙头企业所能享受的优惠政策。二是拓宽融资渠道。国家政策性银行可参照国家对经济林和其他种植业、养殖业和加工业项目的贷款年限，延长对木本油料产业的贷款期限，将木本油料产业贷款年限定为10～15年；建立面向木本油料种植的林农和经营者的小额贷款和林业小企业贷款扶持机制；对县级以上木本油料新技术示范基地建设项目应加大贴息扶持力度。三是积极研究探索建立政府扶持的木本油料产业保险机制。在建设木本油料产业进程中，应积极研究探索建立政府扶持的木本油料产业保险机制。加强对木本油料产业保险费金额及保险来源、承保方式、保险范围、赔付方案的研究，尽量采取低保额、低收费、保成本、定额赔付的办法。在有条件的地方，争取按县、乡统保，这样，既可避免逆选择，又能简化手续，提高效率。开展多样化木本油料产业保险，如按品种、面积或株数投保，按照“三个兼顾”（兼顾林农缴费能力、财政补贴能力、保险公司风险承受能力）、“两低一保”（低保额、低保费、保成本）的原则，采取“政府引导、林农自愿、市场运作”的模式，先试点、后推广，先起步、后完善，逐步建立健全木本油料产业风险保障机制。

（2）制度方面。一是完善产权制度。放宽林地使用权，对长期未造林的国有或集体林区的荒山、荒地、荒沙，通过承包、租赁、拍卖等市场化途径吸引有投资能力的个人或企业在规定期限内营造木本油料林；坚持和完善“谁投入谁受益”的基本林业产权政策，鼓励各种社会主体跨所有制、跨行业、跨地区投资木本油料产业建设并且确实保障其利益，凡有能力的农民、城镇居民、科技人员、私营业主、外国投资者、企业单位等，均可单独或共同参与木本油料产业建设，充分调动一切积极因素参与其产业的建设和经营。二是建立符合市场经济规律的木本油料产业发展新模式。在建设木本油料产业进程中，努力探索各种既符合市场经济规律，又符合当地实际的木本油料产业发展新模式。第一种模式是所企合作、基地示范、农户参与模式。通过科研院所与企业、农户的技术合作协议，由有关科研院所负责基地木本油料的高产、高油品种选育，集约栽培和良种良法技术研究，组装配套技术及标准化生产技术等的研究，使基地发展木本油料有强有力的技术支撑。通过基地的示范，带动周围农户种植木本油料的积极性。企业与农户可签订种植合同，由公司提供苗木、技术和资金支持，农户发展木本油料种植，公司负责长期回收农户生产的鲜果用于深加工，并规定不低于市场价格的保底价，最大限度地保证农户的利益。第二种模式是龙头企业带动模式，即以木本油料产品加工或流通企业为龙头，通过合同契约、股份合作制等多种利益联结机制，带动农户从事木本油料种植专业生产，将木本油料生产、加工、销售有机结合，实施一体化经营的组织类型。第三种模式是中介组织带动模式，将从事木本油料生产项目的农户按照一定的章程联合起来，组建多种形式的农民合作组织，实行木本油料产供销一体化经营的模式。

（3）科技方面。一是抓好种质资源保护和种苗繁育。首先要加强种质资源保护和品种鉴定。我国木本油料种植历史悠久，不论南方还是北方产区，都有各自丰富的种质资源，各地应当投入资金进行保护和建设；对于品种混杂问题，要尽快组织专家开展品种鉴定，弄清品种来源，提出适宜发展的主要品种，淘汰劣质低产品种。其次要强化木本油料优良品种选育。针对木本油料树种杂交困难、现有优良品种退化严重且抗病性差的问题，一方面通过优良品种大规模的内部选优、组培多倍体诱变等快速育种技术选育优良木本油料品种，另一方面采用胚挽救和分子标记技术开展杂交育种，尽快培育出一批具有更新换代价值的结果早、果实大、品质好、抗病、耐贮藏、市场潜力大的新品种，同时做好新品种的区域化试验，为品种更新换代奠定基础。再次是充分发挥良种采穗圃和苗木快繁殖基地的功能。全面实施良种工程，科学规划采穗圃建设方案，加大采穗圃的建设力度，有效增强木本油料良种穗条的供应能力。对于苗木的生产，除了加强种苗生产监管和严格“一签两证”（种苗标签、质重检验证、检疫证）制度外，应建设高质量的苗木快繁基地，通过扦插育苗等方式快速育苗。最后是加强种苗生产和供应方市场监管。从各地保留的优良母树上采穗扦插繁育，严格实行“一签两证”制度，控制生产用苗的盲目外购，加强种苗质量监管，从源头上保证木本油料产业发展质量。二是加强科学研究、科技推广和技术培训。加强木本油料生产上的立地选择、品种选育、集约栽培、精深加工等应用技术研究，特别要重点研究矮化栽培技术、果草间作等生态果园生产技术、无公害绿色栽培技术；积极开展木本油料新品种引进，特别是要引进消化木本油料精深加工技术；组织科技人员编写木本油料集约栽培和经营管理技术资料，制定木本油料栽培、管理、采摘、加工等技术标准；对农户广泛开展技术培训，提高各项技术的应用水平，加大技术推广力度。三是营造集约化经营示范林。产区内重点发展的县、乡，应当规划出地块，实现土地、资金、技术和管理的集约，建设高质量的示范基地，通过示范有效带动农户科学经营和集约管理，实现木本油料的集约经营和高产稳产。四是制定技术标准、组织标准化生产。研制木本油料种植和加工技术标准，积极推进木本油料标准化生产，力求把木本油料产业发展建立在标准化基础上。对木本油料种植园地选择进行规划，制定栽培措施，科学实施品种选择与配置，特别要选择适宜产区自然特点和条件的优良品种作为主栽品种，制定明确的技术标准。

（4）管理方面。一是实施原产地注册办法提高木本油料产品的质量。工商部门要加强对木本油料原产地注册的管理，通过实施原产地注册办法，不仅可以提高产品的质量，也能极大地提升木本油料制品原产地的知名度，增加农户和企业的效益；也可防止不法商贩欺骗顾客和假冒伪劣的出现，保护农户和企业的利益；还可以更好地规范农民的种植、收获和加工，提高产地木本油料制品的质量。二是商检部门转化职能，从技术上扶持企业。商检部门要利用对新技术、新检验标准的了解和各国对木本油料制品的新要求，在生产技术、检验手段上扶持企业，帮助企业升级自己的实验室，扩大检测项目，在具体检验检疫工作上提高效率等，变“重管理”为“既管又扶”。三是建立服务于企业的信息平台。由政府牵头，在全国或产区建立木本油料信息平台，如“木本油料信息网”，将各地每年的产情、收获及成交的数据、即时的市场价格行情、出口内销的数据等信息资料及时提供给生产经销商和企业，经营企业有了这些信息，在市场中就会如虎添翼；在此基础上，还可为出口企业提供一些更具体的信息服务，如及时提供新的外贸法规、国外对木本油料产品的最新要求、各国的产情及行情预测、各地的展会消息等信息。四是资金上给予支持。产区各级相关部门，应借鉴国家及其他农副产品的资金扶持政策，制定针对木本油料出口企业的资金扶持政策，建立木本油料产品出口质量安全专用基金，采取将资金用于国外（境外）促销、出口信用保费、扩大对木本油料产品出口的奖励等措施，为产区油料产品的出口提供有力的资金支持。

参考文献

党占海. 2008. 胡麻产业现状及其发展对策[J]. 农产品加工（7）：20-21.

樊金拴. 2008. 我国木本油料生产发展的现状与前景[J]. 经济林研究，26（2）：116-122.

李俊斌，陈秉谱. 2015. 会宁胡麻产业发展现状及问题分析[J]. 甘肃科技纵横，44（8）：126-128.

李伟峰，王瑞霞，杨光宇，等. 2012. “十二五”我国芝麻产业发展趋势与建议[J]. 中国种业（5）：12-14.

李玉发，王佰众，栾天浩，等. 2010. 我国向日葵产业发展与科研工作的策略[J]. 山东农业科学（11）：122-124.

马超，尤幸，王广东. 2009. 中国主要木本油料植物开发利用现状及存在问题[J]. 中国农学通报（24）：330-333.

沈光霞. 2017. 黑龙江省向日葵产业存在的问题及发展建议[J]. 种子科技，35（3）：54-54.

王利民. 2014. 我国胡麻生产现状及发展建议[J]. 甘肃农业科技（4）：60-61.

王永宏，高桐梅，司马青焕，等. 2010. 我国芝麻生产优势、存在问题及对策研究[J]. 河南农业科学，39（12）：133-135.

王忠武. 2012. 我国木本油料产业发展现状与对策[J]. 林业资源管理（1）：11-16.

谢富欣，刘炎，王飞雪，等. 2009. 我国芝麻生产及研究现状的调查与思考[J]. 农业科技通讯（11）：5-6.

杨湄，黄凤洪. 2009. 中国芝麻产业现状与存在问题，发展趋势与对策建议[J]. 中国油脂，34（1）：7-12.

易雪平，段鹏飞，何守峰，等. 2017. 木本食用油料植物资源及其籽油的研究现状[J]. 中国野生植物资源（3）：62-69.

张华新，庞小慧，刘涛. 2006. 我国木本油料植物资源及其开发利用现状[J]. 生物质化学工程，40（S1）：291-302.

赵贵兴，钟鹏，陈霞，等. 2011. 中国向日葵产业发展现状及对策[J]. 农业工程（2）：42-45.

（闫宁　撰写）

5 特种糖料作物

5.1 特种糖料作物概述

糖可以满足食用者对甜味的喜好，还能改善食物的可口性，并提供人体所需要的热能。因此糖是人民生活的重要消费品或调味品，同时也是饮料、糖果、制药等含糖制品中不可或缺的原料。

自古以来，人类都在不断摄取甜味食物，继而发展为从甘蔗、甜菜中制糖。久而久之，就把从甘蔗、甜菜中提制出来的甜味物质及相关产品称作糖，在食品工业中则称为食糖。随着食品加工产品的增加以及食品添加剂的不断发展，食品中添加的糖及其他甜味物质又被称为甜味剂。

5.2 特种糖料作物种类及分布

我国具有丰富的含糖植物资源，根据文献记载，含糖植物涉及约30个科80多个种。目前种植面积较大的有甘蔗、甜菜、甜叶菊和甜高粱等。糖料种植在我国农业经济中占有重要地位。自中华人民共和国成立以来，我国的糖业经过半个世纪的发展，由供不应求到供求平衡，并逐渐发展到供过于求。1949年我国产糖量居世界第二十六位，目前我国是继巴西、印度和欧盟之后的第四大产糖国。从消费量来看，中国是继印度、欧盟、巴西和美国之后的第五大消费国。我国的食糖产量从1999—2000年度的686.9万吨增加到2007—2008年度的1 484.02万吨，年均增长14.5%；消费量从820万吨增加到1 280万吨，年均增长7%。食糖产量和消费量年均增长率均高于世界平均水平的2.5%和2.4%。

我国蔗糖的主产区集中在广西、云南、广东湛江等地；甜菜糖主产区集中在新疆、黑龙江、内蒙古等地。食糖生产也是广西、云南等省（区）的支柱产业之一。20世纪90年代以沿海地区产业结构升级和农业结构调整，我国甘蔗生产逐渐向西转移，区域布局得到优化。按照气候条件适宜、具有一定的生产规模、制糖产业布局合理等原则，我国选择广西中南部、云南西南部和广东西部为全国甘蔗优势区，包括48个县（市）。现阶段我国糖料作物发展的总体格局是：具有综合比较优势的地区包括广西、海南、云南、广东、新疆5个省（区），其中，广西、海南和云南3省

（区）综合比较优势较强，与其相应地区的制糖产业发展处于强势地位，糖料生产和制糖产业向优势地区高度集聚，形成了糖料作物和制糖产业协调互补良性发展的区位优势。我国糖料生产区域分布示意图见图5–1。

图5–1　我国糖料生产区域分布示意图

（引自http：//zzys.agri.gov.cn/zzy/cn/image20.gif）

5.2.1　甜菜

5.2.1.1　甜菜概述

甜菜（*Beta vulgaris* L.）是藜科甜菜属二年生草本植物，根圆锥状至纺锤状，多汁。茎直立，基生叶矩圆形，长叶柄，上面皱缩不平，下面有粗壮凸出的叶脉，全缘略呈波状，叶柄粗壮，茎生叶互生，较小，花团集，花被裂片条形或狭矩圆形，胞果上部稍肉质。种子双凸镜形，红褐色，5—6月开花，7月结果。甜菜是一种雌雄同株、风媒、主要异交的物种。开花需要经过一段低温诱导（春化处理），引起茎的抽薹。种子生长在木质的果实里以适应海上传播。发芽时，每一个多胚种会产生出一簇紧凑的小苗。

甜菜是世界两大糖料作物之一，蔗糖仅从甘蔗和甜菜两种作物中获得，与甘蔗相比，糖用甜菜是一个相对比较新的作物，它出现在19世纪的温带地区并在20世纪广泛传播。糖甜菜现在在50多个国家种植，并且每年提供大约3 500万吨的糖。

5.2.1.2　甜菜的起源

（1）世界甜菜发展简史。在2000年前甜菜首先作为一种蔬菜种植。目前种植的甜菜与园艺植物已经大不相同。这种蔬菜很可能是从地中海沿岸的各种甜菜属中挑选出来的。从中世纪开始，它在整个欧洲都被广泛用于烹饪。所有的甜菜类型都因为能够储存大量的干物质而在全世界种植，常见的甜菜都是春天播种。在18世纪早期种植的糖甜菜来自高糖含量白根类型的西里西亚甜菜。尽管糖甜菜已经遍布世界，但其基本上仍然是种植在温带的作物，大部分种植在北纬30°～60°。在法国和德国，各种各样的甜菜的顶部和根主要用作牛饲料。在欧洲中部较冷的地区，一些白色肉质的品种在漫长的冬季里主要作为饲料储存和利用。直到18世纪后半期，甜菜才开始发展成为用于制糖工业生产的作物。厚根的饲料甜菜（饲料萝卜）和糖甜菜（糖萝卜）种植或制糖生产之间的区别发生在1830年前后。

现代甜菜产业历史上的第一个里程碑是化学家马格拉夫（一位杰出的科学家和柏林科学院的物理学院院长）的一个重大发现。他证明，从甜菜汁中获得的甜味晶体与蔗糖相同。1747年，马格拉夫夫向普鲁士科学院报告了他的调查结果。两年后，这份报告从原始的拉丁文翻译过来，并在学院的论文集中以法文出版。虽然马格拉夫后来重复了他的试验，并于1761年甚至向国王提供了一些精制糖的小面包，但公众并没有太在意他的发现。甜菜根的含糖量很低，使他不敢大胆地思考如何提取糖分，并致力于其他研究领域。

马格拉夫的学生阿恰德，现在被公认为“甜菜糖业之父”，更详细地调查了甜菜作物，并开辟了从根中工业化糖生产的道路。大约在1784年，他开始种植玉米、瑞士甜菜和饲料甜菜，在他位于柏林附近的一个村庄的私人花园里种植，以确定哪种作物最适合生产糖。在测试了多种形式的甜菜之后，他发现，白色的表皮、白色的果肉和圆锥形的糖和“纯甜汁”最为丰富。这种类型的甜菜，是由他从马格德堡附近的农民种植的饲料甜菜中培育出来的，后来又在西里西亚传播，后来被称为“白西里西亚甜菜”。1801年阿恰德建造了世界上第一家甜菜糖厂，同年开始加工甜菜，提取的原始糖的数量（根的鲜重量的4%）比阿恰德所希望的要低，这可能是因为甜菜在收获和加工之间贮存了太久。然而这表明大量的糖可以从甜菜中提取。1802年，俄罗斯图拉附近的第二家糖厂用阿恰德的方法生产了少量的糖。1805年，一位进步农民、阿恰德的朋友——科比，在坎恩附近的Krayn农场上建造了另一个甜菜糖厂。

（2）中国甜菜发展历史。甜菜作为制糖原料，在我国仅有100多年的历史。据有关文献记载，我国试种糖用甜菜始于1906年，自德国引入种子试种，1909年我国建立第一座甜菜糖厂——黑龙江省阿城糖厂，甜菜才正式作为制糖工业原料生产。之后又在吉林、辽宁、山东和山西试种，1937年日本商人在吉林省怀德县（今公主岭市）建立了范家屯糖厂。1936年是新中国成立前种植最多的一年，约有2.4万公顷，产糖2万吨。

新中国成立后，由于党和政府的重视，甜菜生产才得以迅速发展，尽管我国栽培糖用甜菜历史较短，但甜菜很快就成为我国北方种植的主要经济作物，在农业生产中占有一定的比重。由于政策、体制等因素的变化，甜菜经历了曲折的发展历程，概括起来可划分6个时期。

快速发展时期（1949—1959年）

为了迅速发展甜菜生产，国家制定了扶持农民的经济政策，调动了农民种植甜菜的积极性，如确定了与粮食作物合理比价的收购政策，实行了免费和半价供应甜菜种子，化肥农药给予价格补贴等。经过1950—1952年的3年恢复，甜菜面积增加到3.5万公顷，总产达47.9万吨，产糖3.75万吨。甜菜种植由东北扩展到内蒙古、山西，相继又发展到西北、新疆等地。到1959年甜菜种植面积已达31.6万公顷，总产316.8万吨，产糖24.5万吨，分别比1949年增长18.7倍、15.6倍和34倍。1953—1959年的7年间，平均每年增长速度为27.5%。

低速徘徊发展时期（1960—1979年）

1960—1965年，由于政策和自然灾害的影响，粮食减产，造成粮糖矛盾突出，甜菜生产面积急剧下降，1962年甜菜面积已减少到8.3万公顷，总产下降到33.9万吨。甜菜原料不足，使大批糖厂被迫停产。随后国家相继又采取了一些调整措施，如每交售1吨甜菜奖售化肥10千克，种甜菜的土地免除征购粮任务等，推动了甜菜生产的恢复和发展。1966—1979年，生产徘徊不前，甜菜面积和总产都没有达到1959年的水平。在此期间，曾片面强调各省（区）食糖自给，甜菜南移，盲目向不适宜地区发展，致使甜菜种植分散，单产低，总产上不去，新建一些中小糖厂被迫下马，国家经济受到很大损失。

生产快速、稳步发展时期（1980—1987年）

党的十一届三中全会后，农村推行了联产承包责任制，极大调动了农民的积极性。国家调整了糖料作物经济政策，甜菜收购价由每吨60元增加到每吨75元，许多省（区）还实行了补贴，粮糖比价比较合理，使甜菜面积有很大发展，总产成倍翻番。甜菜种植面积保持在46.7万公顷左右，平均年产甜菜792万吨。1985年甜菜种植面积发展到56万公顷，总产891.9万吨。

生产高峰时期（1988—1998年）

随着城乡人民生活水平提高及对食糖需求的增长，制糖工业经过10余年的建设与发展，甜菜种植面积得到迅速扩大。1994年和1995年全国甜菜种植面积都在66.7

万公顷以上，总产达到1 500万吨左右，单产也实现了历史性的突破，达到了每公顷24吨，摆脱了长期以来单产一直徘徊在15吨左右的局面。无论甜菜栽培面积，还是甜菜总产都达到了历史的最高峰。

生产急剧下降时期（1999—2002年）

由于食糖业出现供大于求的局面，国家于1998年开始对制糖业进行调整。根据市场需求进行总量调控，压缩了含糖低、制糖成本高的甜菜糖生产，调整了食糖的生产结构。宁夏、甘肃、河北、山西、辽宁、吉林和陕西7个不宜发展糖业的省（区）逐步退出，内蒙古、黑龙江部分退出，形成了北方甜菜糖以新疆、内蒙古和黑龙江为主，南方甘蔗糖以广西、云南和广东为主的新布局。甜菜种植面积由原来的60多万公顷，骤降到33.3万公顷，总产也由原来的1 500万吨，降到900万吨。该时期，因国家食糖结构性调整，是我国甜菜生产上急剧下降时期，甜菜种植面积在30万～40万公顷，平均年产甜菜1 011万吨。

生产调整时期（2003年至今）

这一时期，由于我国食糖产品市场动荡、制糖企业机制转变、国家宏观政策调整等原因，致使甜菜种植面积滑坡至20余万公顷。直接导致了制糖原料不足，企业亏损倒闭停产，科研单位改变研究方向，研究甜菜科研队伍缩小，整个行业低迷，全国种植面积波动在18.7万～25.3万公顷，平均年产甜菜786万吨。2005年以来，随着中粮集团、英糖公司、南华集团、包头华资及河北天露等国内外知名大型制糖企业先后加盟甜菜糖业，注入了大量的资金，给整个行业带来新的生机。2005年以后单产超过每公顷37.5吨，2010年平均单产达到每公顷42.5吨。

5.2.2 甘蔗

5.2.2.1 甘蔗概述

甘蔗（*Saccharum officinarum* L.），甘蔗属，多年生高大实心草本。根状茎粗壮发达。甘蔗是一种一年生或多年生热带和亚热带草本植物，属C_4作物。甘蔗圆柱形茎直立、分蘖、丛生、有节，节上有芽；节间实心，外被有蜡粉，有紫、红色或黄绿色等；叶子丛生，叶片有肥厚白色的中脉；大型圆锥花序顶生，小穗基部有银色长毛，长圆形或卵圆形颖果细小。

世界上甘蔗栽培种有3个种，即中国种（*S. sinense* Roxb.）、热带种（*S. officinarum* L.）、印度种（*S. barberi* Jeswiet），我国各地栽培的甘蔗主要是这3个种及其杂交后代。

（1）中国种（2n=118）。起源于中国，也分布在印度北部和马来西亚一带。典型品种有竹蔗、芦蔗、荻蔗以及国外通称的“Uba”。其特点是早熟，分蘖力强，根系发达，纤维多，糖分较高，耐粗放栽培，宿根性好，但易抽侧芽及感染黑穗病和棉蚜虫。

（2）热带种（2n=80）。又称高贵种，起源于南太平洋、大洋洲诸岛屿。典型品种有badila、creole、yellow caledonia、black cheribon等。特点是高产高糖，株大茎粗，纤维量低，皮软汁多，但抗逆力差，分蘖力弱，根系不发达，宿根性差，易感染病虫害。

（3）印度种（2n=82 ~ 124）。主要分布在恒河流域和中国南方。因该种形态上酷似中国种，分类学上也有人把它归入中国种。典型品种是chunnee。特点是早熟，纤维多，糖分较高，耐瘠耐旱，耐粗放栽培，植株矮小，分蘖多，宿根性好，能抗萎缩病，但易感染花叶病及黄条病，淀粉含量较高。

此外，甘蔗属还有割手密（*S. spontaneum*，2n=64 ~ 128）、大茎野生种（*S. robbustum* Brandes et Feswiet，2n=60 ~ 120）、肉质花穗野生种（或称食穗种）（*S. edule* Hassk，2n=70 ~ 76，90 ~ 94，80等）3个主要野生种，是甘蔗有性杂交育种的主要材料。具有育种价值的甘蔗近缘植物还有芒属、河八王属、蔗茅属、斑茅属等植物。

甘蔗是温带和热带农作物，是制造蔗糖的原料，且可提炼乙醇作为能源替代品。甘蔗中含有丰富的糖分、水分，还含有对人体新陈代谢非常有益的各种维生素、脂肪、蛋白质、有机酸、钙、铁等物质，主要用于制糖，表皮一般为紫色和绿色，也有红色和褐色。甘蔗具有清热解毒、生津止渴、和胃止呕、滋阴润燥等功效，主治口干舌燥，津液不足，小便不利，大便燥结，消化不良，反胃呕吐，呃逆，高热烦渴等。此外，甘蔗还可制成蔗糖酯、果葡糖浆等。

5.2.2.2 甘蔗的起源

关于甘蔗的起源，国际上有各种不同的说法。根据H.M.瓦维洛夫1935年提出栽培植物八大起源中心说，甘蔗起源中心在中国。

中国不仅是世界最早的植蔗制糖国，而且还是世界蔗糖贸易的先行者。在元代的《马可·波罗游记》、明代王世懋的《闽部疏》和陈懋仁的《泉南杂志》等文献中，均有中国蔗糖出口贸易的记述。我国的植蔗制糖技术向世界各地传播的途径大致分为3路：一路由中国向东传往日本等国，是公元75年由唐鉴真以制糖法传入；一路向南，是1550年由华侨携竹蔗将植蔗和制糖技术同时传往菲律宾及南洋诸国；另一路向西，主要是由商人经印度传入阿拉伯国家，再传到西班牙南部。公元1493年哥伦布第二次去美洲时，带去甘蔗，以后渐传入美洲各国。至18世纪，甘蔗已遍及全世界。

5.2.2.3 甘蔗的用途

甘蔗盛产于热带及亚热带，是制糖的主要原料。甘蔗糖自蔗茎制得，性和味甘，经消化成为葡萄糖和果糖，易被人体吸收。蔗糖是人们生活的必需品，也是糖果、饮料等食品工业的重要原料。同时，甘蔗还是轻工、化工和能源的重要原料，如渣可以造纸、造纤维板、糠醛以及作为食用菌培养料等；糖蜜可制酒精、酵母、甘油、柠檬酸和干冰等，还可以作饲料；滤泥可提取蔗蜡、蔗脂和乌头酸，而且可作肥料甚至饲料。蔗梢、蔗叶可以作饲料和还田作肥料。甘蔗与粮油作物、蔬菜等合理轮作、间作、套种，既可增产，又可增加土壤肥力。另外，种植一些皮脆汁多的甘蔗品种还可作“果蔗”生吃。因此种植甘蔗有助于发展多种经营促进其他行业的发展。

甘蔗还是一种高产的生物能源作物。甘蔗是高光效C_4作物，生物产量高，蔗茎含糖分达11%~17%，可直接生产酒精，与汽油混合配制一种混合的汽油燃料；特别是像巴西等盛产甘蔗而石油短缺的国家，采用发酵酒精作为新能源是一种取之不尽的能源，应用于汽车后不会产生空气污染，被称为绿色汽油。这对于农业产业结构和能源结构调整、实现农民增收、保护环境和国家能源安全等都具有重要现实意义和深远影响。因而，发展甘蔗生产，对提高人民的生活、促进农业和相关产业的发展，乃至对整个国民经济的发展都具有重要的地位和作用。

5.2.2.4 甘蔗的地理分布

我国甘蔗分布南从18°N的海南岛，北至33°N的陕西汉中地区，跨越纬度15°；东至我国台湾东部，直到西藏东南部的雅鲁藏布江，跨越经度达30°，分布范围之广，为其他国家所少见。我国的主产蔗区，植蔗自然条件优越，主要集中分布在24°N以南的热带、亚热带地区。总体而言，全国可分为南部蔗区、西南蔗区和长江中下游蔗区三大蔗区。其中，南部蔗区包括珠江三角洲、福建和广东东南部、我国台湾、海南岛和雷州半岛、广西南部和云南南部6个蔗区；西南蔗区包括云南中部及北部（云南金沙江流域）、四川西部高原的南部蔗区（四川安宁河谷地）和贵州西部高原蔗区（北盘江、赤水河流域）3个庶区；长江中下游蔗区包括四川盆地、湖南南部和北部、江西中南部和浙江4个蔗区。不同蔗区有不同的甘蔗生态类型。

5.2.3 甜叶菊

5.2.3.1 甜叶菊概述

甜叶菊糖简称甜菊糖或菊糖，是指从甜菊叶子中提取生产的白色粉末状甜菊糖苷，是继蔗糖、甜菜糖之后的“第三糖源”，是目前已知最甜的天然绿色健康甜味剂，具有甜度高、热值低、营养全、功效多、经济性、安全性、稳定性7个特点，广泛应用于食品、饮品及药品等工业领域。

甜叶菊［*Stevia rebaudiana*（Bertoni）Hemsl.］为菊科、甜叶菊属多年生草本植物。株高1～1.3米。根梢肥大，50～60条，长可达25厘米。茎直立，基部梢木质化，上部柔嫩，密生短茸毛，花冠基部浅紫红色或白色，上部白色。瘦果线形，稍扁，褐色，具冠毛。花期7—9月，果期9—11月。具有调节血压、软化血管、降低血脂、降血糖、抑菌止血、镇痛、减肥养颜、养阴生津、帮助消化，促进胰腺、脾胃功能和清热解毒的功能。叶含菊糖苷6%～12%，精品为白色粉末状，是一种低热量、高甜度的天然甜味剂，是食品及药品工业的原料之一。

5.2.3.2 甜叶菊的用途

（1）用于食品和医药领域。甜叶菊干叶中的主要成分为甜菊糖苷，不仅甜度高、热量低，还具有一定的药理作用。研究证明，甜叶菊糖主要有治疗糖尿病、控制血糖、降低血压、抗肿瘤、抗腹泻、提高免疫力，促进新陈代谢等作用，对控制肥胖症、调节胃酸、恢复神经疲劳有很好的功效，对心脏病、小儿龋齿等也有显著疗效，最重要的是它可消除蔗糖的副作用。因此，甜叶菊逐渐成为食品和医药领域研究开发的热点。南美、东南亚、远东地区，甜叶菊糖苷早已被广泛应用于食品和药品领域。我国卫生部在1985年批准了甜叶菊糖苷为不限量使用的天然甜味剂，又于1990年批准了甜叶菊糖苷为医药用的甜味剂辅料。

（2）用作饲料。甜菊叶渣中微量元素丰富、营养成分全面，如氨基酸、粗蛋白、粗纤维、粗脂肪和维生素等，是很好的饲料原料，将其进一步加工成饲料饲喂牲畜，可用来治疗畜禽食欲不振、乏力、生长缓慢、不发情、下痢和呼吸道不畅等疾病，也可提高奶质和肉质等。

（3）用作肥料。经测定分析，甜叶菊残渣中不仅有机质含量极高，还含有一定量的钙和镁等矿物质，可作为有机肥料改良培肥土壤。实际生产中，将经过腐熟的甜叶菊残渣与基础基质按一定配比混合后，可配制成适合香瓜、西瓜、柑橘、西红柿等蔬菜、水果育苗所需要的土壤。这种育苗土不仅能促进幼苗快速生长发育，增加幼苗干鲜物质重，还可促进蔬菜、水果的早熟、增加其甜度，是很好的育苗基质。将甜菊叶残渣添加到栽培菌类培养料中，既可满足食用菌对养分的需要，又可满足食用菌对各种微量元素、维生素及透气性的要求，发菌快而早、菌质还好、产量也高。用含甜叶菊残渣的土栽培的金针菇，略带甜味，风味独特；栽培的银耳，长得既白又大。

5.2.3.3 甜叶菊的发展历史

南美洲人民种植甜叶菊已有1500多年的历史，在巴西和巴拉圭千百年来作为“糖疗法”用于甜茶和医药。甜叶菊种属的分类是由西班牙植物学家和医师Petrus Jacobus Stevus在巴伦西亚大学确定的。1899年，瑞士植物学家Moisés Santiago Bertoni在东巴拉圭进行研究，开始详细地描述了其植物学特性与甜味。1931年两位法国化学家分离出了引起甜叶菊甜味的糖苷，1955年糖苷配基（苷元）的准确结构发表。

早在20世纪70年代，糖精等甜味剂被怀疑有致癌作用。因此日本开始种植甜叶菊做替代，甜叶菊叶片同叶片水提物和纯净的甜菊糖苷一样被开发做甜味剂。1971年日本的Morita Kagaku Kogyo有限公司开始生产商用甜叶菊甜味剂，日本人已经在食品和软饮料（包括可口可乐）及餐桌上使用甜叶菊。目前日本和美国占全球甜叶菊消费的60%，日本比其他国家消费更多的甜叶菊，占到甜味剂市场的40%。20世纪80年代中叶，甜叶菊在美国天然食品和健康食品行业（以无热量天然甜味剂用于茶点和减肥）开始受欢迎，合成甜味剂阿斯巴甜生产者要求美国食品及药物管理局（FDA）进行检测。2008年3月，可口可乐和嘉吉公司（Cargill Inc.）宣布了Truvia的有效性，包括甜叶菊甜味剂赤藓糖醇和Rebiana作为消费者品牌，在2008年12月FDA准许作为食品添加剂使用，可口可乐在2008年12月下旬推出甜叶菊甜味剂饮料。后来，百事可乐公司（Pepsi Co Inc.）和Pure Circle宣布了他们的品牌Pure Via，直到FDA批准才推出莱鲍迪苷A甜叶菊甜味剂饮料。从此FDA准许了可口可乐和百事可乐的甜味剂Truvia和Pure Via的使用。自2006年起，中国成为世界甜菊糖产品最大的出口国。

5.2.3.4 甜叶菊地理分布

甜叶菊原产于南美洲的巴拉圭和巴西相接的山区，地处南纬55°～56°。甜叶菊的发现及其利用历史，可以追溯到500年前，在西班牙侵占南美洲之前，已有甜叶菊当作糖料使用的记载。20世纪70年代末，我国南京中山植物园首先从日本引入种子和种苗进行繁殖推广，很快传播到全国。现中国北京、河北、陕西、江苏、福建、湖南、云南等地均有引种。

5.2.3.5 甜叶菊的甜味成分、作为糖源的机理及提取方法

甜菊糖有十大优点：热稳定、零卡路里、对血糖无影响、非可发酵、纯天然、酸碱性稳定、比普通糖甜150～300倍、防龋齿、无褐变反应、无脂肪和碳水化合物。甜菊糖（Steviol glycosides）是一类由甜菊醇（steviol）四环二萜化合物连接不同数目的配糖体（Glycoside）组成的糖苷混合物。目前研究发现的有十几种物质，被人们认可并且做过医学毒理试验的有9种，具体为：甜菊糖苷（Stevioside，St）；甜菊醇双糖苷（Steviolbioside）；莱鲍迪苷A（Rebaudioside A，R-A）；莱鲍迪苷B（Rebaudioside B，R-B)；莱鲍迪苷C（Rebaudioside C，R-C)；莱鲍迪苷D（Rebaudioside D，R-D)；莱鲍迪苷E（Rebaudioside E，R-E)；莱鲍迪苷F（Rebaudioside F，R-F)；杜尔可苷A（Dulcoside A，D-A)。这些配糖体中，含量高且有经济价值的有St、R-A、R-C、D-A 4种，其中St和R-A占总苷的80%以上，特别是R-A，不论从甜度和味质上均受到好评。用于商业化的甜叶菊衍生产品主要由企业生产，推向市场的商品品牌有，Rebiana：主要成分为莱鲍迪苷A；Truvia：美国嘉吉公司和可口可乐公司联合开发的Rebiana市场消费者品牌；Pure Via：百事可乐公司与Whole Earth甜味剂公司联合开发的莱鲍迪苷品牌；Enliten：玉米产品国际公司（Corn Products International）的莱鲍迪苷A品牌；Erylite Stevia：永本兹劳尔（Jungbunzlauer）开发的莱鲍迪苷A品牌。

糖苷是由葡萄糖和其他非糖物质苷配基（多糖）组成，舌头能感受到糖苷里葡萄糖的味道：莱鲍迪苷（Rebaudioside）的葡萄糖甜味更浓于甜菊糖苷（Stevioside)。舌头对苷配基感觉有些苦。莱鲍迪苷代谢为甜菊苷，然后甜菊糖苷被分解为葡萄糖和甜菊醇，在此过程中，分解的葡萄糖在结肠中被细菌利用而不进入血液，甜菊醇不能被消化而排泄掉。因此食用甜叶菊产品让人感受甜味而不增加热量和体重。

莱鲍迪苷A生产需要将甜叶菊植株干燥，然后在水中萃取，粗萃取含量约为50%，通过结晶化各种糖苷被分离和纯化，代表性地是使用乙醇或甲醇做溶剂。加拿大国家研究委员会申请了专利：柱萃取温度0～5℃萃取甜叶菊化合物，然后用纳米过滤纯化。在澄清萃取中使用了微量过滤预处理，纯化用超滤法，然后是纳米过滤纯化。

5.2.4 甜高粱

5.2.4.1 甜高粱概述

甜高粱也称为芦粟、甜秫秸、甜秆和糖高粱，是粒用高粱［*Sorghum bicolor*（L.）Meonch］的一个变种。甜高粱起源于非洲，在非洲有5 000多年的栽培历史。甜高粱的光合效率是大豆、甜菜和小麦等作物的2～3倍。甜高粱不仅有高能作物之称，而且也因其具有抗旱、耐涝、耐贫瘠、耐盐碱等特性，而享有作物中的“骆驼”之美誉。甜高粱作为最具优势的可再生生物能源作物，已受到有关专家和政府的重视。因此，加强甜高粱茎秆生物能源综合开发利用，对缓解国家能源紧张，改善生态环境，促进国民经济稳定持续发展，都具有十分重要而深远的意义。

5.2.4.2 甜高粱制糖史

甜高粱茎秆中含有丰富的糖分，可为什么至今尚未成为一种重要的糖料作物呢？这是因为甜高粱汁中淀粉和乌头酸的含量较高，竟占汁中固溶物的1%～4%。

胶状的淀粉物质妨碍蔗糖的结晶，乌头酸则在加工过程中形成乌头酸盐，妨碍糖晶体从蜜糖中分离出来。但早期的甜高粱制糖工艺多沿用现成的甘蔗制糖技术，因此少有成效，故经历了一段曲折漫长的历程。

1923年布赖恩和舍伍德提出用麦芽淀粉糖化酶清除甜高粱中的淀粉。1940年文特成功地从甜高粱糖浆中除去淀粉制出结晶糖，他还发明了清除乌头酸的方法。1969年史密斯发明了一种简便的在澄清粗汁和中间汁时清除淀粉的方法。20世纪70年代末史密斯和罗莫小组发明了高温酶处理法和半成品糖浆处理法，1980年初又发明了高温酶水解淀粉的方法，使制糖工艺更加简便。这些方法无论用以生产甲糖并将糖蜜送去生产酒精，还是生产甲糖和乙糖再将低级糖蜜送去生产酒精，均可灵活采用。1982年美国路易斯安那州农学系Ricand博士用日加工能力为2 000吨的现代化甘蔗糖厂成功地进行了加工试验，从而将甘蔗和甜高粱作为同一间糖厂的原料，揭开了糖业生产的新纪元。不仅延长了榨糖季节，提高了设备利用率，还给糖厂附近的农民带来了可观的经济效益。

5.2.4.3 甜高粱地理分布

甜高粱也和粒用高粱一样，分布广泛，形态变异多。非洲、印度和中国都是高粱多态性丰富的地区。我国有可能是甜高粱原产地之一。大多数学者认为高粱原产于非洲，以后传入印度，再后传到远东。Wintery认为，甜高粱是从东非传到中国、朝鲜、缅甸和沿海地区。甜高粱在非洲是具有5 000年栽培历史的古老作物，于公元前4世纪传入印度，公元4世纪传到中国，到公元5—8世纪经朝鲜半岛传到日本。美国最早的甜高粱品种——“中国琥珀”是1853年通过法国从我国上海引进的。2007年甜高粱在99个国家的种植面积超过4 200万公顷，主要分布在美国、尼日利亚、印度、中国、墨西哥、苏丹和阿根廷。

高粱在中国的分布范围东起我国台湾地区，西至新疆，北至黑龙江瑷珲，南至西沙群岛，跨越了热带、亚热带、暖温带、温带及寒带共5个气候带。虽然高粱在我国分布广泛，但主产区主要集中在秦岭黄河以北，特别是长城以北的地区和黄河长江之间的地区，分别占到全国高粱播种面积的65%和29%。长江以南地区高粱播种面积只占全国的6%。在全国范围内，可种植粒用高粱的地区都适合种植甜高粱。崇明岛盛产甜高粱，被誉为“芦粟之乡”。过去习惯生食其汁液，南方也有用于榨汁熬制糖稀或制作片糖。

5.2.4.4 甜高粱的其他重要经济价值

甜高粱有多种用途，除了生产粮食之外，由于茎秆内汁液富含糖分，一般在8°（Bx）以上，还可用于生产酒精、青贮饲料，秆渣可用于造纸，颖壳可用于提取色素，穗脱粒后可编扎笤帚。

甜高粱茎秆鲜嫩，富含糖分，叶片柔软，适口性好，且其产量高，适应性强，是极其优良的饲料作物。国外报道，甜高粱作为青贮饲料的产量为50～169吨/公顷，净茎秆产量为52～120吨/公顷；国内的报道分别为33.5～157.5吨/公顷和74.9～110.9吨/公顷。为玉米的25倍，大麦的3倍。甜高粱及青贮饲料含能量高，粗蛋白含量分别为1.7%、6.2%，粗纤维含量分别为7.8%、28.3%。除此之外，甜高粱还含有较高的铜、锰等微量元素。

作为一种能源作物，甜高粱在生物学产量和酒精产量方面存在巨大的优势。中国科学院植物研究所的试验表明，甜高粱的酒精产量每公顷可达6 000升（相当于9 000～12 000千克粮食产生的乙醇）。前南斯拉夫的试验也表明，在水浇地每公顷可产8 000升酒精，而甘蔗的产量为每公顷4 700升。甜高粱单位面积的产值为玉米的4倍。同时，用甜高粱生产1升乙醇的费用为3元，比用玉米低1/3。

5.3 特种糖料作物发展现状

5.3.1 我国糖料生产发展现状

糖料在我国农业经济中占有重要地位。自新中国成立以来，我国的糖业经过半个世纪的发展由供不应求到供求平衡，并逐渐发展到供过于求。中国是世界第三大食糖生产国，第二大食糖消费国。我国的糖料种植面积多年来保持在140万公顷左右，其中甘蔗种植面积约占86%，甜菜种植面积占14%。全国糖料入榨量7 200万吨左右，甘蔗入榨量约占92%，甜菜入榨量约占8%。

中华人民共和国成立70年来，我国的糖业发展经历了3个主要时期。

（1）1949—1978年的食糖短缺时期。在这一时期，由于我国食糖供不应求，国家通过控制价格限制消费和控制生产的措施来达到供求平衡和市场稳定，食糖实行定量配给和独家经营。

（2）1979—1990年的糖业快速发展时期。这一时期，食糖的经营有所放开，实行计划内和计划外的经营双轨制。对糖料生产给予补贴，糖业政策的首要目标是实现自给。

（3）1991年至今的糖业发展调整期。为了解除糖料和食糖统一定价对糖业发展的束缚，面对不断增加的食糖供给和财政补贴压力，国家于1991年对糖业营销体制进行了改革。

目前我国糖料种植的单产和糖分含量都比较低，但发展潜力比较大。甘蔗品种目前主要以台糖系列、桂糖系列和粤糖系列为主，三大系列品种占总种植面积的86.2%。甘蔗平均单产70吨/公顷，平均含糖率12%～15%；甜菜品种主要以德国的

KWS系列、瑞士先正达和甜研系列为主，占甜菜总种植面积的69%。甜菜平均单产38吨/公顷，平均含糖率14%～17%。而世界糖料种植先进国家如巴西、澳大利亚、南非等国甘蔗平均公顷产量为135～150吨，含糖率达14%～17%；法国、德国、美国、荷兰等国甜菜公顷产量55～80吨，含糖率达到16%～20%。食糖生产的原料成本占总成本的80%，因此加强糖料作物科研、良种培育和新技术推广对食糖产业具有重要意义。随着制糖企业整体规模的扩大，建设企业自己的糖料种植基地十分必要。例如，内蒙古华资实业股份公司投入资金9 600多万元建立甜菜生产基地；广西贵糖股份投资4 097万元实施6 667公顷高产优势甘蔗基地技改工程项目，每年增产甘蔗50万吨。制糖企业加大对糖料基地建设的投入，为降低食糖加工成本创造了条件，从长远来说，可以逐步缩小国内食糖生产成本与国际市场的差距，提高国内食糖的市场竞争力。

5.3.1.1 我国糖料食糖行业管理状况

近年来为了稳定糖价，在国家发展和改革委员会、工业和信息化部、商务部、农业农村部等有关部委的领导下，国家采取了一系列行之有效的措施对我国食糖市场进行宏观调控。通过国家储备糖的吞吐调控，国内食糖市场的总量平衡取得较好的效果，特别是对于稳定食糖市场价格，增加农民收入起到非常重要的作用。通过工业短期储备糖解决食糖生产高峰期制糖企业资金压力，避免了制糖企业在制糖高峰时由于资金需求量大而给农民打白条的现象。国家发改委、商务部、农业农村部等有关部门联合下发的《糖料管理暂行办法》，严格蔗区管理秩序及糖料生产，有效防止抢蔗事件的发生，从根本上保证制糖企业的正常生产，保护农民利益。

目前，与糖业管理有关的主要政府部门及组织如下。

（1）国家发展和改革委员会。主要负责指导糖业中长期发展规划，监测行业经济运行态势，安排国家拨款的专项项目和新建项目的核准；研究提出食糖年度指导性计划、市场供求总量平衡和宏观调控政策，对国家储备糖计划的总体协调和动用等提出建议；研究新型工业发展战略，推进产业升级和技术进步；研究生物化工产业和能源替代战略，发展循环经济，制定资源节约和综合利用政策等。

（2）工业和信息化部。主要负责食糖产业政策的制定和产业结构调整方针，组织实施工业行业规划，对高倍化学合成甜味剂实行指令性计划管理，指导行业技术法规和行业标准的制定。

（3）商务部。食糖流通领域的协调与管理；食糖市场供应状况的监控和分析；食糖进口配额的计划管理及发放；国家储备糖的管理；食糖加工贸易审批等。

（4）农业农村部。糖料种植业的管理；良种基地建设；糖料基地建设；糖料种植业机械化发展措施的制定；糖料生产新技术的推广；糖料作物种植产业化和社会化服务体系建设等。

（5）国家质量监督检验检疫总局。负责食糖标准体系与质量控制。《白砂糖》（GB 317—2006），《原糖》（GB 15108—2006）国家标准已由国家标准化管理委员会发布，2006年10月1日起开始实施。新标准为强制性标准，技术要求、试验方法、检验规则和标签、包装、运输、贮存等均要按标准执行。

（6）中国糖业协会。政府和企业的桥梁与纽带，反映行业的呼声，为国家制定有关制糖行业政策提供意见和建议；配合政府对糖业实施有效管理和对食糖市场实施宏观调控；协调行业发展过程中出现的问题；推动行业技术进步，加强与国际糖业界的交流与合作，促进制糖业健康稳定的发展。

5.3.1.2 未来国内食糖市场走势判断

（1）生产方面。由于糖料蔗收购价连续下调、农民种蔗收益减少，造成农民改种意愿强烈，2015—2016年榨季国内糖料种植面积136.67万公顷左右，同比缩减约20万公顷。食糖产量950万吨左右，食糖消费1 570万吨，国内食糖产需缺口扩大到620万吨。根据国内食糖生产的历史经验判断，国内食糖生产将在经历一个减产周期后步入上升周期，但是增长的幅度将减缓，长期走势上可能会呈现一个递减的趋势。与此相伴的是，在《糖料蔗主产区生产发展规划（2015—2020年）》等国家政策的作用下，生产将进一步向广西、云南等优势产区集中。

（2）消费方面。随着经济发展及城镇化水平的提升，我国居民的人均食糖消费量也会增加。因此，我国食糖消费量在未来的一段时期内都将保持稳步增长的趋势。预计“十三五”末年消费量将达到1 750万吨左右。

（3）贸易方面。由于国内食糖减产形势严峻，消费稳步增长，因此国内食糖产需缺口将不断扩大，对进口食糖存在刚性需求。加之国内外价差较大，食糖进口过量的压力也将长期存在。

（4）价格方面。当前国内食糖价格主要受到两个因素的影响，一个是国际糖价，另一个是国内供需。从国际糖价来看，根据国际机构的预测，国际糖价将会回暖；从国内供需来看，产需缺口长期存在，食糖进口无法避免。但如果当前的进口调控政策能够持续，食糖进口的节奏和规模将会得到合理控制，不会出现严重的供需失衡。总体来看，国内外市场因素将支撑国内糖价在“十三五”期间缓慢回升。

5.3.2 我国甜菜发展现状

5.3.2.1 中国甜菜生产分区

依据生态条件，中国的甜菜种植区可以分为东北区（以黑龙江为主）、华北区

（以内蒙古为主）、西北区（以新疆为主）三大区。

（1）东北区。嫩江上游冷凉区（嫩江、讷河、五大连池等）；嫩江中游与乌裕尔河流域、旱区（甘南、龙江、富裕、依安、拜泉等）；嫩江、松花江交汇盐碱区（松源、肇源、肇州、肇东、兰西等）；小兴安岭南麓丘陵区（海伦、望奎、绥化等）；三江平原湿地区（佳木斯、福利、桦川、友谊、富锦、宝清等）；张广才岭与老爷岭间川地、丘陵区（海林、牡丹江、宁安等）。

（2）华北区。林西、赤峰、通辽荒漠绿洲区（通辽、赤峰、开鲁、林西等）；坝上凉爽区（张北、商都、康保、太仆寺、化德等）；雁北高地区（大同、阳高、丰镇、察右前旗等）；河套灌区（巴彦淖尔、五原、包头等）。

（3）西北区。河西走廊灌区（武威、张掖、酒泉等）；天山北麓、准格尔盆地南缘绿洲区（奇台、昌吉、石河子、奎屯等）；伊犁河谷区（新源、伊宁、霍城、昭苏等）；天山南麓、塔里木盆地北缘干热区（焉耆、库尔勒、阿克苏等）；博尔塔拉河谷区（博乐、温泉）；塔额盆地区（塔城、额敏）；额尔齐斯河谷区（阿尔泰、福海等）。以上就是中国甜菜种植区域的大致分区（17个生态区），我国甜菜种植区的显著特点是区域分散、生态类型多、气候特征复杂。

5.3.2.2 我国不同主产区甜菜病害情况

根据多年的生产实际，结合各甜菜产区的气候特点，可以将三大甜菜主产区病害的重要程度（由重到轻）做如下大致排序。

（1）西北区。褐斑病，镰刀菌、丝核菌根腐病、丛根病、黄化病、白粉病。

（2）华北区。褐斑病，丛根病、镰刀菌、腐霉菌、丝核菌根腐病。

（3）东北区。褐斑病，镰刀菌、丝核菌、腐霉菌根腐病、丛根病、立枯病。

5.3.2.3 我国目前甜菜糖厂分布情况

2017年我国运行的甜菜糖厂共有24家，其中内蒙古8家、新疆10家、甘肃3家、黑龙江3家（表5-1）。

表5-1　中国甜菜糖厂分布情况

所属地区	糖厂名称	所在位置	原料供应市县	糖厂数目
内蒙古自治区	朝阳百盛制糖有限责任公司	辽宁建平县	内蒙古宁城县	8
	内蒙古佰惠生生物科技有限公司	林西县	林西县、巴林右旗、阿鲁科尔沁旗、克什克腾旗	

（续表）

所属地区	糖厂名称	所在位置	原料供应市县	糖厂数目
内蒙古自治区	安琪酵母股份有限公司	翁牛特旗	翁牛特旗、开鲁县、敖汉旗	8
	赤峰众益糖业有限公司	松山区	松山区、喀喇沁旗、敖汉旗、宁城、凌海	
	博天糖业股份有限公司	乌兰察布市察右前旗	托克托县、呼市郊区、凉城县、察右前旗、察右中旗、卓资县、兴和县、商都县、丰镇市、化德县、大同县、怀仁县、阳高县	8
	商都佰惠生糖业有限公司	乌兰察布市商都县	商都县、兴和县、康保县、化德县、尚义县	
	博天糖业（张北）有限公司	张家口市张北县	兴和县、尚义县、张北县、康保县、沽源县、太仆寺旗	
	内蒙古荷马糖业股份有限公司	兴安盟科右前旗	科右前旗、科右中旗、扎赉特旗、突泉县、阿尔山市、通辽的宝龙山周边地区、吉林省白城地区的洮南和通榆	
新疆维吾尔自治区	新疆农垦现代糖业有限公司	新疆奎屯市阿克苏东路169号	130团、131团、124团、143团、乌苏市、沙湾县	10
	新疆绿翔糖业有限责任公司	新疆额敏县第九师军垦路	额敏县、163团、164团、166团、167团、168团、团结农场	
	新疆绿原糖业有限公司	新疆巴音郭楞蒙古自治州和静县才吾库勒镇	和静县、博湖县、焉耆县、和硕县、轮台县、第二师21团、22团、24团、25团、27团、223团	
	中粮屯河伊犁糖业有限责任公司	新疆霍城界梁子	霍城、察布查尔、伊宁县、伊宁市	
	中粮屯河新源糖业有限责任公司	新疆新源县城	新源、巩留、尼勒克县	

（续表）

所属地区	糖厂名称	所在位置	原料供应市县	糖厂数目
新疆维吾尔自治区	中粮屯河新宁糖业有限责任公司	新疆伊宁县愉群翁	伊宁、昭苏、特克斯、尼勒克、巩留县	10
	伊犁绿化糖业有限责任公司	新疆兵团第四师64团	霍城、察布查尔县和四师的团场连队	
	中粮屯河额敏糖业公司	塔额糖区	塔城市、额敏县	
	中粮屯河昌吉糖业公司	昌吉糖区	昌吉市、五家渠市、玛纳斯县、呼图壁县及阜康市部分	
	中粮屯河奇台糖业公司	奇台糖区	奇台县、吉木萨尔县及阜康市部分	
甘肃省	酒泉德源食品工业有限责任公司	甘肃省酒泉市	肃州区、金塔县、玉门市	3
	张掖市云鹏工贸有限责任公司	甘肃省张掖市	甘州区、山丹、民乐、高台、临泽县	
	甘肃皇台实业制糖有限公司	甘肃省武威市	凉州区、民勤、永昌、景泰县	
黑龙江省	拜泉飞雪制糖有限责任公司	拜泉县	拜泉县	3
	依安东方瑞雪糖业有限责任公司	依安县	讷河市、依安县、富裕县、嫩江县、克山县等	
	齐齐哈尔鹏程北方糖业股份有限公司	拉哈镇	讷河市	

5.3.2.4 我国甜菜目前生产现状

2015年起国家进行种植业调整，2017年继续在东北和内蒙古自治区压缩了玉米的种植面积，为甜菜种植面积的增加提供了良好机遇，对于甜菜增产发挥了关键作用。此外，2015年1月以来国内食糖价格呈上升趋势，从4 280元/吨上升到2017年12月的6 500元/吨，也刺激了甜菜种植面积的增加。2016—2017年榨季全国共有21家甜菜糖厂开机生产，生产甜菜糖104.7万吨，占全国食糖总产量的11.27%。2016—2017年榨季全国生产食糖928.82万吨，比上榨季增加58.63万吨，其中，甘蔗糖824.1万吨，占88.73%。2017年我国甜菜种植面积279万亩，实际收购甜菜959万吨，单产达到3.437吨/亩，2017—2018年榨季共有24家甜菜糖厂开机生产，比上一榨季新增糖厂3家。其中，内蒙古自治区新增糖厂2家，黑龙江省增加1家。随着新榨季甜菜产区糖厂全面开榨，与上年同期相比，甜菜出糖率有所提升，甜菜糖产销进度有所加快。随着农业种植结构的继续调整以及食糖价格的稳定，未来几年，甜菜种植面积会持续扩大，单产有所提升，甜菜糖产量比重将会增加。

（1）内蒙古甜菜生产现状。2016—2017年榨季，内蒙古食糖销售额29.94亿元，利润总额2.25亿元，财政税收1.98亿元，创造了该地区制糖行业61年来的最高水平，全行业实现盈利，其中佰惠生生物科技有限公司、博天糖业盈利水平较高。

2017年内蒙古共播种甜菜130万亩，比上一榨季增加35万亩；收购甜菜400万吨，比上一榨季增加5万吨；2017—2018榨季内蒙古有5家集团的8家糖厂开机生产，较2016—2017榨季增加2家，产糖50万吨，比上一榨季增加3.67万吨。

此外，本榨季有4家企业集团和相关市（县）签署协议，拟新建6家糖厂，预计2018—2019榨季，内蒙古甜菜糖厂由8家增加到14家，年生产能力由23 000吨/日增加到55 000吨/日，产糖有望达到80万～100万吨。

2017年内蒙古甜菜糖业发展势头较好，农民种植甜菜的积极性仍然很高，个别糖厂下调了甜菜收购价格，由2016年的530元/吨降低至500～530元/吨，甜菜种植面积仍为130万亩，如果不考虑加工能力有限而加以控制，甜菜种植面积仍会增加。

（2）新疆甜菜生产现状。新疆作为北方甜菜糖重要产区，是国家甜菜糖重要生产基地之一，甜菜单产为全国之最，甜菜糖产量占全国甜菜糖总产量的半壁江山，食糖的80%销往内地，20%的糖在新疆市场销售。新疆制糖工业经过多年的发展，已形成了具有一定规模的工业体系。2000年，根据全国经济工作会议关于制糖工业控制总量、调整结构、实现扭亏脱困的要求，新疆制糖企业通过收购、兼并、重组、破产、关闭等措施，形成了中粮屯河等几家骨干大型企业集团，优化了产业结构和资本结构。

2016年新疆甜菜种植110万亩，增加23.6%；收购甜菜490万吨，较上一榨季增加32.4%；13家制糖企业开机生产，产糖48.7吨，增产13.3%；甜菜含糖13.53%，下降1.27个百分点，产糖率10.03%，是历史最低。销售收入33亿元，工业增加值7.8亿元，净利润2.3亿元。2017年新疆种植105万亩甜菜，由于天气好，有充足灌溉水源，甜菜生长较好，收购甜菜440万吨，2017—2018榨季产糖49万吨左右，与上一榨季大体持平。

（3）黑龙江甜菜生产现状。黑龙江省作为中国最早的糖业基地，有着辉煌的历史，历史上甜菜种植最高年份1991年达到624万亩，1991—1992榨季产糖量83.9万吨，种植面积和产糖量占全国甜菜和甜菜糖的一半，但近年来甜菜生产持续低迷。2016年黑龙江种植甜菜9.5万亩，收购甜菜22.5万吨，2016—2017榨季黑龙江有依安和拜泉2家糖厂开机生产，产糖2.54万吨，甜菜平均收购价格530元/吨。2017年黑龙江省种植甜菜27万亩，收购甜菜63万吨，2017—2018榨季3家糖厂开榨，较上一榨季增加1家糖厂，产糖7万吨，甜菜收购价550元/吨，甜菜糖分15.6%。

2016年起黑龙江依安糖厂收购甜菜开始实行按质论价，2017年继续实行按质论价，基础含糖率15.5%，提高1度糖，增加25元/吨，这一措施目前得到了菜农的认可，效果良好。

5.3.2.5 我国甜菜目前发展面临的主要问题

（1）自主甜菜品种不足。品种问题是当前需要解决的首要问题。目前我国甜菜品种主要以德国的KWS系列、瑞士先正达和甜研系列为主，占甜菜总种植面积的70%。由于少数几家国际大公司占有绝大多数市场份额，逐步形成了垄断经营的态势，种子价格越来越高，占甜菜生产成本比重加大，成为推高甜菜生产总成本的重要因素之一。而自主研发的甜菜新品种推广应用率不足30%，低于国家科技成果转化率40%的标准。

（2）甜菜制糖企业布局不合理。内蒙古赤峰地区、辽宁朝阳地区就有赤峰糖厂、宁城糖厂、林西糖厂、克旗糖厂、建平一糖、建平二糖6家糖厂，最近的糖厂相距仅8千米，经常因为原料问题出现矛盾，每年甜菜收购季节6家糖厂都会开协调会，效果并不好。因此，在发展甜菜制糖业时，一定要注意原料区的建设，包括气候条件、耕地面积、耕地质量、灌溉条件、生产条件、种植习惯、运输条件、农村劳动力、机械化水平等都要综合考虑在内，保证企业有充足的原料，促进甜菜制糖企业健康稳定的发展。各地及早科学合理、因地制宜布局糖厂，规划糖厂原料区，防止区域内形成恶性竞争的局面。此外，糖厂原料区建设时还要充分考虑甜菜的替代作物，尤其是玉米的竞争，要考虑到玉米价格对甜菜种植的影响。

（3）甜菜的收购与存储问题。在全国范围内，甜菜收购没有实行按质论价，直接导致甜菜种植户只重视甜菜产量，忽视甜菜含糖率。近几年随着甜菜生产机械化水平的提高，甜菜的切顶由过去的人工改为机械，切削质量有所下降，甜菜青头上留有生长点，在甜菜起垛后容易生芽，另外在收购过程中遇到极端天气情况，会出现部分冻化甜菜混入甜菜垛中，引起甜菜烂垛，造成甜菜菜丝含糖降低、产糖率下降。

（4）研发力量薄弱。目前甜菜制糖企业普遍没有自己的技术研发中心，无论是甜菜生产技术还是制糖技术都缺乏系统的、持久的研究，企业研发投入极少或者根本就没有，造成甜菜制糖企业的核心竞争力下降。根据国外经验并借鉴相关行业，企业投入研发的资金应维持在销售收入的10%～15%才比较合理，在企业还没有能力独立研发时，可与科研院所合作，建立专门的研发机构，有针对性地研究企业面临的技术难题，提高甜菜单产、含糖率，提高制糖工艺水平，糖分降低工艺损失，提高食糖质量，开发新产品，提高附加值，提升副产品价值，延长产业链，提高企业效益，增加企业的竞争力。

（5）甜菜生产水平低。甜菜单产不高、总产不稳、含糖率偏低。我国甜菜平均单产45～50吨/公顷，平均含糖率14%～17%。而世界甜菜种植先进国家法国、德国、美国、荷兰等国甜菜产量55～80吨/公顷，含糖率达到16%～20%，我国甜菜生产力水平有待提高。

（6）甜菜生产机械化程度低。目前，我国甜菜机械化生产技术水平虽然有很大进步，但总体水平还不高，生产过程中缺乏先进的专用生产机械，尤其是大型甜菜联合收获机等关键技术装备还完全依赖进口。急需对甜菜生产关键技术装备进行研发，提高设备技术性能与制造质量，尽快改变我国甜菜机械化生产的落后面貌。

5.3.3 甘蔗产业发展现状

5.3.3.1 中国蔗糖生产概况

我国拥有14亿人口，是世界食糖消费大国。新中国成立以来，在各级政府的重视和支持下，我国糖料生产取得了辉煌的成就，建立了以广西、云南、广东甘蔗糖料基地为主，新疆、内蒙古甜菜基地相配套的食糖生产布局。甘蔗种植面积从1949年的10.82万公顷发展到2016年的152.68万公顷，蔗糖产量从1949年的264.2万吨发展到2016年的11 382.46万吨，蔗糖占全国食糖总产量的92%以上。目前，中国已是继巴西、印度之后的第三大蔗糖生产国。当前我国甘蔗主产区分布在广西、云南、广东、海南、福建、四川、江西、湖北等地。其中，2014年广西甘蔗种植面积108.15万公顷，云南33.97万公顷，广东16.75万公顷，海南6.19万公顷，4个省（区）总种植面积占全国比例超过90%（国家统计局）。

进入21世纪以来，我国蔗糖流通领域市场化程度不断提高，大大促进了甘蔗生产的发展。一是蔗糖流通主体出现了多元化，大量社会资本进入蔗糖流通领域进行投资获利。二是市场体系日益完善，已形成了蔗糖现货市场、电子商务市场和期货市场并存的市场体系。三是建立了中央和地方政府食糖储备计划，这对稳定蔗糖和甘蔗市场价格、调节市场供需起到了一定作用。

（1）广西甘蔗产业概况。广西是我国最大的甘蔗种植区域。全区有56个县，近2 000万农民从事甘蔗种植，占自治区农业总人口的一半，有21个县财政收入的一半来自制糖业税收，在49个贫困县中有36个县靠种植糖料蔗解决温饱问题。近年来，全国一半以上的糖产量来自广西。在2007—2008榨季以前广西甘蔗的种植面积一直在100万公顷以下，由于甘蔗生产种植技术的进步，2007年以后甘蔗播种面积均在100万公顷以上，在2012年和2013年的种植面积达到了有史以来的最高峰值，2014年广西甘蔗种植面积108.15万公顷，比上一年减少了约4%，糖料蔗总产量减幅2%。广西甘蔗生产种植面积一直在一定区间波动并逐步趋于稳定。近14年的数据显示，从2001年开始蔗农种蔗成本高于原料蔗收购价，蔗农收益呈负增长。根据云南糖网的报道，截至2016年3月31日，广西开榨糖厂94家（上榨季98家），累计入榨甘蔗4 414万吨（上榨季5 099万吨），同比减少685万吨；产混合糖497万吨，同比减少119.8万吨；产糖率11.26%，同比低0.84个百分点；累计销糖199万吨，同比减少96万吨；产销率40.06%，同比下降7.78个百分点。由于糖价的波动，部分企业处于亏损的状态，甘蔗种植面积及产量的波动（表5-2）以及自然灾害等各种因素的影响，广西甘蔗产业面临着严峻的考验。

表5-2　广西糖料蔗种植面积及产量

年份	播种面积（万公顷）	总产量（万吨）	单产（千克/公顷）
2006	83.86	6 376.40	76 036.00
2007	101.24	7 737.47	76 429.00
2008	109.00	8 215.58	75 367.47
2009	106.01	7 509.44	70 835.71
2010	106.93	7 119.62	66 583.29
2011	109.16	7 269.96	66 599.16
2012	112.80	7 829.71	69 410.88
2013	112.51	8 104.26	72 031.87
2014	108.15	7 952.57	73 530.00

数据来源：国家统计局

（2）云南甘蔗产业概况。云南是我国第二大蔗区，仅次于广西。云南常年种植甘蔗面积30万公顷左右，蔗糖产量200万吨以上，工农业产值100亿元以上。云南甘蔗种植面积发展经历了缓慢增长期（1949—1978年，年均增长1 200公顷）、快速增长期（1979—1999年，年均增长11 410公顷）、波动增长期（2000年至今）3个阶段。根据表5-3，2006年种植面积25.15万公顷，2014年种植面积33.97万公顷，增加了8.82万公顷。近10年虽有一定的波动，但却稳步增长。甘蔗总产量与种植面积呈现正相关，甘蔗总产量的增加随种植面积的增加而增加，2000年以后种植面积为波动增长期，因此近10年总产量同样也处于波动增长期。甘蔗单产同样也分为3个阶段：低产波动期（1949—1978年，平均单产36.93吨/公顷）、高速增长期（1979—1984年，年均单产增长量2.99吨/公顷）、小幅波动期（1985—2012年，平均单产58.13吨/公顷）。从表5-3来看，近10年由于自然灾害、比较效益下降等原因甘蔗总产量、入榨量、产糖量有较大的波动。从云南省糖业协会获悉，截至2016年3月底，全省已有65家糖厂开榨，累计入榨甘蔗1 127.66万吨（去年同期入榨1 301.63万吨），已产糖136.09万吨（上年同期产糖157.33万吨），已销糖46.14万吨（上年同期销糖56万吨），产销率33.90%（上年同期35.60%），出糖率12.07%（上年同期12.09%）。

表5-3 云南省糖料蔗种植面积及产量

年份	播种面积（万公顷）	总产量（万吨）	单产（千克/公顷）	入榨量（万吨）	产糖量（万吨）	产糖率（%）	占全国食糖总产（%）
2006	25.15	1 470.27	58 462.27	1 137.5	141.26	12.42	16.02
2007	26.54	1 491.06	56 188.00	1 491.4	183.14	12.28	15.26
2008	30.97	1 898.75	61 309.46	1 781.0	216.26	12.10	16.70
2009	29.62	1 761.31	59 467.88	1 742.2	223.29	12.83	17.96
2010	29.51	1 750.92	59 328.30	1 363.0	177.15	12.98	16.50
2011	30.67	1 898.78	61 901.83	1 413.0	176.17	12.47	16.86
2012	33.15	2 043.78	61 653.96	1 600.4	201.36	12.58	17.48
2013	34.24	2 146.25	62 690.00	1 758.3	224.19	12.75	17.16
2014	33.97	2 110.40	62 122.60	1 910.1	230.63	12.07	17.32

数据来源：国家统计局、云南糖网

（3）广东甘蔗产业概况。广东甘蔗主要产区集中于广东西部，包括遂溪、雷州、徐闻、廉江、湛江等县（市）。广东糖蔗主要分布在湛江、茂名、清远、韶关、江门等市，其中湛江种植面积和产量均为全省第一；果蔗主要分布在广州、韶关、湛江、江门、清远、阳江、肇庆、云浮、惠州和茂名等市。果蔗所占比例仅10%左右，并从2010年开始呈现小幅波动并趋于稳定；广东的糖蔗占比90%，占主导地位。从表5-4中的数据来看，广东的甘蔗播种面积、总产量及单位面积产量的波动都具有相同的趋势，呈现逐年递增趋势，2014年有所下降，但总体趋于稳定。从广东省糖业协会获悉，截至2016年3月底，广东累计入榨蔗量704.62万吨（上制糖期同期榨蔗量861.27）；累计产糖63.09万吨（上制糖期同期产糖79.49万吨）；混合出糖率为8.59%；已销糖22.33万吨；工业库存40.76万吨；产销率35.39%。广东省近几年种植成本上升，蔗农失去了种植甘蔗的积极性，甘蔗总种植面积有所下降，同时收购价格的持续增高，原料难以满足市场的需求。

表5-4 广东省甘蔗播种面积及产量

年份	播种面积（万公顷）			总产量（万吨）	单产（千克/公顷）
	糖蔗	果蔗	小计		
2008	13.60	1.37	14.97	1 198.84	80 097.44
2009	13.58	1.61	15.19	1 253.51	82 522.93
2010	13.64	1.85	15.49	1 300.15	83 956.44
2011	14.06	1.97	16.03	1 390.03	86 735.75
2012	14.55	1.99	16.54	1 469.21	88 804.88
2013	15.29	2.01	17.30	1 553.23	89 789.31
2014	14.69	2.06	16.75	1 504.67	89 290.55

数据来源：国家统计局

5.3.3.2 甘蔗品种概况

目前保存在我国甘蔗杂交制种基地——广州甘蔗糖业研究所海南甘蔗育种场的种质资源已有2 100多份，每年该场为全国各育种单位生产2 000个左右的杂交花穗。甘蔗主要优良品种见表5-5。

表5-5 我国甘蔗主要优良品种

品种	来源	概述
新台糖16号	台湾糖业研究所育成	蔗株直立，不易倒伏，落叶性好，毛群少，便于收获。早熟性好，成熟期蔗糖含量高，维持时间长，不抽穗开花，原料甘蔗收获后不易变质，适宜广东、福建、广西、云南栽培
新台糖22号	台湾糖业研究所育成	萌芽良好，分蘖强，原料蔗茎长，宿根性强，耐旱性强。抗黑穗病、叶枯病、叶烧病，中抗花叶病，适宜在广东、广西、海南、云南种植

（续表）

品种	来源	概述
新台糖25号	台湾糖业研究所育成	分蘖力强,生长势旺盛,全期生长快,封行早。特早熟,特高糖,砍后耐储藏,抗多种植物病害,适宜平原土、黏土以及盐碱地种植
粤糖93-159	中国轻工总会甘蔗糖业研究所广东站育成	中至大茎,特早熟,高糖。萌芽快而整齐,分蘖能力强,宿根性强,生长快,抗黄点病、褐条病等,适应性广
粤糖94-128	广州甘蔗研究所湛江甘蔗中心育成	早中熟,萌芽快而整齐,萌芽率高,分蘖早,分蘖力强,宿根性好。耐旱性和抗风性较强,适宜中等肥力以上的旱地及水旱地种植
粤糖00-236	广州甘蔗研究所湛江甘蔗中心育成	中至中大茎,特早熟,特高糖,高产。萌芽快而整齐,分蘖力强,成茎率高,全生长期生长稳健,后期不早衰,宿根性强,抗黄叶病、黄点病、黑穗病,适宜地力中等或中等以上的旱坡地、水旱地种植

国外培育的甘蔗新品种主要包括巴西联邦大学培育的RB系列品种和圣保罗州坎皮纳斯农业研究所培育的IAC系列等，如RB99395、IAC86-2210；美国农业部运河点甘蔗试验站、夏威夷甘蔗研究所和路易斯安那州甘蔗研究所培育的CP系列、H系列和Ho CP系列的新品种，如CP72-1210、95H4006、Ho CP95-988等；印度培育的Co系列品种Co997、Co1001、Co527等；澳大利亚培育的Q系列品种Q174、Q205、Q208等；印度尼西亚培育的POJ系列和EK系列甘蔗新品种等。

我国甘蔗品种培育大致可以分为3个时期：一是地方品种时期，该时期以种植当地地方品种作为制糖原料为标志，代表品种有竹蔗、芦蔗和罗汉蔗等。二是引进品种时期，该时期以引进和推广其他国家和地区的品种为标志，代表品种主要有POJ2878、POJ2725、NCo310、Co290、Co 281、CP49-50、CP34-120等。三是自育品种时期，该时期以我国育成的品种取代外来品种为标志。近年来，我国甘蔗自育种品种包括粤糖、桂糖、闽糖、云蔗、柳城、台糖等系列。目前，新台糖22号等新台糖系列品种、粤糖93-159、粤糖00-236、桂糖21号、柳城05-136等自育品种占据我国蔗区种植面积的主导地位。

当前，甘蔗新品种培育的糖分和产量增幅越来越小。对粤糖系列甘蔗4个主要推广品种粤糖85-177、粤糖99-66、粤糖00-236、粤糖03-393研究评估表明，培育新品种的糖分增加幅度逐代缩小。Waclawovsky等研究表明，近年来世界上甘蔗产量增长率一直在1%～1.5%，预计今后产量增长率还会下降。主要原因可能是全球商业栽培品种的育种亲本主要来自POJ2878的F_4、F_5代后裔，品种改良利用的种质资源十分有限，狭窄的育种亲本遗传基础造成育种群体遗传变异的严重不足，最终限制了品种改良的效果。因此，针对传统育种的局限性，生物技术可能成为甘蔗遗传改良的关键。

5.3.3.3 甘蔗产业存在的主要问题

甘蔗产业是千万蔗农赖以生存的支柱，但是受国际蔗糖的影响，我国甘蔗产业正遭受严重冲击，蔗农和蔗糖企业的生产积极性不高，目前主要存在以下几个方面问题。

（1）土地经营粗放、土地流转问题多。目前甘蔗种植大多还是分户经营，蔗田分布比较零散。一方面，个别蔗农通过口头约定的方式流转土地，没有依法办理流转手续，致使蔗农之间的矛盾频发；另一方面，很多蔗农对土地流转的认识不够，不愿将土地流转，甚至出现了撂荒、弃耕的情况。

（2）种植成本高。甘蔗种植成本主要在于地租、运输、肥料、人工等因素。究其原因，机械化程度低，良种更新慢，肥料利用率低，人工成本高，即“三低一高”，特别是肥料农药及人工的成本就占到了60%多。我国蔗田地块小、零散，不适合机械化作业，多数蔗田种收以手工为主，人工成本高。

（3）我国甘蔗种植机械化程度低。大多数靠传统人工种植、管理和收获，按照1年新植2年宿根平均产量82.5吨/公顷分摊，甘蔗成本246.36元/吨，而澳大利亚甘蔗种植几乎是100%的机械化，甘蔗种植成本在114元/吨左右，比我国甘蔗种植成本少一半还要多。

（4）良种更新慢，品种单一。目前，世界各国育成的品种大多是3～5个甘蔗原种的杂交后代，继而进行品种间杂交和回交育成，基本上是同质遗传型组成品种的再组合，故导致甘蔗品种近亲繁殖，遗传基础狭窄，血缘相近，致使我国甘蔗育种在产量、糖分和抗性等方面一直难有较大突破。我国甘蔗种植多数是10年前推广的“ROC”系列品种，其种植面积接近全国的80%。虽在糖分、单产、总产上都有突破性的提高，但是品种单一，品种退化明显，抵抗自然灾害能力弱。

（5）化肥利用率低。化肥施用量盲目增加，一方面，化肥中部分化学物质会被甘蔗吸收并积累，长期的化肥施用不合理会导致甘蔗品质的下降；另一方面，化肥大量浪费导致土壤板结、水体富营养化等环境问题对甘蔗种植产生负面影响。

（6）受进口食糖影响大。由于进口食糖的价格优势明显，大量进口食糖流入，致使国内市场供大于求，糖价频频触底，2013—2014榨季，绝大部分制糖企业亏损。甘蔗收购价连续3年下调，从每吨500元分别下降到457元和440元，直至2014—

2015榨季又下调到400元，蔗农种蔗处于亏损的状态。甘蔗收购价及蔗糖价格的下跌，严重影响了蔗农和蔗企的积极性。

（7）管理落后，基础设施差。没有专业的团队帮助蔗农提高甘蔗种植的相关知识及技术，致使甘蔗种植及管理存在一定的盲目性，甘蔗单产提高迟缓。大部分蔗田抵御自然灾害的能力较弱。我国甘蔗主产区主要处在气象灾害频发的广西、云南、广东、福建，水利灌排设施落后，蔗田抵御灾害的能力不高。

（8）精深加工不足，市场竞争力弱。制糖企业产能扩大，产品精深加工不足，这是众多制糖企业存在的问题。甘蔗加工成本企业控制难，加工品类单一，市场竞争力弱，导致精深加工和综合利用方面相对滞后。

（9）无切实可行的立法，蔗糖走私猖獗。我国出台了一系列的暂行办法与管理条例，但是管理机制尚不完善。目前还没有切实可行的立法保障制度，执法力度不够，导致蔗糖走私猖獗。另外，成本低、收益大、风险小等原因也使蔗糖走私屡禁不止，对我国糖业价格走势造成了严重的干扰。

5.3.4 甜叶菊产业现状

5.3.4.1 中国的甜叶菊发展

2000年中国甜叶菊出口产值不足100万美元，到2009年达到8 430万美元，年均增长率132%，出口量3 350吨，年均增长率14.40%。中国的甜叶菊工业产品占全球供应量的80%。2009年，中国的甜叶菊工业产量约4 000吨，80%以上出口。但是，中国的甜叶菊产品仍然主要是低档加工产品，出口企业主要在山东、江苏、天津，产品主要是低R-A含量甚至是普通糖的甜菊糖苷，而R-A 95%和97%的高含量甜菊糖苷出口量很少。中国的甜叶菊工业产品主要出口到马来西亚、墨西哥、美国、日本和中国香港地区。近几年，向马来西亚供应量占到一半以上的份额。不过马来西亚还不是最终消费者而是运输基地，主要进口公司是在马来西亚的美国Pure Circle公司，进口中国的甜叶菊产品后再转卖到世界其他地区。由于世界市场对甜叶菊工业产品的强烈需求，预计中国的甜叶菊工业产品出口量在近几年将迅速增长。

5.3.4.2 甜叶菊的安全性

2009年总结了甜菊糖苷的相关物质对抗病性的研究，已证明对人类没有效果；2011年发现甜叶菊甜味剂作为糖替代品对糖尿病患者有效，因为它是非热量添加物。甜菊醇和R-A在剂量和途径上对人类没有诱变的不良作用。根据长期的研究，世界卫生组织（WHO）的食品添加剂联合专家委员会批准了甜菊糖苷可接受的日常摄入量（ADI）为每千克体重4毫克，2010年，欧洲食品安全局制定了每天4毫克/千克甜菊糖苷的ADI。

5.3.4.3 世界各国或地区甜叶菊产品的准许使用及合法地位

1970年，日本开始广泛应用。1984年，中国准许使用，监督管理情况不清楚。1986年，巴西批准甜菊糖作为食品添加剂使用。1995年，美国准许甜叶菊叶和提取物作为饮食补充。2005年，新加坡同意甜菊糖苷在特定的食品上使用，之前是禁止的。2008年12月，美国准许纯净的莱鲍迪苷A作为食品添加剂/甜味剂，准许以各种品牌出售，并列入一般认为安全的甜味剂。受美国的影响，同年，阿根廷、智利、哥伦比亚、韩国、马来西亚、巴拉圭、秘鲁、菲律宾、沙特阿拉伯、中国台湾、泰国、土耳其、阿拉伯联合酋长国、乌拉圭、越南准许使用，监督管理情况不清楚。澳大利亚与新西兰2008年之前甜叶菊叶片可以做食物出售，2008年正式批准了所有的甜菊糖苷提取物的使用。2008年，俄罗斯联邦在“最小剂量要求”上准许作为食品添加剂使用。2009年，墨西哥准许混合甜菊糖苷提取物（非分离提取）使用。2010年1月，中国香港、以色列批准甜菊糖苷作为食品添加剂使用。2011年11月11日欧盟委员会批准和规定了甜菊糖苷作为食品添加剂使用。2012年，印度尼西亚批准甜菊糖苷作为食品添加剂使用，甜叶菊叶可作为膳食补充。2012年6月，挪威批准甜菊糖苷作为食品添加剂（E960）使用，到同年9月批准了甜叶菊的使用。2012年11月30日，加拿大准许甜菊糖苷作为食品添加剂，甜叶菊叶和提取物作为饮食补充。

5.3.4.4 甜叶菊种质资源及品种概况

国内甜叶菊栽培品种主要分为普通型和优质型两大类，其划分依据为占有率是否大于65%（甜菊叶）或大于50%（甜菊糖苷）。虽然中国已经成为全世界种植甜叶菊面积最大的国家，但是在品种上拥有自主知识产权的优良品种还很少，来自日本的守田系列仍是国内最流行的甜叶菊种植品种，制约着国内甜叶菊的种植及糖苷的开发利用。

5.3.4.5 甜叶菊生产中存在的问题

我国甜叶菊自20世纪70年代从日本引进种植成功至今，经过40多年努力，甜叶菊产业不断发展壮大。目前，我国甜叶菊糖苷的生产可满足全球市场对食糖的需求，我国已成为世界第一大甜叶菊种植国、甜菊糖生产国、甜叶菊出口国。但国内销售情况却一直不理想，其原因包括：政府对其重视不够且宣传不够；中国人对消费食糖及人工合成甜味剂的认识不足；生产企业开拓国内甜菊糖销售市场的投资力度不够；甜叶菊种植的比较经济效益不稳定，产品质量无法保障等，这些严重阻碍我国甜菊糖产业乃至整个植物提取物产业的发展。

我国农业生产一直存在小生产、大市场的矛盾，而且由于我国幅员辽阔，各地生产组织很难统一。种植户分散，导致一旦甜菊糖价格波动，种植户就得低价贱卖原料。生产企业分散，就会出现不团结现象，小企业产业链不完善，特别是无销售渠道又无固定市场，只得以低价生存。这样既破坏了市场，又容易被跨国公司操控。种植户和生产企业过多，标准执行起来就很困难，质量就难以统一，管理成本就必然居高不下，从而影响我国甜叶菊产品国际竞争力和整体形象。但我国甜叶菊生产中还存在很多问题，亟待整体提升。

（1）品种退化亟待改良与创新。目前，我国生产上选种的甜叶菊品种糖苷含量低，抗性退化严重。主要是我国甜叶菊目前的种植方式多是农户种植，自留种。留种过程中，只注重产量，轻品质，导致甜叶菊种性很难保持，抗性退化。选种不隔离，导致品种混杂严重，产量降低，品质下降。

（2）优良种子依赖进口。开发甜菊糖对我国国民经济的发展有着重要意义，但我国缺乏高R-A型品种，普通型甜叶菊种植面积占比高达80%。这一方面迫使进口国外优良种子，另一方面我国普通甜叶菊品种生产出来的甜菊糖质量难以符合国际标准，只得出口甜叶菊叶子或者初级提取物等低端产品。

（3）甜叶菊自身缺陷。种子发芽率低（仅为30%～40%），苗期生长缓慢，成活率低，种子直播生产的甜叶菊叶片甜度低；种子小（每500克种子130万～150万粒），极易丧失活力；甜叶菊为异花授粉作物，群体的基因组成多为杂合型，遗传不稳定；种子带菌又是苗期及后期病害发生的主要因素之一。甜菊糖带有天然的轻微苦味或青草味，现有技术还无法完全去除或者掩盖，这使饮料和食品行业还不敢轻易地完全用甜菊糖来简单替代白糖。

（4）栽培技术落后。实际生产中，广大菊农一直只关注产量，轻质量。仅从施肥技术方面看，菊农们仍沿袭重氮磷肥轻钾肥的习惯，并依然采用一次集中施肥的生产习惯，不注重科学追肥，导致甜叶菊产量低、品质差。长期重茬生产，致使连作障碍、土壤养分失衡、甜叶菊病虫害及生理病害逐年加重等，导致生产成本高，效益降低。当前栽培用的甜叶菊苗，主要采取老根分枝、枝条扦插繁育，春季小苗移栽到田里，为防止低温冻害要采用黑膜覆盖，这些都费工又费时，加之甜叶菊采收也多是采用人工，这些实际生产中的问题限制了甜叶菊产业的快速发展。

（5）研究认识不够，没有形成国内市场。甜菊糖依靠其低热量、安全、天然、绿色、保健等特点，必将成为21世纪保健食品消费的方向，成为未来甜味剂发展的方向。然而，我国现有甜叶菊产业跟踪研究十分有限，市场上看到的研究报告都是某些研究机构用于赚钱的拼凑产品，甜叶菊协会和各大企业应该加大跟踪研究和统计工作，特别是完成一部国内甜叶菊产业发展基本情况的调研报告，同时完成一部世界范围内的甜叶菊产业发展报告。甜叶菊协会应该做好国内外甜叶菊产业发展的跟踪统计工作，同时政府要提高行政管理效能，重视甜叶菊产业发展，加大甜叶菊宣传推广力度，推动甜叶菊科技进步，提升甜叶菊出口谈判力，促进甜叶菊产业全面发展。2010年我国甜菊糖生产销售达到5 000吨，其中出口3 400吨。甜菊糖这一天然绿色甜味剂却不能主导国内甜味剂市场，没有在国内市场很好地开花结果。国内消费市场没有形成，必然导致原料只能而且必须依赖出口，这样国外厂家就有了决定权。

（6）出口受制于国外标准。从原料上，我国甜叶菊的叶子出口需要达到国外的质量标准。终端产品上，我国的甜菊糖也必须符合贸易商和其他客户所在国家的提取标准。另外，我国甜菊糖自我消费低，导致大部分产品不得不出口，且必须受制于国外标准，从而导致我国产业谈判力、定价权旁落。我国甜叶菊原料及制品不仅要符合联合国粮农组织（FAO）和世界卫生组织（WHO）等国际组织的严格认证，还要符合出口对象地如日本、韩国、美国等国的标准，甚至还得符合可口可乐、百事可乐、嘉吉公司、雀巢公司、达能集团和联合利华等全球主要采购商的标准。也就是说，我国的甜菊糖产品出口要面临十几种国际标准，且各国、各地区、各企业法规繁杂，如韩国主要消费SG 90%酶转化甜菊糖，欧洲的主流是SG 95%规格，而美国的饮料行业主要选用Reb-A 98%的甜菊糖规格。另外，国外往往对我国出口产品设置技术性壁垒或者经常提出新要求，如提高农药残留、重金属、微生物等方面的硬性限制，设置企业社会责任SA8000认证、生产企业环保认证等蓝绿色壁垒，来限制和抵消一些我国在土地、资源和劳动力等方面优势，从而控制我国甜叶菊产品出口。因此，我国甜叶菊产业界必须逐步建立由我方制定的国际标准。

（7）外资控制我国产业布局。仅美国GLG集团在中国就有6家合资控股公司，即GLG滁州润海甜菊高科有限公司、GLG青岛润浩甜菊糖高科有限公司、江苏东台润洋甜叶菊高科有限公司、青岛润德生物科技有限公司、安徽蚌埠惠农甜叶菊高科技发展有限公司和安徽凤阳小岗村种苗繁育基地。GLG规划在中国建立1个农业科研中心、10个种植基地、4个生产加工基地，从而在中国建设世界最大的甜叶菊种植和加工基地。GLG集团还推出了张博士零卡系列茶饮料，并在中央电视台投放广告，全面启动中国零卡市场，力图控制甜叶菊茶市场。作为业内先驱，GLG集团凭借其资金、技术、市场和拥有完整产业链的优势已稳居行业世界第一，成为唯一拥有从“种子到产品”，即从种苗研发、订单种植、生产加工到应用开发全产业链的自主知识产权的企业，并拥有世界上生产规模最大的甜菊糖工业园区，也是业内迄今为止唯一一家拿到美国食品和药品管理局（FDA）认证批文的企业。其终端客户包括可口可乐、嘉吉、百事可乐等世界著名企业，占据了全球高端甜菊糖80%以上的市场份额。Pure Circle是世界领先的天然高效甜味剂供应商和采购商，2002年在江西投资建设了江西普赛科生物公司，2009年竣工投产了年产量3 000吨的新生产线。此外，日本已在中国江苏、山东和江西等省建立了甜叶菊种植基地等定点农场种植日本品种，同时建立甜菊糖粗品生产线，最后将原料和初级产品运回日本深加工再出口至欧美国家。面对外资咄咄逼人的攻势，我国产业界必须做好应对，大力发展种植基地，加快兼并重组，做大做强生产企业，全面提高甜叶菊产业综合效益。

（8）抵御风险能力十分有限。作为农作物，甜叶菊虽然少有气候灾难，但却常遭遇市场风险。自我国甜叶菊引种成功后，甜叶菊价格周期性波动一直影响着行业。短短40多年期间，就发生3次抢叶大战和四次积压现象，极大损害了种植者和生产者的积极性和切身利益。2002年初又暴发了“甜叶菊风波”。此次风波表面上是当时新加坡和中国香港两地媒体未经澄清就胡乱刊发甜菊糖“致癌”或者“有毒”的言论，导致两地政府禁止销售甜菊糖相关产品，背后则有西方甜味剂财团操纵围剿中国甜叶菊产业的阴谋。其原因在于，美国市场大都使用阿斯巴糖，欧洲则使用糖精。作为同是高倍甜味剂的中国甜菊糖，一旦大规模进入欧美市场，将会对阿斯巴糖或糖精的市场直接构成威胁。阿斯巴糖要进中国，甜菊糖在走向世界，一个是化学合成产品，一个是天然提取物，一个是美国企业，一个是中国企业，两个利益阵营针锋相对，处于产品劣势的阵营必然为了生存制造麻烦。

（9）产业链不完善、不成熟。甜菊糖是一个产业，要充分考虑到育种、种植、加工和市场营销工作等各环节，任何一个环节对接不好，都将出现断链。如原料不足或过剩，产品滞销，都将会造成市场较大波动，同时也会被其他竞争性产品所挤压，受到国外竞争对手的封杀。我国甜叶菊产业发展40多年来，时常出现起起落落的原因就在于我们的产业链不完善，国内市场不健全，在某些环节受制于人。

5.3.5 甜高粱产业现状

5.3.5.1 我国甜高粱产业现状

20世纪80年代初，为缓解当时国内食糖的紧张局面，解决人民生活之急需，增加我国糖料作物的种类和品种，中国科学院植物研究所北京植物园从美国引进了“丽欧”“罗马”甜高粱品种，在国内各地进行推广生产试验，获得了成功。中国农业科学院品种资源研究所通过收集、整理、引种和榨汁试验，明确了我国甜高粱的出汁率一般在50%～60%，最高达70%。“八五”“九五”期间，科技部把能源作物甜高粱秸秆制取乙醇列入科技发展规划。“十五”期间，科技部又将“能源作物甜高粱培育及能源转换技术”和“甜高粱秸秆制取乙醇”列入国家高科技研究发展计划。目前，我国甜高粱品种、种植以及利用甜高粱茎秆生产乙醇技术已成熟，“十五”期间在黑龙江省桦川县，辽宁省朝阳市，内蒙古托克托县，山东省安丘市、高唐县和新疆吐鲁番都进行了甜高粱种植和制取乙醇的产业化示范工程，并取得较好成效。国家“十一五”规划明确把非粮作物甜高粱的应用开发作为优先发展的方向，以甜高粱为原料开发乙醇和酵母系列等产品，符合循环经济、保护环境的生物产业发展思路，甜高粱前景被看好。

以前，甜高粱在全国只有零星的种植，面积较大的在东北地区，大多用固体来发酵酿酒，没有形成规模化、高附加值的产业链。“十二五”以来，全国甜高粱种植面积最大的地区是甘肃，2015年种植达到12.42万亩。2012年以来，甘肃省武威市把甜高粱作为加快农业结构调整、发展节水高效现代农业、推进农业科技创新、提升畜牧业饲草料供给保障能力、促进农民持续增收的重要举措。2014年，甜高粱产业在武威的快速发展，引起了甘肃省有关领导和部门的重视，确定了立足武威、先行先试、大力推进的战略构想，市委三届47次常委会议，要加快推进重离子技术培育甜高粱项目，加快甜高粱产业发展，并且依托甘肃省重大科技专项的实施，在新品种引进选育、良种繁育、高产高效栽培、病虫草害防治、全程机械化作业等方面取得了阶段性成果，通过土地流转建成种植基地40多个，推广种植饲用型甜高粱0.828万公顷。目前甜高粱正在为农业种植结构调整和设施养殖业的发展发挥重要作用，甜高粱循环经济产业推动了武威地方经济转型和产业升级，一种崭新的现代农业发展模式正在西部形成。

5.3.5.2 甜高粱种质资源及品种概况

甜高粱品种根据其用途可细分为饲用型甜高粱和糖用型甜高粱。糖用型甜高粱根据茎秆汁液中蔗糖含量的高低又可分为结晶糖型甜高粱和糖浆型甜高粱。在种植时，要根据不同用途，详细了解品种特性，选择适合的品种。

我国已收集到约1 152个甜高粱品种。多数属早熟种，株高一般为250厘米左右，高的300厘米以上。锤度5%～17%，个别品种达20%以上。如紫花芦穄是中国上海等地的地方品种，晚熟，在北京不抽穗，株高300厘米以上，生物产量高，锤度达22%左右。北京等地区的雅津甜高粱有170多个品种。甜杂1号是以7504不育系与丽欧配制的杂交种。杂种优势很强，株高300厘米以上，籽粒产量每公顷高达6 000千克左右。锤度15%，鲜秆每公顷产60吨左右。

国内甜高粱主要品种如表5-6所示。

表5-6 国内甜高粱主要品种

品种	概况
雅津1号	北京生育期133天，株高3～4米，茎秆多糖多汁，茎汁含量65%，穗长23厘米，千粒重18.5克，平均糖锤度在17%～21%，分蘖3～4个。茎秆出汁率67%，鲜重产量高，亩产茎秆5 600千克左右，平均亩产籽粒200千克。耐旱、耐涝、耐盐碱、耐瘠薄，并且再生能力强，抗逆性、抗倒伏、抗病虫性能表现突出。我国的东北、华北、西北及南方各省(市)均可种植
雅津2号	北京生育期155天左右，植高4～5米，中紧穗，穗长28厘米，千粒重21克。穗粒重60克以上。汁液锤度18%～23%，茎秆出汁率67%，平均亩产籽粒350千克。亩产茎秆5 000千克左右。对病害有较好的抗性，抗炭疽病、霜霉病和秆红腐病。我国大部分地区均可种植
雅津3号	北京生育期134天，株高320厘米，茎粗2.1厘米，茎秆多糖多汁，茎汁含量65%，茎秆含糖锤度18.6%，2007年在全国14个试验点中鲜重平均亩产5 454千克，籽粒平均亩产380千克。抗叶病、耐瘠薄、耐盐碱、根系发达、较抗倒伏，对丝黑穗病免疫。用于青贮时全国大部分地区均可种植；如粮秆兼用，需在有效积温2 300℃以上地区种植
雅津4号	北京生育期138天，纺锤形中紧穗，红壳红粒，平均株高340厘米，茎粗1.95厘米，茎秆多汁，含糖锤度21%左右，叶病轻。平均亩产秸秆5 300千克，籽粒平均亩产400千克。全国大部分地区均可种植
雅津14号	平均生物产量为6 800千克/亩，茎秆糖锤度为19%，产糖量1 100千克/亩，籽粒产量为220千克/亩，平均株高为330厘米，秆长为310厘米，节数为15个，茎粗为1.76厘米，单株重为0.91千克，单秆重0.73千克，生育期130～140天。该品种高产、稳定、含糖锤度高，适应性强、抗性好，适合于全国大部分地区春播，具有广泛的推广前景
雅津201号	北京生育期95天，株高3～4.5米，茎秆多糖多汁，茎汁含量60%，平均糖锤度在17%～22%。茎秆出汁率60%，鲜重产量高，亩产茎秆6 000千克左右，平均亩产籽粒250千克。耐旱、耐涝、耐盐碱、耐瘠薄，并且再生能力强，抗逆性、抗倒伏、抗病虫性能表现突出。我国的东北、华北、西北及南方各省(市)均可种植
雅津202号	北京生育期110天，株高3.5～4.8米，茎秆多糖多汁，茎汁含量68%，平均糖锤度在18%～23%。茎秆出汁率68%，鲜重产量高，亩产茎秆7 000千克左右，平均亩产籽粒280千克。耐旱、耐涝、耐盐碱、耐瘠薄，并且再生能力强，抗逆性、抗倒伏、抗病虫性能表现突出。我国的东北、华北、西北及南方各省(市)均可种植。
雅津152号	北京生育期150天，株高4～5米，中紧穗，穗长28厘米，千粒重21克。穗粒重60克以上。汁液锤度在18%～23%。茎秆出汁率67%，亩产茎秆5 000千克左右，平均亩产籽粒350千克。对病害有较好的抗性，抗炭疽病、霜霉病和秆红腐病。我国大部分地区均可种植
雅津155号	平均生物产量为6 100千克/亩，茎秆糖锤度为19%～21%，产糖量1 000千克/亩，籽粒产量为280千克/亩，平均株高为300厘米，秆长为265厘米，节数为14个，茎粗为1.80厘米，单株重为0.8千克，单秆重0.7千克，生育期115天左右。该品种高产、稳定、含糖锤度高，适应性强、抗性好，适合于全国大部分地区春播和复播，具有广泛的推广前景

（续表）

品种	概况
雅津160号	平均生物产量为6 500千克/亩，茎秆糖锤度为19%～20%，产糖量1 050千克/亩，籽粒产量为260千克/亩，平均株高为320厘米，秆长为280厘米，节数为15个，茎粗为1.83厘米，单株重为0.9千克，单秆重0.75千克，生育期136天。该品种高产、稳定、含糖锤度高，适应性强、抗性好，适合于全国大部分地区春播，具有广泛的推广前景

5.3.5.3 甜高粱产业存在的主要问题

（1）缺乏企业和市场拉动。任何产品必须有市场需求才能发展，市场需求量决定了产品的发展规模。甜高粱的优势在再生能源领域，也就是乙醇工业，但到目前，我国还没有利用甜高粱生产乙醇的大型企业，乙醇汽油的消费量很小，在没有市场和产业的情况下甜高粱很难大规模发展。甜高粱加工产品市场占有率不高。以甜高粱为原料开发出的乙醇、β-葡聚糖、酵母以及饲料等产品还处于中试阶段，没有打开市场，导致甜高粱产业的规模不易扩大，企业的效益和农民的收入将大打折扣。

（2）产业化加工问题急需解决。由于甜高粱产业是一个新兴产业，它还有许多地方很不完善。甜高粱成熟期集中、收割期短、茎秆易变质酸败，难以保存。以汁液发酵技术生产乙醇，加工期短，采取另外一些技术措施加工期也仅有一个月，企业建厂成本高，效益低，面对11个月的停产期，投资商望而却步。目前收获、加工机具生产厂家不多，一些尚处于研发、中试阶段，机械数量缺口较大，严重影响了甜高粱的收获和加工。运输费用高，而且加工酒精后要处理大量的残渣和污水，综合利用体系不健全。发酵工艺不合理，设备不完善，工效低、成本高、前期投资多。由于资金限制，甜高粱青贮池设施建设速度慢，数量少，青贮能力亦不能满足甜高粱产业发展的需要。

（3）育种落后于市场要求。我国2001年4月14日公布并实施《变性燃料乙醇》和《车用乙醇汽油》两项国家标准，已有部分城市试点使用乙醇汽油成功，并向全国普及，“十一五”已把甜高粱乙醇列入国家发展乙醇汽油计划，这对甜高粱的发展必将起到市场拉动作用，但我国目前选育的品种大多以饲用甜高粱为主，含糖量和生物产量与企业要求还有较大差距，企业要求含糖20°（Bx）左右，产量120吨/公顷，而目前的品种现状基本是含糖16°（Bx），产量90吨/公顷。针对市场需求，山西农业科学院高粱研究所成立了能源高粱育种课题组，围绕超高产，高糖分，高转化率开展能源甜高粱品种选育。所以国家在能源甜高粱的计划中应加强品种选育的投资，建立良性发展的产业链。我国培育出的甜高粱品种也不少，但大多是饲用甜高粱。目前，限制我国甜高粱产业化生产的主要因素之一是其汁液中像乌头酸和淀粉一类影响糖分结晶和脱色的有害成分较多，虽然在工艺上已经成功地解决了这类问题，但是这不可避免地增加了生产成本。针对这种情况，我国应效仿国外，加强甜高粱品质育种，选育出适合制糖、制乙醇等不同用途的专用甜高粱品种，从根本上解决生产成本过高的问题，为甜高粱产业化生产铺平道路。

（4）种子生产供不应求。随着甜高粱推广种植面积的扩大，种子需求量剧增，导致种子的供应量跟不上，国内尚无成熟的甜高粱繁育基地，甜高粱种植所需种子主要依赖进口，难以达到甜高粱规模化发展的要求。

（5）科技服务体系还不完善。中国科学院近代物理研究所、甘肃省农业工程技术研究院与地方科研院所、农技推广单位、企业之间的技术协作还未形成有效机制，育种、栽培、病虫害防治、加工、青贮等环节的研究内容分工与人员配置没有形成合力，创新研发能力不强。

（6）甜高粱产业发展资金短缺。主要表现在种植、加工企业普遍缺乏发展资金，土地流转、原料的收购和加工、收获机械的购置及技术改造等都需要大量的资金，而仅靠企业自身发展，显然力不从心。

5.4 特种糖料作物发展趋势与对策

5.4.1 新型特种糖料作物的发展趋势与对策

5.4.1.1 我国新型糖料资源概况

由于消费者的健康意识和绿色环保观念不断增强，新口味、新成分、新效用的绿色植物保健糖品日益受到青睐，由此带动了世界甜味剂生产的新发展。我国具有丰富的含糖植物资源，已证实的含糖植物涉及约30个科80多个种。

现已发掘并进行研究的甜味植物有20多种，如竹竽科（竹竽）、豆科（光叶甘草和巴西甘草）、葫芦科（罗汉果）、菊科（甜叶菊）、唇形科（假秦艽）、蔷薇科（甜叶悬钩子、海棠、杜梨、毛樱桃、无毛山楂）、山矾科（乌饭叶山矾）、茜草科（光叶耳草）、壳斗科（多穗柯）、葡萄科（甜茶藤或称糖藤、显齿蛇葡萄）、胡桃科（黄杞）、鼠李科（枳椇，俗称“拐枣”）等。这些植物糖料资源正待进一步开发利用。此外，椰糖广泛产于东南亚各国，我国南方也可扩大发展。槭树糖（包括糖槭、黑糖槭、红糖槭、银糖槭）工业年产量已达453.6吨，称为“枫糖”，是“枫叶之国”加拿大最具代表性的特色产品之一；而利用桦木（包括黑桦、硕桦、白桦等）树液制糖为欧洲人所喜好。槭树科和桦木科的某些产糖树种，在我国华北、东北、华中均有分布，在海拔100米的高山上生长良好，也可开发利用。

5.4.1.2 具有开发前景的新型糖料植物

我国新型糖料资源发展较快的是甜高粱、甜叶菊，本书有专门介绍。以下简要介绍些其他具开发前景的新型糖料植物。

（1）罗汉果。罗汉果（*Mamordica groasvenori* Swingle）为葫芦科罗汉果属多年生草质攀缘藤本植物，广西永福、临桂两县为罗汉果的栽培起源中心；主要分布于广西、广东、云南、江西等地，通常生长在山间阴湿、风凉地带。雌雄异株，宿根，有地下块茎。叶互生，卵圆形或长卵形，先端尖细。茎长5～8米外表黄褐色至深棕色，有光泽，质脆易碎，破碎后内表面黄白色，疏松海绵状。果实圆形、卵圆形或倒卵形，表面有茸毛。除去中果皮，可见明显的纵脊纹10条。种子扁平、矩圆形，棕色，味甜。罗汉果果实中含有大量的甜味物质，其中四环三萜类皂苷（罗汉果甜苷V）是主要甜味成分。罗汉果甜苷V含量大于80%时，其浓度为0.01%的溶液甜度比5%蔗糖溶液大200倍，而罗汉果甜苷V甜度与蔗糖相同时，热量只是蔗糖的1/50，因而具有甜度高、热量低、色泽浅、水溶性好等特点，无毒无害。同时，罗汉果有清热润肺、滑肠通便的功效，可用于治疗肺火燥咳、咽痛失音、肠燥便秘。

（2）甘草。甘草（*Glycyrrhiza uralensis* Fisch.）为豆科多年生草本植物，亦称国老、甜草、甜根等。甘草地上茎高0.5～1.5米，分布于我国东北、西北和华北。甘草主要含有三萜类甘草甜素（甘草酸）和黄酮类甘草苷（甘草素）。甘草甜素在糖苷配基的C-3原子上连有2分子葡萄糖醛酸，故水解得到2分子葡萄糖醛酸和1分子甘草次酸。甘草甜素甜度为蔗糖的250倍，热值为零，甜性柔和，持续时间长，而且不产生苦味、化学味或金属味，耐热性好并有抑制微生物生长的作用。适合糖尿病人、中老年人食用。可作为糕点、饮料、酱油、烟酒等的调味剂。甘草在食品中的安全性已得到日本、美国等100多个国家的认可。行销世界百年的“可口可乐”就含有甘草成分。

（3）甜茶。甜茶（*Rubus suavissimus*）为蔷薇科悬钩子属植物。学者们认为甜茶应定为一个新种或新变种。它和普通悬钩子的不同之处在于叶子味甜。主要分布在我国广东、广西、湖南、江西等地。为落叶灌木，高1～2米。单叶，矩圆状卵形，长5～10厘米，叶柄长1.5～4厘米。花单生，白色，直径2厘米，垂生。萼裂片长矩圆状卵形，渐尖，无毛。聚合果球形，黄色。对土壤要求不严，再生力很强。其果实酸甜可食，民间也有人将其根用作消肿、止血、促进伤口愈合、治疗跌打损伤的良药。叶片中含有的甜味成分甜茶素（甜茶悬钩子苷）与甜叶菊糖苷结构相似。甜茶素在甜茶干叶中约含53%，甜度为蔗糖的300倍，稍有苦味。根据产地品种不同，甜茶还包括壳斗科植物多穗柯（百色甜茶）、胡桃科植物黄杞（桂平甜茶）和茜草科植物牛白藤。多穗柯含有根皮苷、三叶苷和3-羟基根皮苷3种二氢查耳酮葡萄糖苷。其中以三叶苷含量最高，占总量的95%，其甜度为蔗糖的300倍。

（4）柑橘。柑橘是一类果树，包括柑、橘、柚、橙等，都属于芸香科（Rutaceae）柑橘属（*Citrus* L.）植物。我国长江以南各地普遍栽培。柑橘类水果的果实具有肥厚外皮，内藏由汁泡与种子构成的瓤瓣，果实或果皮入药，如枳实、枳壳、橘红、陈皮等，有理气化痰、生津止渴、和胃宽胸之功效。柚皮苷（Naringin）是柑橘类水果最主要的苦味物质，属于黄烷酮类化合物，也是柑橘类中草药的主要有效成分。但用发酵或化学方法处理未成熟的柑橘，可使苦味的柚皮苷转化为高甜度的二氢查耳酮。二氢查耳酮甜度是蔗糖的300～500倍，是一种无毒、低能量、高甜度的甜味剂，性质稳定、口感清爽、余味持久、带有特别的清香，并具有极佳的屏蔽苦味的功效，能降低人体对饮料或药品苦味的敏感程度，广泛应用于食品饮料和药品中。此外，二氢查耳酮还具有抗炎、镇痛、抗病毒、抗过敏、抗氧化、抗血栓、降血压、改善局部微循环等功效。

（5）野甘草。野甘草（*Scoparia dulcis* L.）为玄参科野甘草属一年生（极少多年生）草本或半灌木植物，别名冰糖草、香仪、珠子草、假甘草、土甘草、假枸杞、四进茶。原产于美洲热带，我国主要分布于广东、广西、云南等地，生于荒地、路旁、房前屋后。全草含有1%的木糖醇，干草用乙醇抽提浓缩精制可得木糖醇结晶。全草入药，主治偏头痛、腰痛、尿频尿痛、肾炎、疮疖等。

（6）马槟榔。马槟榔（*Capparis masaikai* Levl.）是白花菜科山柑属攀缘灌木，别名水槟榔、紫槟榔、马大白、太极子。分布在广东、云南、贵州、广西等地，生于山谷密林中。马槟榔成熟种子中含有2种甜味蛋白，分别命名为马槟榔甜蛋白Ⅰ及马槟榔甜蛋白Ⅱ，甜度是蔗糖的375倍。热稳定性较好，甜味持久，80℃保温48小时仍有甜味。种子为常用中药，性苦、甘、寒，清热解渴，可治咽喉炎、恶疮肿。

（7）假秦艽。假秦艽（*Phlomis betonicoides* Diels）为唇形科糙苏属多年草本植物，别名土甘草、白元参、西参、山甘草、白洋参、白玄参。主产于云南西北部、四川西南部及西藏东部，生于海拔2 700～3 000米的林间草地、林下或草坡上。假秦艽的根中含0.11%白元参苷，为一种二萜苷类化合物，其甜度是蔗糖的500倍，而且甜味可保持1小时左右。其根还可入药，功效近似于丹参，并可清凉解毒、治咽喉炎。

（8）竹芋。竹芋［*Thaumatococcus danielli*（Benn.）Benth.］为非洲绿色地带生长的竹芋科西非竹芋属多年生单子叶草本植物。株高可达3米。叶宽，椭圆形，薄如纸。短穗状花序着生于近地面的叶柄上隆起的基部，每个花序又成对生长着约12对紫红色的花，通常只有2～3对或偶尔有4～5对开花结果。果实为三角形的肉质果，全熟时鲜红色。每个果实含有1～3枚深黑色种子，果实重量为9～16克，最重的可达40克以上。种子顶端覆有柔软的膜质囊（即假种皮），其内含有甜蛋白又称索马甜（Thaumatin），商品名为Talin。Talin是世界上最甜的物质之一，其甜度是蔗糖的3 000倍。尤其适用于饮料、果酱和果冻等在许多国家也被批准使用，包括美国、英国、澳大利亚、日本等。

（9）白苏。白苏［*Perilla frutescens*（L.）Britt］为唇形科紫苏属一年生草本植物。在我国大部分地区均有分布。生于阳光充足、排水良好的路边，也有人工栽培。白苏全草含0.5%的紫苏油，油中含50%的紫苏醛，其甜度是蔗糖的200倍。白苏的茎、叶、种子均可入药，其芳香油可作食品香料。从白苏中提取甜味剂的方法是在6—8月花未开放、叶正茂盛时，将全草连根拔出，摘下茎叶阴干，干叶用水蒸气蒸馏获得挥发油。油中所含紫苏醛经肟化得到反式紫苏醛肟即紫苏甜素。

（10）糖棕榈。世界上产糖的棕榈植物约有11个属，多数是从花序上割开后采集其花汁，将花汁经过蒸煮与加工而成食用棕榈糖，如柬埔寨糖棕（*Borassus flabellifer* L.）、桄榔［砂糖椰子，*Arenga pinnata*（Wurmb）Merr.］等。糖棕（*Arenga pinnata*），棕榈科，原产东南亚和我国南部。广东、广西、云南和海南等地均有分布。割伤花序，流出汁液，蒸制砂糖。每株年产糖可达10～50千克。髓心可制取淀粉。东南亚一带通常将糖棕未开放的花序割开取得的汁液称“椰花汁”，糖棕的“椰花汁”含糖量约15%，每株糖棕1天可收集3～5升的“椰花汁”，可直接发酵成酒、制醋，更多的是蒸制成食用棕榈糖。柬埔寨糖棕（*Borassus flabellifer* L.）又名扇椰子、扇叶树头榈，棕榈科糖棕属植物。产于热带亚洲或热带非洲，广泛分布于热带、亚热带地区，喜阳光充足的环境，既耐热又相对耐寒。在东南亚国家最为常见，是柬埔寨居民食糖的主要来源。雌雄异株，开花前不易鉴别。雌花结果繁衍后代。雄株可以产糖，在长达4个月的花期中，早、晚各采集1次，每株柬埔寨糖棕可年产糖液60～100千克。柬埔寨糖棕生长期较长，在东南亚国家一般22年以后才开花，而在我国广西24～30年才能开花结实。我国从东南亚引进柬埔寨糖棕的省份主要有海南、广西和云南。云南热带作物研究所、广西亚热带作物研究所引进的柬埔寨糖棕已开花结果，用其种子已繁育出苗木。

5.4.1.3　特种糖料作物的发展对策

为全面贯彻落实党中央、国务院关于糖业发展的方针政策，确保老、少、边、穷地区4 000万糖农的根本利益，把握国家对进口食糖产品采取保障措施的机遇，推动行业降本增效和转型升级，提升产业竞争力，实现糖业健康稳定可持续发展，中国糖业协会制定了《糖业转型升级行动计划（2018—2022年）》。

（1）创新发展理念，探索行业发展新模式。牢固树立和谐发展理念，建立全产业链利益均衡模式。以共享行业利益为基础，创新思维，积极探索行业发展新模式。推进工业反哺农业机制向农工利益一体化方向发展，通过利益纽带稳定农工关系，支持制糖企业主导或参与糖料生产合作组织建设，让糖农在享受种植利益的同时分享加工等环节的增值效益。积极构建以企业为主体，高校、研究机构为依托的产学研协同创新体系，围绕行业发展面临的问题攻克一批关键共性技术，加快成果产业化步伐，大力推广先进适用技术，为行业降本增效、转型升级提供技术支撑。逐步完善和规范市场经营行为，充分发挥各类市场平台和市场机制服务实体经济的基本功能，进一步巩固和发展利益共享、风险共担的工商合作关系。

（2）稳定糖料区划分，加强糖料管理。认真贯彻落实好国家四部委颁布的《糖料管理暂行办法》（第23号令）和地方蔗区管理有关规定，借鉴世界主要产糖国糖料生产通行管理模式，稳定糖料区划分。做好糖料蔗生产保护区的规划和建设，加强糖料区划管理，鼓励制糖企业积极参与糖料基地建设。按照区划种植、收购糖料，按照区划内糖料“谁服务、谁受益”的原则，保持良好的糖料收购秩序。根据实际情况逐步推进入厂糖料按糖分计价，遵循糖料糖分积累的自然规律，选择糖分最高时段适时安排开榨，争取制糖生产高糖高榨。优化甘蔗砍运管理，提高砍蔗效率，尽力缩短甘蔗砍后滞留时间，确保甘蔗高糖先砍、新鲜入榨。通过此项管理措施，使全国糖厂平均提高糖料含糖分0.3～0.5个百分点。

（3）推进糖料生产良种良法，提高单产和含糖。抓好《糖料蔗主产区生产发展规划（2015—2020年）》的落实，加快“双高”基地建设步伐，着力推进土地整合、节水灌溉和规模种植，改善糖料生产条件；加快优良新品种选育推广，扩大脱毒种苗栽培面积，优化糖料品种栽培结构，提高糖料良种覆盖率；全面推广综合农艺措施，包括测土施肥、深耕深松、地膜覆盖、甜菜纸筒育苗、病虫害防治等实用技术，利用“互联网+”等服务平台，为糖农提供适时技术指导，提高科学种田水平。通过综合施策，使全国糖料含糖分平均提高0.3～0.5度，单产平均提高0.5～0.8吨。

（4）推进糖料生产机械化，降低种植成本。积极引进、消化吸收国外糖料生产机械化技术，加快国产机械研发、制造，结合农业农村部等四部委关于《推进广西甘蔗生产全程机械化行动方案》“五大行动”的落实，促进农机农艺结合，因地制宜推进机械化采收，积极推进糖料生产的整地、种植、中耕植保、收割全程机械化水平，尤其是要加快推进糖料收割机械化水平。依托各地科研院所，着力解决关键技术研发攻关，综合考虑地形地貌、经营规模、机具作业效率等因素，因地制宜推进大型、中型、小型等不同类型机械研发。根据机械使用中的问题不断完善改进，同时进行制糖工艺和设备改造以适应机收糖料的需要。通过国家、农机制造商和制糖企业的共同努力，到2022年使甘蔗机播率由40%提高到70%，甘蔗机收率由4%提高到20%；甜菜机播率由80%提高到98%以上，甜菜机收率由60%提高到90%。

（5）深入开展对标与升级改造，提高制糖生产绩效。深入开展“绩效同业对标”活动，以问题为导向，学习标杆，苦练内功，对症施策，补齐短板，不断提高企业生产绩效。在对标实践中，非标杆企业以标杆企业为榜样，标杆企业以国际先进企业为榜样，对照榜样找差距，通过加大科技资金投入，采用国内外先进技术、先进工艺、先进装备升级改造，加强企业管理，达到赶超标杆、提升生产绩效的目的。到2022年，通过对标与升级改造，使全行业吨糖成本降低2%～5%。

（6）推行绿色制造技术，降低能耗和污染排放。推行绿色制造技术，实施清洁生产，降低制糖生产过程的能耗、水耗和污染物排放。从原料预处理、压榨（渗出）提汁、澄清过滤、加热蒸发、煮炼助晶、分蜜包装以及锅炉发电生产全过程推广实施一批绿色制造新技术新装备，加大节能、节水和污染排放技术改造的步伐，在糖业转型升级过程中，改善产业生态环境，实现经济效益与环境效益的双赢。到2022年，通过推行绿色制造技术，全行业百吨糖料能耗下降10%，吨糖料耗水下降20%，吨糖COD排放下降30%。

（7）落实“三品”战略，满足食糖消费升级需求。贯彻落实国务院《关于开展消费品工业“三品”专项行动营造良好市场环境的若干意见》，弘扬精益求精的工匠精神，积极推动增品种、提品质、创品牌行动。在行动过程中，推进糖业供给侧改革，引导糖厂实现产品升级，质量提升，增强服务意识。有条件的企业要在产品多样化上多下工夫，丰富食糖品种，满足市场多样化的消费需求。具备能力的企业、原糖加工企业要在生产精制糖、液体糖方面有所作为，满足市场消费升级需求。企业要增强品牌意识，制定品牌战略，加强品牌管理，争取5年内全行业培育出20个优势品牌产品和企业。

5.4.2 甜菜发展趋势与对策

5.4.2.1 甜菜发展趋势

（1）甜菜生产潜力巨大。食糖加工业在农业经济中的地位，仅次于粮食、油料和棉花。我国甜菜生产具有较大的发展潜力，东北地区土地肥沃，昼夜温差大，有利于甜菜生长和糖分积累，西北区甜菜生产具有地缘优势，甜菜单产始终处在我国的领先地位，并且超过世界甜菜单产平均值。甜菜主要种植区黑龙江、内蒙古和新疆耕地面积4亿多亩，尤其是黑龙江省耕地面积达2.39亿亩，占全国耕地面积1/10还多，广阔的耕地为发展甜菜生产奠定了坚实的物质基础，甜菜种植具有极大的潜力。

从长远看，鉴于北方耕地面积大、土地平整、机械化水平高等因素，甜菜与甘蔗比起来具有竞争优势。目前甜菜糖生产成本较甘蔗糖低500～800元/吨，甘蔗糖完税成本价在6 000～6 300元/吨，甜菜糖完税成本价在5 300～5 800元/吨，未来我国食糖供给甜菜糖会成为主力，甜菜种植面积有望恢复到历史最好时期的1 200万亩，甚至更多。此外，2016年全国籽粒玉米面积调减3 000多万亩，2017年玉米面积继续调减2 000万亩以上，东北、内蒙古首当其冲。在此背景下，填补玉米种植面积减少的空缺，扩大甜菜种植，发展甜菜制糖业，既能带动农民增收，又能增加城镇居民就业，增加地方政府财政收入，振兴地方经济，甜菜制糖业理应得到快速发展。

（2）食糖储备政策与贸易救济保障措施。财政部为支持糖业发展，出台了一系列政策，中央财政贴息的制糖企业临时储存政策，在国家去库存的大背景下，合理安排储备糖出库规模和出库底价，实现“保供稳价”。当前，国内外食糖市场价差较大，国际糖价不断下行，国内期货、现货糖价也双双走低。为避免进口食糖数量的增加给中国食糖产业带来更大损害，保持食糖行业平稳发展，商务部发布公告，我国自2017年5月22日起开始对国内食糖实行为期3年的贸易救济保障措施，向配额外食糖产品征收保障措施关税，有效地保护了国内食糖市场，食糖价格稳定也刺激了甜菜种植。

（3）科技支撑。“十一五”以来，国家现代农业（甜菜）产业技术体系项目在首席科学家的统筹布局下，栽培、育种、植保、土壤肥料等岗位科学家和生产一线的农技人员、制糖企业的科技人员密切配合，从品种选择、栽培技术集成、农业机械配套等方面开展科研协作，培训农业技术人员，对产区甜菜单产和含糖率的提高起到了技术支撑作用。

（4）优惠政策保持持续稳定。长期以来甜菜制糖企业对甜菜种植户制定了一系列确实有效的优惠政策，如种子、农药、化肥、地膜、纸筒等生产资料赊销，对甜菜种植大户进行补贴等。这些政策持续多年，使种植甜菜的农户享受着比种植其他作物更多的优惠。

（5）甜菜生产机械化水平提高，甜菜种植开始规模化经营。甜菜生产全程机械化水平的快速提高，促进了甜菜制糖业的较快发展，甜菜主产区许多农业机械合作社、甜菜种植大户购买甜菜专用机械用于甜菜生产、服务，甜菜种植规模化也得到了快速发展，提高了甜菜的产量。以内蒙古为例，目前甜菜生产机械化70%以上，部分区域达到90%。甜菜种植户由小面积种植向大面积种植快速变化，2014年、2015年、2016年平均每户甜菜种植面积分别为15.92亩、23.12亩、37.55亩，种植面积500亩以上的农户分别为64户、143户、242户，与此同时，甜菜单产由2010年的平均2.2吨/亩提高至2016年的3.2吨/亩。

（6）食糖销售模式的变化。北方甜菜糖产区，年产甜菜糖100万吨左右，主要供本地消费以及销往北方其他用糖较多地区，南方甜菜糖销售较少，主要原因是地理位置因素，外运成本较高，加之甜菜糖产量较少，仅能供给北方地区使用。此外，在“互联网+”经济模式下，传统销售模式与时俱进朝着互联网经济发展，食糖行业也一样，从食糖现货销量看，传统销售渠道模式下销量减少，电子商务新型购销模式销量增加，据昆商糖网调研信息看，部分中间商销量减少，相关电子商务公司食糖现货贸易量增长12%，外运量同比增幅20%，新的销售模式降低了食糖销售成本，越来越被业界认可并在食糖销售发挥重要作用。

（7）期货市场的避险功能。作为我国重要的农产品期货品种，食糖期货上市10多年来，为食糖产业发展提供了避险工具。目前，国内主要的生产、加工和贸易企业都已参与期货市场，食糖期货在服务实体经济和国家战略方面所发挥的作用也越来越重要。

5.4.2.2 促进甜菜产业发展的对策

（1）甜菜糖和甘蔗糖共同发展、共同支持。为了促进甘蔗糖业发展，农业农村部会同国家发改委、财政部、工信部四部委出台了《推进广西甘蔗生产全程机械化行动方案（2017—2020年）》，提出种业提升工程，在广西拟建甘蔗良种繁育基地，在广西和云南规划糖料蔗生产保护区1 500万亩，安排专项资金支持广西和云南绿色高产创建，促进农机农艺融合、良种良法配套等。但对甜菜产区并没有相关政策，建议在国家制定相关产业政策时要对甜菜糖和甘蔗糖共同发展、共同支持。

（2）加强甜菜生产的技术指导和服务。加强对甜菜生产的指导和服务，开展甜菜水肥需求规律、耕作技术研究，因地制宜地做好测土配方工作，引导农民科学施肥，增加甜菜亩产量，以最少投入获取最大收益，切实让农民得到实惠。开展甜菜病虫草害防控研究，针对不同区域研究甜菜褐斑病、根腐病以及虫害、杂草的发生规律、防治方法及农药的安全使用。此外，近年来由于除草剂在大豆、玉米田的广泛使用，残效问题突出，已给甜菜种植选地造成极大困难，因此研究甜菜除草剂安全使用的同时，研究甜菜前茬作物除草剂的安全使用也是当务之急。

（3）加强宏观调控，稳定农资价格。政府部门要转变观念，增强服务意识，为农户提供产前、产中、产后信息，引导和帮助农民搞好生产；继续加强宏观调控，最大程度地稳定农资价格，价格管理部门要加强农资价格监管，严厉打击哄抬物价的不法经营者。

（4）加强农田基本设施建设。加强农田水利基本建设，多修建排灌、储水基础设施，缓解部分乡村供水不及时问题，健全农业水费征收管理制度，降低农业供水成本，减轻农民水费负担。

（5）加大对制糖企业的技术改造。加大对制糖企业的技术改造、节能环保、信息化、智能化提升力度，在提质增效，降本增收，提高制糖企业利润率、市场竞争力的同时，助推制糖行业转型升级，实现全行业持续健康有序发展。甜菜制糖除了主产品食糖以外，下游的糖蜜可以用作酵母，也可以生产酒精；榨糖残渣可以制成颗粒粕作为饲料，也可以开发膳食纤维。颗粒粕可以用于养牛，发展循环经济，实现畜牧业和甜菜业循环发展。因此，甜菜产业应该充分挖掘潜力，实施全产业链、全价值链发展战略。

（6）加快产业转型升级。当前，内外糖市价差较大，国际糖价不断下行，近期国内期货、现货糖价双双走低。为避免进口食糖数量的增加给中国食糖产业带来更大损害，保持食糖行业平稳发展，国内食糖实行为期3年的贸易救济保障措施，向配额外食糖产品征收保障措施关税。在国际食糖价格大幅下跌的过程中，此举减小了国内糖价的波动幅度。甜菜制糖业要利用好贸易救济措施的“缓冲期”，抓住当前甜菜糖业发展的最佳机遇，一方面提高甜菜糖业的综合生产能力，降低甜菜糖业总成本；另一方面落实中国糖业协会推进行业转型升级，促进全产业链发展，提高产业竞争力。

（7）重视食糖替代品对食糖消费的影响。国内食糖消费总体上增长乏力。另外，近年食糖替代品有所增加，对食糖有一定的挤占效应，淀粉糖替代食糖的趋势不容忽视。果葡糖浆F42型含果糖42%，甜度与蔗糖相当，F55型含果糖55%，甜度约为蔗糖的1.1倍，F90型含果糖90%，甜度约为蔗糖的1.4倍。尽管由于食品加工也由于使用习惯、产品风格、口味等原因并未大量使用果葡糖浆，但果葡糖浆对食糖的替代性仍不容忽视。

5.4.3 甘蔗产业发展趋势与对策

5.4.3.1 甘蔗产业发展趋势

（1）“十三五”是糖业跨越发展、深化发展、全面发展的战略机遇期。李克强总理2015年批示指出，“食糖产业关系农民切实利益和农业安全，确应有系统和长远考虑”。“十三五”期间也是我国7 000万人口彻底脱贫的最后五年，因此国家相关部门和主产区要充分沟通协调，出台和实施糖产业专项五年规划，合理规划甘蔗糖、甜菜糖、甜菊糖、淀粉糖的发展结构，合理规划央企、国企、私企、农垦等各部门的糖业布局，合理规划食糖产业上下游和甘蔗延伸产业发展新格局，合理规划糖业走出去东盟、中亚、中东等地区，为“一带一路”建设贡献力量，特别是消化过剩炼糖产能，加快推进广西、云南糖企与越南、柬埔寨、泰国等东南亚国家糖厂的合作，做好糖业的来料加工，或者适当转移国内生产线到东南亚地区。

（2）设置贸易壁垒，将糖业贸易作为中国参与国际经济治理的经典案例。商务部自2014年11月1日实施食糖进口自动许可制度以来，政策效应在一年后显现出来，但并非长远之计。关键是要在进出口环境做好立法，进行总量控制，按需有序进口，维持国内食糖市场供求平衡，提升进出口贸易管理成效。第一，禁止进口成品糖，只可适当进口原糖。我国已经可以加工精制糖，根本不需每年从韩国进口6万～10万吨精制糖。但要全面研究中韩、中澳等自由贸易协定，妥善出台诸如价格调整金等相关应对策略。第二，原糖进口配额进行市场化拍卖或者招投标，拍卖或招投标收入补贴主产区的糖农和炼糖企业。第三，配额外进口关税提高到200%甚至300%，或者像日本那样零关税进口但是向进口糖商征收价格调整金，利用关税或调整金补贴糖农糖企。或者暂停配额外进口3年，逐步消化近年来超额储备和进口造成的过剩供给，并通过关税、利率、汇率、补贴等综合手段进行调控，使甘蔗和食糖价格恢复并稳定在成本价以上。第四，针对我国食糖主要进口国开展产业损害调查，适时启动反倾销、反补贴等贸易救济举措以保护国内糖业。第五，强化外贸统一监管，集中加大食糖走私打击力度。或者建立某部门归口管理的部际联席机制，使国办、财政部、农业农村部、商务部、公安部、工信部、质检总局、工商总局、食药总局等相关部门形成糖业发展推动合力。第六，全资收购的国外糖厂的产品进入国内也必须严格管制，同时引导其出口国际市场。例如，中粮全资收购的澳大利亚塔里糖厂，广西农垦集团与越南、柬埔寨合作的糖厂，其原糖只能作为来料加快进入国内，或者按照上述的配额管制和征收调整金的方式进入国内。另外，把中外合资的糖企纳入监控范围。以前在华合资糖企上马新的生产线、进口食糖都缺少管制，此后一定要实施国民待遇，公平对待，一视同仁。

（3）重视科技武装，将糖业作为供给侧结构性改革的参照标准。供给侧改革，关键在于优化制度、技术、劳力、资本、土地等要素的配置和供给。在糖业领域，要以此次转型升级为契机，提升糖业科技发展，提高糖业科技含量，努力实现经营规模化、种植良种化、全程机械化、水利现代化，大规模大幅度实现高产高糖，推动糖业领域的大众创业、万众创新，推动新技术、新业态蓬勃发展。第一，借鉴重庆地票制度加快实施土地流转政策，为全面机械化提供土地基础。首先，土地管理部门严格丈量验收土地，并规划确定土地用途。其次，对所有土地进行确权，然后根据产权制定地票。再次，建立农村土地交易所，交易地票以此推动土地流转和专业化集中。最后，购买土地者，连片开发推进全程机械化。第二，健全糖业科研体系，优化糖业领域各项科技供给。糖料研发上，支持高生物量、高可发酵糖量、宿根性好、抗逆性强的能源甘蔗育种，支持高效耐底物浓度、耐高温、耐乙醇浓度的酵母菌筛选前瞻性基础和应用基础研究，支持不同工艺成熟期品种的筛选以及高效、环境友好型成套技术的研究和公共设施建设；同时根据各地资源禀赋，技术基础和企业实力，确定示范工程、布局原料产地。糖料生产上，根据我国土质情况，引进或者制造适合当地的农业机械。因此，应该在引进机械化农具时加以改造，或者加快自身研发力度研制出符合我国山地特点的机械，推进糖产业的种植、施肥、浇水、除草、砍收等环节的全程机械化，降低我国食糖原料的种植生产成本。糖品制作上，在器具方面加快研发更加高端的制糖机械和生产工艺，为中国高端装备设备走出去作贡献；在甘蔗产品方面提高蔗糖科技含量，研发各种高端精制糖及糖类衍生物，利用甘蔗的末梢、叶子、须根开发新产品；在科研管理方面建立高效的糖业科研机构，根据甘蔗种植、制糖工艺、甘蔗农机、制糖设备、综合利用和新产品开发等各个专业并成立相应研究所；科研部门属行业管理部门直接领导，并与糖厂和种植基地紧密合作，有针对性地从生产实际中出现的问题和难点进行联合研究和攻关；建立科研资金和人才运营机制，实现资金雄厚，人才资源丰富，使人财物能够最高效率运行起来，推动甘蔗产业的科技化综合提升。第三，加快兼并重组，实现糖业的全程集团化生产经营管理。可以考虑央企、地方国企、农垦、民营企业4个层面，组建一批糖业旗舰集团。特别是借助中央颁发《关于进一步推进农垦改革发展的意见》的契机，推动垦区承包农民土地、雇用农民，扩大甘蔗种植规模，提升规模经济效益。也可以借助新常态下服务经济蓬勃发展的趋势形势气势，建立集生态、绿色、低碳、环保、旅游、休闲于一体的农业公园，整体提升甘蔗的经济、科技和其他综合效益。第四，提高甘蔗的综合利用率，特别是推动甘蔗能源化。充分借鉴国内外综合利用的成功经验，科学采用“甘蔗—机制白砂糖—蔗渣—蔗渣浆—纸”“甘蔗—蔗渣—木糖”“甘蔗—机制白砂糖—糖蜜—酒精（或酵母）”“甘蔗—滤泥—复合肥”和“酒精废醪液—液态肥”等典型模式，获取高附加值，增加企业经济效益和产业总和效益。在政策建构上，鼓励实力雄厚的大型糖厂开展蔗糖深加工，提高蔗糖的科技含量，优化蔗糖品种结构；同时鼓励对蔗糖副产品开展综合利用，不断依靠科技，延长产业链，提高企业抗风险能力和蔗糖产业效率。在产业升级上，建立以蔗糖为主涉及造纸、化工、发酵、医药、建材、家具等多种产品的循环经济产业链。充分利用甘蔗全身，蔗梢、蔗叶用于生产饲料和肥料来发展畜牧业、渔业等农业项目；蔗渣用于造纸、生产有机肥、发电等领域，还可以加工成精制糖、低聚果糖、衣康酸、蔗糖酯等，开发木糖、医用酵母、麦角固醇、冰醋酸等额外产品。另外，还可以仿照巴西、印度和泰国等世界甘蔗生产大国推行生物能源计划，可借鉴美国加州绿色能源项目的经验，制定甘蔗燃料乙醇产业发展规划、发展目标、优惠政策和试行标准，把甘蔗燃料乙醇列入国家战略产业，避免甘蔗产业单一化，全面推动甘蔗产业多元化、能源化，形成循环经济产业链条，破除甘蔗过剩现象，提升整体经济水平，提高我国的能源国际治理能力。

（4）利用金融手段，将糖业金融化综合治理作为中国产业风险规避的借鉴模板。糖业多次面临颠覆性危机，并不完全是因为受到国外冲击。一方面，我国糖产业自身生产力水平低下；另一方面，金融化运营不够。在通过上述举措提高糖业科技水平的基础上，要加快科学使用税收减免、财政补贴等常规性手段，更要提升金融化综合治理水平。信贷上，通过政策性贷款，支持技术改造、升级和创新，实现糖业的良种化、机械化、灌溉水利现代化；同时创新金融产品和服务，简化投融资手续。股市上，提升资本市场的农业板块，加大糖业的精准扶持力度。收储上，必须优先考虑国产糖，在充分论证的前提下，可以考虑进口低价国外糖进行价格对冲和套利。保险上，建立包括农作物保险单、保费收入、赔付金额和灾害损失等内容的农业保险数据库，用以厘定费率和开展农业保险研究；完善财政、防疫站、保险公司和种植户四位一体的综合疫病保险、自然灾害保险、意外事故保险、再保险等品种的系统保险制度，特别是建立农业巨灾保险等政策性保险，提高食糖产业应对气候变化和自然灾害的能力。期货上，在总结国内外商品交易所经验教训基础上，设计更加合理的食糖期货交易流程，设计更加严格的食糖期货合约，建立更加有效的食糖期货风险防范体系，加快成立期货投资基金，适时推出期货期权，做好食糖期货交易。利率汇率上，通过利率科学调节食糖价格，使食糖价格落在合理区间；通过有管理的浮动汇率，减少人民币币值变化对糖价的影响。金融监管上，建立有效的信息服务体系，建立有效的市场监管和市场调节体系，严格金融机构的准入和退出制度，同时设立投资者、消费者保护制度。糖产业是一个甜蜜事业，糖和制糖技术的普及就是一部文明传播史。随着糖产业与能源产业、环保产业的有机结合，中国应该全面践行“创新、协调、绿色、开放、共享”这五大发展理念，在这一轮革命性发展过程中再现辉煌，为人类文明作出新的贡献。

5.4.3.2 甘蔗产业发展对策

（1）加强土地流转，发展甘蔗适度规模经营。在土地所有权、承包权、经营权三权分立的基础上，放活土地经营，加大土地流转宣传的力度，规范土地流转程序，让蔗农充分认识到通过土地流转发展适度规模化经营，加强甘蔗生产机械化应用的好处。大力发展甘蔗专业乡镇、专业村和甘蔗经济合作组织。应在蔗区建立甘蔗产量在10万吨以上的甘蔗专业乡镇或专业村，实施订单农业等生产组织方式，实现规模化生产，提高甘蔗种植的集约效益；支持和鼓励专业化经济合作组织，拓宽生产组织形式和融资渠道，增强蔗农自我组织能力，提高蔗农的谈判议价能力，吸纳蔗农合作组织代表参与政府每个榨季甘蔗收购价格政策制定。

（2）高效实施精准扶贫。对于甘蔗主产区的贫困蔗农来说，种植甘蔗是关乎农民脱贫致富、实现农业种植产业“造血”功能的大事，实施精准扶贫，大力促进蔗糖业的可持续发展，最终实现持续增收，是4 000万蔗农梦寐以求的心愿。因此，通过“以奖代补”的方式，做到扶贫对象精准，甘蔗产品深加工项目扶贫精准，有针对性地使蔗农、蔗企通过精准扶贫全面提升甘蔗产业的核心竞争力。当前，糖业虽然在商务部进口自动许可制度管控下，出现趋稳向好的回升态势，但是基本面还是比较薄弱，形势依然十分严峻。国际库存4 000万吨，国储糖680万吨，这些存量的消化需要一定时间。糖业，对国家而言，是一个小产业；但是对某些主产区而言，则是一个大产业，攸关4 000万人的脱贫致富，甚至攸关禁毒大业。因此，各主产区必须在精准扶贫精准脱贫防止返贫上下工夫求实效，以精准扶贫和全面建成小康社会的战略意识，全力保障当地糖业健康稳定发展。中央层面，应该在产业规划、产业支持、产业结构调整、产业转型升级等方面全力支持主产区，探索产业扶贫、精准脱贫、防止返贫的中国模式。

（3）加强基础设施建设和市场调控，政府应给予更多扶持。基础设施是甘蔗生产种植的关键，其中涉及蔗田灌溉、蔗区道路、坡地改造等方面，政府应通过高标准农田建设工程、土地整理工程，加大对蔗田基础设施建设的扶持力度，增强抵御自然灾害的能力，给予气象灾害频发的地区提供更加精准的预测，最大限度降低损失。全面推行政策性甘蔗种植保险。加强对甘蔗生产和国际食糖市场的监测预警，把握好食糖市场调控的时机、力度和节奏；建立健全蔗农与糖业企业利益共享、风险共担的分配机制。在全国范围内推广和改进广西“糖蔗联动、二次结算”的产业化经营模式，适当提高保底价水平，稳定二次结算联动系数。使制糖企业和农户共同分享了甘蔗产业发展的好处，以稳定农户生产积极性。

（4）加强甘蔗生产种植科研投入。借鉴国外的成功经验并结合我国的实际情况，鼓励科技创新，研制出适合我国甘蔗生产的机械，为实现甘蔗种植的机械化、现代化提供有力保障；为培育良种提供更加广阔的科研空间，加快甘蔗新品种的培育，加大试验示范基地建设的力度，选取优良的品种加以推广；加强农业信息化建设，建立具有地方特色的SOTER数据库，并在此基础上进行耕地土壤的综合质量评价，对当地的蔗田实施配方施肥，使肥效发挥到最佳；充分发挥技术特派员的引导和示范作用，引导农民种植，同时为蔗农提供更合理的田间管理技术，使蔗农持续增收。

（5）加强企业科技创新，开发甘蔗新产品。通过技术革新、设备更新和蔗糖新产品研发等方式提升蔗糖生产率和产品品质；发展甘蔗副产品的深加工，从供给侧解决蔗糖业亏损的现状。例如，发展甘蔗酒精、生物有机肥、沼气等产业，提高甘蔗的综合利用率，提升甘蔗副产品的品质，加强甘蔗的产业化经营，改善甘蔗产业的供给侧，使甘蔗产业品牌化、规模化。

（6）制定相关立法，严厉打击走私。我国糖业想走出困境，不但要有政府的扶持，控制食糖的进口量，同时还要有立法上的支持，严厉打击走私。填补打击食糖走私无法可依的空白，制定相关法律制度，加大执法力度。对于食糖进出口严格把关，严厉打击食糖走私；加强市场监管，提高走私成本，为我国蔗糖产业的发展和蔗农、蔗企及国家的利益提供更加有力的保障。第一，适当吸纳发达国家立法实践和内容。借鉴美国永久农业法案与动态调整农业法案相互协调不断完善的法治体系。第二，根据中国立法程序早日出台相应层级的法律。在借鉴这些国际立法基础上，可以考虑在广西壮族自治区先出条例，再区内立法，然后再全国立法。或者先出台糖业发展的负面清单、责任清单、权利清单。但是，立法一定不能违背世贸组织规则，不能违反我国签订的自由贸易协定，一定要有简单易行的管理程序和实施机制，尽可能破除各种不确定性和风险对糖业的不良影响。

5.4.4 甜叶菊发展趋势与对策

5.4.4.1 甜叶菊发展趋势

自2008年FDA宣布甜叶菊叶片的甜菊糖苷——莱鲍迪苷A（R-A）一般认为安全（GRAS），可以在食品和饮料中做配料使用。FDA准许后不到一年，美国甜叶菊产品市场的销售额超过了糖精和阿斯巴甜，今天应用甜叶菊的产品有6 000多种，如饮料、食品和医药，而且数目还在不断增加，正向着食糖和高果糖浆商品化方向发展。由于肥胖症和糖尿病持续上升，因此迫切需要强调要减少热量的摄取，以及更健康的食品和饮料。甜叶菊最终被认为是天然的、零热量的甜味剂。消费者现在开始回避人造甜味剂，而甜叶菊属天然的几乎零热量甜味剂，具明显的优势。2013年甜叶菊甜味剂在饮料、乳品、餐桌上甚至药物应用上都呈现强劲的发展势头，越来越多的消费者都来欣赏、品尝甜叶菊产品并从中受益；在甜叶菊栽培方面，中国继续作为带头人不断开辟新的种植区域。东非、南美和欧洲更关注甜叶菊产品的供应，很多国家都在积极提供高质量甜叶菊产品让消费者满意。因此未来甜叶菊的发展大有前途。

5.4.4.2 甜叶菊发展对策

（1）加快甜叶菊品种选育。高度重视品种单一的害处，种子选育单位和种子供应站避免生产供应单一品种，农民选种时更要避免品种单一化，多方措施避免一个地区大面积种植单一甜叶菊品种，保证甜叶菊安全生产优质高产。在引进国外优良品种的同时，加快培育具有自主知识产权的优良新品种，加强种子质量检测，在全国范围内加快甜叶菊品种的更新，同时根据我国不同甜叶菊栽培地区的气候，选择适宜的甜叶菊栽培品种和长期稳定的生产方式，特别是建立标准化育苗基地，提高栽培管理技术，大力发展优质种苗，从源头上保证甜叶菊产业的可持续健康发展。

（2）加强甜叶菊农业关键技术研发。若要解决甜叶菊生产中存在的诸多问题，提高其产品品质，不能再单纯依赖人工扦插育苗和传统的生产管理方式，而应在当前已有的甜叶菊组织培养技术基础上，研究建立糖苷含量高及抗逆性强的甜叶菊品种的组培快繁体系，并不断完善甜叶菊种苗快繁技术体系，将甜叶菊组织培养与种质资源、优良品种选育以及基因工程等生物技术紧密结合起来，如将组织培养技术应用到甜叶菊种质资源的离体保存、原生质体培养和体细胞杂交等。另外，为促进甜叶菊特色产业又好又快发展，还应加强甜叶菊的工厂化育苗关键技术、组培苗移栽技术等方面的研究，开展不同生产区域甜叶菊优质高产栽培技术的研发，形成从育苗到收获、再到贮藏的一整套比较成熟的关键技术体系，并以此为基础开展甜叶菊规模化生产及机械化采摘等技术的研发。

（3）鼓励大规模种植。加强对菊糖产业的规划，鼓励推进农场化、基地化的大规模种植，要鼓励生产企业的市场化兼并重组。通过建设大型农场、基地或者合作社稳定甜叶菊种植，保证干叶数量质量，保证原料供给平衡，从而保证价格相对稳定。全国发展菊糖产业的省份可各建立3～5家大型企业，各大型企业要有自己的原料基地或者固定原料订单，从而避免各自为政和一盘散沙现象，以利于国家宏观调控，也有利于集体抵御风险。否则一旦连本国生产企业及上下游企业弃用本国原料而进口国外原料，整个甜叶菊大国将被架空，产业自主权必将旁落。

（4）加强宣传。加强宣传甜菊糖的好处，在种植上实现甜叶菊、甜菜和甘蔗的合理比例，在消费上实现菊糖、菜糖和蔗糖的合理比例，最终使甜菊糖成为中国主流消费产品。通过加快培育国内甜菊糖消费市场，使国内市场自动调节缓解市场风险，避免甜叶菊产业依赖出口而受制于人，避免墙内开花墙外香的结果。

（5）搭建国际销售渠道。跨国公司之所以强大，就在于他们拥有“科技研发中心—种苗培育基地—原料种植基地—生产加工基地—产品销售网络”一条完整的国际化产业链，同时拥有强有力的技术领先优势、专利保护优势、国际管理优势、国际市场优势，特别是牢牢把控国际销售渠道，因而他们能够掌握定价权和谈判权。因此，我国一方面要培育国内消费市场，另一方面要注意搭建自己的国际销售渠道，防止整个产业被架空。

（6）完善甜叶菊产业链。美国GLG集团不仅产业链完整，而且向上下游产业延伸，牢牢把控着产业发展的主动权。我国幅员辽阔，人员众多，必须有全产业链发展的整体战略思维和带动上下游产业发展的协调联动策略。一方面提高产业发展的自主性，另一方面促进循环绿色经济发展。除了种植甜叶菊、出口甜菊叶、产销甜菊糖等价值链外，还应当充分利用甜叶菊制作饮料、肥料、培养基、饲料，提取绿色素、叶蛋白和果胶生产酒精，榨干全身都是宝的甜叶菊身上的“油水”。因此，我国要形成良好的种植、科研、加工、销售的完善产业链，做好甜叶菊整个产业链的开发利用，提升甜叶菊综合利用成效，使甜叶菊产业变成更加香甜的“甜蜜产业”。

（7）提高品牌专利意识。江苏兴化格林生物制品有限公司是甜菊糖生产领域注重知识产权的典范，其生产的兴化格林甜菊糖GL Ste-via系列产品在甜度、口感、一致性和各项理化安全指标上均达到世界级水准，拥有ISO9001、HACCP、Food Safety、犹太Kosher和清真Halal等多重质量认证体系，从而成为国内行业标杆，成为欧盟和美国众多著名饮料配方公司和餐桌健康品牌的长期供应商。菊隆高科也十分注重专利品牌战略，仅2010年就申请了“甜菊糖苷复混液体肥料及其制法”“超声波结晶莱鲍迪苷A的方法”“超声波提取甜菊糖苷的方法”3种发明专利。

（8）提高科学技术含量。要加大科研投入，推进新技术、新成果转化为现实生产力。加快良种引进培育工作，联合农业院校、农科院（所）等科研单位共同培育优良品种并且加快更新换代。依靠科技，提高专业化、规模化、机械化种植水平，加大科技防治虫害力度，提高单产和效益；利用科技，推进标准化生产，提高产品质量和档次；改善贮藏条件，严格分级挑选，确保丰产丰收。要向谱赛科学习，谱赛科（江西）生物技术有限公司自主研发的提取高纯度甜菊糖苷产品的新工艺方法——物理除杂法，生产的产品含苷量达96%，甜度达350倍，远高于GB 8270—1999特级品标准，系国内同行业品质最优的产品，为产品出口赢得了“世界护照”。要向GLG集团学习，拥有包括科研、种植、生产和销售各环节最完整产业链，甜叶菊种子培育和甜菊糖加工技术居世界领先地位，其生产的RA97甜菊糖顺利通过了美国食品和药品管理局（FDA）和世界卫生组织（WHO）的认证，其品质远远超过全球知名食品企业的同类产品。甜菊糖企业必须为市场准备好足够的行业解决方案，包括规格、配方、工艺、复合技术与掩味技术等，来满足来自不同的食品饮料公司对天然甜味剂的需求，特别是用天然产物来协同消除异味。

（9）优化商业发展模式。在种植上，提高复种系数，推广搭配接茬种植模式，发展高值综合农业。例如，甜菊—秋白菜（萝卜）—越冬速生菠菜种植模式、甜菊—大蒜种植模式、甜菊—圆葱种植模式、甜菊—秋甘蓝—早春马铃薯种植模式。要学习谱赛科，一头连着国际市场，一头连着基地农户，通过“公司+合作社+农户”的模式，开展可持续耕种，公司免费为种植户提供种苗，采用保护价收购，把收购点前移至种植户家门口，并积极提供产前产中产后的资金、技术帮扶，在充分利用自然资源的同时，又要最大限度地注重环境保护，确保种植户和其农作物拥有一个光明的、可持续发展的未来。在国际营销上，要加强与世界顶级品牌合作。可口可乐旗下的著名品牌雪碧在2012年推出用甜菊糖作为甜味剂的无糖雪碧，这无疑会给中国甜菊糖产业带来新的契机。因此，加强与世界知名的药品、食品和饮品公司之间的合作，将促进整个甜菊产业的价值提升和可持续健康发展。

5.4.5 甜高粱产业发展趋势与对策

5.4.5.1 甜高粱发展趋势

在我国发展甜高粱，具有以下有利条件：第一，气候适宜，南从海南岛北至黑龙江，东自山东，西至新疆，都可栽培。当然，要作为糖料作物，则必须使工厂有尽可能长的加工季节，才能发挥更高的经济效益，因此，最宜栽培甜高粱的地区将是黄河流域和长江流域，而这一地区，正是我国糖料作物的空白，在长江流域，由于热量丰富，还可以再收一次再生甜高粱。第二，甜高粱生长期短，每年可以收获1～3次，而甘蔗只有1次；甘蔗用茎繁殖，亩用种量达500～800千克，不易机械化种植，而甜高粱用种子繁殖，每亩0.3～0.5千克种子即可，很适于机播；甜高粱比较耐旱，因此甜高粱的生产成本也远较甘蔗低。第三，甜高粱对水分的需要量比甜菜和其他作物均少，仅为甘蔗的1/3。第四，它茎秆中含有18%～24%的纤维，用高效率的锅炉，只要燃烧一半的秆渣即可完成加工自身的任务而无须别的能源，另一半秆渣还可用以造纸。第五，它的加工季节比甘蔗糖厂更长，冬季还可用工厂的设备加工籽粒以生产酒精或食用酒。第六，我们已拥有一批世界上最优良的品种，基本上摸清甜高粱在我国的适宜栽培区域和相应的栽培管理技术。总之，甜高粱已经具备了在我国迅速发展的条件与可能。

（1）甜高粱作糖料的优势。甜高粱茎秆中汁液丰富，锤度大多在10%～20%，从甜高粱茎秆中榨取汁液，继而生产糖浆和结晶糖。国外利用甜高粱制糖开展得较早，美国于19世纪中期就从我国上海崇明岛引进甜高粱品种“琥珀”用于糖浆生产。1982年，美国利用一座日加工能力2 000吨的现代化甘蔗糖厂加工甜高粱，使糖厂的榨季延长2～4个月，解决了不用投资建设新厂也能大幅增产食糖的问题。墨西哥、意大利、澳大利亚、以色列、印度、巴西、阿根廷、苏联等都把甜高粱作为糖料作物栽培。其中，苏联早在1958年甜高粱的种植面积已达7.3万公顷，并划定了10个甜高粱品种的栽培区，其中包括推广汁液糖分高达16%～18%的7个高粱品种。20世纪70年代初，我国糖源缺乏，食糖供应紧张，在政府“吃糖要立足于自给”的指示下，开展了甜高粱制糖的探讨研究。我国轻工业部甘蔗糖业研究所对甜菜、甜高粱、甘蔗3种糖料作物产量、产值的对比研究做了报道，结果表明，用甜高粱制糖是完全可行的。从3种糖料作物的产量、产值与农业总产值对比来看，虽然甜高粱的产糖率比较低，但每公顷产赤砂糖却比甜菜高1.3倍，吨糖成本和吨糖农业成本均低于甜菜，而且还能收获2 250～4 500千克/公顷粮食，这是其他糖料作物无法比拟的。我国的食糖生产一直遵循着“南甘蔗，北甜菜”的产业格局，在我国的广大中原地区或者缺乏糖料作物的地区种植甜高粱可以解决食糖问题。甜高粱的适应性非常广，在种植甜菜和甘蔗的地区都可以种植甜高粱，可以充分利用当地糖厂的设备，延长榨季，增加效益。

（2）甜高粱可作能源。据联合国世界能源理事会估计，全世界已探明的石油储量只能再开采60年，而我国的已探明石油储量仅能再开采19年。自1993年起，我国已成为石油净进口国，2001年进口7 000多万吨，占我国石油加工能力的36%，2003年石油进口高达9 118万吨，2004年我国石油消耗达到3亿吨，能源安全面临挑战。由于汽车尾气排放出大量污染物，使大气中的CO_2含量增加，导致温室效应、酸雨及大气污染等一系列环境问题。因此，寻找替代能源已迫在眉睫。用发展的眼光来看，从“黑色能源”走向“可再生能源”是大势所趋。目前，在木薯、甘蔗等可再生能源作物中，甜高粱以其高抗逆性、高含糖量、高生物产量成为适合我国国情最具发展前景的可再生能源作物。加强甜高粱茎秆生物能源综合开发，对缓解能源紧张、改善生态环境、促进国民经济稳定持续发展都具有十分重要而深远的意义。据报道，我国乙醇生产能力至少要达到4 500万吨，才能满足未来液体燃料的最低市场要求，如此大的乙醇需求量在粮食安全还未解决的我国全靠粮食转化是不现实的。在众多的生物能中，甜高粱作为C_4作物具有极强的光合速率，被誉为“生物能源系统中的最有竞争力者”，选用能源甜高粱生产乙醇，这一问题可能会较好的解决。甜高粱每天合成的碳水化合物可产酒精48升/公顷，而玉米只有15.3升/公顷，小麦为3升/公顷，甜高粱分别是玉米和小麦的3.2倍和16倍。利用玉米作原料生产乙醇，每升乙醇需玉米2.4千克，原料费4.5元，而利用甜高粱每升需秸秆12千克，原料费仅3元，生产成本大大降低。巴西用甜高粱生产燃料乙醇，或在汽油中添加10%～15%使用，或在经过改装的汽车引擎中全部用酒精做燃料，乌拉圭也效仿巴西每年种植大面积甜高粱生产酒精做能源。能源甜高粱发展的主要限制因子是加工贮藏问题，这也是能源甜高粱能否产业化的关键所在。针对这一问题，中国光华基金会利用绿色能源基金在能源甜高粱贮藏、加工、发酵等方面开展了广泛的研究，并且在发酵领域取得了重大突破，利用风干后的甜高粱秸秆生产无水乙醇工艺已完成小试，使甜高粱的加工期由一个月延长到半年，试验表明，干茎秆生产工艺比利用鲜茎秆生产无水乙醇产量还能提高15%，生产成本可降到3 000元/吨。从目前的市场价格看，无水乙醇5 300元/吨，利润十分丰厚，产业化开发的前景十分看好。由此可见，甜高粱作为一种新型的生物能源，已受到一些国家的重视，具有广阔的发展前景。

（3）甜高粱可作饲料。随着社会经济的发展和人民生活水平的提高，对肉、蛋、奶等畜牧产品需求量大幅增加，这大大推动了我国畜牧业的发展，由于耕地面积逐年缩减造成饲料短缺，甜高粱因其生物产量高、营养丰富、牲畜适口性好等优点得到人们的重视，并在我国大面积推广种植。甜高粱具有其他饲料作物不可比拟的优点，首先，甜高粱生物产量极高，国外最高产甜高粱纪录为鲜重169 005千克/公顷，我国也达到157 500千克/公顷。一般公顷产量在60 000～90 000千克，比玉米高出0.5～1.0倍。而且，由于甜高粱具有很强的再生力，茎秆收获后可从基部发出新芽，长出新的茎秆，因此在热带地区，一年只种1次，但可收割2～3次，其单位面积产量就更高。其次，甜高粱营养丰富，无氮浸出物一般可达40%～50%，粗蛋白含量为3%～5%，粗脂肪为1%左右，粗纤维为3%左右，各种养分含量均优于玉米，含糖量比青饲玉米高2倍。甜高粱秸秆粉的热值（总能）高达1 186.8千焦/千克，是玉米的107%，稻谷的114%，马铃薯干粉的123%，饲料甜高粱每公顷产鲜茎叶90 000千克和高粱籽粒3 000千克，可生产甜高粱秸秆粉1 820千克，相当于小麦平均产量的6倍多，玉米平均产量的5.5倍。可见，甜高粱的开发和推广前景十分广阔。再次，目前我国粮食总产量的33%被用作饲料，甜高粱具有极强的耐旱、耐盐碱等特性，我国草原荒地面积广阔，如果充分利用这部分瘠薄土地种植甜高粱，可以减缓与粮争地的饲料短缺矛盾。

（4）发展甜高粱对保障粮食安全、能源安全具双重意义。我国有13亿人口，人均粮食400千克左右，到2030年，我国人口将增加到16亿，人均耕地不到0.067公顷，粮食安全必将成为政府首要考虑的问题。第一，以种植高能饲料作物甜高粱来代替部分玉米种植，通过单位面积产量和能量的提高，可以实现饲料原料和能源原料的双丰收。第二，甜高粱具有抗旱，耐涝、耐盐碱、耐瘠薄等特性，可开发利用我国现有滩涂、盐碱地及一些沙、瘠的边际农田。在我国黄淮海地区、东北地区大约有17万平方千米的盐碱地，加强开发利用可以解决好粮食安全和能源安全矛盾的问题。第三，近几年农民生产积极性不高，主要是收入太低，甚至低到种地亏本的地步，种植甜高粱可有效提高农民种田收入。从上述3个方面看，发展甜高粱不仅可以解决好我国的粮食安全和能源安全矛盾的问题，对发展农村经济，增加农民收入也具有重大意义。

5.4.5.2 甜高粱发展对策

（1）整合资源合力，利用新技术、新方法加快甜高粱育种进程。一要统筹科研、基地和人才队伍建设。科研院所及高校形成合力开展甜高粱新品种选育，种子企业也要加快甜高粱新品种的制种工作，加大甜高粱种子繁育力度。二要注重甜高粱基因组学和分子标记技术的研究。加大对控制甜高粱含糖量、生物产量等性状的一些基因结构及功能的研究力度，并与常规育种有机结合，加速新种质和品种的培育。三要利用重离子诱变技术，进行辐射育种。以重离子辐照甜高粱专项技术示范为平台，建设核技术繁育种子研究所、工厂和繁育基地。

（2）强化科技支撑，建立健全甜高粱产业链。以发展高效节水农业、战略性新兴产业为目标，按照“规模化、标准化、产业化”发展要求，大力推广种植甜高粱。甜高粱产业链主要包括品种选育、种植、加工、饲料利用、新产品和收获机械研发等方面，在“十三五”期间，利用新技术推动甜高粱产业集聚发展，研发甜高粱高新产品，着力培育甜高粱现代农业、高科技工业战略性新兴产业全产业链。组建甜高粱产业攻关创新团队，加强产品研发；建立推进农机农艺相协调的合作机制，探讨甜高粱标准化种植模式，构建良种良法配套、农机农艺融合的现代农业生产技术新体系。进一步抓好试验示范，制定完善甜高粱高效栽培、精深加工、储运和青贮氨化等技术标准和规程，全面提高综合利用水平。继续加大对种养农户、技术人员、合作社和企业成员的培训力度，确保关键技术培训到位率，掌握不走样。

（3）积极拓宽市场，实现甜高粱产业化发展。按照市场为导向、企业为主体、科技作支撑、政府作引导、典型作示范的思路，优化资源配置，建立市场化运作机制、产学研用协同创新平台、投融资保障载体，探索甜高粱新型产业化发展路子。实现甜高粱产业化发展，要从产业链各环节入手，建立“科研院所+家庭养殖大户（大型养殖场）”模式，以大型龙头企业为带动，发展种养殖订单农业，农牧部门组织农户签订单，并提供技术服务，指导农民种植甜高粱，家庭养殖大户收购原料进行加工，采取“以种促养，以养带种”的方式发展畜牧养殖业，逐步实现甜高粱产业化。

（4）加大资金扶持力度，为甜高粱产业规模化发展保驾护航。积极引导，强化政策扶持，加大资金投入力度，坚持集约开发、集约经营的发展模式，积极发动涉农企业、专业合作社、家庭农场和种养大户等新型农业经营主体，通过土地流转，集中连片发展甜高粱。配套完善种植区水、电、路等基础设施，改善生产条件，抓好饲用型甜高粱青贮、利用设施配套建设，满足饲草加工调制需求；加快醇用型甜高粱生产线、加工线项目建设，及早建成投产，发挥效益。对从事养殖、饲草、加工的龙头企业、专业合作社、养殖大户，建议各级财政增加甜高粱产业专项资金，通过贷款贴息、以奖代补等形式，对签订订单的加工、养殖企业在设备引进、技术研发、基地建设等方面给予项目资金扶持和财政补贴。带动引导组建农机专业合作社，对购买的大型机具给予补贴，积极鼓励引导各地生产企业开展适宜甜高粱种植和收获的机械研发、制造，并对其产品优先补贴，用经济效益和扶持政策调动企业和群众的积极性。

（5）加强宣传推广。任何产品必须有市场需求才能发展，市场需求量确定了产品的发展规模。甜高粱是个古老的作物，但甜高粱产业却是一个新兴的产业。目前，我国还没有利用甜高粱生产乙醇的大型企业，我国的大型畜牧厂也尚未完全把甜高粱纳入全饲料当中，在没有市场需求的情况下甜高粱产业很难大规模发展。这就需要加大宣传力度，建立并扩大示范基地，开发甜高粱的经济潜能。

参考文献

陈显双. 2006. 柬埔寨糖棕的主要特性及苗木繁育技术[J]. 广西热带农业（6）：48-49.
陈晓文，任亚丽. 2017. 甘肃省甜高粱产业发展探讨[J]. 中国糖料，39（5）：72-74.

丁海荣，洪立洲，赵宝泉，等. 2016. 甜叶菊主要用途及当前生产中存在的问题[J]. 中国糖料，38（6）：77-78.
高海生. 1997. 天然甜味剂的开发与应用[J]. 世界农业（2）：25-27.
关瑾. 2002. 甜味剂的应用现状及发展前景[J]. 当代化工（2）：86-91.
韩秉进，朱向明. 2016. 我国甜菜生产发展历程及现状分析[J]. 土壤与作物，5（2）：91-95.
韩卫平. 2009. 糖料作物地区比较优势分析[J]. 中国糖料（4）：38-40.
郝林. 2008. 常用甜味剂的种类及其应用[J]. 农产品加工（9）：10-12.
阚志强，赵美法. 2005. 甜味剂工业现状与发展[J]. 化工中间体（5）：10-14.
李保全，王致和. 2015. 武威甜高粱产业发展现状及思考[J]. 中国糖料，37（5）：75-77.
李明，田洪春，黄智刚. 2017. 我国甘蔗产业发展现状研究[J]. 中国糖料，39（1）：67-70.
刘海桑. 1998. 生命之树——棕榈植物[J]. 植物杂志（5）：4-7.
刘晓雪，卢秉福. 2017. 2017年甜菜主产区变动分析[J]. 经济调查与研究（17）：1-9.
卢秉福，周艳丽，李广忠. 2009. 我国糖料作物种植与食糖产业发展分析[J]. 中国糖料（1）：73-75.
马改艳，徐学荣. 2013. 对当前我国甘蔗产业发展形势的分析与思考[J]. 云南农业大学学报（社会科学），7（6）：29-35.
马光霞. 2008. 中国糖料与食糖市场运行规律分析与展望[J]. 世界农业（3）：28-30.
马亚怀，邱军，陈连江，等. 2013. 我国甜菜品种引进工作的现状与分析[J]. 中国糖料（1）：72-75.
钱敏之. 1984. 我国在发展糖源植物中存在的问题与建议[J]. 华中农学院学报（2）：81-83.
施建科，叶蕴华，田桂玲. 1998. 有甜味的蛋白质[J]. 化学通报（8）：21-25.
王贵华. 1996. 我国糖料植物开发利用现状和发展趋势[J]. 农牧产品开发（2）：30-32.
王桂艳，鞠平. 2002. 世界糖业基本情况[J]. 中国甜菜糖业（4）：35-37.
王华忠. 2009. 我国甜菜生产现状与发展趋势[J]. 新农业（10）：9-11.
王亚平，李世光，赵金庆，等. 2013. 中国甜菊糖产业现状及其应对[J]. 对外经贸（10）：4-6.
文明富，杨俊贤，潘方胤，等. 2016. 甘蔗遗传改良研究进展[J]. 广东农业科学，43（6）：58-63.
吴则东，张文彬，吴玉梅，等. 2016. 世界甜叶菊发展概况[J]. 中国糖料，38（4）：62-65.
徐静，税志坚. 2008. 甜味剂的发展现状和影响[J]. 广西轻工业（1）：6-7.
徐雪，马凯. 2016. 2015年中国食糖市场形势分析与“十三五”展望[J]. 中国食物与营养，22（1）：54-57.
徐雪. 2006. 世界食糖生产与贸易发展[J]. 农业展望（4）：31-35.
闫锋. 2010. 我国甜高粱产业发展前景探究[J]. 中国糖料（2）：75-76.
闫鸿雁，付立中，胡国宏，等. 2006. 国内外甜高粱研究现状及应用前景分析[J]. 吉林农业科学，31（5）：63-65.
严贤春. 2003. 天然甜味剂植物的开发利用研究[J]. 食品研究与开发（1）：59-62.
杨枝煌，陈潇霖. 2014. 我国甜菊糖产业现存问题及其综合治理[J]. 农业部管理干部学院学报（3）：14-20.
杨枝煌. 2016. 中国甘蔗糖业存在的问题、原因分析与政策建议[J]. 中国市场（13）：77-85.
伊尚武，张文彬，姜淑芬，等. 2004. 甜味剂的发展及其对我国传统制糖业的影响[J]. 中国糖料（2）：51-55.
张福耀，赵威军，平俊爱. 2006. 高能作物—甜高粱[J]. 中国农业科技导报，8（1）：14-17.
张桂玲，温四民. 2006. 甜味植物研究进展[J]. 安徽农业科学（18）：4 712-4 713

张守谆. 1988. 我国甜菜生产发展历史的回顾与展望[J]. 中国甜菜（2）：35-34.
张卫民，齐化多. 2003. 中国甜味剂的现状[J]. 食品工业科技（9）：64-67.
周蔚. 2008. 我国食糖行业的现状分析及信贷建议[J]. 农业发展与金融（9）：51-53.
朱翠云. 1999. 甜高粱—大有发展前途的作物[C]. 国外农学—杂粮作物，19（2）：29-32.

（张兴伟　撰写）

6　特种能源作物

6.1　特种能源作物概述

6.1.1　特种能源作物定义

Bassam在其著作“Energy Plant Species”中指出，能源作物（Energy plant）是指那些一年生和多年生植物，其栽培目的是生产固体、液体或气体能源材料。2006年1月颁布实施的《中华人民共和国可再生资源法》定义的能源作物是指经专门种植，用以提供能源原料的草本和木本植物。结合当前农业生产面临的一系列严峻形势，尤其是我国耕地资源和水资源十分紧张的局面，能源作物应具备以下特征：高效太阳能转化，高效水分利用，高效能量产出，高抗逆能力，低生产成本，并且环境友好。

6.1.2　特种能源作物的分类

6.1.2.1　*以植物系统法分类*

能源植物最基础的分类是植物系统分类法。除孢子植物中的少数的藻类植物因其含油率较高、可培养后生产生物柴油外，绝大多数能源植物属于种子植物。在种子植物的两个门中，有能源利用价值的主要分布于被子植物门。被子植物又称为硬木植物（Hardwood），与裸子植物相比，其再生性（Resprout）较强，易于去木质化（Delignification）而有利于转化。裸子植物也被称为软木植物（Softwood），一般没有适合专门用于能源生产的植物种类。同一科的植物在生长习性、生育期和化学成分组成有相似性，了解能源植物的科是很重要的。能源植物的主要科类如表6–1所示。

表6–1　能源植物的主要科类

科名	能源植物属种
禾本科(禾亚科)	玉米、大麦、小麦、甘蔗、甜高粱、芒草、芦竹
禾本科(竹亚科)	印度刺竹、刺竹、牧竹、刚竹、毛竹
豆科	大豆、紫花苜蓿、油楠、紫穗槐

（续表）

科名	能源植物属种
大戟科	木薯、蓖麻、续随子、绿玉树、麻疯树、油桐
杨柳科	毛枝柳、蒿柳、杨树
菊科	向日葵、菊芋
胡颓子科	沙棘、沙枣
十字花科	甜菜、油菜
茄科	马铃薯
旋花科	甘薯
桃金娘科	桉树
棕榈科	油棕榈
漆树科	中国黄连木
无患子科	文冠果
山茱萸科	光皮树
莎草科	油莎豆
卫矛科	扶芳藤
柽柳科	柽柳
藜科	梭梭
漆树科	火炬树
壳斗科	橡子
桑科	大麻

6.1.2.2 以光合途径分类

根据植物的光合途径，能源植物主要属于C_3和C_4类型，迄今为止未见有景天酸循环（CAM）类型的能源植物的报道。一般地，与C_3植物相比，C_4植物的光补偿点低，而光饱和点高，在相同的光照辐射强度下C_4植物的光合速率较大，水分利用率也较高，所以C_4能源植物有更好的应用前景。但是C_4植物达到其最大的光合速率要求的温度比C_3植物高，说明在低温环境更适合种植C_3类型。欧洲多年研究表明，C_3光合途径的根茎植物较C_4植物在生物量上表现有明显的差距，在水分、养分利用效率上也只能达到C_4植物的一半。然而，在高纬度地区光合作用受低温和光照影响，C_3途径的根茎植物却明显优于C_4根茎植物。

6.1.2.3 以生活周期分类

根据植物的生活周期，可将能源植物分为一年生、二年生和多年生植物3类。相当多的能源植物属于一年生植物类，如甘薯、甜高粱、菊芋、油菜和续随子（Euphorbia lathyris）、向日葵等。二年生类植物能源植物很少，如甜菜。多年生植物中能源植物较多，又可分为草本和木本植物两类。草本多年生能源植物主要是禾本科根茎类（Rhizomatous），如柳枝稷、芒草等，此外，菊芋可通过块茎（Stemtuber）繁殖进行多年生生长。木本能源植物主要是木质纤维素类（如杨树和柳树）和木本油料植物类（如麻疯树和文冠果等）。

6.1.2.4 以化学成分组成及其利用分类

第一类是富含碳水化合物的能源植物，包括富含糖的能源植物，如菊芋、甘蔗、甜高粱等；富含淀粉的能源作物，如木薯、玉米、甘薯；富含纤维的能源植物，如杧果、桉树等，利用这些植物可得到生物柴油、燃料乙醇和燃气。第二类是富含油脂的能源植物，如油菜、向日葵、棕榈、花生等。这类能源作物即是人类食物的重要组成部分，也是工业用途非常广泛的原料。第三类是富含石油成分的能源植物，如麻疯树、油楠、续随子、绿玉树、古巴香胶树等，可直接产生接近石油成分的植物，其主要成分是烃类，如烷烃、环烷烃等，富含烃类的植物是植物能源的最佳来源，通过油脂的处理可以作为柴油使用。

6.2 特种能源作物种类及分布

可作为能源的植物种类很多，主要是某些农作物及有机残留物，林木、森林工业残留物，藻类、水生植物也是有待开发的能源植物。使用植物作为能源，可以作为固体燃料，或借助科学方法转换为炭、可燃气或生物原油等。林业能源方面，培植生长快、光合作用效率高、繁殖力强的树木在国外已受到重视。

为了协调生物能源发展和粮食生产，坚持发展生物能源“不与人争粮、不与粮争地，不争食用油和不争糖”的原则，利用边际土地种植高效能源作物成为中国未来生物能源发展战略的重要组成部分。2008年我国农业部组织各级农村能源管理部门，以县为单位开展了我国适宜能源作物种植的边际土地调查，结果表明，我国共有各类宜能边际土地2 680万公顷。

中国林业科学研究院试验研究，列出60余种能源植物。森林能源的利用方法有两种：通过干馏来提取煤气、焦油和炭，直接进行燃烧。经科学家鉴定，有生产价值的能源植物，生长在亚太地区的，就有10多种草本植物，18种灌木，23种乔木和18种灌木。

6.2.1 富含类似石油成分的能源植物

油楠树、桉树、续随子、绿玉树、西谷椰子、西蒙得木、橡胶树等。我国海南省特产植物油楠树的树干含有一种类似煤油的淡棕色可燃性油质液体，在树干上钻个洞，就会流出这种液体，也可以直接用作燃料油。

6.2.2 富含高糖、高淀粉和纤维素等碳水化合物

利用这些植物所得到的最终产品是乙醇。这类植物种类多，且分布广，如木薯、马铃薯、菊芋、甜菜以及禾本科的甘蔗、高粱、玉米等农作物都是生产乙醇的良好原料。

6.2.3 富含油脂的能源植物

这类植物既是人类食物的重要组成部分，又是工业用途非常广泛的原料。对富含油脂的能源植物进行加工是制备生物柴油的有效途径。世界上富含油的植物达万种以上，我国有近千种，有的含油率很高，如桂北木姜子种子含油率高达64.4%，樟科植物黄脉钓樟种子含油率高达67.2%。这类植物有些种类存储量很大，如种子含油达15%～25%的苍耳子广布华北、东北、西北等地区，资源丰富，仅陕西省的年产量就达1.35万吨。集中分布于内蒙古、陕西、甘肃和宁夏的白沙蒿、黑沙蒿，种子含油16%～23%，蕴藏量高达50万吨。水花生、水浮莲、水葫芦等一些高等淡水植物也有很大的产油潜力。

6.2.4 用于薪炭的能源植物

这类植物主要提供薪柴和木炭。如杨柳科、桃金娘科桉属、银合欢属等。目前世界上较好的薪炭树种有加拿大杨、意大利杨、美国梧桐等。近来我国也发展了一些适合作薪炭的树种，如紫穗槐、沙枣、旱柳、泡桐等，有的地方种植薪炭林3～5年就见效，平均每公顷薪炭林可产干柴15吨左右。美国种植的芒草可燃性强，收获后的干草能利用现有技术轻易制成燃料用于电厂发电。

6.3 特种能源作物发展现状

6.3.1 不同能源作物产业化发展现状

6.3.1.1 淀粉和糖类作物类

目前适合中国燃料乙醇生产的能源作物主要有甜高粱、木薯、甘薯和甘蔗等，

其资源和研发现状分析如下。

（1）甜高粱。20世纪80年代初，我国开始进行甜高粱能源利用研发。“八五”“九五”期间，甜高粱秸秆制取乙醇被国家科技部列入科技发展规划。发展至今日，我国甜高粱品种、种植以及利用甜高粱茎秆生产乙醇技术已经逐渐成熟。甜高粱的酒精产量可达3.92吨/公顷。

（2）木薯。木薯是19世纪初中国从印度尼西亚引进的作物品种，有近200年的历史，已成为仅次于水稻、甘薯、甘蔗和玉米的第五大作物。2005年全国木薯种植面积为43.8万公顷，鲜木薯产量约达1 100万吨，其中90%以上集中在广东和广西地区，现已初步形成产业优势布局。而广西的种植面积和总产量均占据全国总量的80%。目前，木薯发展重点地区的生产已初步实现种植良种化、丰产栽培标准化和加工专业化。但总体来看，中国木薯生产尚处于粗放阶段，单产偏低，平均鲜薯单产只有25.11吨/公顷，产量远远不能满足加工需要。从生产潜力看，木薯是目前替代粮食生产乙醇最现实可行的原料。中国木薯酒精加工业是从20世纪90年代开始发展的，主要以鲜木薯和木薯干片为原料生产食用酒精及工业酒精。目前，我国酒精产量的1/3以木薯为原料，现有木薯酒精企业30多家，日产能力约2 000吨，年产木薯酒精约40万吨，技术相对成熟。淀粉出酒率为50% ~ 53%，耗鲜木薯量为6.6 ~ 7.2吨或耗木薯干片量2.7 ~ 3吨，生产每吨酒精一次耗水量约30立方米，耗电量约200千瓦时，耗标准煤约0.6吨。

（3）甘薯。中国是最大的甘薯生产国，每年种植面积约690万公顷，约占世界甘薯种植面积的65.4%，年生产量约12 000万吨，占世界甘薯总产量的85.9%。甘薯种植遍及热带和温带地区，分为北方春薯区、黄淮夏薯区、长江夏薯区、南方夏秋薯区和华南秋冬薯区。目前，四川、山东、重庆、河南、安徽、河北尚有约466万公顷荒地可供开发。我国甘薯品种达到60余个，其中种植面积最大的甘薯品种是徐薯18，淀粉含量为18% ~ 20%，干物质率为30% ~ 32%。以山西省为例，甘薯多种植在干旱的丘陵地区，产淀粉达到5.67 ~ 6.03吨/公顷，干物质9.45 ~ 10.08吨/公顷。目前，每生产1吨乙醇需鲜甘薯7.98吨，平均每公顷甘薯可生产3.03吨乙醇。我国甘蔗的主要生产区集中在广西、云南、广东、海南4省（区），甘蔗播种总面积占全国的85%以上；另外，四川、江西、湖南、福建、湖北和贵州等省的种植也占有一定的比例。根据国家统计局的统计，2006年我国甘蔗收获面积122万公顷，产量10 068.4万吨，平均单产为82.53吨/公顷，比2005年63.97吨/公顷的单产水平增长了29%。

（4）甘蔗。我国能源甘蔗的研究起步较晚，但已获得一定进展。用甘蔗生产燃料乙醇，首先需要提汁，再进行浓缩、发酵、蒸馏和脱水等工艺过程。而糖厂中的蔗汁提取、浓缩的工艺和设备都是现成的。就发酵过程而论，大型甘蔗糖厂都有食用乙醇车间，其发酵原料主要是制糖过程中产生的废蜜（糖蜜），在甘蔗糖蜜生产乙醇方面的经验和技术是成熟的。近年我国用糖蜜生产酒精（食用酒精）约5亿升，应用纯蔗汁发酵生产燃料乙醇工艺技术方面仍处于中试阶段。

能源甘蔗品种是乙醇生产的核心技术。目前我国已选育出3个能源甘蔗品种，蔗茎产量达到121～129.5吨/公顷，每公顷甘蔗可产11～14吨燃料乙醇。国家糖料作物改良甘蔗分中心、农业农村部甘蔗遗传育种重点开放实验室正在进一步完善核心技术，为我国可再生能源工业的兴起提供强有力的原料保障和技术支撑。

当前其余生产燃料乙醇的主要能源作物见表6-2，小麦（*Triticum aestivum*）、大麦（*Hordeum vulgare*）、玉米（*Zea mays*）、籽粒高粱（*Sorghum bicolor*）等禾谷类作物和甘薯（*Ipomoea batatas*）、木薯（*Manihot esculenta*）、马铃薯（*Solanum tuberosum*）等薯类作物是最主要的用以生产乙醇的淀粉作物。我国生产的燃料乙醇主要是利用玉米和小麦陈化粮。

表6-2　淀粉和糖料作物及其乙醇生产力

作物种类	单产（吨/公顷）	糖/淀粉含量（%）	糖/淀粉产量（吨/公顷）	乙醇产量（升/公顷）
大麦(*Hordeum vulgare*)	5.8	58.0	3.36	2 150
木薯(*Manihot esculenta*)	9.0	35.0	3.15	2 900
饲用甜菜(*Beta vulgaris* var .*rapacea*)	98.5	8.2	8.08	4 923
玉米(*Zea mays*)	6.9	65.0	4.49	2 874
马铃薯(*Solanum tuberosum*)	32.4	17.8	5.77	3 693
菊苣(*Cichorium intybus*)	35.0	16.0	5.60	3 248
甜菜(*Beta vulgaris* var.*altissima*)	57.4	16.0	9.18	5 600
甘蔗(*Saccharum officinarum*)	80.0	10.0	8.00	5 400
甘薯(*Ipomoea batatas*)	12.0	25.0	3.00	2 400
甜高粱(*Sorghum bicolor*)	90.0	10.0	9.00	5 400
小麦(*Triticum aestivum*)	7.2	62.0	4.46	2 854

6.3.1.2　油脂作物类

油脂类作物包括以采收种子榨油为主要用途的草本植物和木本植物，表6-3列出了主要的油脂类能源作物。油菜（*B. rapa* ssp. *Oleifera*）、向日葵（*Helianthus annuus*）、蓖麻（*Ricinus communis*）和大豆（*Glycine max*）是最主要的一年生油脂作物，已经在商业化生产水平上实现了以生产生物柴油为目的的大田种植。

表6-3 主要油脂类作物及其生产力

作物	籽粒产量（吨/公顷）	含油率（%）	产油量（吨/公顷）
海甘蓝（*Crambe abyssinica*）	2.00 ~ 3.50	30 ~ 45	0.74
大油菜（*B.rapa* ssp. *oleifera*）	1.00 ~ 2.50	38 ~ 48	0.38
芥菜（*B. juncea*）	1.50 ~ 3.30	30 ~ 40	0.72
蓖麻（*Ricinus communis*）	1.20	50.00	0.60
椰子（*Cocos nucifera*）	4.17	36.00	1.50
棉花（*Gossypium* spp.）	1.20	15 ~ 25	0.29
亚麻荠（*Camelina sativa*）	2.25	33 ~ 42	0.88
花生（*Arachis hypogaea*）	2.00	45 ~ 53	1.00
大麻（*Cannabis sativa*）	0.50 ~ 2.00	28 ~ 35	0.14 ~ 0.70
希蒙得木（*Simmondsia chinensis*）	2.10	48 ~ 56	1.01 ~ 1.18
油棕榈（*Elaeis guineensis*）	30	26.00	7.80
欧洲油菜（*Brassica napus* spp. *oleifera*）	2 ~ 3.50	40 ~ 50	1.26
向日葵（*Helianthus annuus*）	2.50 ~ 3.20	35 ~ 52	0.88 ~ 1.67

6.3.1.3 木质纤维素作物类

近年来，中国开始对杂交狼尾草的能源转化利用进行研究，研究方向主要集中在直接燃烧、沼气发酵、热解等方面。蒲舫等采用热重分析仪以每分钟20℃的温升速率针对杂交狼尾草进行了燃烧特性试验，其燃烧曲线有2个明显的失重过程，即挥发分析出与着火燃烧和固定碳燃烧，且固定碳燃烧放热量大于挥发分燃烧放热量。罗艳等研究表明，杂交狼尾草在生长初期（35天和68天）C/N均较低，分别为14.75和17.52，低于厌氧发酵的C/N最优范围20 ~ 30，说明生长初期杂交狼尾草中氮量相对较高，采用厌氧发酵可能会导致反应体系中pH值上升以及过多的氨氮积累，对厌氧发酵产生抑制作用，并且生长期为68天的样品的产气率（247.06毫升/克）高于生长期为35天的样品（243.77毫升/克），其原因是随杂交狼尾草生长，其生物质中不利于沼气转化的粗蛋白含量降低，而利于沼气转化的粗纤维含量明显增加，因此，生长周期长的杂交狼尾草更适合沼气转化。范希峰等也研究发现，在生长末期（北京地区11月以后）杂交狼尾草生物质中的C/N为27.54：1，非常有利于用于沼气发酵。黄勤楼等也认为杂交狼尾草是厌氧发酵制取沼气的一种优质碳源。蒲舫等采用热重分析仪以每分钟10℃、20℃、30℃的温升速率对杂交狼尾草进行了热解特性试验，发现其热解过程大致可分为3个阶段，依次为预热干燥阶段、挥发分析出阶段、碳化阶段，热解失重主要发生在第二阶段，热解后的产物为CO、H_2、CH_4、C_nH_m等可燃性气体、焦油以及多孔固体焦炭。滕海鹏等在5千瓦鼓泡流化床试验装置上，以皇竹草为燃料研究了床层温度、燃料形状以及燃料中钙元素含量对流化床黏结失流现象的影响。以上研究尚停留在实验室阶段，中试或规模化开发利用尚未见报道。表6-4列举主要纤维素作物产量及产能特征。

表6-4　主要木质纤维素作物的产量及其产能特征

作物	干物质产量（吨/公顷）	能量含量（吉焦/吨）	能量产出（吉焦/公顷）	能量产投比（%）	能量净收入（吉焦/公顷）
纤维高粱（*Sorghum bicolor*）	20～30	16.7～16.9	334～507	13～39	309～494
甜高粱（*S. bicolor*）	15～25	16.7～16.9	250～422	10～32	225～409
红麻（*Hibiscus cannobinus*）	10～20	15.5～16.3	155～326	6～25	130～313
大麻（*Cannabis sativa*）	8～15	16.0～18.0	128～270	5～20	103～257
芒属植物（*Miscanthus* spp.）	15～30	17.6～17.7	260～530	12～66	238～522
芦竹（*Arundo donax*）	15～35	16.5～17.4	240～600	11～75	118～592

6.3.2　特种能源作物发展问题分析及前景展望

6.3.2.1　缺乏适宜边际性土地种植的草本能源作物品种，无法满足生物质规模化生产的需要

持续充足的生物质原料供给是保证生物质能源产业健康发展的重要基础。近年来，我国不少企业陆续建设了生物质发电或生物乙醇项目，但是都遭遇了原材料短缺，生产难以维系的尴尬局面，主要原因是忽视了生物质原料的特殊性，认为项目只要有了资金和设备，原料供应可以走市场化途径解决。生物质原料的稳定供给依赖于大量的土地资源。据预测，美国和欧盟如果仍以传统谷物、糖类和油料作物为原料生产生物燃料，以达到替代10%交通用生物燃料的目标，将需要占用10%～43%的耕地。在使用的土地类型上，发达国家目前大都是使用宜耕地来种植能源作物。美国的总耕地面积居世界第一位，约1.74亿公顷，其中近一半为休耕地，耕地后备资源丰富。而尽管我国总耕地面积约1.43亿公顷，居世界第三位，但人均耕地面积仅1.4亩，不到世界人均耕地面积的一半，不仅耕地资源已非常稀缺，其他农

用土地利用潜力也已基本挖掘殆尽。为了达到《可再生能源中长期发展规划》中制定的生物质能源替代目标，我国除了利用部分农林废弃物外，在宜耕边际性土地发展非粮能源作物是符合我国国情的基本思路。目前，我国宜耕边际性土地资源约为2 408万公顷，其中，集中连片、具备规模化开发潜力、适合生物燃料乙醇能源作物种植的宜耕边际性土地约为700万公顷。可见，在不与粮争地的原则下，草本纤维素类能源作物仍有广阔发展空间。通过专用能源作物品种选育，可以显著提高生物质产量，改善能源利用品质，降低成本，增强生物能源产品的市场竞争力。

我国草本纤维素类能源植物资源极其丰富，仅收集保存的种质资源就达几千份，但以前主要是应用于造纸、牧草和水土保持等用途，而将其作为专用能源作物开发利用的研究还刚刚起步，远落后于欧美等国家。品种选育方面，目前仅有芒草、杂交狼尾草和虉草有育成新品种的报道，但它们通常是以提高和改善生物质产量为育种目标，抗逆性等性状则较少关注，这些品种是否适合在我国北方干旱地区的荒地、沙地、盐碱地及东部沿海滩涂地等主要类型的边际性土地上推广种植，还没有开展过相应的示范试验。缺乏适宜在不同边际性土地上种植的优良品种，使得我国草本纤维素类生物质的生产及能源化利用难以实现规模化。

6.3.2.2 不具备草本纤维素类能源作物的标准化生产能力，生物质收储运体系有待完善

农业标准化是规范农产品生产行为的技术基础，是推动农业产业化经营的重要前提，其通过控制和规范农产品的生产过程、优化农业生产要素的配置和提高农业生产组织的管理水平，达到稳定农产品质量与安全水平的目的。农作物秸秆之所以难以得到有效利用，除了生物质分散度高、收集成本高之外，还与目前农作物是以分散农户为单位开展生产导致生物质品质参差不齐，从而影响预处理工艺和发酵工艺的稳定性有关。目前，像芒草、杂交狼尾草等能源作物品种尽管已发展有一定规模的种植面积，但其生物质原料生产标准化程度低，产量和品质千差万别，难以保持统一。通过促进草本纤维素类能源作物生物质的标准化生产，有助于维持原料品质的一致性，提高纤维素乙醇的生产效率和降低成本。草本纤维素类能源作物生物质生产的标准化是一个系统工程，概括起来就是要实现“两个标准化技术、两个标准化基地和三个标准化体系”。其中，“两个标准化技术”是指能源作物优良品种的种子（种苗）生产标准化技术和高产高效标准化种植管理技术，“两个标准化基地”是指能源作物优良品种的良种繁育标准化基地和原料生产标准化基地，“三个标准化体系”包括能源作物新品种审定标准化体系、良种繁育标准化体系和生物质收储运标准化体系。草本纤维素类能源作物生物质收储运体系的特征是高度机械化。高效的机械化收储运体系可以在生物质的最佳收获期内集中时间完成收获，保证了原

料加工品质的一致性，还可以减少原料损失和降低成本。目前国内外在农作物秸秆收储运机械化方面取得了很好的进展，可以为草本纤维素类生物质的收储运提供参考和借鉴，但也要注意两者之间的差别，不能完全照搬，如芒草、狼尾草等能源作物植株都为丛生，具多个分蘖，茎秆剪切力大，而玉米等农作物植株一般都为单茎秆，茎秆剪切力较小，因此，在生产实践中若直接用秸秆收割机来收获能源作物生物质，就会发现效果不理想。

6.3.2.3 对大规模发展草本纤维类能源作物可能带来的生态环境影响关注不够，缺少宏观与微观研究

目前，大多数能源植物的研究集中在提高生物质原料产量以及品种资源收集与评价方面，而对能源作物产业化种植可能对我国农业生态环境带来的宏观与微观的影响却没有引起足够的重视。众所周知，边际性土地的生态系统通常较脆弱，而边际性土地又多为生物多样性与景观多样性分布的重要场所或一些珍稀动植物的栖息地，如果大面积种植单一植物物种，将可能破坏生态系统内部的生物多样性，改变其生态结构与稳定性。例如，云南和广西很多的原始荒山野林被砍伐，重新改种了近百万公顷的桉树人工速生林，但该树种在生长过程需要由土地供给大量的养分，对土壤肥力的消耗较大，改变了土壤结构，减少了地表的植被覆盖，因而造成林地土壤水分下渗量减少和水土流失的严重问题。显然，能源作物的规模化、产业化种植需要全面考虑农业生态环境特别是我国不同边际性土地的水资源、土壤资源、生物多样性资源以及气候资源的承载量及相互之间的影响。作为我国的芒草特有种类，南荻在湖南洞庭湖、湖北洪湖等湖区的湖洲上有规模化的人工种植，共10多万公顷，以前主要作为造纸原料加以利用。南荻在湖区的大面积人工种植一方面加剧了洞庭湖泥沙淤积，使湖水面积逐步缩小，但另一方面也为大量野生鸟类提供了良好的栖息环境。我国北方边际性土地的生态环境更加脆弱，目前尚无大规模发展草本纤维素类能源作物的实践，其潜在的生态风险尚缺乏系统的实证研究。因此，在规划草本纤维素类能源作物在这些地区的布局与种植规模时，应该对其引起的生态环境变化以及各类生态资源条件进行充分的宏观与微观评估。综上所述，草本纤维素类能源作物产业化种植在我国还处于起步阶段，存在诸多亟待解决的问题，特别是在能源作物优良抗逆品种选育、生物质原料标准化生产技术以及能源作物产业化对生态环境的潜在影响等方面需要开展深入细致的研究，以更好地促进草本纤维素类能源作物产业化的健康发展。

中国能源作物制备液体生物燃料的发展趋势“非粮、无污染、低能耗”是我国燃料乙醇发展的先决条件，同时这一条件也代表了今后我国能源作物开发利用的发展方向，即恪守“不与粮争地”的原则，利用边际土地种植能源作物；致力于研究

如何降低能源作物在种植、收集、运输、储藏、制取生物燃料等过程中的生产成本问题；纤维素制乙醇成为国内外业界寄予厚望的重点。

我国人口众多、粮食是国家安全的根本，一些能源作物的种植不免会占用耕地、“与民抢粮”，为了实现能源作物与粮食作物的相互协调发展，应大力培育高抗逆能源作物，推广荒地能源作物种植，既不占用已有耕地又能实现产业增收，此外，开发高效的生物能源提取手段也是利用能源作物的重中之重。同时，加快能源作物提取工艺的革新，走少种多得、高效转化的技术型产业道路，实现能源作物产业又好又快发展。

6.4 特种能源作物发展趋势与对策

6.4.1 能源作物发展要坚持利用边际土地

能源作物发展要坚持利用边际土地，全球有限的土地资源中，有多少面积可以用以种植能源作物引起了广泛关注。从全球范围来看，在边际土地上发展能源作物是生物质能源最有前景的策略。中国集中连片宜耕边际性土地资源量为645.43万公顷，适宜种植4种能源植物的边际性土地面积存在差异。最适宜和次适宜种植甜高粱的边际性土地面积分别为110.91万公顷和107.74万公顷，合计218.65万公顷，占总面积的比例为33.88%。满足甜高粱种植条件的边际性土地资源主要分布在中东部地区，其中最适宜边际性土地面积超过1万公顷的省份有山东、黑龙江和江苏，分别为31.40万公顷、15.98万公顷和10.91万公顷；江西、吉林和内蒙古的次适宜边际性土地面积在10万～25万公顷；西北部的新疆、甘肃、宁夏、青海等地边际性土地资源丰富，然而部分市由于降水量偏少，雨养条件下甜高粱无法正常生长发育，水土资源不匹配问题较突出。木薯生长发育需要较高的温度和适宜的降水条件，适宜种植区域集中分布在华南区、西南区和长江中下游区，其中广东、广西、福建、云南及海南的种植适宜性最高。全国最适宜和次适种植木薯的边际性土地面积分别为2.34万公顷和16.48万公顷，合计18.82万公顷，占总面积的比例低于5%。麻疯树喜温、耐旱、怕涝，最适宜和次适宜的边际性土地面积分别为5.92万公顷和40.27万公顷，合计为46.19万公顷，占总面积的比例为7.16%。主要适宜种植区域包括华南区、西南区和长江中下游区，其中江西、云南、重庆、广东、湖南、广西和福建的适宜种植面积均在1万公顷以上。柳枝稷具有较强的抗逆能力，在4种能源植物中种植柳枝稷的最适宜边际性土地面积最高，为127.91万公顷，主要分布在华北区的山东，长江中下游区的江西、江苏、湖北，以及西南区的云南、四川、重庆；次适宜边际性土地面积为80.76万公顷，主要分布在东北区、蒙新区和黄土高原区，由于耐旱能力强，在青海、甘肃、内蒙古等地年均降水量高于300毫米的地区也适宜种植。我国巨大的能源消耗量与能源短缺之间的矛盾，人口多与有限土地资源之间的矛盾，是影响我国经济和社会发展的两大重要因素。我国生产的燃料乙醇主要是利用玉米和小麦陈化粮，如果2008年全国推广使用乙醇汽油，每年将有6×10^6吨燃料乙醇的需求，大约消耗1.8×10^7吨以上粮食，约占全国每年谷物总产的5%，可见以粮食为主生产燃料乙醇将会严重影响我国的粮食安全。因此，我国的生物质能源发展要坚持“不争耕地、不争粮食、不争食用油和不争糖”的基本方针。

6.4.2 降低成本与能耗，实现能源经济性

成本居高不下、生产效率低是我国燃料乙醇产业发展的重大障碍。我国现有4家定点燃料乙醇厂家（吉林燃料乙醇有限责任公司、黑龙江华润酒精有限公司、河南天冠燃料乙醇有限公司和安徽丰原燃料乙醇有限公司），在国家补贴的前提下，仅能够“保本微利”。如何降低生产成本，减少能耗，“不与财政争钱”，将成为今后能源作物在种植、收集、运输、储藏、制取生物燃料等整个生命周期中的重点研究内容。那些低能耗、单位生物质酒精产量高、节水节地的能源作物将成为优先种植对象。企业也将根据现有的条件，在生物燃料的原料生产、流通以及生物燃料加工等关键环节寻找缩减生产成本的空间。例如，企业将更倾向于将工厂建在能源作物产区，从而缩小收集运输半径；会采用更加经济的生产模式，如“原酒生产企业—酒精精馏企业”模式，由小企业生产酒精含量较低的原酒，再统一集中到精馏企业加工成的燃料乙醇，从而既减少运输量，又有效降低了生产成本；企业将更加注重实现副产品综合开发，与其他企业形成产业链，提高产品附加值和整体效益；在技术方面，则将致力于加快技术改造，提高生产效率。

6.4.3 重视木质纤维素作物资源的利用

与传统作物相比较，木质纤维素作物适应干旱、盐碱等边际土地的能力更强。所以，从长远观点来看，将纤维素类物质转化为燃料乙醇是生物质能源的根本出路，是降低成本，与化石燃料形成竞争的有效途径，纤维素作物及其转化利用将是生物质能源研究发展的最重要领域之一。利用纤维素类物质发酵生产酒精，目前主要的难题是缺乏高效低廉的纤维素酶。美国研究开发了一套生产强效的纤维素复合酶系统的工艺，其酶的成本已经大为降低。我国有丰富的草本木质纤维素植物资源，同时，由于我国气候类型的多样性，国外的优良植物资源在国内总能找到合适的种植区，这对我国发展能源纤维作物非常有利。

6.4.4 能源作物生产要充分考虑其工业转化特征

有异于传统作物，能源作物是大规模工业生产的原料，其生产、收获、运输储存必须与工业生产接轨。工业生产是一个连续的过程，因此，作为原料的能源作物供给也应是连续的，这就要求能源作物的种类和品种应是多元化的。根据当地的气候条件，按梯度收获期搭配能源作物种类和品种，以满足周年生产的需要。能源作物的贮藏性能也十分重要，如甜高粱在我国多数地区是一年生作物，不耐储藏，在成熟后随收获时间的延长，其糖含量会逐渐降低，出汁率大幅减少，这些都是当前能源作物应用研究的重要课题。

国内种质资源开发与国外优良种质引进相结合，我国能源作物育种既要积极从国外引进材料，也要重视国内资源利用和创新，以各地气候及土壤特征为基础，研究开发适应各生态类型区的能源作物种类与品种。种质资源的收集、评价、筛选和保存，是实现种质创新，培育适合不同生态区能源作物品种的基础工作。第一，应重视高光效的C_4植物，其光合同化作用能力约为每天350千克/公顷，远大于C_3植物的每天200千克/公顷。但在温和气候地区或低温季节C_4植物不能发挥其高光效潜力，往往不如C_3类型。第二，在减少土壤侵蚀、降低种植成本和提高抗性方面，多年生比一年生植物有很多优越性。第三，以营养器官为收获对象的作物，比收获籽实器官的经济系数高得多，还具有抗灾和弹性收获期等优点。第四，选择更强的抗逆特征，是能源作物利用边际土地的最重要条件。

6.4.5 构建科学合理的草本纤维素类能源作物评价指标体系，指导优良品种的筛选与开发利用

能源作物的研究方兴未艾，提出来的可作为能源作物开发利用的草本纤维素类植物种类繁多，如芒草、柳枝稷、狼尾草、斑茅和芨芨草等。这些不同物种之间乃至同一物种的不同基因型之间，在生育期、抗逆性、生物质产量、木质纤维素化学成分及其结构等性状上都有差异，甚至差别悬殊，对于它们是否都适合作为能源作物开发利用，还缺乏行之有效的筛选评价技术指标体系，实际工作中盲目性很大，对开展能源作物新品种选育难以提供科学的指导。不同类型边际性土地的生态条件各异，且草本植物一般对光温较敏感，同一植物在不同纬度或海拔地区的表现有较大差异，其生物质利用方式也可能多样，因此，制定能源作物筛选评价指标的统一标准有较大困难，因为在不同地区、不同情况下同一指标的权重可能有高低。另一方面，由每家科研单位自己负责制定适宜不同类型边际性土地的某一种或几种能源作物筛选评价体系的工作量和难度又太大。可行的方案是在国家有关部门的协调和指导下，根据我国草本纤维素类能源作物发展的总体规划和区域布局，组织各单位

在不同的代表性边际性土地类型上开展评价试验，研究建立适合某一特定区域气候、水分和土壤特性的能源作物筛选评价指标体系的国家标准。总体来说，在评价指标的选择上应遵循全面性、科学性、代表性、可行性等基本原则，重点考察生物质产量、木质纤维素化学成分、热力学特征以及生态适应性（包括耐瘠、耐盐碱、抗病虫害、抗旱、抗涝等能力）等。值得注意的是，我国能源作物的抗逆性评价处于十分重要的特殊战略地位，遵循“不与人争粮、不与粮争地”的发展原则，充分利用边际性土地种植专用能源作物，是我国未来发展的主要趋势。这些地区通常生产条件差，缺乏灌溉条件或盐碱危害严重，通过筛选或培育抗逆性强的能源作物品种，不仅可以提高生物质产量，还能扩大适种区域，有利于解除制约我国能源作物利用宜耕边际性土地规模化、产业化种植的主要障碍。此外，在我国北方生态条件脆弱的边际性土地上，改良土壤、固沙和保持水土等生态效益的能力也可以作为草本纤维素类能源植物的一个评价指标，如与一年生植物相比较，多年生草本植物地下部生物量大，在地上部生物质收获后，仍可以有效地固定土壤和碳。

6.4.6 开展草本纤维素类能源作物细胞壁抗降解屏障的分子改良，提高生物质的转化效率

基于能源作物改造的木质纤维素高效转化与利用已成为各国可再生能源发展的重大战略选择。近年来的研究证实，能源作物的遗传改良有可能在很大程度上帮助人们克服木质纤维素在结构上形成的坚固抗降解屏障。目前，对于植物抗降解屏障的研究，主要侧重于对木质素生物合成与调控途径方面的探索，科学家们试图从分子水平解析木质素的结构形成、合成过程中关键酶功能及相关代谢途径，明确能源作物的细胞壁结构改造和调控的科学基础。随着植物木质素生物合成途径研究的持续深入，通过木质素合成过程的调控来解决植物细胞壁抗降解屏障的挑战已在许多研究中获得证实，其主要是通过基因工程技术反向抑制或过表达木质素合成途径中的一些关键酶基因，进而调控木质素和纤维素的生物合成。其中，通过植物RNAi或反义RNA技术来修饰代谢途径中的关键酶基因可以有效地影响木质素生物合成，使细胞壁中的木质素含量明显下降。通过应用RNAi技术下调COMT基因（咖啡酸-O-甲基转移酶基因）在能源作物柳枝稷细胞内的表达，使得转基因植株中的木质素含量降低了4.6%～14.7%，用这样的生物质原料进行发酵，使纤维素乙醇产量提高了29.2%～38.3%。由此可见，能源作物木质素生物合成途径的遗传改良是应对细胞壁抗降解屏障挑战的有效途径。但是，木质素的作用是增强植物体的机械强度，有利于输导组织的水分运输和抵抗不良外界环境的侵袭。因此，在木质素生物合成关键酶基因的表达被沉默后，转基因植株往往发生组织器官坍塌或植株矮化畸形，无利

用价值。

6.4.7 开发新型能源作物的概念与功能，奠定能源作物产业化利用的基础

外源木质纤维素酶基因在草本纤维素类能源作物细胞中高效表达与调控机理的研究是提高生物质转化效率、降低预处理和酶水解工艺成本的一条新途径。近年来，科学家们开始在能源作物细胞内进行外源木质纤维素酶基因的表达研究，希望这些植物作为生物反应器，在其生长过程中大量表达并在细胞内积累木质纤素酶。收获后生物质经过粉碎和预处理后，在进一步的发酵过程中能利用自身表达的酶，不添加或少添加来源于通过转基因表达的外源木质纤维素酶，就可以达到将纤维素和半纤维素迅速降解为单糖的目的，进一步用于发酵生产乙醇，降低生产成本。考虑细胞质表达途径对植物生长影响较大，一般采用定向胞外或细胞器积累表达（如质外体、叶绿体、溶酶体和液泡等），达到不影响植物正常生长的目的。同样，利用植物基因工程技术，还可以将外源木质素酶基因（如漆酶或其他木质素氧化酶）导入能源作物的体内表达并积累。显然，这种能自身产生木质素酶、可调控其活性的生物质原料，通过采用生物预处理途径，结合仓储过程时间的需要，将其与预处理工艺过程有机结合，有望解决目前热化学生物质预处理过程耗能高、副作用大等难以克服的技术瓶颈。因此，基于木质纤维素酶转基因工程改造的优良能源作物，可以在很大程度上改进目前生物质原料的品质，使其形成易于转化利用的细胞壁特征，以提高转化效率并降低用酶成本。近年来，该研究方向已成为能源作物改良的重要研究和探索方向之一。

参考文献

戴杜，理河，浦耿强，等. 2005. 广西木薯燃料乙醇项目能效评估[J]. 基因组学与应用生物学（24）：167-171.

范希峰，侯新村，朱毅，等. 2012. 杂交狼尾草作为能源植物的产量和品质特性[J]. 中国草地学报（34）：48-52.

黄勤楼，黄秀声，陈钟佃，等. 2011. 不同氮含量的狼尾草属牧草沼气发酵产气效果研究[J]. 热带作物学报（32）：1 750-1 753.

蒋建雄，孙建中，李霞，等. 2015. 我国草本纤维素类能源作物产业化发展面临的主要挑战与策略[J]. 生物产业技术（2）：22-31.

康志河，杨国红，杨晓平，等. 2005. 发展甜高粱生产开创能源农业新时代[J]. 中国农学通报（21）：340-341.

罗艳，郑正，杨世关，等. 2010. 皇竹草厌氧发酵产沼气特性[J]. 环境化学（29）：258-261.
宁启文. 2006. 木薯产业将成为中国最大的生物能源农业[J]. 世界热带农业信息（9）：10-11.
蒲舸，张力，辛明道. 2006. 王草的热解与燃烧特性实验研究[J]. 中国电机工程学报，26（11）：65-69.
石龙阁. 2007. 我国甜高粱产业发展前景分析[J]. 园艺与种苗（27）：242-243.
孙振钧. 2004. 中国生物质产业及发展取向[J]. 农业工程学报（20）：1-5.
腾海鹏，李诗媛，吕清刚. 2010. 皇竹草流态化燃烧粘结特性实验研究[C]. 中国工程热物理学会论文.
王亚静，毕于运，唐华俊. 2009. 中国能源作物研究进展及发展趋势[J]. 中国科技论坛（3）：124-128.
王仲颖，任东明，高虎. 2012. 中国可再生能源产业发展报告2011[M]. 北京：化学工业出版社.
谢光辉，郭兴强，王鑫，等. 2007. 能源作物资源现状与发展前景[J]. 资源科学（29）：74-80.
谢光辉. 2011. 能源植物分类及其转化利用[J]. 中国农业大学学报，16（2）：1-7.
于建荣，陈大明，江洪波，等. 2009. 能源作物发展现状和商业化前景[J]. 生物产业技术（5）：15-19.
张驰. 2015. 我国几种重要能源作物的研究现状与前景展望[J]. 北京农业（17）：214.
朱秀珍，王随保，田希武，等. 2008. 甘薯发展前景及经济效益[J]. 山西农业（致富科技）（4）：20-21.
Venturi P，Venturi G. 2003. Analysis of energy comparison for crops in European agricultural systems [J]. Biomass & Bioenergy，25（3）：235-255.

（荆常亮　撰写）

7 特种果蔬作物

7.1 特种果蔬作物概述

特种果蔬是指从国内外不同生态区域引进栽培的新型品种以及由本地原有的野生或栽培种经过研发而来的名优、特色果蔬。特种果蔬一般具有特殊营养功能或特种用途的一年生、二年生或多年生、有多汁的产品和果实器官的草本和木本植物。特色果蔬的种类是随着市场的需求、产品特殊作用的挖掘利用的深入而增加的。特种果蔬最主要就体现在一个“特”字，具有一些优质、高效的特点。特种果蔬是一个相对的、广义的果蔬概念，与之相对的就是那些生产面积大、消费量大、被人所熟知的大众果蔬。而特种果蔬主要是指在特定地区、特定时期、特定范围内生产的果蔬，或者某些具有特定营养、药用价值的果蔬。

7.1.1 特种果蔬来源

7.1.1.1 国外引入的特用果蔬

这类果蔬起源地分布在世界各地，很多种蔬菜在起源地已成为大路蔬菜经过栽培和开发利用，多用于出口创汇，已形成一定的产业规模，如石刁柏、草莓、青花菜、牛篣、彩色辣椒、迷你黄瓜、西瓜、石榴、葡萄、无花果、杧果和菠萝等。

7.1.1.2 野生植物转成的果蔬

由于很多野生草本和木本植物具有特殊的药用成分，经过栽培驯化，可作为特用果蔬。其鲜食产品或经过加工的产品具有营养保健功能和食疗作用，如蕨菜、发菜、薄荷、薇菜、荠菜、鱼腥草、草莓、香蕉、猕猴桃等。

7.1.1.3 地方特产果蔬

我国幅员辽阔，各地气候条件差异甚大，土产习惯和食用习惯也大不相同。很多南方热带、亚热带，高山果蔬栽培具有地域性。这些果蔬含有特殊的营养成分，可作为医药保健以及工业原料等，受到消费者的关注，如魔芋、山药、枸杞、莲藕、慈姑、龙眼、椰子、沙田柚、提子、哈密瓜等。

7.1.1.4 大路果蔬的新用途开发

有些果蔬尽管是大路种类，但由于其特殊的用途，成分功能和作用不断拓展，如番茄、辣椒、黄瓜、西瓜等可作为观赏植物、提炼化妆用品、提炼食品添加剂等。故它们也逐渐加入特用果蔬的行列。

7.1.1.5 新育成品种

农业科技工作者利用育种技术培育出的新品种，如彩色小白菜、橘红心白菜、无核荔枝、哈密王枣等。

7.1.2 特种果蔬的主要用途

特种果蔬的最大特点是营养价值不同于一般的大宗果蔬，通常都具有“外形特、颜色特、营养特”三大特点，它的风味、食用价值和食用方法独具特色且多种多样，还有其特殊的功效和用途。

7.1.2.1 风味独特，营养丰富，适于食疗保健

在超市里，摆放在人们面前许多形态各异、色泽鲜艳的紫甘蓝、绿菜花、黄菊苣、白芦笋以及鲜红的樱桃、番茄等。会使人大开眼界，它们不仅色泽鲜艳、肉质细嫩、品质好，而且富含多种营养。

7.1.2.2 经济价值高

目前这类果蔬由于品种好、营养价值高，而且生产数量相对较小，物以稀为贵，所以经济价值较高。同时有些种类因为生产期短、复种指数高，投入相对减少，经济效益更为明显。

7.1.2.3 用于多种形式的栽培

许多特种果蔬具有一定的环境适应性，除了可以露地栽培外，冬季也可以通过大棚、小拱棚等栽培。像一些喜温性蔬菜，冬季可采用日光温室或普通型温室进行栽培。还有一些蔬菜可通过无土栽培、水培、假植等方式来进行种植，可达到一年多茬的目的。

7.2 特种果蔬作物种类及分布

7.2.1 我国特种果蔬种类

目前，特种蔬菜（莲藕、魔芋、莼菜、蔃头、芋头、竹笋、黄花菜、荸荠、黑

木耳、银耳、辣椒）和特种果品（樱桃、石榴、杨梅、枇杷、特色柚、猕猴桃、特色枣、特色杏、特色核桃、板栗、柿子、香榧、龙眼、荔枝、香蕉、橄榄、椰子、腰果、菠萝、杧果、番木瓜、槟榔）由于种类众多，在我国各地均有分布。

7.2.2 特种果蔬优势区域分布

特种果品属于劳动和技术密集型农产品，市场竞争优势显著，国内外需求增量大，有着较大的发展空间。近年来我国特种果品快速发展，栽培面积、生产量和人均消费量都不断增加，出口大幅度增长，部分产品供不应求，已形成了一些特种果品产业化生产基地，且有加快发展的良好基础。但同时存在品种退化、品质下降、品种及熟期不合理、上市过于集中、市场压力过大、产业化程度低等问题。

7.2.2.1 特种果品优势区域分布

目前重点发展的22种特种果品优势区域如下。

（1）樱桃。包括樱桃亚属、酸樱桃亚属、桂樱亚属等。乔木，高2～6米，树皮灰白色。小枝灰褐色，嫩枝绿色，无毛或被疏柔毛。冬芽卵形，无毛。果实可以作为水果食用，外表色泽鲜艳、晶莹美丽、红如玛瑙，黄如凝脂，果实富含糖、蛋白质、维生素及钙、铁、磷、钾等多种元素。

世界上樱桃主要分布在美国、加拿大、智利、澳洲、欧洲等地，中国主要分布在河北秦皇岛、辽南、江苏栖霞、山东胶东半岛和泰沂西部、关中—天水产区、青海乐都。具体区域分布如图7-1所示。

图7-1 樱桃具体区域分布示意图

（2）石榴。落叶乔木或灌木；单叶，通常对生或簇生，无托叶。花顶生或近顶生，单生或几朵簇生或组成聚伞花序，近钟形，裂片5～9片，花瓣5～9片，多皱褶，覆瓦状排列；胚珠多数。浆果球形，顶端有宿存花萼裂片，果皮厚；种子多数，浆果近球形，果熟期9—10月。外种皮肉质半透明，多汁；内种皮革质。性味甘、酸涩、温，具有杀虫、收敛、涩肠、止痢等功效。石榴果实营养丰富，维生素C含量比苹果、梨要高出1～2倍。中国栽培石榴的历史，可上溯至汉代，据陆巩记载是张骞从西域引入。

石榴主要分布在河北元氏、安徽怀远、山东枣庄、琼东地区、川滇区、新疆绿洲区。具体区域分布如图7-2所示。

图7-2　石榴具体区域分布示意图

（3）杨梅。属于杨梅科杨梅属小乔木或灌木植物，又称圣生梅、白蒂梅、树梅，具有很高的药用和食用价值，在中国华东和湖南、广东、广西、贵州等地均有分布。杨梅原产中国浙江余姚，1973年余姚境内发掘新石器时代的河姆渡遗址时发现杨梅属花粉，说明在7 000多年以前该地区就有杨梅生长。该属有50多个种，中国已知的有杨梅、白杨梅、毛杨梅、青杨梅和矮杨梅，经济栽培主要是杨梅。杨梅枝繁叶茂，树冠圆整，初夏又有红果累累，十分可爱，是园林绿化结合生产的优良树种。孤植、丛植于草坪、庭院，或列植于路边都很合适；若采用密植方式来分隔空间或起遮蔽作用也很理想。经济用途果味酸甜适中，既可直接食用，又可加工成杨梅干、酱、蜜饯等，还可酿酒，有止渴、生津、助消化等功能。

杨梅主要分布在浙闽大部、云南中东部。具体区域分布如图7-3所示。

图7-3 杨梅具体区域分布示意图

（4）枇杷。拉丁学名*Eriobotrya japonica*（Thunb.）Lindl。蔷薇科、枇杷属植物，枇杷原产中国东南部，因叶子形状似琵琶乐器而名，其花可入药。树高3～5米，叶子大而长，厚而有茸毛，呈长椭圆形，状如琵琶。别名又叫芦橘、芦枝、金丸、炎果、焦子。枇杷与大部分果树不同，在秋天或初冬开花，果子在春天至初夏成熟，比其他水果都早，因此被称是“果木中独备四时之气者”。枇杷的花为白色或淡黄色，有5片花瓣，直径约2厘米，以5～10朵成一束，可以作为蜜源作物。

枇杷主要分布在浙闽粤区、湘桂区、四川区、江苏吴中、安徽歙县。具体区域分布如图7-4所示。

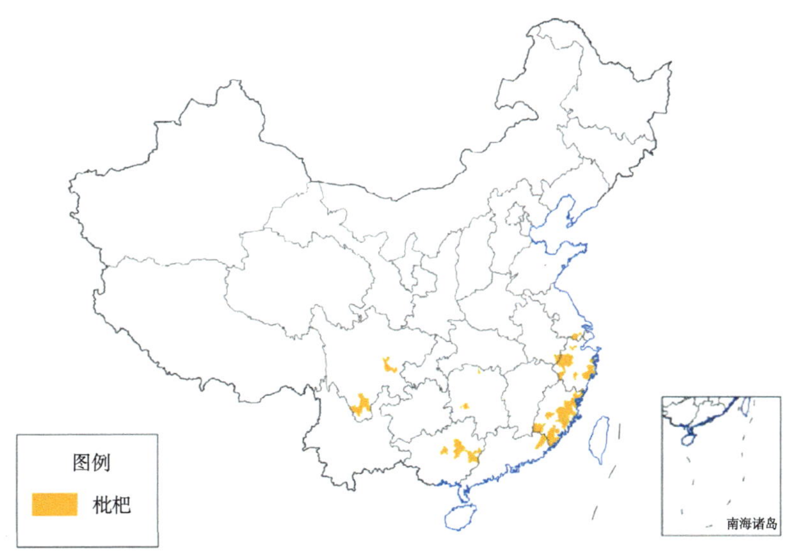

图7-4 枇杷具体区域分布示意图

（5）特色柚。为芸香科柑橘属乔木。嫩枝、叶背、花梗、花萼及子房均被柔毛，嫩叶通常暗紫红色，嫩枝扁且有棱。叶质颇厚，色浓绿，阔卵形或椭圆形；总状花序，有时兼有腋生单花；花蕾淡紫红色，稀乳白色；花萼不规则3～5浅裂；花柱粗长，柱头略较子房大。果圆球形、扁圆形、梨形或阔圆锥状，横径通常10厘米以上；种子多达200余粒，亦有无籽的，形状不规则，通常近似长方形；子叶乳白色，单胚。花期4—5月，果期9—12月。果肉含维生素C较高。有消食、解酒毒功效。

特色柚主要分布在闽粤区、桂东北湘南区、浙江中南部、湖北宣恩。具体区域分布如图7-5所示。

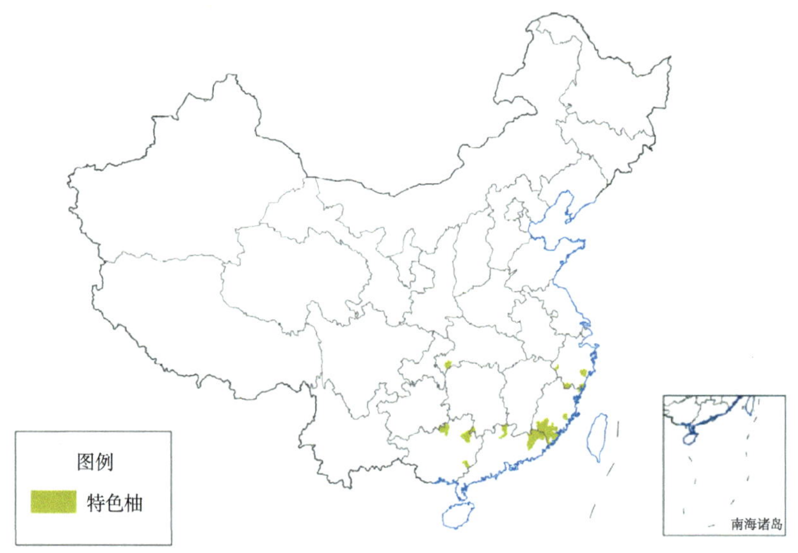

图7-5　特色柚具体区域分布示意图

（6）猕猴桃。落叶藤本；叶近圆形或宽倒卵形，花开时乳白色，后变黄色，单生或数朵生于叶腋。萼片5片，有淡棕色柔毛；花瓣5～6片，有短爪；雄蕊多数，花药黄色；花柱丝状，多数。浆果卵形呈长圆形，横径约3厘米，密被黄棕色有分枝的长柔毛。花期5—6月，果熟期8—10月。猕猴桃的大小和一个鸡蛋差不多（高约6厘米、圆周4.5～5.5厘米），一般是椭圆形的。猕猴桃果食肉肥汁多，清香鲜美，甜酸宜人，耐贮藏。适时采收下的鲜果，在常温下可放一个月都不坏；在低温条件下甚至可保鲜5～6个月。除鲜食外，还可加工成果汁、果酱、果酒、糖水罐头、果干、果脯等，因其维生素C含量在水果中名列前茅，一颗猕猴桃能提供一个人一日维生素C需求量的2倍多，被誉为“维C之王”。

猕猴桃主要分布在河北坝上、陕西关中、甘肃陇南、渝湘黔区、江西西北部、江苏沿海、川中区、豫西地区。具体区域分布如图7-6所示。

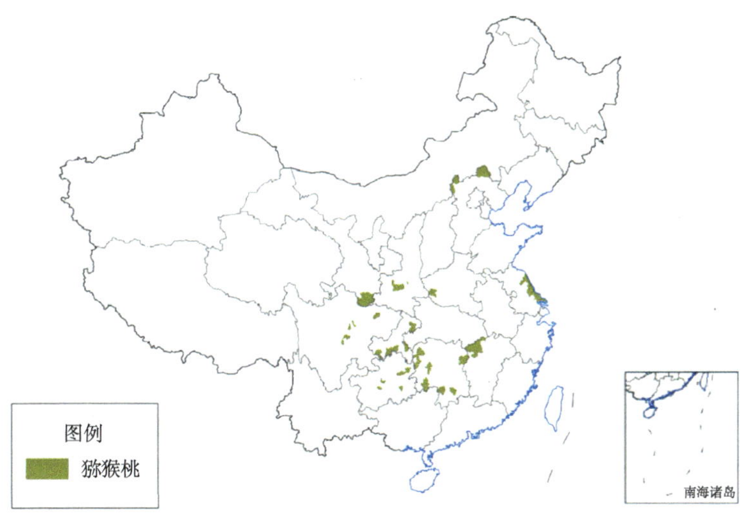

图7-6 猕猴桃具体区域分布示意图

（7）特色枣。特色枣属于鼠李科，枣属，是无刺枣树的一个晚熟鲜食优良品种。特色枣结果早，嫁接当年就能结果，10月上中旬成熟，果实近圆形，果面平整光洁，果型酷似小苹果。纵径2.7～2.9厘米，横径2.5～2.9厘米，平均单果重14克，最大果重45克。皮薄，核小，汁多，肉质细嫩酥脆，甜味浓，略酸。果实圆形或扁圆形，呈赭红色，特色枣树势中庸，发枝力中等，定植后2～3年结果，高接后第二年结果，稳产。果实生育期125～130天。从9月下旬（白熟期）至10月中旬（完熟期）可陆续采收。近几年市场供不应求，一般售价60元/千克左右，最高时高达360元/千克。特色枣树势较弱，树姿开展，树冠较小，成龄树高约5米，冠径一般不超过5米，最喜在肥沃深厚的土壤中生长。

特色枣主要分布在冀鲁豫平原、黄土高原、甘肃民勤、新疆南部、辽西北区、闽南区、海南区。具体区域分布如图7-7所示。

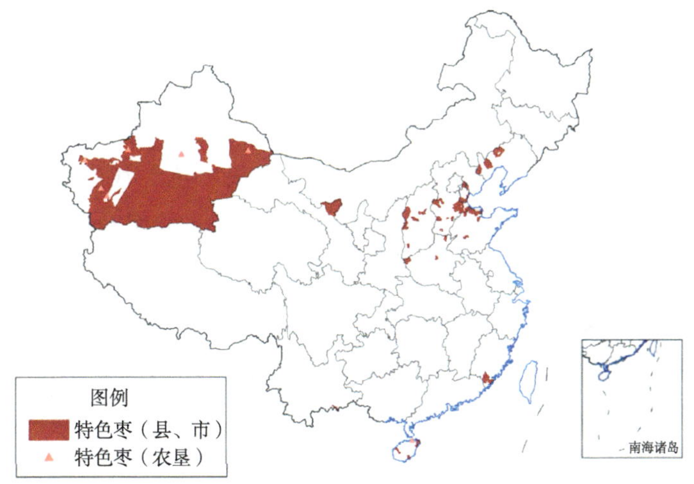

图7-7 特色枣具体区域分布示意图

（8）特色杏。落叶乔木，地生，植株无毛。叶互生，阔卵形或圆卵形，边缘有钝锯齿；近叶柄顶端有二腺体；淡红色花单生或2～3个同生，白色或微红色。圆、长圆或扁圆形核果，果皮多为白色、黄色至黄红色，向阳部常具红晕和斑点；暗黄色果肉，味甜多汁；核面平滑没有斑孔，核缘厚而有沟纹。种仁多苦味或甜味。花期3—4月，果期6—7月。少数地区逸为野生，在新疆伊犁一带野生成纯林或与新疆野苹果林混生，海拔可达3 000米。世界各地也均有栽培。杏是重要经济果树树种，是常见水果之一，营养极为丰富，内含较多的糖、蛋白质以及钙、磷等矿物质，另含维生素A、维生素C和B族维生素等。杏木质地坚硬，是做家具的好材料；杏树枝条可做燃料；杏叶可做饲料。以种子繁育为主，播种时种子需湿沙层积催芽，也可由实生苗做砧木做嫁接繁育。

特色杏主要分布在冀北山区（仁用杏）、辽西地区（仁用杏）、南疆地区（鲜食杏）。具体区域分布如图7-8所示。

图7-8　特色杏具体区域分布示意图

（9）特色核桃。落叶乔木，高达35米，树皮灰白色，浅纵裂，枝条髓部片状，幼枝先端具细柔毛；二年生枝常无毛，花期3—4月，果期8—9月。核桃喜光，耐寒，抗旱、抗病能力强，适应多种土壤生长，喜水、肥，同时对水肥要求不严，落叶后至发芽前不宜剪枝，易产生伤流。

特色核桃主要分布在云南中西部、晋冀区、青海东部、藏东南、南疆地区、鄂西、山东泰山，浙皖天目山区（山核桃）、辽东南。具体区域分布如图7-9所示。

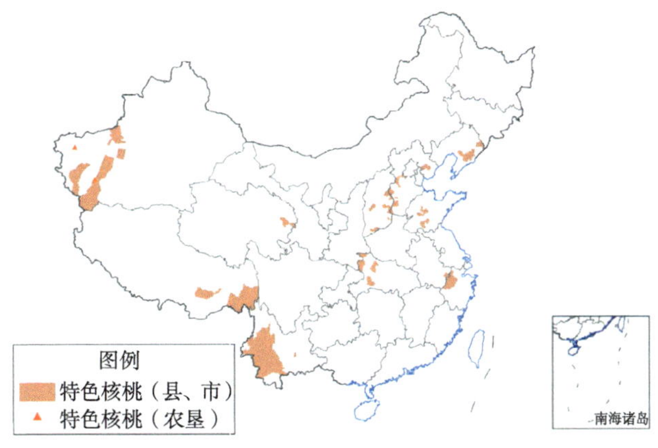

图7-9 特色核桃具体区域分布示意图

（10）板栗。又名栗、板栗、魁栗、毛栗、风栗，素有“干果之王”的美誉，在国外它还被称为“人参果”。板栗的分类地位是被子植物门（Angiospermae），双子叶植物纲（Dicotyledoneae），原始花被亚纲（Archichlamydeae），山毛榉目Fagales，壳斗科（Fagaceae），栗属（*Castanea*）。栗，在古书中最早见于《诗经》一书，可知栗的栽培史在我国至少有2 500余年的历史。据科学试验证实，栗子的营养丰富，果实中含糖和淀粉高达70.1%，蛋白质7%。此外，还含脂肪、钙、磷、铁、多种维生素和微量元素，特别是维生素C、维生素B_1和胡萝卜素的含量较一般干果都高。栗子营养丰富，除富含淀粉外，含有单糖与双糖、胡萝卜素、硫胺素、核黄素、尼克酸、抗坏血酸、蛋白质、脂肪、无机盐类等营养物质。中医认为，栗有补肾健脾、强身健体、益胃平肝等功效，被称为“肾之果”。栗子中所含的不饱和脂肪酸，有抗动脉硬化等病的功效。

板栗主要分布在京津冀区、辽东地区、鲁中低山丘陵、福建北部、鄂皖大别山区、陕南鄂西、云南中部。具体区域分布如图7-10所示。

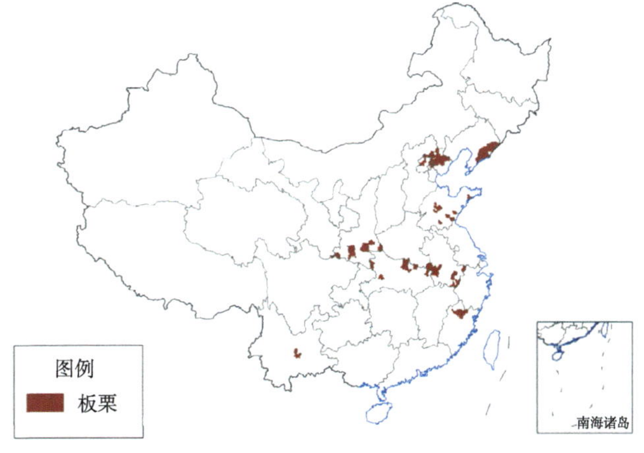

图7-10 板栗具体区域分布示意图

（11）柿子。柿子隶属柿科（Ebenaceae）柿属（*Diospyros*），多年生落叶果树，原产我国，是我国五大水果（葡萄、柑橘、香蕉、苹果、柿子）之一。成熟季节在10月左右，果实形状较多，如球形、扁桃、近似锥形、方形等，不同的品种颜色从浅橘黄色到深橘红色不等，大小2～10厘米，重量100～450克。

柿子主要分布在京冀太行山区、陕甘区、桂北区、湖北罗田。具体区域分布如图7-11所示。

图7-11　柿子具体区域分布示意图

（12）香榧。别名中国榧，俗称妃子树。为红豆杉目、红豆杉科、榧树属常绿乔木，中国原产树种，是世界上稀有的经济树种，香榧生长成熟期为三年：第一年开花，第二年结果，第三年成熟（不过一般一棵香榧树需要几百年才能开花）。花期4月中下旬，果熟翌年9月，其果实一簇一簇地长在枝条上，素有“三代果”之称，一棵树上，往往一年果、两年果同时存在。香榧的果实为坚果，营养价值极高。干果称“香榧子”，为著名的干果，橄榄形，果壳较硬，内有黑色果衣包裹淡黄色果肉，可食用，营养丰富。在东亚国家榧木是被用来制作棋盘的高级木料。

香榧主要分布在浙江会稽山脉。具体区域分布如图7-12所示。

图7-12　香榧具体区域分布示意图

（13）龙眼。又称桂圆，益智，莆田当地百姓称为三尺农味。常绿乔木，高通常10余米；小枝粗壮，被微柔毛，散生苍白色皮孔。叶连柄长15～30厘米或更长；小叶4～5对，薄革质，长圆状椭圆形至长圆状披针形，两侧常不对称；小叶柄长通常不超过5毫米。花序大型，多分枝；花梗短；萼片近革质，三角状卵形；花瓣乳白色，披针形，与萼片近等长，仅外面被微柔毛；花丝被短硬毛。果近球形，通常黄褐色或有时灰黄色，外面稍粗糙，或少有微凸的小瘤体；种子茶褐色，光亮，全部被肉质的假种皮包裹。花期春夏间，果期夏季。中国的西南部至东南部栽培很广，以广东最盛，福建次之；云南及广西南部亦见野生或半野生于疏林中。亚洲南部和东南部也常有栽培。龙眼是中国南部和东南部著名果树之一，常与荔枝相提并论。龙眼含丰富的葡萄糖、蔗糖和蛋白质等，含铁量也比较高，可提高热能、补充营养。

龙眼主要分布在粤桂南部、福建沿海、海南、滇西南干热河谷。具体区域分布如图7-13所示。

图7-13　龙眼具体区域分布示意图

（14）荔枝。无患子科，荔枝属常绿乔木，高约10米。果皮有鳞斑状凸起，鲜红，紫红。成熟时至鲜红色；种子全部被肉质假种皮包裹。花期春季，果期夏季。果肉产鲜时半透明凝脂状，味香美，但不耐储藏。荔枝与香蕉、菠萝、龙眼一同号称“南国四大果品”。荔枝味甘、酸、性温，入心、脾、肝经；可止呃逆，止腹泻，是顽固性呃逆及五更泻者的食疗佳品，同时有补脑健身，开胃益脾，有促进食欲之功效。因性热，多食易上火。荔枝木材坚实，纹理雅致，耐腐，历来为上等名材。

荔枝主要分布在粤桂南部、福建沿海、海南、滇西南干热河谷、四川泸州。具体区域分布如图7-14所示。

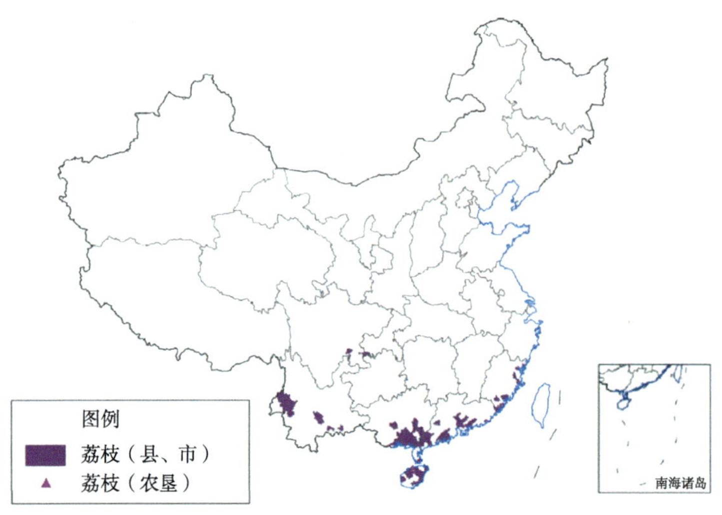

图7-14 荔枝具体区域分布示意图

（15）香蕉。芭蕉科芭蕉属植物，又指其果实。热带地区广泛栽培食用。香蕉味香、富含营养，终年可收获，在温带地区也很受重视。植株为大型草本，从根状茎发出，由叶鞘下部形成高3～6米的假秆；叶长圆形至椭圆形，有的长达3～3.5米，宽65厘米，10～20枚簇生茎顶。穗状花序下垂，由假秆顶端抽出，花多数，淡黄色；果序弯垂，结果10～20串，50～150个。植株结果后枯死，由根状茎长出的吸根继续繁殖，每一根株可活多年。

香蕉主要分布在海南—雷州半岛、粤西—桂南、桂西南—滇南—滇西南、珠三角—粤东—闽南。具体区域分布如图7-15所示。

图7-15 香蕉具体区域分布示意图

（16）橄榄。橄榄科橄榄属乔木植物。高可达35米，胸径可达150厘米。小叶3～6对，纸质至革质，侧脉12～16对，果序长1.5～15厘米，具1～6果。卵圆形至纺锤形，成熟时黄绿色，外果皮厚，核硬，两端尖，核面粗化。花期4—5月，果10—12月成熟。橄榄是很好的防风树种及行道树。木材可造船，做枕木，制家具、农具及建筑用材等。果可生食或渍制，药用治喉头炎、咳血、烦渴、肠炎腹泻。核供雕刻，兼药用，治鱼骨鲠喉有效。

橄榄主要分布在闽粤沿海。具体区域分布如图7-16所示。

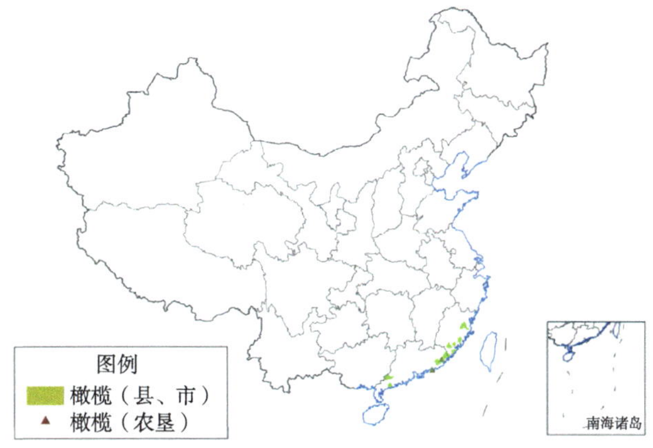

图7-16 橄榄具体区域分布示意图

（17）椰子。棕榈科椰子属植物，植株高大，乔木状，高15～30米，茎粗壮，有环状叶痕，基部增粗，常有簇生小根。叶柄粗壮，花序腋生，果卵球状或近球形，果腔含有胚乳（即“果肉”或种仁），胚和汁液（椰子水），花果期主要在秋季。

椰子主要分布在海南。具体区域分布如图7-17所示。

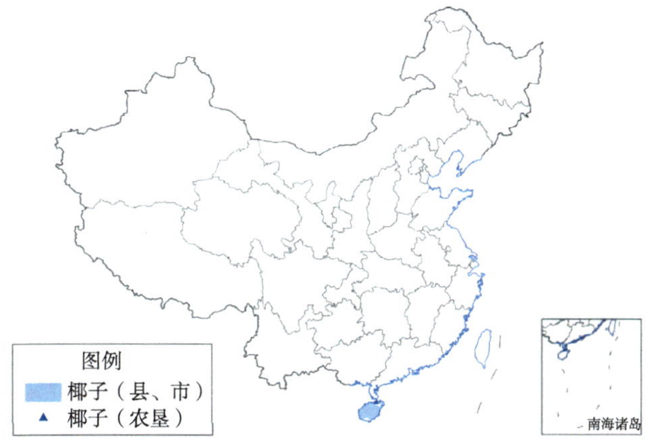

图7-17 椰子具体区域分布示意图

（18）腰果。漆树科腰果属的一种植物。又名槚如树、鸡腰果、介寿果。常绿乔木，树干直立，高达10米。腰果是一种肾形坚果，无患子目漆树科腰果属。有丰富的营养价值，可炒菜，也可做药用，为世界著名四大干果之一。它的食用部分是着生在假果顶端的肾形部分，长约25毫米，由青灰色至黄褐色（如果挑选时发现颜色白皙者，可能为漂白，切勿选购），果壳坚硬，里面包着种仁，甘甜如蜜，含有较高的热量，其热量来源主要是脂肪，其次是碳水化合物和蛋白质。它原产于美洲。

腰果主要分布在海南。具体区域分布如图7-18所示。

图7-18　腰果具体区域分布示意图

（19）菠萝。是热带水果之一，福建和我国台湾地区称为旺梨或者旺来，新马一带称为黄梨，大陆及香港称作菠萝。有70多个品种，岭南四大名果之一。菠萝原产于南美洲巴西、巴拉圭的亚马逊河流域一带，16世纪从巴西传入中国。现在已经流传到整个热带地区。其可食部分主要由肉质增大之花序轴、螺旋状排列于外周的花组成，花通常不结实，宿存的花被裂片围成一空腔，腔内藏有萎缩的雄蕊和花柱。叶的纤维甚坚韧，可供织物、制绳、结网和造纸。

菠萝主要分布在桂西南、闽粤南部、海南东部、滇南和干热河谷。具体区域分布如图7-19所示。

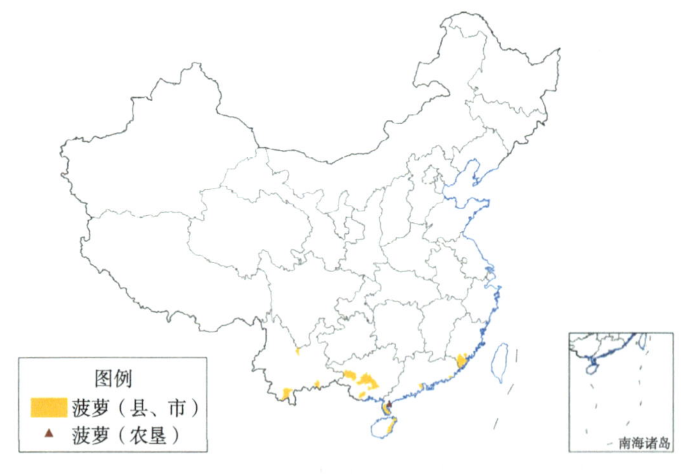

图7-19　菠萝具体区域分布示意图

（20）杧果。是一种原产印度的漆树科常绿大乔木，叶革质，互生；花小，杂性，黄色或淡黄色，成顶生的圆锥花序。核果大，压扁，长5～10厘米，宽3～4.5厘米，成熟时黄色，味甜，果核坚硬。杧果为著名热带水果之一，杧果果实含有糖、蛋白质、粗纤维，杧果所含有的维生素A的前体胡萝卜素成分特别高，是所有水果中少见的。其次维生素C含量也不低。矿物质、蛋白质、脂肪、糖类等，也是其主要营养成分。可制果汁、果酱、罐头、腌渍、酸辣泡菜及杧果奶粉、蜜饯等。

杧果主要分布在粤桂南部、海南西部、滇南、川滇干热河谷、闽南。具体区域分布如图7-20所示。

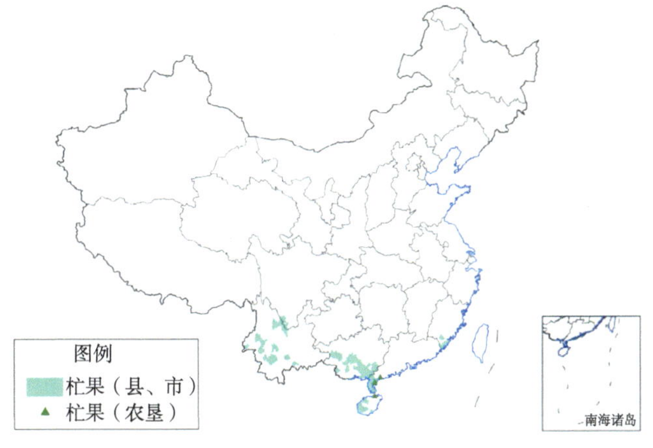

图7-20　杧果具体区域分布示意图

（21）番木瓜。又称木瓜、乳瓜、万寿果，为热带、亚热带常绿软木质大型多年生草本植物，常绿软木质小乔木，高达8～10米，具乳汁；茎不分枝或有时于损伤处分枝，具螺旋状排列的托叶痕。果实长于树上，外形像瓜，故名之木瓜。番木瓜的乳汁是制作松肉粉的主要成分。花果期全年。

番木瓜主要分布在粤桂南部、滇东南。具体区域分布如图7-21所示。

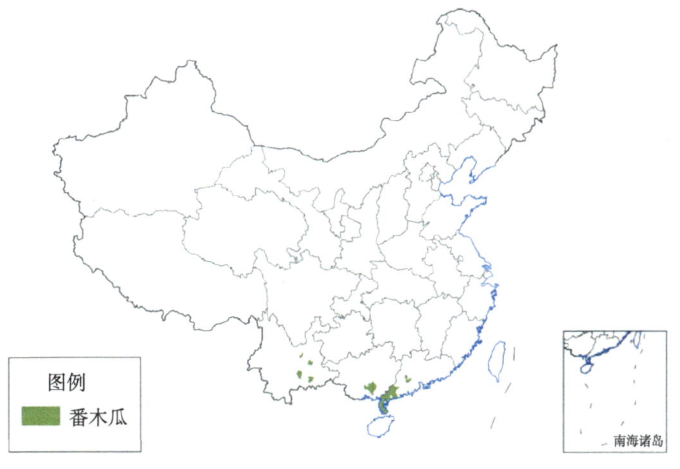

图7-21　番木瓜具体区域分布示意图

（22）槟榔。棕榈科槟榔属常绿乔木，茎直立，乔木状，高10多米，最高可达30米，有明显的环状叶痕，雌雄同株，花序多分枝，子房长圆形，果实长圆形或卵球形，种子卵形，花果期3—4月。槟榔原产马来西亚，亚洲热带地区广泛栽培。槟榔是重要的中药材，在南方一些少数民族还有将果实作为一种咀嚼嗜好品。

槟榔主要分布在海南、闽南。具体区域分布如图7-22所示。

图7-22　槟榔具体区域分布示意图

7.2.2.2　特种蔬菜优势区域分布

目前我国蔬菜生产整体上供大于求，存在结构性、季节性、地域性过剩现象，国内外市场竞争日趋激烈。然而，随着人们生活水平的提高和营养保健意识的增强，对蔬菜中的特色菜的需求逐步增加。特种蔬菜因其特有的品质、营养价值及功效，具有广阔的市场空间。但特种蔬菜发展中存在品种混乱、种植分散粗放、产后商品化处理能力差等问题，不能满足市场需求。目前重点发展的11种特种蔬菜优势区域如下。

（1）莲藕。莲藕原产于印度，很早便传入中国。莲藕属木兰亚纲，山龙野目。喜温，不耐阴，不宜缺水、大风。莲藕微甜而脆，可生食也可做菜，而且药用价值相当高，它的根根叶叶，花须果实，无不为宝，都可滋补入药。用莲藕制成粉，能消食止泻，开胃清热，滋补养性，预防内出血，是妇孺童妪、体弱多病者上好的流质食品和滋补佳珍。

莲藕主要分布在江苏北部、浙江、山东微山、江汉平原、广西中部。具体区域分布如图7-23所示。

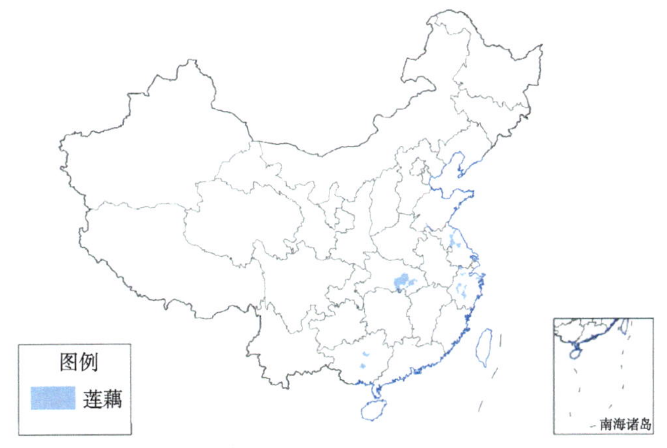

图7-23 莲藕具体区域分布示意图

（2）魔芋。又作磨芋，天南星科魔芋属多年生草本植物，中国古代又称妖芋。自古以来魔芋就有“去肠砂”之称。魔芋生长在疏林下，是有益的碱性食品，对食用动物性、酸性食品过多的人，搭配吃魔芋可以达到食品酸、碱平衡。此外，魔芋还具有水平降血糖、降血脂、降压、散毒、养颜、通脉、减肥、通便、开胃等多功能。魔芋全株有毒，以块茎为最，不可生吃，需加工后方可食用。中毒后，舌、喉灼热，痒痛，肿大。民间用醋加姜汁少许，内服或含漱，可以解救。

魔芋主要分布在秦巴武陵区、云贵川区。具体区域分布如图7-24所示。

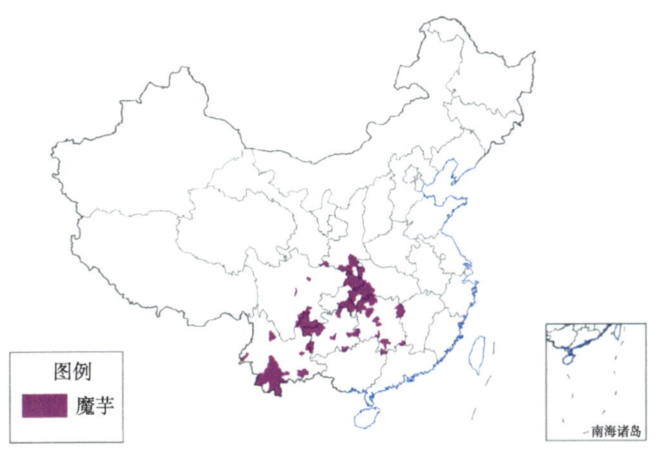

图7-24 魔芋具体区域分布示意图

（3）莼菜。又名蓴菜、马蹄菜、湖菜等，是多年生水生宿根草本。性喜温暖，适宜于清水池生长。由地下葡萄茎萌发须根和叶片，并发出4～6个分枝，形成丛生状水中茎，再生分枝。深绿色椭圆形叶子互生，长6～10厘米，每节1～2片，浮生在水面或潜在水中，嫩茎和叶背有胶状透明物质。夏季抽生花茎，开暗红色小花。嫩叶可供食用，莼菜本身没有味道，胜在口感的圆融、鲜美滑嫩，为珍贵蔬菜之一。莼菜含有丰富的胶质蛋白、碳水化合物，脂肪、多种维生素和矿物质，常食莼菜具有药食两用的保健作用。

莼菜主要分布在江苏太湖区、浙江杭州、湖北武陵山区、重庆石柱、四川雷波。具体区域分布如图7–25所示。

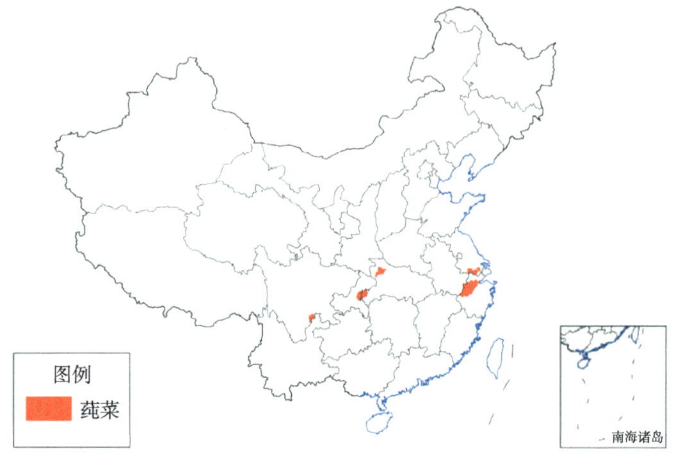

图7–25　莼菜具体区域分布示意图

（4）藠头。是石蒜科，葱属多年生鳞茎植物。该种鳞茎数枚聚生，狭卵状，鳞茎外皮白色或带红色，膜质，叶2～5枚，具3～5棱的圆柱状，中空，近与花葶等长。花葶侧生，圆柱状，高20～40厘米，下部被叶鞘；伞形花序近半球状，较松散；花淡紫色至暗紫色；花被片宽椭圆形至近圆形，顶端钝圆；子房倒卵球状，腹缝线基部具有帘的凹陷蜜穴。花果期10—11月。该种原产中国，在长江流域和以南各省（区）广泛栽培。其适应性较强，在偏冷凉气候条件下发育较为良好，冬季及夏季30℃以上时休眠。能适应弱光照，以排水良好、土质肥沃的壤土或沙质土壤为宜。繁殖方式为鳞茎繁殖。可供食用，其制成的罐头味道酸甜可口，也可供药用。

藠头主要分布在鄂湘赣区、云南区。具体区域分布如图7–26所示。

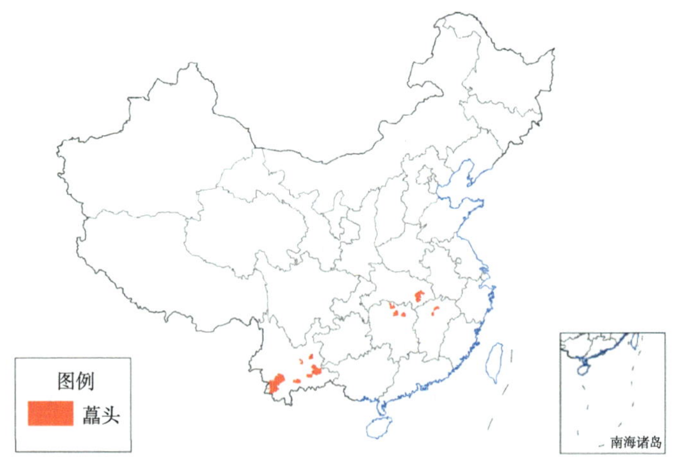

图7–26　藠头具体区域分布示意图

（5）芋头。又称芋、芋艿，天南星科植物的地下球茎，形状、肉质因品种而异，通常食用的为小芋头。多年生块茎植物，常作一年生作物栽培。叶片盾形，叶柄长而肥大，绿色或紫红色；植株基部形成短缩茎，逐渐累积养分肥大成肉质球茎，称为“芋头”或“母芋”，球形、卵形、椭圆形或块状等。母芋每节都有一个腋芽，但以中下部节位的腋芽活动力最强，发生第一次分蘖，形成小的球茎称为“子芋”，再从子芋发生“孙芋”，在适宜条件下，可形成曾孙或玄孙芋等。

芋头主要分布在浙闽区、山东、桂东北区、云南弥渡。具体区域分布如图7-27所示。

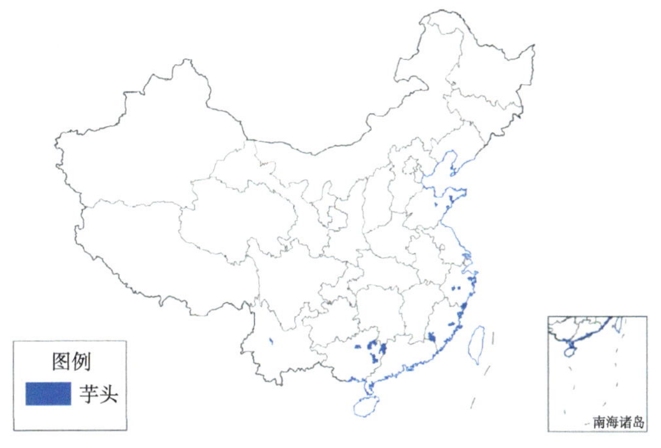

图7-27　芋头具体区域分布示意图

（6）竹笋。竹的幼芽，也称为笋。竹为多年生常绿禾本目植物，食用部分为初生、嫩肥、短壮的芽或鞭。竹原产中国，类型众多，适应性强，分布极广。在中国自古被当作“菜中珍品”。竹笋是中国传统佳肴，味香质脆，食用和栽培历史极为悠久。《诗经》中就有“加豆之实，笋菹鱼醢”“其籁伊何，惟笋及蒲”等诗句，表明了人民食用竹笋有2 500年以至3 000年的历史。中医认为竹笋味甘、微寒，无毒。在药用上具有清热化痰、益气和胃、治消渴、利水道、利膈爽胃等功效。竹笋还具有低脂肪、低糖、多纤维的特点，食用竹笋不仅能促进肠道蠕动，帮助消化，去积食，防便秘，并有预防大肠癌的功效。

竹笋主要分布在东南区、湖北区、西南区、陕南区。具体区域分布如图7-28所示。

（7）黄花菜。又名金针菜、柠檬萱草、忘忧草，属百合目，百合科多年生草本植物，根近肉质，中下部常有纺锤状膨大。花葶长短不一，花梗较短，花多朵，花被淡黄色、橘红色、黑紫色；蒴果钝三棱状椭圆形，花果期5—9月。黄花菜性味甘凉，有止血、消炎、清热、利湿、消食、明目、安神等功效，对吐血、大便带血、小便不通、失眠、乳汁不下等有疗效，可作为病后或产后的调补品。

黄花菜主要分布在湘黔区、甘陕区。具体区域分布如图7-29所示。

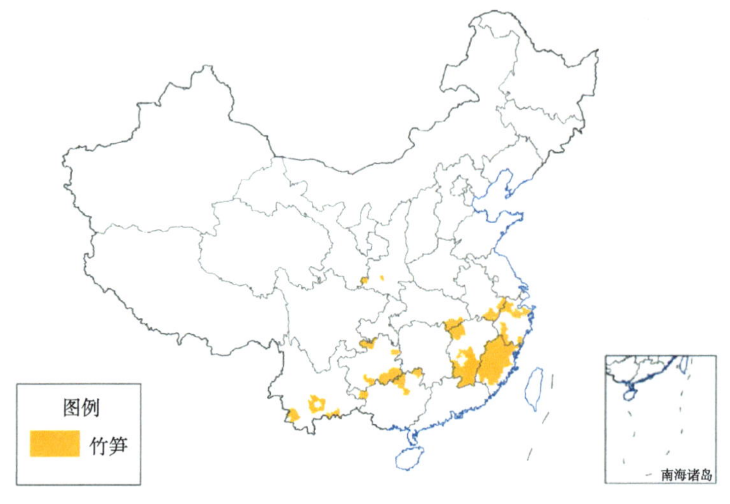

图7-28　竹笋具体区域分布示意图

图7-29　黄花菜具体区域分布示意图

（8）荸荠。又名马蹄、水栗、乌芋、菩荠等，属单子叶莎草科，为多年生宿根性草本植物。有细长的匍匐根状茎，在匍匐根状茎的顶端生块茎。秆多数，丛生，直立，圆柱状，有多数横隔膜，干后秆表面现有节，但不明显，灰绿色，光滑无毛。叶缺如，只在秆的基部有2～3个叶鞘；鞘近膜质，绿黄色，紫红色或褐色。小穗顶生，圆柱状，在小穗基部有两片鳞片中空无花，抱小穗基部一周；其余鳞片全有花；较小坚果长1.5倍，有倒刺；柱头3。小坚果宽倒卵形，双凸状，顶端不缢缩；花柱基从宽的基部急骤变狭变扁而呈三角形。花果期5—10月。荸荠皮色紫黑，肉质洁白，味甜多汁，清脆可口，既可做水果生吃，又可做蔬菜食用。球茎富淀粉，供生食、熟食或提取淀粉，味甘美；也供药用，开胃解毒，消宿食，健肠胃。

荸荠主要分布在浙江区、鄂中区、桂东北区、滇西区。具体区域分布如图7-30所示。

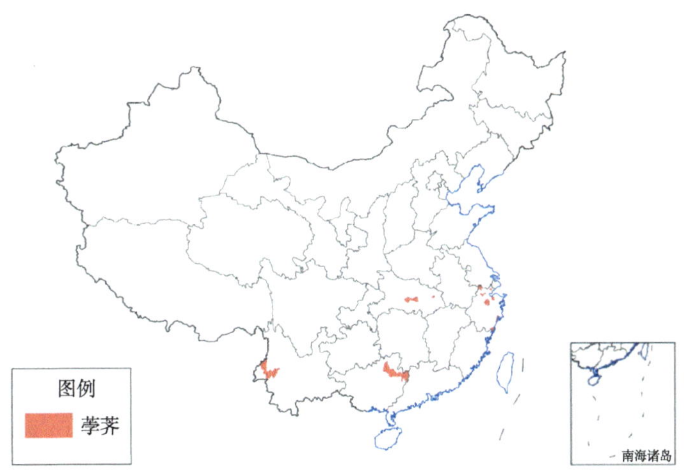

图7-30 荸荠具体区域分布示意图

（9）黑木耳。黑木耳，又名黑菜，桑耳、本菌、树鸡、木蛾、木茸，因形似耳，加之其颜色黑褐色而得名，黑木耳为木耳科植物，其性平味甘，具有滋补、润燥、养血益胃、活血止血、润肺、润肠的作用。

黑木耳主要分布在东北区、浙闽区、秦巴伏牛山区、长江中上游地区、桂北区。具体区域分布如图7-31所示。

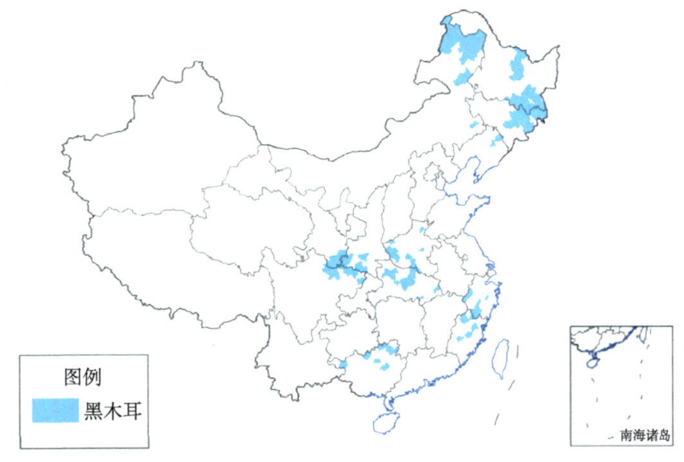

图7-31 黑木耳具体区域分布示意图

（10）银耳。又称作白木耳、雪耳、银耳子等，属于真菌类银耳科银耳属，是担子菌门真菌银耳的子实体，有“菌中之冠”的美称。银耳子实体纯白至乳白色，直径5～10厘米，柔软洁白，半透明，富有弹性。银耳味甘、淡、性平、无毒，既有补脾开胃的功效，又有益气清肠、滋阴润肺的作用。既能增强人体免疫力，又可增强肿瘤患者对放疗、化疗的耐受力。银耳富有天然植物性胶质，外加其具有滋阴的作用，是可以长期服用的良好润肤食品。

银耳主要分布在福建区、秦巴山区、黔西北区。具体区域分布如图7-32所示。

图7-32　银耳具体区域分布示意图

（11）彩椒。各种果皮颜色不同的甜（辣）椒（柿子椒）的总称，均为茄科椒类属，能结甜味或辣味浆果的一个椒类亚种的最新育成品种。彩椒主要有红、黄、绿、紫4种。由于它们选用具有不同颜色花青素的遗传基因培育而成，因而有紫茄色、金黄色或橙红色皮的果实。彩色的柿子椒也含丰富的维生素C以及椒类碱等，性味辛热，具有温中、散热、消食等作用，有利于增强人体免疫功能，提高人体的防病能力。其中的椒类碱能够促进脂肪的新陈代谢，防止体内脂肪积存，从而减肥防病。可以生吃，食用前先对半切开，去蒂及去籽，洗净即可食用。如果要加热，最好用大火快炒，以保持口感清脆和营养成分。

彩椒主要分布在东北区、黄淮海区、西南区、湖南区、西北区、海南区。具体区域分布如图7-33所示。

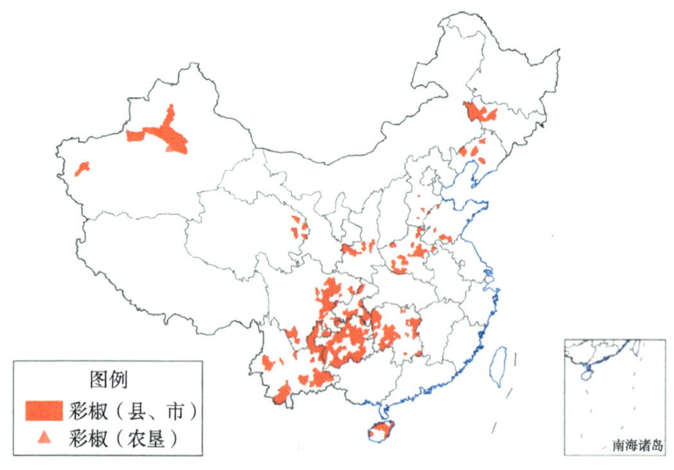

图7-33　彩椒具体区域分布示意图

7.3 特种果蔬作物发展现状

7.3.1 特色果蔬资源种类丰富

我国的特色果蔬资源十分丰富，仅天然野生蔬菜就有1 000多种，为栽培蔬菜种类的10倍。目前已开发利用的特色蔬菜100多种。资源调查统计资料表明，我国尚有90%的野菜种类和97%的蕴藏量有待开发。资料表明，目前已开发利用的野生特色蔬菜仅限于常见的蕨菜、薇菜、香椿等少量品种，90%有价值的资源未被开发利用。我国已发现并报道的可归入果树范畴的植物共记有81科，223属，1 282种，161个亚种、变种和变型。其中，尚未规模化商品栽培的野生果树植物资源有73科，173属，1 076种，81个亚种、变种和变型。目前我国野生水果资源的综合利用程度低，且加工开发滞后，相关产业薄弱，市场没有拓宽，加工率低，从而限制了生产发展，无法获得附加值，在某种程度上制约了经济的发展。另外，人们对野生资源的毁灭性采收情况十分严重，使部分地域的一些野生资源数量下降，生态环境被严重破坏。

7.3.2 产品深加工技术落后，产品附加值低，缺少适应特色果蔬加工业发展的技术支撑和储备

目前，我国特种作物农产品加工主要以初加工为主，深加工产品少。特种作物农产品加工企业因为各方面的原因，普遍生产规模小，技术装备水平和产品开发层次较低，中小企业占比高，缺乏具有竞争力的名牌企业或企业集团，企业效益低下，核心竞争力弱。同时，特色作物农产品加工领域科研投入严重不足，科技创新能力不足。我国蔬菜总产量占世界的一半以上，已发展成为我国种植业中的第二大类产品，出口量居世界第一位。但我国蔬菜加工的比例和水平与世界先进国家相比还有很大的差距，绝大部分蔬菜未经清洗、分级就投放市场，保鲜和加工薄弱，蔬菜损耗浪费比发达国家高出20个百分点以上。加工产品仍以传统的腌菜、泡菜、制干为主，近几年才逐步在沿海地区建立了一些以出口为主的速冻菜、罐藏菜、脱水菜加工企业。我国已成为世界第一大水果生产国。我国水果90%以上是鲜销，与发达国家40%～70%进行加工相比，存在相当大的差距。我国水果品质良莠不齐，多数品质不高，不适合进行加工，影响加工业的发展。但加工的设备陈旧、产品的质量和包装档次低，综合利用不高。不少企业的生产设备简陋，生产、加工仍以手工操作、劳动密集型为主，加工技术落后，有的甚至就是一些手工作坊；初级产品多，精深加工品少，市场竞争能力弱，生产加工的技术含量不高。无论是企业还是

科研单位，普遍缺乏适应特色蔬菜加工业发展的技术支撑和储备，如真空冷凝干燥、分离、超临界流体萃取、微波、微胶囊技术等；技术创新能力低，特别是缺乏拥有自主知识产权的高新技术，是我国蔬菜产业落后于发达国家的根本原因。

7.3.3 特种果蔬产业的科技投入量和科技含量较低

第一，我国特种果蔬栽培管理水平低，特种蔬菜生产基本上停留在传统的栽培技术和栽培方法上，高新技术应用不多，距果蔬技术产业化还有很大差距。特别是无公害蔬菜栽培技术、无土蔬菜栽培技术、工厂化蔬菜育苗技术、蔬菜机械化栽培技术等推广力度不够，影响蔬菜产业化纵深发展。第二，蔬菜产品质量不高，高档芽苗菜、珍稀特种菜、反季节菜、超时令菜、设施栽培菜等在市场中占有份额还太少，国内外新品种引进示范步伐还太慢。蔬菜农残超标问题依然严重，食用农残超标蔬菜的中毒事件时有发生，对蔬菜产品中农药残留含量还未实行有效的监控措施。第三，蔬菜单产增幅不高，经济效益增长速度下降。虽然我国人均年蔬菜占有量已超世界平均水平，但这主要是靠增加蔬菜播种面积，单位面积产量并没有多大提高。随着市场竞争的加剧，蔬菜价格降低，菜农经济效益增长速度下降，对蔬菜产业化发展构成了很大的冲击。近年来特用果品的质量通过果农与企业合作以及引入技术指导得到改良，但是大多数果农受教育程度较低、市场意识薄弱，盲目经营和靠天生存的意识根深蒂固。没有按照市场需求对水果生产进行规模化、专业化分工，区域布局存在不合理性，无序生产容易造成产品质量良莠不齐，有时候市场供过于求还会产生丰产不丰收的现象，影响果农收入。千家万户分散经营的果园，产业化程度相对不高，生产难以推行标准化，而传统的生产模式必定会造成水果总体效益较低。近年来，我国在农产品、特别是果蔬采后加工的研究和经费方面投入很少；在加工技术创新性方面，与发达国家的科技水平差距较大。发达国家在农产品采后和研究的经费方面投入巨资。以美国为例，美国在农业总投入中，用于产前田间生产的费用仅占30%，而70%的资金都用于产后加工环节，每年用于食品技术与新产品的研制经费达10亿美元。在较多科研经费的支持下，一些发达国家不断提出一些新理论、新概念，并在此指导下将一些新技术在农产品加工领域加以应用。

7.3.4 相关行业法规和质量控制体系不够完善

标准化是实现科学管理和现代化的基础。发达国家非常重视蔬菜的标准化工作，并已形成标准组合化、适用范围国际化、制定和实施现代化的特点。其食品生产企业在食品安全管理上普遍实行“良好生产操作规程（GMP）”，在食品安全控制上普遍实行“危害分析与关键控制点（HACCP）”质量管理和质量保证体系

(ISO 9000)。而获得ISO 9000体系认证即意味着获得国际市场通行证，其意义极大。目前，我国蔬菜产品加工企业中只有很少的出口企业开始采用GMP管理规程，在HACCP体系和ISO 9000的建立和应用方面还很薄弱。

7.3.5 产业链与国内外市场流通亟待开拓

目前，我国大多数特种经济作物种植区域的产业链均不完善，生产—供应—加工—销售存在部分或相互脱节。以四川省为例，四川省部分地区种植业生产实现了专业化分工，在优势农作物集中区建设了一批现代化产地批发市场，推行现代交易方式，为优势特色农产品销售创造优越条件。但是深加工产业、深加工产品销售及深加工品牌引导仍存在很大滞后问题。仅仅在农产品初加工产品销售方面，国内和国际两个市场仍待进一步开拓，产品外销和出口比例仍然较低。并且，四川省各地区种植业有较大差异，地区之间特色农产品时间及供需缺口差异较大，农产品流通不畅，原料供应时间不集中、空间调配不畅。高质量的深加工产品和企业欠缺，与之相配套的硬、软件设施水平低，高端品牌严重缺乏，产品附加值低。

7.3.6 区域化产业雏形基本形成

我国果蔬产业坚持以市场为导向，以增加农民收入为核心，以科技为依托，以基地建设为重点，狠抓了果蔬产业的规模化、特色化、标准化、产业化、品牌化、市场化建设，全面提升了果蔬产品的品质和产量，进一步增强了果蔬产品市场竞争力，不断满足社会需求。按照特色果蔬自然区域特点、生产习惯等条件对果蔬产品生产区域进行布局优化，优质蔬菜、水果生产基地建设更趋科学性、实用性和前瞻性。

7.4 特种果蔬作物发展趋势与对策

7.4.1 特种果蔬作物发展趋势

7.4.1.1 特种果蔬品牌效应和商品化规模不断上升

全国特种果蔬生产初具规模，经济效益显著。随着特种果蔬种植面积不断扩大，各地可食性野生蔬菜资源也非常丰富，还有野生松花菜等食用菌类，成为特菜中的佼佼者，其中诸如发菜、蕨菜等已逐渐成为特菜精品菜、品牌菜。全国各个水果盛产地通过产业化发展使水果品种不断优化，水果产量逐年增加。如陕西省、湖南常德市、山东烟台等地，随着种植技术的完善，水果产品的质量得以保证。各政府高度重视名牌带动策略，陕西省的渭北苹果、临潼石榴、户县葡萄等水果品牌知名度不断提高；常德市的临澧杂柑、湘冠牌蜜橘等水果知名度一直上升。随着人民生活水平的提高，我国特色果蔬产业将得到越来越多的关注。

7.4.1.2 特种果蔬市场化营销发展势头良好

依托优势产业，大力培育龙头企业，做大做强重点龙头企业，按照“培植一个龙头、创造一个品牌、振兴一个产业、带动一方经济”的工作思路，打破地域、行业界限，鼓励支持民营企业、民间资金、种植大户积极参与兴办农副产品加工企业。近年来，菠萝蜜、番石榴、毛叶枣、火龙果、红毛丹、莲雾、发菜、蕨菜等特色果蔬种植面积持续扩大，产量稳定增加，商品化率持续提升，部分产品供不应求，已形成一批特色水果产业化生产基地，奠定了加快发展的良好基础。各地政府积极运用当地优势拓宽特用果蔬销路，近年来各地果蔬销量稳步上升。烟台在销售方面已经形成以蓬莱、龙口、莱阳等为主的苹果产业区和产业带。此外还拥有我国唯一的苹果电子交易市场，烟台市政府与国外收购商保持长期联系，出口销路一直处于稳定状态。常德市石门县在1997年经核准允许橙橘自营出口，湘冠牌蜜橘在我国北方市场畅销。陕西省通过形成产业链，销售进度和收益也在上升。合作共建特用蔬菜基地，将合肥市场优势和合肥都市圈成员的资源优势结合起来，既提高了合肥蔬菜市场供应量，又促进了合作市（县）的农业结构调整，增加了菜农的收入。

果蔬产地建立起果农协会，果蔬协会成为指导生产和销售的主体；有些产地引入水果商品化处理生产线，有助于增强水果的商品性能，进而提升产品在市场中的竞争力；组建了批发市场和电子交易市场，扩大了水果成交量和成交额；组建了相关水果的加工企业，完善水果的采后处理，为水果提供增值服务，增加果农收益。特用果蔬在满足供应的基础上，加大了外向型反季节蔬菜生产。特用果蔬产业在农业中的整体地位得到加强，在实现农村稳定、农业增效、农民增收中起到了显著的作用。

7.4.1.3 特种果蔬栽培技术日趋先进

特种蔬菜栽培技术日趋先进，管理经验日渐成熟，但还要不断提升特种果蔬生产的整体水平，尤其是出口创汇、优质高产栽培技术、病虫害综合防治技术、节水滴灌技术、抗旱增产技术、无毒种苗快速繁殖、测土配方施肥技术等蔬菜作物栽培技术规程已通过宣传培训，发放到千家万户，做到了家喻户晓，在生产上得到了较好的推广应用。

7.4.2 特种果蔬发展存在的问题

7.4.2.1 品牌营销落后，市场战略缺失

我国特种作物农产品由于生产规模小、专业市场发育不完善、流通效率低而流通成本高和信息化服务水平不够完善等原因，导致农产品营销仍以政府推广为主，传统的生产者、批发商、零售商和消费者组成的传统营销模式为辅。随着市场经济的发展，特色作物农产品的买方市场逐渐形成，市场关注度大幅提高，需求也呈暴发式增长的态势，其产品品牌营销成为企业不可忽视的课题。目前在网络市场上，特色作物农产品的品牌尚处在初步发展阶段。就我国特种作物品牌战略管理而言，尚有相当长的路要走，多数品牌处于品牌战略缺失状态，一些品牌即使完成了战略规划，也往往是流于形式，一些区域甚至连品牌发展的基本战略问题都悬而未决。

7.4.2.2 缺乏市场产品统筹，产销矛盾凸显

目前社会形势下，随着农产品资源以及农产品生产能力的快速提升，农产品产销矛盾越发突出，制约着农业产业抵御市场风险能力的提高和农民增产增收。一边是农民守着大量农产品低价难销，一边是城市民众抱怨吃不上廉价果蔬。2014年，农产品“滞销、卖难、买贵”的怪圈曾多次上演。例如，安徽黄山市歙县三潭枇杷大丰收，但数百万斤（1斤=0.5千克。全书同）枇杷囤积，由于枇杷节令性非常强，不少枇杷已经瓜熟蒂落，归于泥土。果农们心急如焚，亟待寻求销路。在媒体的助推下，网络上一场帮助果农的爱心接力展开，而关于农产品为何频遭滞销的讨论也开始出现。多地频现农产品滞销难卖的现象，面对积压难销的果蔬，“丰产”的农民却满脸愁容，没有丝毫“丰收”的喜悦。在海南海口冬瓜滞销问题就被舆论广泛关注，由于平均气温较其他市（县）略低，加上授粉时遇上阴雨天气，在其他市（县）冬瓜销售已趋于尾声时，当地石山镇冬瓜销售才刚开始，3 000多万斤冬瓜出现滞销。在山东，当各地樱桃集中上市之际，著名“樱桃之乡”山东安丘的红樱桃却遭遇严重滞销问题，有媒体用“400亩樱桃将成烂果”描述当地樱桃难卖的困境。在河南虞城县，“菜农20多万斤菜花贱卖愁销”的报道也把这个小县城今年遇到的菜花销售难题呈现出来。一边是农民们守着水果蔬菜面临低价滞销的尴尬，而另一边，城市居民却抱怨着自己身边的菜市场果蔬价格太贵，这种农产品滞销怪圈在近几年可谓年年出现，却年年难解。

7.4.2.3 特种果蔬作物标准化生产程度低

实施全过程的标准化生产是保证特种作物农产品产量和质量的重要手段。我国特种作物标准化工作滞后，而且制定的各种标准没有在生产过程中彻底执行，加上

东、中、西部经济发展不平衡，在一些落后地区，根本不知道在生产过程中有何标准。在产前、产中和产后整个过程均缺乏对标准化问题的认识，在生产、加工和流通各环节的标准也不能很好的衔接。另外，我国现有的出口检疫标准并没有建立起完整的体系，各种检验检测标准没有跟上农产品加工技术的发展，影响了我国特色作物进入国际市场。

部分农户不熟悉特种经济作物的采收时间和加工方法，在采收上，有时季节把握不准，错失最佳采收时间；或采收混乱，不精心；或混等混级、掺假使杂等。在加工方面，没有根据植物自身特性，选择合适的加工方法，该用硫黄熏蒸的没有硫熏，该蒸煮的没有蒸煮，该发汗的没有发汗，该干燥的没有干燥等。由于没有适时、合理地采收，直接导致植物生物学产量和品质下降、有效成分含量降低，降低了产品的美观和质量。并且，由于特种经济作物品种种类繁多，种植模式欠缺，一种作物可能会受到很多种病虫为害，特别是一些大引大调带进的新的病害缺少有效的药剂防治，部分农民盲目用药，造成了农药残留量严重超标，直接影响了产品质量和产地声誉。

7.4.3 特种果蔬作物产业发展措施

党中央、国务院历来高度重视“三农”工作，在深入分析当前我国农业形势的基础上，印发了《关于深入推进农业供给侧结构性改革加快培育农业农村发展新动能的若干意见》，成为指导今后一个时期的“三农”工作的纲领性文件。《意见》专门对统筹调整粮经饲种植结构、做大做强优势特色产业进行了部署，提出了实施优势特色农业提质增效行动计划，开展特色农产品标准化生产示范，打造区域特色品牌，把地方土特产和小品种做成带动农民增收的大产业等一系列具体举措。可以看出，加快特种作物产业发展已经上升到国家战略高度，已经成为破解农产品供求结构失衡、农民收入持续增长乏力等难题的重要抓手。因此，有必要站在国家农业发展的高度，立足农业从温饱消费向多元化消费发展的现状，围绕人民群众对特种作物日益增大的需求，对特种作物产业发展进行顶层设计、系统谋划，进一步摸清特种作物发展现状，合理规划特种作物发展布局，全面提升特种作物产业发展科技贡献率，加快培育农业农村发展新动能，不断开创农业现代化建设新局面。特种作物产业发展离不开国家的政策支持和科技创新的驱动，特种作物产业支持政策制定应当从产业发展布局、产业扶持力度、科技服务体系建设、标准化生产与品牌建设、合作经济组织发展和“互联网+农业”发展模式等方面进行考虑。

7.4.3.1 充分利用农业自然资源，优化布局

我国水热资源丰富，适宜种植多种特色水果。从总体上看，水热区资源开发利

用还未充分，特色水果种植面积规模发展潜力大。地方政府应该站在区域发展战略的高度，结合本地的区位条件、产业化发展的优劣势分析，强化特种作物产业化发展布局的宏观调控工作，以“农业增效、农民增收”为目标，以“完善布局、突破制约、升级产业”为主线，加快培育特种作物农产品知名品牌和优势产区，从市场需求出发，积极探索农民增收的新路子，大力发展特色果蔬种植，创建特色果蔬产业示范基地，形成完整农业产业链，逐步形成合理的区域分工和专业化生产格局，提高农民收入，满足人们对特色果蔬多样化的需求。

同时坚持资源依托原则，紧扣区域独特资源与生态条件，突出区域特色和地方特色，将特种作物生产集中布局在最适宜区内。坚持市场导向原则，既要瞄准现实需要，也要着眼潜在需求，既要占领国内市场，又要开发国外市场。在品种选择上突出品质特色、功能特色、季节特色，满足市场需求的多样化、优质化、动态化要求。坚持产业开发原则，着眼于特种果蔬产业整体开发和整体竞争力的提高，通过延伸产业链和产业化经营，坚持规模适度原则，充分考虑资源与市场的特殊性，组织适度规模生产，以提高生产效率，保持产品自然特性和经济价值。坚持科技支撑原则，加强种质资源驯化，改造传统生产经营方式，稳定和增强特种作物产品的品质优势，培育核心竞争力。坚持生态文明原则，防止过度开发，兼顾生态环境保护，建设生态文明特色产业村，促进特色农业可持续发展。

7.4.3.2 合理有序地开发利用野生果蔬资源

我国的特色果蔬资源十分丰富，资源调查统计资料表明，我国尚有90%的野菜种类和97%的蕴藏量有待开发，我国已发现并报道的可归入果树范畴的植物共计1 282种，其中尚未规模化商品栽培的野生果树植物资源有1 076种。目前我国野生水果资源的综合利用程度低，且加工开发滞后，相关产业薄弱，市场没有拓宽，加工率低，从而限制了生产发展，无法获得附加值，在某种程度上制约了经济的发展、合理地规划、有序地开发、适度地采集和保护野生资源，加快野生资源的人工驯化种植速度，加强特色蔬菜高产栽培技术研究，提高特色蔬菜产量，丰富特色蔬菜资源，是发展特色蔬菜的基础。

7.4.3.3 特色果蔬产业质量安全管理标准化体系

把产品的质量放在首位，严格地执行全程质量保证体系，用宁缺毋滥的经营理念，科学地管理生产、加工过程，确保产品质量。严格执行GMP管理规程；建立和健全HACCP和ISO 9000质量管理和质量保证体系。此外，广泛开展养分综合管理、应用与示范，引导农户科学种植，以市场为导向，使特色水果生产规模稳步发展；同时建立适用于各种特色水果的栽培技术行业标准等，指导生产，实现栽培的标准化、规范化等，这不仅有利于完善健全我国特色水果产业质量标准体系，更好地指导农民生产，还有利于提升特色水果生产能力及市场竞争力。

农业标准化是现代农业的一个显著标志，也是经济全球化的一个必然趋势，更是确保农产品的质量和消费安全，提高农产品的信誉度和市场竞争力的有力保障。各级地方政府要实行特种作物产品标准化生产和管理，推行市场准入制度和产品质量追溯制度，加强对生产过程、生产投入品和产品质量的监测，全面提高特种作物产品的质量安全水平。按照产业化发展的要求，尽快制定和完善特种作物产品的质量安全标准，加快培育有竞争力的龙头企业和企业集团，建设一批标准化生产示范基地，加强标准化生产和管理技术培训，推动标准入户。建设完善特种作物病虫害防治体系，提高病虫害生物防治水平，降低化学农药的使用量。在特种作物产区建设和完善一批农产品、农业投入品、农业环境质量、农药残留等综合性监督检测机构，提高检测水平和服务能力。

7.4.3.4　推进特种果蔬产品品牌建设

加强特种果蔬产品品牌建设，引导优势产区按照“集中力量、整合资源、强化培育、扶优扶强”的思路，统筹制定本区域品牌发展规划，分年度、按计划、有步骤地培育发展品牌，加快形成“培育一批、提升一批、储备一批”的品牌发展良好局面。研究构建“企业主体、政府引导、专家指导、部门联动、社会参与”的产品品牌建设机制，充分发挥企业的主体作用、政府的推动作用、专家的指导作用和媒体的传播作用，不断提升品牌培育企业或基地发展水平。突出特种果蔬的健康、绿色定位，发展符合健康消费观念的绿色产业。注重特种果蔬产品保护。加大财政扶持力度，解决品牌建设中的资金、信息问题。

7.4.3.5　发展以特色果蔬为主题的休闲农业旅游

休闲农业旅游能够拉长水果产业链条，将特色果蔬采摘与生态旅游等环节联系起来，为特色果蔬产业发展提供多种延伸服务。打造特色果蔬视觉、味觉。吸引游客前来观赏特色果蔬，配置专门的讲解员为客人介绍特色果蔬的引种历史、功能以及有趣的故事，采摘区和品尝区，推出加工果汁饮品、水果菜肴或销售果干、果酱等深加工食品，带动特色水果产业发展。

7.4.3.6　突出科技在特种作物产业发展中的支撑引领作用

习近平总书记强调，“农业的出路在现代化，农业现代化关键在科技进步和创新；要给农业插上科技的翅膀”。推进特种作物产业发展，必须依靠科技创新，紧紧围绕落实新的发展理念、加快推进农业现代化、大力推进农业供给侧结构性改革来谋划和展开，以提高特种作物产业质量效益和竞争力为核心目标，全面提升自主创新能力和转化应用水平。增加科研投入，加强科技力量，尽快解决生产加工过程中果蔬存在的如营养成分和药用物质的保护、色泽保真、保质期延长等技术问题，不断完善、提高加工技术水平。

参考文献

蔡佳燕，张永才 . 2011. 木耳的化学成分及药理作用的研究进展[J]. 中国医药指南，9（26）：201-202.

曹亚森，梁飞华，莫才颂 . 2005. 我国龙眼产业化进程中的问题与对策[J]. 农产品加工（8）：54-57.

曾其国，彭培好，陈文德，等 . 2010. 四川干旱河谷地区经济作物可持续发展战略[J]. 生态经济（中文版）（12）：56-59.

陈爱华，焦必宁 . 2007. 国内外果品农残监测的分析[J]. 世界标准化与质量管理（5）：16-17.

陈冬玲 . 2002. 蔬菜加工现状与展望[J]. 广州食品工业科技（增刊）：9-12.

陈辉 . 2005. 食品营养学[M]. 北京：化学工业出版社 .

陈建华 . 2004. 板栗生物多样性和生理学特性研究[D]. 长沙：中南林学院 .

崔彬 . 2004. 国外水果协会在水果产业中的作用与启示[J]. 世界农业（4）：22-26.

道林，周海鹏，符碧，等 . 2003. 海南槟榔常见品种果实性状及三大营养成分比较研究[J]. 海南师范大学学报：自然科学版（4）：47-53.

丁国文 . 2002. 2001 年我国蔬菜生产与市场供求形势分析[J]. 中国农业文摘—园艺（1）：6-7.

董顺文，王德武，补学梅，等 . 2003. 四川优势经济作物在农业产业结构调整中的突显作用[C]. 四川省中青年专家学术大会 .

贺光华 . 2011. 晋北杏树栽培防冻技术措施[M]. 山西水土保持科技（1）：47-48.

柯佑鹏，过建春，方佳，等 . 2008. 中国香蕉生产及贸易的发展趋势分析[J]. 中国热带农业（1）：14-16.

梁称福，陈正法 . 2002. 我国野生蔬菜研究与开发中的问题与对策[J]. 中国农业文摘—园艺（1）：4.

刘汉成 . 2005. 中国水果供给结构性变化的实证研究[J]. 农业现代化研究（7）：24-25.

刘金枝 . 2017. 我国水果产业化存在的问题与对策研究[J]. 时代农机，3（44）：127-128.

刘美玉，习向银 . 2011. 莼菜资源利用研究综述及展望[J]. 长江蔬菜（10）：7-10.

刘月梅，白卫东，鲁周民，等 . 2007. 我国柿子加工研究进展[J]. 西北林学院学报（2）：152-155.

龙春林，宋洪川 . 2012. 中国柴油植物[M]. 北京：科学出版社 .

龙德清，刘传银，朱圣平 . 2003. 魔芋的开发利用与研究进展[J]. 食品科技（11）：18-20.

聂继云 . 2007. 国际新鲜水果标准体系的结构与特点[J]. 果农之友（1）：15-17.

潘秀娟，屠康，韩永斌，等 . 2007. 果品贮藏加工的标准化与农业产业结构调整[J]. 中国果菜（1）：13-14.

齐移民，魏雪平，廖青清，等 . 2012. 浅谈香榧引种气候分析与种植技术[J]. 农民致富之友（20）：68-69.

秦立. 2005. 杂粮野菜[M]. 北京：中国林业出版社.
石玮琦，孙伟生，刁金根，等. 2011. 我国菠萝产业现状与发展对策[J]. 广东农业科学（3）：181-186.
孙兰凤. 2009. 可持续视角下的新疆特色林果业发展研究[D]. 乌鲁木齐：新疆大学.
陶吉寒. 2004. 山东省果品产业发展现状与可持续发展对策研究[D]. 泰安：山东农业大学.
王春玲. 2005. 中国果林产品国际竞争力研究[D]. 北京：北京林业大学.
吴刚，陈海平，谭乐和. 2014. 中国特色热带果树产业现状及发展对策[J]. 热带农业科学，12（34）：105-110.
项昭保，陈海生，何从林. 2007. 橄榄的化学成分与药理作用研究进展[J]. 时珍国医国药（11）：2 299-2 300.
熊刚初. 2003. 中国水果供需总量平衡分析及预测[D]. 武汉：华中农业大学.
杨虎清，席玙芳. 2002. 核桃的营养价值及其加工技术[J]. 粮油加工与食品机械（2）：47-49.
郁建强，郜晨，张扬，等. 2014. 番木瓜日光温室栽培管理的关键技术[J]. 现代园艺（3）：19-23.
张存利，李琰. 2000. 我国野菜资源开发利用现状与发展途径[J]. 中国林副特产（2）：39-40.
张福平，张秋燕，陈蔚辉. 2003. 野生水果资源的利用与保护[J]. 中国食品与营养（5）：9-10.
张会新. 2011. 陕西水果产业化发展问题研究[J]. 安徽农业科学（9）：5 591-5 593.
张巍. 2015. 我国杧果产业科技推广模式的绩效评价[D]. 海口：海南大学.
张毅. 2003. 我国水果产业由大变强的“八大结构调整”[J]. 西北园艺（12）：5-6.
张哲. 2017. 探讨我国生鲜农产品电商发展瓶颈及出路——以广西荔枝为例[D]. 武汉：华中师范大学.
中国果品流通协会. 2011. 我国果品产业发展状况[J]. 果农之友（12）：33-34.
中国科学院中国植物志编辑委员会. 2004. 中国植物志[M]. 北京：科学出版社.
周明，熊光权，叶丽秀，等. 2005. 制约特色蔬菜产业化发展的因素及对策[J]. 特种经济动植物（4）：36-37.
周明，熊光权，叶丽秀. 2004. 我国特色蔬菜发展的现状及对策[J]. 安徽农业科学，32（6）：1 301-1 302.
周仁贵. 1986. 四川种植业结构调整的现状与问题[J]. 财经科学（2）：42-45.
朱慧斌，方子卫，刘道调，等. 2013. 藠头种植技术[J]. 现代农业科技（24）：108.
朱佳满. 2002. 树立果业产业观念　增强市场经济意识[J]. 中国南方果树（4）：22-26.

（董建新　宋文静　撰写）

8 芳香作物

8.1 芳香作物概述

芳香作物目前国内外尚无统一的定义，从字面上理解，人们往往将芳香作物理解为一类能够散发出芳香性气味的，其香气成分能够通过物理或化学的方法提取出来，并能在香料香精、医药保健、食品加工、园艺、化妆品产业等领域得到利用的芳香植物或者人工栽培作物的总称。

芳香作物体内含有芳香成分、药用成分、营养成分、色素成分四大类主要化学成分，其中芳香成分是其较其他作物特有的一类成分，是香料工业的原料，也是芳香作物特有用途的基础。芳香作物分布在不同的植物科中，我国现有的芳香作物分属于大约100个科，其中菊科、樟科、唇形科、木兰科、芸香科、伞形科、蔷薇科、松科、姜科、百合科等为较为集中的科。

芳香作物利用途径较为广泛，其中最主要的途径为香料用芳香作物、药用芳香作物、菜用芳香作物、果用芳香作物、观赏绿化用芳香作物等。

香料用芳香作物：主要作为香辛料直接使用，或者用于提取精油等制品的芳香植物，主要种类如花椒、八角茴香、樟树、山苍子、肉桂、薰衣草、香荚兰、薄荷等。

药用芳香作物：作为中药材利用的芳香作物，如广藿香、紫苏、瑞香、五味子等。

菜用芳香作物：作为蔬菜直接食用的芳香作物，如茴香、罗勒、芫荽、菊花脑、茼蒿、芹菜等。

果用芳香作物：作为水果直接利用，或者加工成各种制品或饮料后食用的芳香作物，如杨梅、甜瓜、猕猴桃等。

观赏绿化用芳香作物：作为观赏树木或者花卉利用的芳香作物，如玫瑰、桂花、万寿菊、梅花等。

综上，从内在化学成分来说，芳香作物均含有较多的芳香性物质（精油或者树脂状分泌物）；从植物种类来说，芳香作物覆盖植物种类范围较为广泛，包括已经人工栽培的香料植物、药用植物、园艺植物和一些尚没有被开发利用的野生植物；

从用途来说，芳香作物用途十分广泛，可作为蔬菜、水果、中草药、调味料、观赏植物等，也可以被进一步加工在食品工业、日化工业、化妆品、医药等行业广泛应用。

8.2 芳香作物种类及分布

据不完全统计，世界上有3 600多种芳香植物，被有效开发利用的有400多种。我国是芳香植物资源丰富、种类最多的国家之一，目前已发现的共有70余科200属800多种，其中含精油较高的芳香植物约370种。

我国的芳香作物具有以下特点：一是分布范围广，几乎遍及全国各地；二是精油分布的科属相对集中，主要集中在菊科、芸香科、樟科、唇形科等植物中；三是香型较齐全，世界上所有香型的芳香植物在我国均有分布，如薰衣草、紫罗兰、薄荷、留兰香、桂花、玫瑰、龙脑香等，并且有些香型的精油是我国的优势产品，如樟脑、黄樟油、白樟油、细毛樟油及灵香薰、神农香菊油等，这些芳香作物的开发利用有较好的发展前景；四是生产价值高的香薰植物分布相对集中，有利于建立具有一定规模效益的商品生产基地。我国芳香作物品种及主要种植区域如表8-1所示。

表8-1 我国芳香作物品种及主要种植区域

作物名称	主要种植区域
薰衣草	新疆、陕西、河南、河北、浙江
艾草	河南、湖北、湖南、陕西、山西、山东
薄荷	江苏、安徽、浙江、湖南、河南、江西
留兰香	河南、河北、江苏、浙江、广东、广西、四川，贵州、云南
桂花	四川、陕南、云南、广西、广东、湖南、湖北、江西、安徽、河南
龙脑香	云南、广西、江西、广东、西藏、新疆
樟树	福建、江西、浙江、广东、广西、湖南、湖北、四川
香茅	广西、广东、福建、江苏、浙江、云南、贵州、四川
肉桂	广西、广东、云南、四川、台湾、福建、湖南、江西、浙江
丁香	广东、广西、福建、云南、贵州、四川、台湾
茴香	北京、山东、内蒙古、山西、甘肃、四川
花椒	陕西、河南、河北、山东、四川
胡椒	广东、广西、云南、台湾

（续表）

作物名称	主要种植区域
芫荽	全国各地
香荚兰	福建、云南、海南
葱	全国各地
姜	四川、浙江、福建、湖南、湖北、山东、江苏、广西
蒜	全国各地
八角茴香	广西、广东、云南、浙江、福建
山苍子	湖南、江西、云南、贵州、广西、浙江、福建、湖北、广东、台湾
广藿香	广东、海南
紫苏	华北、华中、华南、西南、台湾
瑞香	云南、湖北
五味子	黑龙江、吉林、辽宁、内蒙古、河北、山西、宁夏、甘肃、山东
罗勒	新疆、河北、浙江、安徽、湖南、广西,福建,台湾、云南、四川
菊花脑	江苏、湖南、贵州
茼蒿	安徽、福建、广东、广西、海南、河北、湖北、湖南、吉林、山东
芹菜	河北、山东、河南、内蒙古
玫瑰	全国各地
万寿菊	广东、云南、河南
梅花	长江流域以南各省最多,江苏北部和河南南部也有少数品种

事实上，许多芳香作物是可以一物多用的，如薄荷的幼苗可以作为蔬菜食用，也作为调味香料，也可以用于提取精油和中药使用；薰衣草可以用于提取精油，也是重要的观赏植物；本书中药用、菜用、果用、观赏绿化用芳香作物等因与其他作物种类有所交叉，本节中不做重复赘述，只针对以香薰和香辛料为用途的芳香作物做重点介绍。

8.3 芳香作物发展现状

8.3.1 艾草

艾草是常见的一种菊科草本植物，又有冰台、遏草、香艾、蕲艾、艾萧等。其作为一种效用特殊的民俗本草，生长适应性强，艾草的适应性较强，但以潮湿肥沃的沙质壤土生长较好，较耐寒，主要以采收鲜嫩株头及嫩叶为目的。生产中主要以根茎分株进行无性繁殖，也可用种子繁殖。一般种子繁殖在3月播种，根茎繁殖在11月进行。种子瘦果长圆形，无毛，种子长四棱形，表面浅黄绿色，种皮薄，质软。

作为广泛种植的芳香作物，我国艾草主产于河南南阳、湖北蕲春，湖南、陕西、山西、山东等地也有少量种植。

民间常有俗语“家有三年艾，郎中不用来”，可见艾草的药用价值早已深入人心。艾草在工业上的应用已有着较长的历史，先者们早已将艾草用作加工生产染料，印泥等工业产原料。此外，随着人们对艾草开发利用，化学成分的深化研究，在农业、医疗保健行业也得到广泛的开发利用。

艾草供作食用，最为普遍而常见的是早春采摘嫩叶芽制作“清明果”；现今已有多数人将嫩叶芽剁碎用于炒蛋，用艾草煮蛋，用艾梗制作鸡汤煲，艾叶甜汤、艾叶阿胶粥、艾叶蒜汤、艾叶红糖水、艾叶饼等食普佳肴。经常食用具有健胃、促进胃分泌、增进食欲；暖宫安胎、防癌、增强免疫力，预防感冒，降血压、降血脂、滋阴补虚、益肺、润肤美容等功效，不失为一种典型的保健型蔬菜之一。

艾草作为一种特殊的中草药，近年来在养生保健及医疗领域广泛应用，其中以艾草为原料制备艾条进行艾灸，是临床最为常用的护理技术之一。艾灸是使用艾绒或其他药物放置体表的腧穴或疼痛处烧灼、温熨。借灸火的温和热力及药物作用，通过经络的传导，以温通经脉、调和气血、行气通络、扶阳固脱、升阳举陷、协调阴阳、扶正祛邪，达到治疗疾病、防病保健之功效。

艾草在农业生产上也有多种用途，已有专家学者将艾草粗提物用于防治甜菜夜蛾等农作物害虫的证例；艾草在畜禽养殖上的应用，在我国已有几千年的历史，现代医学的药理研究表明，艾草是一种广谱性抗菌抗病毒药用植物，在畜禽养殖过程中添加喂饲艾草，可以较为有效地防治多种疾病的发生，增强畜禽体质，促进畜禽生长发育，提高饲料转化率，并降低畜禽粪便中的臭味，增进肉质风味，降低养殖成本，提高养殖效益。艾草在水产养殖方面也得到了开发应用，在水产养殖中添加喂饲艾草具有诱食、增色、促进生长、改善品质、防治多种疾病发生等效用。

我国艾草产业相对集中，主要分布于河南南阳、安阳及湖北蕲春。南阳加工艾草产品的注册企业已有280多家，家庭作坊户1 100余家，从事艾制品销售的电商商户2 000余家，从业人员3万多人，艾草产品年产量达6 200吨，占全国50%以上，年销售额超30亿元。蕲春加工艾草产品800多家相关企业，开发品种700多个，达到20亿元产值，蕲艾以品牌价值43.84亿元排名中药材类地理标志产品第三位，品牌价值比上年增加8.66亿元。

市场上知名的艾制品有四大突破：一是药用产品更便捷。开发出抑菌、抗病毒的膏剂、丸剂、散剂产品，比传统熬汤等原始用药办法更方便。二是灸用产品多样化。突破传统灸治手工悬疗的单一用法，开发出多种自贴灸治产品，如自贴艾粒、自贴安慰灸、自贴美容美体灸、卵巢保养灸、肾功能灸、近视灸等，研制出无烟炭化灸、自热式灸品等。同时，把传统悬疗改进为智能化控制，使灸疗更高效。这些灸用品的创新，使艾灸疗法进入千家万户。一个灸具，装上艾条，一点就燃，立即见效，时间短、花钱少、见效快，操作容易，使用简单，为艾产品开辟了市场空间。三是食用产品更实用。开发出的艾有机粉作为食品添加剂，生产艾面条、艾酱、艾烟、艾茶叶、艾饮料等，为饲养业开发出的艾颗粒饲料，提升畜禽免疫力，远销日韩；艾草加工的下脚料也受到国内饲养企业青睐。四是工业用品辟新路。开发出艾香皂、艾草沐浴露、艾草精油、艾草空气清新剂等新颖的日用产品。同时，根据研究发现的艾绒具有较强的抗氧化、耐腐蚀等性能，采用微波技术、膜技术、高速离心喷雾、离心梳绒技术提取超长艾纤维，生产出抗菌止痛的轻纺内衣、耐腐蚀壁纸、美术书法用的印泥、高档宣纸等。

8.3.2 薄荷

薄荷为唇形科薄荷属多年生宿根性草本植物，又名苏薄荷、仁丹草。全国各地普遍分布，主产江苏、安徽、江西等地。薄荷以干燥地上部分入药，通常每年收割2次，第一次在7月中下旬，主要供提取薄荷油用；第二次在10月中下旬，主要做药材，晒干或阴干，性味辛，性凉，《中华人民共和国药典》中所载薄荷的功效是疏散风热、清利头目、利咽透疹、疏肝败坏气。薄荷的化学成分丰富，主要含有挥发油、黄酮类、蒽醌类、有机酸类、氨基酸、微量元素等。现代药理研究表明，薄荷具有保肝利胆、兴奋中枢神经以及抗炎镇痛、抗病毒、促进透皮吸收等作用。

人们平日常以薄荷代茶，所含的薄荷醇能加速体内循环、去油腻、促进体内脂肪分解、转化，达到轻身减肥的目的。近年利用温室采摘的薄荷用作春节餐桌上的鲜菜，清爽可口，供不应求。如今，人们把薄荷作为药食两用的芳香作物，产业化栽培及工业化利用不断发展。薄荷及薄荷提取物，有特殊的芳香、辛酸感和凉感，可以作为天然的食品添加剂和调味剂广泛应用于烟草（薄荷型卷烟接嘴胶）、酒、清凉饮料等；作为日化加香剂，广泛应用于牙膏、牙粉、漱口水、洗发香波、家庭卫生用品；医学上，全草入药，用于祛风、防腐、消炎、镇痛、止痒、健胃等药品中，感冒发热、头痛、咽喉肿痛、无汗、风火赤眼、风疹、皮肤发痒等症状。

我国薄荷主产于江苏、安徽、浙江、湖南等地，其中江苏太仓为薄荷的道地产区，安徽太和县是全国最大的薄荷生产基地。薄荷种植历史悠久，历代主流本草认为江苏为薄荷的传统道地产区。随着时代发展，薄荷产地发生变迁，安徽已成为当今薄荷药材的主产区。

太和县位于安徽省西北部，属阜阳市的下辖县。在20世纪90年代末，太和县被誉为“薄荷王国，清凉世界”，素有“中国薄荷看太和，太和薄荷销全国”的美誉。受内外环境的综合影响，太和县的薄荷种植面积曾由当年最高的28万亩减少至2005年的不足千亩。近年来，随着薄荷产业需求及结构升级，太和县的薄荷种植面积也在恢复中发展，2018年面积已超过2万亩，主要分布在大新镇、倪邱镇、肖口镇、胡总、三堂等乡镇区域。同时太和薄荷的用途也已发生改变，以前主要以提取薄荷油为主，最高峰时年产薄荷原油3 500吨，占到全国总量的60%。现在以制作茶饮和中药为主，在薄荷生长前期，大多采收4～5次嫩芽作饮用花茶，用于出口日韩等国；后期的茎秆收割晒干及制茶的副产品均可作为中药材或中药饮片使用，目前太和薄荷用于提取薄荷油的用途已基本消失。

目前，太和薄荷产业形成了“龙头企业（合作社）+基地+农户”的一体化经营模式，其中龙头企业（合作社）一般自建有大量基地，除了主要采集薄荷头和薄荷秆制作茶饮和药材原料外，同时少部分基地进行扩繁和育种研究，用于风险控制之用。太和目前共建有薄荷初加工龙头企业5家。其中“一帆香料”公司，是一家以薄荷种植、收购、外贸和加工为主的企业，建有现代化的薄荷脑分离提纯加工车间，产品主要以高纯度薄荷脑为主，原料来源主要是从印度进口的薄荷脑粉；其次是江苏南通及盐城的薄荷脑。据企业技术人员反映，国内薄荷原料的香型好，出油率高，但缺点是价格较印度产品高，究其原因主要与国产油薄荷的种植成本较高且收获茬数较少有关。在香料加工企业中，薄荷脑粉质量的控制指标主要是薄荷总醇和薄荷醇含量，薄荷脑粉原料经过企业的提纯、离心分离和冷冻结晶，最后产出的薄荷脑中精油杂质量能控制在万分之二以下，其薄荷脑产品质量等级较高，在国内外市场上供不应求。

8.3.3 薰衣草

薰衣草（*Lavandula angustifolia* Mill.），属唇形科薰衣草属小灌木，又名香水植物、灵香草、香草、黄香草、拉文德。原产于地中海沿岸、欧洲各地及大洋洲列岛，后广泛引种于世界各地，其中最出名的产地是法国的普罗旺斯、日本的北海道以及中国的伊犁地区。全草植株含挥发油1%～3%，花中精油含量最高，茎、叶中极少。薰衣草精油中主要含有芳樟醇，乙酸芳樟酯，薰衣草醇、酯等挥发性成分，花香较好，具有解痉、抗菌、降脂及保护神经等功效，并具舒缓安神的效用。薰衣草一般采收一季，收获期在每年的5—6月，但中国伊犁地区的薰衣草因品种改良及地理位置、气候适宜等因素于每年的6月（夏季）及10月（秋季）各收获一季。

薰衣草作为一种低矮的芳香亚灌木，株型紧凑，全株芳香，花穗花色优美典雅，品种丰富，色系有蓝色、紫色、蓝紫色、粉红色、白色、黄色，景观价值极高。另外，薰衣草适应性强，耐旱、耐寒、耐瘠薄、耐修剪，易于养护管理，因此是具有生态意义的良好园林植物材料。在园林景观应用中，薰衣草可开发的潜力巨大，不仅可用于生态观光农业，还可用于薰衣草庄园、香草专类园、婚纱摄影基地、婚礼庭院、私家花园、居住区、花园广场、模纹花坛、林缘过渡层、小径绿化等多种景观类型。应用形式可采用片植、带植、列植、散植、点植等，如薰衣草花田、花带、花境、花丛等，都具有良好的观赏效果。目前，薰衣草在国内应用最多的景观类型是薰衣草庄园，兼有观光、婚纱摄影、休闲度假以及举办婚庆活动等功能。

薰衣草不仅有观赏价值，还具有诸多药理功效，而其精油更是被广泛应用于医药、化妆、保健等领域。

薰衣草用于医院消毒和治疗疾病的时间悠久，可追溯到古罗马、古希腊时代，古波斯人更将其称为“大脑的扫帚”，意指薰衣草可治疗大脑的损伤。试验研究表明，薰衣草具有杀菌消毒、镇静催眠、保护大脑神经组织的作用。薰衣草精油在沐浴、按摩等方面有广泛应用。薰衣草中提取来的挥发油和刺柏等植物提取出的挥发油混合，可改善老年人的睡眠，效果显著。吸入10%的薰衣草精油3分钟时，可有效地使身体放松、焦虑分值降低且保持良好的心理状态。薰衣草精油可有效地降低或减少羊的焦虑，具有镇定催眠的效果。薰衣草精油具有抵御细菌活性的作用，精油中含有的芳樟醇可明显抑制和预防真菌沾染。此外，薰衣草精油对多种细菌如指状青霉菌、大肠杆菌、单核细胞增多性李斯特菌、沙门氏菌、金黄色葡萄球菌等具有很强的抗菌抑菌活性。我国《新药本草》一书中记载薰衣草精油有通气效力的作用，内服可用于治疗胃胀气和胃绞痛。有试验表明，在洗澡水中滴入薰衣草精油，可减轻孕妇在分娩时的痛苦。此外，薰衣草精油还可有效地治疗牛皮癣、皮炎和湿疹等皮肤病，促进伤口或疤痕的愈合。同时薰衣草精油可促进烧伤部位组织细胞的愈合，并起到消炎、止痛的作用。

目前，薰衣草精油被广泛应用于化妆品、日用品行业。将之加入化妆品中，因其超强的渗透作用，可深入皮下组织，对因细菌滋生、毛囊堵塞而引起的青春痘、黑头等进行彻底清除。品质优良的薰衣草配上茶树，具有极强的杀菌消炎功效。将之加入洗涤剂中，还可起到抗菌、芳香等作用。由于化学杀虫剂的致癌、致畸和高残留性，许多国家已禁止使用化学杀虫剂杀虫。许多研究表明，薰衣草精油具有驱虫性，可驱除蛔虫、螨虫和衣物蛀虫等，因此薰衣草精油也可用作民用或商用杀虫剂。

薰衣草作为食品调味剂和添加剂有着极为悠久的应用历史。薰衣草干花、花茶、糕点等逐渐渗透到人们的日常生活中，薰衣草精油为常用的烟用精油，具有清香带甜的花香，略带凉香，香气透发、持久，其主要成分有按树脑、柠檬烯、芳樟醇等，可增加卷烟清新气息及烟气细腻度，柔和烟香，具有定香作用，使卷烟香气更丰富。

我国轻工业部联合中国科学院植物研究所早在20世纪中期开始从法国、苏联及保加利亚等地引种薰衣草，分别在北京、上海、新疆、云南、河南等地区栽培试验，其中新疆伊犁以其得天独厚的地理自然条件及历史因素成功引种栽培，并能够产出较高产量及品质的精油，伊犁现是我国的薰衣草之都，是目前国内薰衣草最大产区。经过近50年的发展，目前伊犁河谷栽培薰衣草面积达到了3万多亩，占全国薰衣草种植面积的95%以上。新疆伊犁薰衣草等香料作物主产区在霍城县。该县位于东经80°11′～81°24′，北纬43°39′～44°50′。目前已在芦草沟、大西沟、清水、惠远、三宫、萨尔布拉克、兰干等乡镇种植薰衣草，总面积达达0.14万公顷，年产精油40吨、干花810吨，产值6 000余万元，综合产值规模达2亿元。截至2017年，已成功举办七届“薰衣草”旅游节，建成科古尔琴、解忧公主、汉家公主和阿依朵等薰衣草园，拉动薰衣草精油、干花及其衍生品销量不断增长，带动就业近5 000人。此外全国近31个省（市、自治区）都在引种薰衣草，薰衣草在中国南方地区的种植面积正在空前扩大。

随着薰衣草栽培规模的不断扩大，以精油加工为主的企业也逐渐增加。目前，在伊犁地区已形成以“伊帕尔汗”公司为龙头，多家深加工企业并存的产业格局，规模较大的加工企业有“远馨”“紫苏丽人”“解忧公主”等薰衣草香料公司。近年来，随着对薰衣草精油生物活性研究的深入，薰衣草下游产品的开发力度也日益加大，如薰衣草化妆品、保健、花茶、洗衣液、香皂、家居饰品等逐渐走进人们的生活。薰衣草产业链的拓宽和延伸，促进伊犁地区产业结构的调整，实现了“龙头企业+团场+农户”的产业化模式，并带动了相关产业的发展，进而又加快了薰衣草产业化发展的步伐。

8.3.4　花椒

花椒（*Zanthoxylum bungeanum* Maxim.）为芸香科花椒属落叶灌木或小乔木，别名为椴、大椒、秦椒、蜀椒、川椒或山椒，其果实是我国传统的香辛料之一，已有2 000多年的栽培历史。花椒中的麻味物质具有杀虫、祛风除湿、镇痛、麻醉、抑菌、兴奋等作用。以山椒素为代表的酰胺类物质是花椒麻味的主要来源，也是花椒的重要评价指标，其在花椒果皮及花椒叶中含量较高。花椒全身含有大量的麻味素和芳香油，果皮中含量最高，是传统的调味品，具有消食解胀、健脾除风、止咳化痰、止痛消肿、破血通精、补火助阳、除湿散寒、延年益寿等功效。花椒籽油中的α-亚麻酸含量高达30%以上，经特殊工艺加工提取后，可制成高级保健品及医治心血管疾病的有效药品。

全世界大概有花椒属植物250种，我国约有35种14个变种，除东北和内蒙古外，在我国其他地区均有种植。

花椒果皮作为一种传统的香辛料长期存在于亚洲人的厨房中，因其具有独特的“麻味”以及唾液分泌性质而被誉为中国“八大味”之一，位列我国调料“十三香”之首，无论红烧、卤味、小菜、泡菜，以及烹制鸡、鸭、鱼、羊、牛等菜肴均可用到它。鲜花椒和干花椒是花椒流通、贮藏和食用的主要形式，在中国西南地区鲜花椒已经广泛应用于餐饮中，形成了以鲜花椒命名的多种美味佳肴；而干花椒由于其较长的保质期可应用的范围更加广泛。

花椒不仅可以调味，也是一味不可多得的良药。中医认为，花椒性温，味辛，归脾、胃经，有温中散寒、健胃除湿、止痛杀虫、解毒理气、止痒祛腥的功效，可用于治疗积食、停饮、呃逆、呕吐以及风寒湿邪所致的关节肌肉疼痛、脘腹冷痛、泄泻、痢疾等病症。《本草纲目》中记载：“花椒坚齿、乌发、明目，久服好颜色，耐老、增年、健神。”女性在姜枣茶中加一味花椒，便能调理宫寒。

据相关数据统计，2005年全国花椒总需求量在20万～30万吨，2010年需求量已增长到50万吨以上。从2013年开始，行情持续上扬。除一些种植面积相对饱和产区外，很多产区仍在继续扩种；截至2016年8月整个陕西省种植面积高达260万亩，总产量位居全国榜首。以韩城为例，当地花椒种植已基本达到饱和。仅韩城市种植花椒面积高达55万亩以上，产量高达4万～5万吨。而华州区，截至2016年6月种植面积达到5万亩，据统计，去年整村种植花椒的也不少。一个韩城的花椒产量接近全国花椒消费总量的1/10，而陕西260万亩，按亩产75千克计算，可以产19.5吨，占到消费总量的2/5。同时重庆、山东、云南、河南、山西、河北等地也都在种植。

8.3.5 茴香

茴香（*Foeniculumvulgare* Mill.），别名茴香、香丝菜、蘹香，多年生草本，全株表面有粉霜，具强烈香气。茎直立，上部分枝。基生叶丛生，有长柄；茎生叶互生，叶柄基部扩大呈鞘状抱茎，三至四回羽状复叶。夏季开金黄色小花，为顶生或侧生的复伞形花序，无总苞或小总苞。双悬果卵状长圆形，长4～8毫米，分果常稍弯曲，具5棱，具特异芳香气。花期6—9月，果期7—10月。

在我国，茴香已经有1 000年以上的栽培历史，主产于中国西北、内蒙古、山西、陕西和东北等地。另外，湖北、广西、四川等地亦有生产。中国出口的小茴香，以内蒙古、山西和甘肃产为主。

茴香为药食两用品种，既是加工上等调味品的原料，又具有较高的药用价值。茴香菜含有丰富的维生素B_1、维生素B_2、维生素C、维生素PP、胡萝卜素以及纤维素。导致它具有特殊的香辛气味的是茴香油，可以刺激肠胃的神经血管，具有健胃理气的功效，所以它是搭配肉食和油脂的绝佳蔬菜。食用方面，茴香广泛用于食品工业，同时也是餐饮和家庭不可缺少的调味品；嫩叶洗净后切细加盐和味精、香油及其他调料拌食，味清香，可促进食欲。也可作为饺子或包子馅。果实多作香料，用于酒类和糖果之中，或加入鱼、肉、酱中，有去腥增香的作用，并能增进食欲；研磨为粉末可用于制作五香粉，用于面食等调味。医用方面，小茴香是重要的药用植物，其果实是重要的中药，味辛性温，具有行气止痛，健胃散寒的功效。主治胃寒痛、小腹冷痛、痛经、腹胁痛、疝痛、睾丸鞘膜积液、血吸虫病等。茴香以作为利尿剂和温和的松弛剂著称，也可用于治疗气喘、便秘、消化、肾结石、停经、鼻塞和肥胖问题，在哺乳期间可增加泌乳量，除少量用于中医临床配方外，也用于中成药生产。

另外，茴香也广泛应用于我们的日常生活中。从小茴香果实及茎叶中提得的精油可用于牙膏、牙粉、肥皂、香水、化妆品等香精。茴香精油具有良好的防腐作用，可用于腌渍食品。北非及地中海沿岸的希腊等国酒吧中流行一种茴香酒，含有茴香精油，香味浓郁独特，喝时加入水或冰块，1秒之内透明的酒液便混浊起来，变成乳白色的悬浊酒。用小茴香制成的花草茶有温肾散寒、和胃理气的作用，对于饮食过量所引起腹胀以及女性痛经也有一定效果。用小茴香茎叶制成烟丝，由于其不含尼古丁成分、焦油量低，对人体危害小，燃烧性类似烟叶、香味浓郁，有望成为新型香烟替代品。

我国茴香产业还处于初级阶段，基本上是农民种植，商家收购种子（茴香籽），然后按照需求进入食用调料、中药、出口及提取挥发油等领域。据统计，我国的茴香70%～80%用于食用调料，其余大部分出口，只有一小部分用于中药和提取挥发油。可以说，茴香为我国的食品行业贡献很大，但若将茴香作为一个单独的产业，它存在着产业链条短，效益低的问题。

8.4 芳香作物发展趋势与对策

8.4.1 艾草

目前中国艾草产业发展处于极不平衡的状态。一是全国只有湖北蕲春和河南南阳两大艾草产业集聚区，这就造成艾草品牌度较高的区域，其产地出现艾草供不应求的局面，从而导致艾草原材料价格年年上涨。二是全国大面积艾草种植和规模化种植分布不均，主要也是集中在两大艾草产业集聚区。除此之外，其他个别省市都还处在试验期。三是没有艾草种植国家标准，各地艾草质量的优劣缺乏统一评价指标，众说纷纭。国家标准处于空白期，地方标准和行业标准也处于探索期和筹备期。四是艾草食用化缺乏国家标准，艾草目前还未列入药食同源范畴，这制约了艾草大规模化用于食品行业的发展。

8.4.2 薄荷

在20世纪90年代，我国曾经是薄荷油的主要出口大国，21世纪初，由于受薄荷油国际市场剧烈波动、薄荷比较效益下降及农业产业转型升级等因素的影响，安徽和江苏等我国薄荷主产区的种植面积大幅减少。近年来，随着国内外民众对薄荷及薄荷产品多元化需求增加，以及对茶饮、食用及药用薄荷需求量的增长，国内薄荷的种植及加工方式正在变革，薄荷产业也正在转型中不断恢复和发展。调查发现，安徽主产区太和县的薄荷产业发展总体向好，正呈现出产销两旺、稳步发展的局面，但在发展进程中也面临一些问题。

8.4.2.1 品种单一退化，新品种培育待破解

太和薄荷种植历史悠久，品种多为自留种，种植多年后退化严重。虽然目前也从国外引进一些品种，但新品种的适应性及栽培管理方式还需加强。而且国内少见专门从事薄荷育种的科研单位及企业，这一方面与薄荷多是无性繁殖（分根及扦插）、品种难以保护有关，另一方面也可能与薄荷的产业规模及市场需求有关。因此，加强薄荷新品种的培育及配套技术研究，研发不同用途的高品质薄荷新品种，将有助于提升薄荷产业的技术支撑和保障能力。

8.4.2.2 用工成本高，机械化水平待加强

由于薄荷在种植加工过程中，需要人工移栽及多次的采摘过程，导致用工多，劳动力成本高，这严重制约着薄荷种植及加工产业的可持续发展。下一步要不断适应薄荷用途变化、产业转型及消费升级的重大需求，强化科研单位、种植主体与加工企业的三方联合，不断加大薄荷移栽机、采摘机及加工机械的创新研发与推广应用力度。

8.4.2.3 产业还比较薄弱，国际竞争力不强

我国是全球薄荷产业的生产和消费大国，但在经历薄荷生产大萧条后，目前薄荷尚处在恢复发展的初级阶段，基础还很薄弱。在国内市场上，我国正从生产销售薄荷原料及低价值薄荷油，转变为从印度进口薄荷脑粉进行精加工为主；在国际市场上，我们主要出口薄荷的初加工产品（茶饮），还缺少消费者叫得响、有市场影响力的知名企业，甚至还存在企业间及农户间的低价竞争现象，这在一定程度上限

制了薄荷产业的高端化和竞争力的提高。

8.4.2.4　产业监管尚属空白，质量安全水平待提升

目前在薄荷产业的发展过程中，政府的扶持力度和监管水平还较低，基本处于市场化的盲目自发发展，为推动薄荷产业的规范化、标准化发展，杜绝历史悲剧重演，不断提升产业水平和市场竞争力，促进地方农业一二三产业融合发展，就要进一步建立薄荷的生产标准体系、质量分级体系和质量安全控制体系等，要在薄荷的绿色防控上做文章，通过组织开展薄荷质量安全风险监测与评估，借鉴其他作物经验优势，大力推广高效低毒低残留农药，发布薄荷病虫害防治药剂推荐名单，推进薄荷质量安全全程追溯，确保薄荷产品的质量安全水平和产业的持续健康发展。

8.4.2.5　薄荷产品认知度不高，宣传培训待强化

在薄荷产品中，不管是薄荷茶饮、中草药及薄荷油，知名区域品牌和企业品牌方面都十分缺乏，因此应建立以政府引导支持、企业主导发展和科研单位技术支撑的品牌创建计划，加大在土地流转、资金与技术、标准化生产、全产业链质量控制与品质提升等方面的支持力度，通过技术培训、展览展示、文化交流、消费体验等多种方式，强化薄荷的用途拓展、品牌认知与健康产品推介。

8.4.3　薰衣草

近几年薰衣草产业有了较快的发展，但距离产业化还有一定的差距，制约因素主要有以下几个方面。

8.4.3.1　品种落后

其一，由于基层农户种植缺乏统一的品种种植区域规划和指导，致使种植区域品种混杂；其二，精油市场竞争激烈，国内一些研究机构一般都把科研重心放在后期的精油加工、成分分析和产品研发上，对前期的育种研究投入很少；其三，精油市场缺乏统一的行业管理标准，恶性竞争使高品质精油的市场价格得不到保护，因此在很大程度上影响了栽培品种的提纯复壮和引种、育种工作。

要解决薰衣草栽培品种落后的问题，就必须克服影响或制约基础研究的障碍因素。其一，地方政府组织业内专家会诊，确定适合精油类或干花类生产的最佳品种，以及各品种的最佳栽培区域，对薰衣草栽培进行统一的品种区域规划和栽培技术指导，避免和延缓现有优良品种的混杂退化现象；其二，加大政策扶持力度，当地政府在引种、育种研究和新品种的推广应用上应加大资金投入和政策扶持的力度；其三，地方政府会同业内专家和国内主要的研究机构，制定统一的田间栽培管

理技术标准，加大质检部门的监督力度，规范稳定薰衣草相关产品的市场秩序，进而可使精油加工企业将部分精力和投入转移到引种、育种工作上来。

8.4.3.2 精油加工工艺落后

由于先进的精油加工设备昂贵，前期运作不仅技术性强而且投入的费用也高，目前国内普遍采用水蒸气蒸馏萃取技术，虽然能满足粗油加工的需要，但很难使产品规格化，存在油水分离不净、批次混合后成分指标差异性很大的现象，无法达到国际标准，缺乏国际竞争力。因此地方政府需要加大精油加工设备方面的资金投入，扶持薰衣草精油加工企业引进先进的粗油精馏和整理调配技术及设备，加大科研投入力度，扶持相关企业和研究机构进行深入研发精油的提纯和后期处理工艺，提高薰衣草精油的品质和产品附加值，从而提高我国薰衣草精油在国际市场的竞争力。

8.4.3.3 景观价值开发不够

在园林景观应用中，真薰衣草和杂种薰衣草类的品种比较单一，多为蓝紫色和淡紫色系，而蓝色、紫色、紫红色、粉色和白色系的品种尚未应用；应用形式多为条垄状片植，而无花坛、花境、花带等形式；应用景观类型多为薰衣草庄园，公园应用甚少，小区、庭院、道路、广场等景观绿地尚未见到；薰衣草生长表现大多为生长不良、缺苗甚或全部死亡，景观效果不理想。因此，为加强薰衣草在园林景观中的应用，相关科研机构和园林公司应积极开展薰衣草引种、育种以及示范栽培推广工作，摸索适合不同地区的品种和栽培技术，尝试应用于不同绿地类型，如居住区、庭院、公园、广场、道路等，营造薰衣草花海、花坛、花境、花带等各种特色景观，使薰衣草真正融入人们的生活。

8.4.4 花椒

花椒是集食用、药用和生态价值于一体的木本油料树种。随着人们对花椒经济价值、药用价值和生态价值认识的不断深化及各级政府重视，市场价格的引导，林农自愿发展，花椒产业得到进一步发展，但种植和生产中也存在许多问题。

8.4.4.1 采收效率低

花椒多种植在山坡和丘陵地带，因树枝伸展长，树干、树枝均长有皮刺，叶柄基部也生有小刺；果穗簇生于较短的果柄上，总果梗短并且离芽胎和叶柄很近；果实小且成熟后极易开裂。基于以上花椒生物学特征决定了它采摘收获的难度。椒农基本都是用手指甲掐摘，采摘效率低。在花椒栽植规模不断扩大的同时，花椒采摘劳动力需求量也随之加大。因而需要多专业、多学科联合攻关，研制适宜不同立地条件下的花椒机械化采收工具，提高采收效率，降低采收成本。

8.4.4.2 制干工艺落后

花椒传统制干方法是晾晒或阴干。自然晾晒受天气影响大，品质不同的干椒1千克差价达10～16元。目前，一些个体生产者采用柴炉或电加热烘箱基本可以解决这个问题，一些大的企业或者合作社则采用集中烘烤的办法，完全避免了阴雨天气对花椒晾晒的影响。从实际应用上看还需要进一步改进柴炉、烘箱的结构，解决高温对风机和电线的影响。一般家庭椒农每次需要烘烤100～200千克的烘箱，目前市场上的1 000千克及大型烘烤设施不适用于个体生产者，开发生产小规格电烘箱有较大的现实需求。

8.4.4.3 品种改良

目前，对花椒的品种没有一个统一的、权威的分类与命名方法，各地均采用椒农由历史沿袭下来的俗名，因而出现了同一品种在不同区域的叫法不同，或者根本不清楚其来源和品种名称。进一步筛选和培育适宜不同地区的优良品种是增产增收的重要途径。建议对全国各地的种质资源进行全面调查和收集，筛选优良品种，并利用归类和统一命名。

此外，花椒产业长期以来以直接使用果实为主的现状制约了产业的发展，通过花椒的深加工进一步延伸产业链是亟须探讨的课题。

（1）加大政策扶持力度。为了花椒药用深加工产业进一步健康有序发展，需要地方政府出台相关的政策支持，鼓励企业进行药用深加工产品的研发。同时，培育一批具有自主研发花椒药用深加工产品的企业，积蓄产业的后备力量。

（2）加强基础科学研究。目前在花椒药用深加工的基础研究上已经取得了丰硕成果，科研工作者在花椒及其副产物的化学成分、提取方法、药理活性等方面做了大量工作，并取得一定成绩。但是在基础研究方面仍然有大量的工作需要继续，有一些花椒部分的药理活性需要加强研究，花椒提取物中的有效成分需要进一步确认，药用深加工技术需要进一步提高，研究更新型可规模放大的工业生产技术，继续降低有效成分提取的成本，以促进技术的工业转化。

（3）加速产业链条延伸。和其他林产品相比，花椒的精深加工率较低，加工主要以食品方面的粗加工为主，因此需要在药用方面加速延伸产业链。鼓励花椒加工企业涉足药用深加工领域，以高附加值的药用深加工产品取代廉价的粗加工品；开展广泛的产学研合作，促进大专院校、科研院所与企业的技术合作转化；通过协会、产业联盟等民间组织倡导企业、研究机构加大花椒药用深加工的研究。

8.4.5 茴香

8.4.5.1 茴香种植面积和价格波动较大

纵观近10年的茴香种植面积和价格，作为重要的调味品和中药材，茴香在总体布局上缺乏规划，种植面积起伏较大。农民根据滞后的市场信息，盲目种植茴香。因此，在稳定产区面积，保证质量的前提下，通过市场使企业和茴农有机结合，考虑主产区的土地和人工投入情况，提高并稳定茴香的价格，使主产区茴香的单位面积收益不低于当地其他经济作物，保证茴农种植茴香的积极性。

8.4.5.2 科研落后

虽然茴香在我国的栽培已经有千年的历史，但对茴香的科学研究却很少。总结近10年我国有关茴香方面的科研主要集中在茴香挥发油的提取、成分分离鉴定方面，其次较多的为不同地区的栽培技术。其他如分类、综合开发利用、种子发芽特性、种子营养成分、挥发油的抗氧化、根的生药学、组培等方面研究较少。因此，我国茴香在许多方面还需要进一步研究，如旨在提高茴香产量和质量的栽培技术、栽培生理方面，旨在生产高挥发油含量和质量的栽培技术、栽培生理方面，新品种的引进与选育方面，产后加工方面，具体如香料加工、挥发油的应用，茴香及其挥发油的药性、药理研究及药剂的研制等。

8.4.5.3 茴香生产管理粗放，茴香单产低，品质差

由于缺少相关的科学研究，茴香的栽培一直沿用传统的栽培技术，不同产地拥有不同的地方品种，不同地区拥有不同的栽培技术，造成我国茴香鱼龙混杂的状况。另外，在生产过程中，茴香一直使用常规品种，各产区没有建立相配套的良种繁育体系，种子多采用农家自采自留方式，造成茴香品种种性退化严重。

我国西北地区是我国茴香的主要产区，因此建议建立以甘肃为中心的，包括新疆、青海、宁夏、内蒙古、山西等地的西北茴香产区，选育优良品种，统一使用一种良种，并根据当地的气候特点制定统一的生产技术规程，保证茴香的产量和质量。

参考文献

陈小华，姚雷．2012. 薄荷产业国内外发展现状和趋势及我国薄荷产业发展存在问题及对策[C]. 第

九届中国香料香精学术研讨会论文集，5-12.
高亮亮，杨玲 . 2018. 霍城薰衣草产业发展现状及对策探讨[J]. 南方农业，12（13）：59-61.
顾海科，刘桂君，程昭力，等 . 2018. 艾草的应用基础研究及开发利用进展[J]. 安徽农业科学，46（9）：22-25.
何金明，肖艳辉 . 2006. 我国茴香产业中存在问题及对策[J]. 中国调味品（1）：82-84.
康海平 . 2017. 艾草的发展前景及栽培的注意事项[J]. 河南农业（8）：19.
柯利，张旭辉 . 2018. 新县艾草产业发展现状、存在问题及建议[J]. 河南农业（6）：16-17.
雷茜，张欣，贝盏临，等 . 2012. 宁夏海原小茴香发展现状及前景展望[J]. 安徽农业科学，40（9）：5 132-5 133.
李述成 . 2007. 海原县小茴香产业发展现状及制约因素分析[J]. 宁夏农林科技（6）：43.
刘安成，尉倩，崔新爱，等 . 2019. 花椒产业发展中的几个主要问题[J]. 西北园艺（1）：42-43.
刘福权，靳岳，何强，等 . 2017. 鲜花椒与干花椒的麻味强度与麻味物质对比研究[J]. 中国调味品，42（9）：1-4.
梅红 . 2013. 薰衣草资源的利用现状与发展对策[J]. 林业资源管理（5）：52-54.
王丽华，赵卫红，彭晓曦，等 . 2018. 四川花椒产业发展现状及对策分析研究[J]. 四川林业科技，39（2）：50-55.
王伟 . 2018. 馆陶县艾草产业发展及种植技术[J]. 河北农业（9）：9-11.
王羽梅 . 2008. 中国芳香植物[M]. 北京：科学出版社.
温联明 . 2018. 昭阳区青花椒产业发展现状及对策[J]. 中国林副特产（2）：71-72.
吴雯雯，陆兵 . 2016. 南通薄荷产业现状调查及发展对策与建议[J]. 上海蔬菜（5）：15-16.
谢彩真，李从勇 . 2013. 太和县薄荷生产现状、存在问题及发展对策[J]. 安徽农学通报，19（17）：52-53.
银航，王秀玲，窦雪绒，等 . 2018. 花椒药用深加工研究综述及发展建议[J]. 陕西林业科技，46（4）：102-105.
原野 . 2018. 陕西花椒产业发展现状及对策[J]. 陕西林业科技，46（1）：74-76.
张学超，唐式敏，常文静，等 . 2016. 伊犁河谷薰衣草生产现状及发展对策[J]. 黑龙江农业科学（4）：162-164.

（方松　撰写）

9 药用作物

9.1 药用作物概述

药用作物是农业栽培的药用植物。药用植物，是指医学上用于防病、治病的植物。其植株的全部或一部分供药用或作为制药工业的原料。广义而言，可包括用作营养剂、某些嗜好品、调味品、色素添加剂及农药和兽医用药的植物资源。药用作物种类繁多，其药用部分各不相同，全部入药的，如益母草、夏枯草等；部分入药的，如人参、曼陀罗、射干、桔梗、满山红等；需提炼后入药的，如金鸡纳霜等。

我国的药用植物资源种类包括383科，2 309属，11 146种，其中藻、菌、地衣类低等植物有459种，苔藓、蕨类、种子植物类高等植物有10 687种。在这些药用植物中，临床常用的植物药材有700多种，其中300多种以人工栽培为主，种植面积近6 000万亩，初步形成了四大怀药、浙八味、川药、关药、秦药等一批产品质量好、美誉度高的道地药材优势产区，道地药材种植已成为偏远山区的特色产业和农民收入的重要来源。我国已成为世界上规模最大、品种种类最多、生产体系最完整的中药材生产大国。

我国天然药物种类繁多，根据传统习惯和使用目的，有以下几种分类方法。

9.1.1 按药用部位分类

植物药主要根据用药部位，将植物药分为根类、根茎类、茎木类、皮类、叶类、花类、果实及种子类等。

9.1.2 按照化学成分分类

根据药材所含有效成分或活性成分以及主要成分的类别进行分类，如生物碱类、萜类、苷类、挥发油类等。这种分类方法有利于了解生药的有效成分和理化鉴别方法、品质评价，便于比较近缘种之间有效成分和功效的差别。

9.1.3 按药材的功效和药理作用进行分类

按功效分为解表药、清热药、理气药、活血化瘀药等20类；按药理作用分为中枢神经兴奋药、镇痛药、抗菌药或作用于胃肠道药、神经系统药、循环系统药等。

9.1.4 按药材原植物在自然界分类上的位置和亲缘关系进行分类

也就是按照植物系统分类方法，根据界、门、纲、目、科、属、种的排列顺序，对药材的形态、性状、成分、功效、用途及分布情况等进行描述。

9.2 我国道地药用作物生产布局

道地药材是指经过中医临床长期应用优选出来的，产在特定地域，与其他地区所产同种中药材相比，品质和疗效更好，且质量稳定，具有较高知名度的药材。历史上道地药材多数来源于野生资源，区域特征明显，数量有限。近代特别是改革开放以来，随着技术进步和用药量的增加，人工栽培药材逐步取代野生药材的步伐不断加快，道地药材加快发展。然而，道地药材源自特定产区、具有独特药效，需要在特定地域内生产，才能保证其优良的品质。多年来，由于资源过度开发，一些野生药材资源濒临枯竭。同时，适宜产区种植不规范，非适宜区盲目扩种，造成药效下降、道地性丧失。加强道地药材资源保护和生产管理，规划引导道地药材生产基地建设，推进标准化、规范化生产，稳步提升中药材质量，对于实施健康中国战略和乡村振兴战略具有十分重要的意义。

目前，道地药材生产布局的优化以品种为纲、产地为目，采取定品种、定产地和定标准相结合的方针。一方面，通过历代本草考证，参考道地药材相关专著和标准，依据临床使用频次高、用量大的原则，选定一批重点道地药材；另一方面，综合考虑资源禀赋、生态条件和产业基础等因素，并根据第三次、第四次全国中药资源普查结果，确定道地药材生产重点县（市、区）（具体名单依据拟发布的《道地药材目录》分批发布）；并将重点县较为集中的区域，划定为道地药材重点产区。按照因地制宜、分类指导、突出重点的思路，将全国道地药材基地划分为6大区域。

9.2.1 东北道地药材产区

东北药材产区大部分属温带、寒温带季风气候，是关药主产区，包括内蒙古东北部、辽宁、吉林及黑龙江等省（区），中药材种植面积约占全国的5%。本区域优势道地药材品种主要有人参、鹿茸、北五味、关黄柏、辽细辛、关龙胆、辽藁本、赤芍、关防风等。所产人参占全国人参产量的99%，人参加工品边条红参体长、芦长、形体优美；辽细辛气味浓烈、辛香；北五味肉厚，色鲜、质柔润；关龙胆根条粗长、色黄淡；防风主根发达，色棕黄，被誉为“红条防风”；梅花鹿茸粗大、肥、壮、嫩、茸形美、色泽好；蛤蟆油野生蕴藏量占全国99%。

9.2.2 华北道地药材产区

华北药材产区大部属亚热带季风气候，是北药主产区，包括内蒙古中部、天津、河北、山西等省（区、市），中药材种植面积约占全国的7%。本区域优势道地药材品种主要有黄芩、连翘、知母、酸枣仁、潞党参、柴胡、远志、山楂、天花粉、款冬花、甘草、黄芪等。山西潞党参皮细嫩、紧密、质坚韧；河北酸枣仁粒大、饱满、油润、外皮色红棕；河北连翘身干、纯净、色黄壳厚；河北易县、涞源县的知母肥大、柔润、质坚、色白、嚼之发黏，称“西陵知母”。

9.2.3 华东道地药材产区

华东药材产区属热带、亚热带季风气候，是浙药、江南药、淮药等主产区。包括江苏、浙江、安徽、福建、江西、山东等省，中药材种植面积约占全国的11%。本区域优势道地药材品种主要有浙贝母、温郁金、白芍、杭白芷、浙白术、杭麦冬、台乌药、宣木瓜、牡丹皮、江枳壳、江栀子、江香薷、茅苍术、苏芡实、建泽泻、建莲子、东银花、山茱萸、茯苓、灵芝、铁皮石斛、菊花、前胡、木瓜、天花粉、薄荷、元胡、玄参、车前子、丹参、百合、青皮、覆盆子、瓜蒌等。

9.2.4 华中道地药材产区

华中药材产区属温带、亚热带季风气候，是怀药、蕲药等主产区，包括河南、湖北、湖南等省，中药材种植面积约占全国的16%。本区域优势道地药材品种主要有怀山药、怀地黄、怀牛膝、怀菊花、密银花、荆半夏、蕲艾、山茱萸、茯苓、天麻、南阳艾、天花粉、湘莲子、黄精、枳壳、百合、猪苓、独活、青皮、木香等。

9.2.5 华南道地药材产区

华南药材产区属热带、亚热带季风气候，气温较高、湿度较大，是南药主产区，包括广东、广西、海南等省（区），中药材种植面积约占全国的6%。本区域优势道地药材品种主要有阳春砂、新会皮、化橘红、高良姜、佛手、广巴戟、广藿香、广金钱草、罗汉果、广郁金、肉桂、何首乌、益智仁等。

9.2.6 西南道地药材产区

西南药材产区的气候类型较多，包括亚热带季风气候及温带、亚热带高原气候，是川药、贵药、云药主产区，包括重庆、四川、贵州、云南等省（市），中药材种植面积约占全国的25%。本区域优势道地药材品种主要有川芎、川续断、川牛膝、黄连、川黄柏、川厚朴、川椒、川乌、川楝子、川木香、三七、天麻、滇黄精、滇重楼、川党、川丹皮、茯苓、铁皮石斛、丹参、白芍、川郁金、川白芷、川麦冬、川枳壳、川杜仲、干姜、大黄、当归、佛手、独活、青皮、姜黄、龙胆、云木香、青蒿等。

9.2.7 西北道地药材产区

西北药材产区大部属于温带季风气候，较为干旱，是秦药、藏药、维药主产区，包括内蒙古西部、西藏、陕西、甘肃、青海、宁夏、新疆等省（区），中药材种植面积约占全国的30%。本区域优势道地药材品种主要有当归、大黄、纹党参、枸杞、银柴胡、柴胡、秦艽、红景天、胡黄连、红花、羌活、山茱萸、猪苓、独活、青皮、紫草、款冬花、甘草、黄芪、肉苁蓉、锁阳等。

9.3 药用作物产业发展现状

随着我国对中药现代化建设步伐的加快，中药材种植已被各界关注，国际国内对中药材科学医疗重视和认识的提高，中医药在临床中表现杰出，现代中药的兴起无疑给我国中药材种植业带来新的发展，目前各地政府相继出台大力支持中药材种植的政策，鼓励药农积极种植中药材。我国药用作物产业发展现状如下。

9.3.1 政策支持力度不断加大，但也存在国家政策、法规及监管体制不完善的现状

中药材是中医药和大健康产业发展的物质基础，是关系国计民生的战略性资源。健康有序的中药材种植业，对于发展持续健康的中医药事业和大健康产业，对于增加农民收入、加快“三农”问题解决、促进生态文明建设，具有十分重要的意义。目前，国家已经相继出台了《国务院关于扶持和促进中医药事业发展的若干意见》《中药材保护和发展规划（2015—2020年）》《中医药创新发展规划纲要（2006—2020年）》《中医药健康服务发展规划（2015—2020年）》等纲领性文件，尤其是《中药材保护和发展规划（2015—2020年）》，是新中国成立以来的第一部整体关于中药材的专题规划。规划中明确了中药材发展的指导思想、原则目标和任务措施，为未来几年我国中药材种植业指明了方向，必将对中药材种植业的健康有序发展起到极大地推动作用。

中药饮片和中药材这两者的标准在我国《药品管理法》中并没有明确的加以区分，从而难以区分加工炮制与产地加工这两种加工标准，导致其在实际流通过程中在一些有关主管部门共同监管的方式下，较易出现重合交叉或者真空地带，难以统一制定相关的法律、法规和标准。“重饮片、轻药材”体现了现有法规对中药材、

中药饮品的监管标准。中药饮片的生产又要求严格，必须具备《药品生产许可证》和《药品GMP证书》。但是中药材的生产要求极其放松，这使得中药材在种植、加工、流通等环节缺乏系统、科学、有效的管理，导致中药材及中药饮片的整体质量水平逐渐下降，中药材产业不能可持续地健康发展。目前，我国专门针对中药资源保护的法律尚不完善，优质中药资源多出口国外市场，而中药资源进出口政策并不能合理地保护国内中药资源。

9.3.2 中药材种植面积不断扩大，但也存在生产基地分散，种植技术落后，规范化、机械化程度低的现状

由图9-1可知，我国中药材种植面积在近几年一直呈现上升的态势，这个市场一直处于上升的阶段。目前，我国常用中药材600多种，其中200多种已实现人工栽培，至2016年，种植面积达到4 768万亩，初步形成了四大怀药、浙八味、川药、关药、秦药等一批产品质量好、美誉度高的道地药材优势产区，道地药材种植已成为偏远山区的特色产业和农民收入的重要来源。我国已成为世界上规模最大、品种种类最多、生产体系最完整的中药材生产大国。

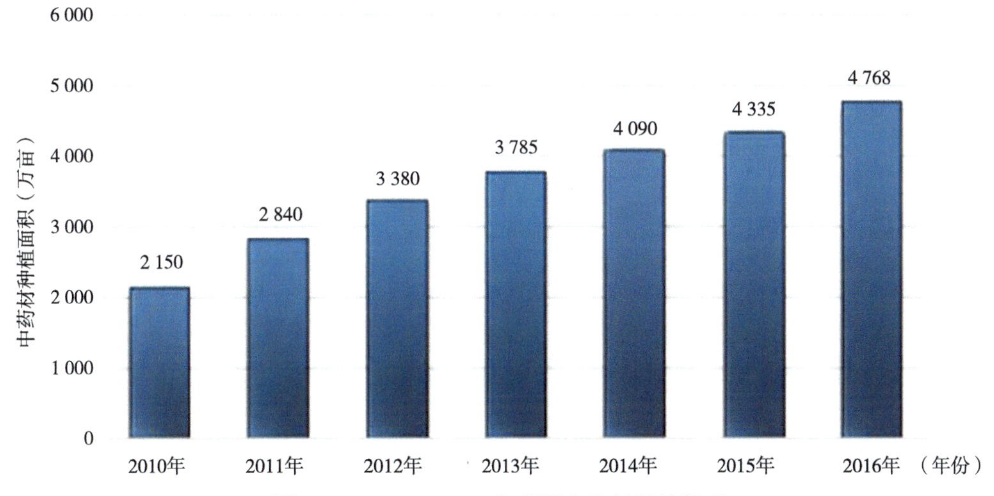

图9-1 2010—2016年我国中药材种植情况

我国中药材种植强省主要分布在中西部地区，这些省份也是我国道地药材出产的主要省份。但现阶段，我国中药材种植业是中西部贫困地区脱贫的重要手段，其生产能力容易受到当地劳动力的文化水平、技术水平的限制，中药材种植田间操作尚处在传统经验阶段，生产技术相对落后，机械化程度相对较低，重产量轻质量，滥用化肥、农药、生长调节剂现象较为普遍，导致中药材品质下降，影响中药质量和临床疗效，损害了中医药信誉。因此，中药材种植过程中生产效率与劳动力水平

之间的矛盾较为突出，导致地方中药材生产的规模效应难以形成。

9.3.3 中药材良种选育工作受到重视，但仍处于滞后状态

目前我国有200余种中药材实现了人工栽培，但作为“源头工程”的良种选育却是中药材产业最薄弱的环节。近十几年来，中药材品种选育工作在国家大力扶持下已积累了一定基础。在选育的中药材数量和质量、选育的技术水平和人才队伍建设方面取得一定成绩，特别是国家“十一五”科技支撑计划项目专门设立了“生物技术与中药材优良品种选育研究”课题，首次大规模支持了多种药材新品种选育或种质创新研究。后续国家中医药行业科研专项“荆芥等9种大宗药材优良种质挖掘与利用研究等项目，虽然中药材新品种选育已取得较大进展，但人工栽培的中药材仍有60%没有选育出优良品种。我国中药材原植物育种机构及专业技术科研人员较少，收集的种质资源不丰富，良种繁育基地为数不多，多数药农处于自行留种的自然状态，如泽泻、太子参、厚朴、山药等在引种栽培过程中缺少提纯复壮与良种选育而导致种性退化、品种不纯。同时，也缺乏专门的优质种子种苗检测机构，仅凭一些经营单位在收购时执行的等级标准，或者仅凭经验操作，随意性大，造成中药材原植物的种子种性不纯，质量下降。中药材原植物品种改良工作滞后已经制约中药材产业可持续发展。

9.3.4 市场信息不畅，产业健康度亟须改善

当前，虽说相关信息渠道日益丰富，但仍存在“少了是宝，多了是草”的现实例子，如近年来的太子参、三七、人参等药材市场的大起大落，这些都说明现在的市场信息还是存在不透明、不公开，进而产生以次充好、以假冒真等乱象，以及囤积居奇、恶意炒作屡屡出现，导致产销信息失真，严重影响药材市场的健康稳定，直至威胁中药乃至大健康产业的良性、可持续发展。

9.3.5 供求对接滞后，商品市场化尚需提升

现有产地种植企业普遍处于“规模小、实力弱、水平低、精深加工能力弱”的状态，仅限于出售原材料或饮片，产业链条短，产业化较低，特色产品未能形成优势产业，自然资源优势未能转化为经济优势。同时，工业与农业对接的合作机制与模式尚未建立起来，工业反哺农业渠道尚未畅通。目前，因经营业绩压力大，大部分中药农业企业均处于为生存而战的状态，主动开拓市场、种植适销对路品种、数据描述产品优势与确定目标市场等能力弱，尚缺乏与工业企业对接的工业语言和商品策略，道地药材潜在的经济价值还未得到深入挖掘，品牌创效益的作用不明显，

更谈不上品牌培育。就是有品牌，亦多是以区域品牌，如“中宁枸杞”“文山三七”等形式出现，这样在区域间会形成区隔，但在区域内产品雷同、品牌混杂，差异优势或公司优势几乎未能体现，这样往往会陷入简单的价格竞争或概念炒作上去，很容易将此类品种产业做成死循环，如云南玛卡。

9.4 药用作物产业发展趋势与对策

9.4.1 药用作物产业发展趋势

9.4.1.1 大健康产业将带动中药材新需求增加

伴随着“健康中国”理念上升为国家战略以后，一系列扶持、促进健康产业发展的政策紧密出台，在国家政策暖风的催化下，大量投资正加速涌入大健康领域，健康产业的投资、并购日益频繁。与此同时，健康企业的数量、产品的种类不断增多、健康产业的整体容量、涵盖领域、服务范围正在不断放大，正呈现出市场与政策双轮驱动的格局。毋庸置疑，健康行业发展的大趋势，也将带动中药材新的需求增加。另外，医疗保健作为人类一种基本需求，具有一定的刚性特征，医疗保健支出往往随着收入的增长较先得到满足。随着收入的增加，人民生活水平相应提高，会直接引致居民保健意识提升，医疗保健需求上升，从而拉动药品支出。

9.4.1.2 中药材种植区域布局遵循道地基地建设，探索建立中药材产品全过程可追溯体系

2018年12月农业农村部、国家药品监督管理局、国家中医药管理局联合下发了《全国道地药材生产基地建设规划（2018—2025年）》（以下简称《规划》），《规划》的提出，将使道地区域的品种优势更强，核心道地产区优质药材将会与非道地产区药材的价格拉开，所以，在未来，非道地区的引种品种，在市场竞争上会落后于道地区域生产的品种。

中药材在生产环节具有农产品的属性，但同时又是药品，从生产到最终消费产业链很长，经过的环节很多。作为药品，质量的安全性和有效性至关重要。因此近年已有企业开始探索建立中药材产品全过程可追溯体系。建立中药材从种植（养殖）、加工、收购、储存、运输、销售到使用全过程可溯源体系，实现来源可查、去向可追、责任可究，是有效保障中药材质量可靠性的必然。

9.4.1.3 农场化中药材基地快速发展

随着现代中药农业企业的发展，以及国家鼓励农田、林地的土地流转，在基地

建设过程中，有很多的企业不再采取组织分散农户的“公司+农户”方式，开始实施基地建设的农场化。承包流转土地，采用各种有利于生产的方式，雇用“农业工人”管理农场、生产中药材。在农场化生产中，如何组织农业工人，提高生产效率和降低成本，成为当前中药材农场化基地建设面临和需要探索解决的重要问题。

9.4.1.4 传统中药材专业市场正在不断衰落，现代中药材加工企业致力于跟原料产地直接建立合作联盟的关系

我国中药流通业经过多年发展形成了安徽亳州、河北安国、四川成都等17家中药材专业市场。这些专业市场是市场经济初期的产物，对促进中药生产贸易、集散中药流通发挥了重要的历史价值。但随着政策红利不断释放，中药材流通市场前景进一步吸引社会资本投入，传统中药材专业市场正在不断衰落。现阶段很多企业，不管是饮片企业还是植物提取物生产企业，都在致力于跟原料产地直接建立合作联盟的关系，这些业务模式会给中小农户的整合联盟带来有益的发展。对于传统的中药原料的中间商来说，这将是持续衰落的趋势。对于曾经红火一时的成都、亳州等中药材中转市场来说，这将是致命性的打击，如今再去这些中药材中转市场，已经是日渐萧条，也很少能有大单在那里出现。更多的企业已经致力于在农产品当地发展供应商，甚至经过几年的整顿培养，形成符合自己公司管理模式的合作农场等。目前中国的植物提取物龙头企业都已经发展了自己的原料生产基地，实现了从源头、物流到产品都是一致控制的局面。

日本津村制药公司作为汉方药以及植物提取物的龙头企业，在很早就开始致力于重要原材料的直接采购和管理模式，他们有一套自主管理农场的模式，所谓自主管理农场是指具备一定的种植面积，津村直接派遣日本专家对农户进行种植指导。对于种植的过程和标准进行量化，包括肥料和农药的使用时间和使用量，甚至连农药都是从津村日本公司直接发放到农户。津村制药要求严格按生药生产标准书（SBP）及《津村GACP指南》的标准规范，保证汉方药生药的安全和质量，对于农户提供的生药进行追溯体系管理，对产地从生药的种植、田间管理（肥料、农药）、采收、加工、包装储存和运输等方面进行全面指导和追溯，确保安全生药的稳定供应。津村对生药产地的调查和确认，生药种植、采收、加工等全过程的监督管理，完全按津村GACP要求进行监查，最终实现只从通过津村GACP监查认证的产地和供应商购买生药原料，以保证生药原料的安全、安心、稳定供应。津村积极推进机械化种植、采收和加工，降低劳动强度、用工成本以及通过对生药不同规格可使用性的探讨，提高资源利用率，降低购买成本。为了确保安全、放心生药的稳定供应，津村积极开展生药野生转家种、新产地引种、增产增收、低硫和无硫等相关试验。津村对于生药的检测主要分为质量、有效性和安全性3个方面。特别是对残留农药、

微生物、重金属等与安全性密切相关的品质部分。从源头确保了最终产品的各项安全指标，为津村制药长久发展带来质量保障。

9.4.1.5 中药材交易方式从传统中药材市场向现代物流和电子商务发展

传统上，我国的中药材市场，主要由17个中药材专业市场及产地集贸市场构成。随着信息技术的发展和信息社会的到来，物流业的发展，现代化中药材仓储物流中心正在全国陆续建成，电子商务交易平台、现代物流配送系统不断建设，产销双方无缝对接的中药材流通体系正向标准化、现代化发展。

9.4.1.6 中药材产地初加工向集约化、产业化发展，产地精深加工有待突破

长期以来，我国中药材的产地初加工很落后，分散在千家万户，房前屋后晾晒、干燥，严重影响中药材质量。近年设备、设施清洗、干燥逐渐发展，部分中药材品种和产区，如人参、黄连等出现了集约化的干燥加工。但整体而言，产地初加工的集约化发展迫切需要引导、投入，加速向规模化、集约化、现代化方向发展，以快速提升中药材产地初加工水平，保证加工环节的中药材质量。

中药材的产地精深加工目前尚未启动，但未来发展可能会孕育变化。这需要从政策和产业方面探索放开中药材提取物原料的药材产地生产，培育一批中药材产地精深加工企业，延伸中药产业链，增加原料质量可控性，降低原料药材运输、贮藏成本。进而也推进产地中药经济发展，调动地方政府建设中药材生产基地的积极性。

9.4.1.7 第三方社会资本越来越多进入中药农业领域

由于原料的控制对整个产业链可产生重大影响，很少有资本投资中药农业的局面开始改变。除中药材生产基地和中药工业、商业之外的第三方社会资本开始纷纷介入，投入原料药材基地建设。对原料控制将可能导致对产业链的控制和话语权。

9.4.1.8 中药材种植走向机械化

目前中药材生产的各环节还主要依靠手工操作。但随着农村劳动力的大量减少和劳动力成本的大幅度上升，农场化基地越来越多，现代中药农业企业的发展，中药农业机械化近年快速推进。从土地整理、种子处理、播种移栽、灌溉、施肥、农药使用、中耕除草、采收采挖、清洗净制分级、干燥保鲜、包装都在探索推进机械化进程。

9.4.1.9 中药农业服务体系逐步建立完善

我国中药农业全国性服务体系几乎空白，但在“十二五”启动了“三服务”平

台建设。未来的发展趋势是通过建设综合性中药材生产技术服务平台和专业性技术服务平台，以及全国布局的工作站和服务网点，推进全国性中药材生产技术服务体系建立。通过建设信息收集网点遍布全国中药材主产区的中药材生产信息平台，结合区域性信息平台的建设，形成及时畅通的中药材生产信息服务网络。通过在全国中药材主产区和重要集散地，建设大型中药材供应保障中心，成为源头可追溯、质量有保障的新型供应网络。

9.4.1.10 中药农业技术注重传统技术的科学继承与创新并重

中药农业技术是中药农业现代化发展的支撑，未来一段时间中药农业技术将充分引进、吸收、借鉴现代农业、生物领域的新技术、新方法，通过消化、再创新，实现快速发展。濒危药材的繁育技术将尽可能充分利用组培快繁、发酵技术、生物工程、合成生物学等方法或技术。中药材新品种选育将重点关注品质育种、抗性育种，选育方法将从混合选择、系统选育，向杂交育种、杂种优势利用育种发展，同时积极开展分子标记辅助选择育种。而绿色中药材技术、精准中药农业技术、中药材生态生产技术、生产加工全过程机械化技术将亟须突破和发展。在发展高新技术时，研发和引进适用技术，尊重和发扬传统道地药材生产技术，也是中药农业技术的重要发展方向。

9.4.2 药用作物产业发展对策

9.4.2.1 围绕国家产业政策和市场需求定发展方向

国家产业政策是支持导向，市场需求是源头动力，只有重视两者的协调性才能更好地获得国家政策支持和法律保障，也能更好地适应市场，把握市场。《中药材保护和发展规划（2015—2020年）》中明确了中药材发展的指导思想、原则目标，进一步清晰了中药材的未来发展重点与任务。中药农业企业应在进行严格细致的市场调研和需求分析情况下，要适时把握国家中药行业总体政策导向，以确定企业发展和国家政策的契合点，明晰企业发展方向和发展重点。

9.4.2.2 合理规划，打造优质道地药材基地

利用已有的种植基地和产业基础，制定中长期中药材种植业发展规划，合理谋划，优化种植布局，建立与之相适应的田间管理规范和组织管理机制，以GAP、绿色、有机、优质道地药材基地等认证标准指导药材生产，建设优质道地药材基地，为中药工业和大健康产业提供安全、优质的充足原料，做好良心药、放心药的第一车间。

9.4.2.3 建立溯源体系，有效把控质量风险

中药农业区别于其他农作物，主要在于其他农作物注重的是在现有的基础上求好，而中药农业是在保证疗效的基础上求精。中药材一定是在追求质量的前提下去追求数量。因此，建立适应于中药材行业和企业自身品牌信誉建设的药材溯源体系显得日益重要。目前，商务部已建成“国家中药材流通追溯系统”，中国中药公司也建立了“中药质量追溯系统”。中国中药协会中药材种植养殖专业委员会也在会员内部正在推广应用中国中药公司“中药质量追溯系统”。中药材追溯体系的建立、推广和应用，可有效把控质量安全风险，帮助政府、行业、企业建立产业链式质量管控体系，保障上市产品安全、可控、溯源，进而做到来源可知，去向可查，过程可控，责任可究。

9.4.2.4 提升道地药材标准化生产水平，健全标准体系

在梳理现有标准的基础上，按照绿色发展的要求，制定完善道地药材标准框架，建立健全生产技术、产地初加工、质量安全等标准体系。

（1）推进按标生产。依托龙头企业、农民合作社等新型经营主体，构建“龙头企业+合作社（种植大户）+基地”的生产经营模式，带动农民按标生产、规范管理，推进道地药材全程标准化生产。按照统一规划、合理布局、集中连片的原则，加强基础设施建设，配套水肥一体设施，建成能排能灌、土质良好、通行便利、抗灾能力较强的高标准道地药材生产基地。

（2）推进优质优价。以道地性和临床疗效为主要评价依据，制定完善道地药材商品规格等级标准，推动建立以优质优价为导向的价格形成机制。创响道地药材品牌。突出道地特色和产品特性，与特色农产品优势区建设规划相衔接，打造一批种植规模化、设施现代化、生产标准化的道地药材特色生产基地，培育一批道地药材品牌。

9.4.2.5 坚持创新驱动，质量优先，提升道地药材科技水平

把握继承与创新的关系，坚持中医的临床思维，推进中医药理论与实践的发展。加强中药材基础研究，应用基因组学、分子生物学等现代育种技术，加快道地药材育种创新，培育一批抗逆性强、品质优良、质量稳定的道地药材品种，推动建立体现质量第一、效益优先导向的市场定价标准，在创新中形成新特色、新优势。

9.4.2.6 加强协同创新，做好产业基础保障

建立跨学科、团队、行业的“产学研用”协同创新平台，政府、行业、企业、基地组建联盟，以项目制形式针对制约中药材种植业发展的共性与关键性问题进行

联合攻关，促进技术、生产和市场的结合。此外，也可以借助第三方或政府现有农技推广队伍进行企业化装备，以此来保障“三化”基地的顺利运营和出产商品的高质优货。

9.4.2.7 加快对接联合，促进中药、工业、农业共同发展

中药材种植业建设是中药农业范畴。农业是基础，是中药一二三产业健康发展的重要保证。工业在依靠农业的同时，又能带动农业发展；农业在保证工业的同时，又能促进工业的发展；二者是相辅相成的。所以，中药农业和中药工业应建立起合作共赢、强强联合的对接机制，以品种作桥梁，以利益作纽带，保证农业为工业种，工业依靠农业产，进而达到合作发展，携手共赢。中药农业是中药产业链的基础环节，实际上，中药材种植业更是中药农业的最基础环节。都说“中医毁于中药”，这可以直接说明种植养殖出“中药”的基地环节更是关键节点。良好的基地环境、有效的基地运营模式、质量溯源的安全意识、工农反哺模式和品牌化思维等均在一定程度上支撑着中药材种植业建设的成功大厦，也在某些层面提示在中药材种植业理应关注的重点。因此，通过正确地认识和掌握中药材种植业现状、存在的关键问题，可以找到有效措施，把握其发展脉搏，进而保障中药材种植业的健康稳定发展。

9.4.2.8 促进中药材加工业的转型升级，提高中药材精深加工水平

推进中药工业数字化、网络化、智能化建设，加强技术集成和工艺创新，提升中药装备制造水平，加速中药生产工艺、流程的标准化、现代化，提升中药工业知识产权运用能力，逐步形成大型中药企业集团和产业集群。以中药现代化科技产业基地为依托，实施中医药大健康产业科技创业者行动，促进中药一二三产业融合发展。开发一批中药制造机械与设备，提高中药制造业技术水平与规模效益。推进实施中药标准化行动计划，构建中药产业全链条的优质产品标准体系。

9.4.2.9 构建现代中药材流通体系

制定中药材流通体系建设规划，建设一批道地药材标准化、集约化、规模化和可追溯的初加工与仓储物流中心，与生产企业供应商管理和质量追溯体系紧密相连。发展中药材电子商务，利用大数据加强中药材生产信息收集、价格动态监测分析和预测预警。实施中药材质量保障工程，建立中药材生产流通全过程质量管理和质量追溯体系，加强第三方检测平台建设。

参考文献

曹海禄，王卫权. 2015. 我国中药材种植业现状与发展建议[J]. 中国现代中药，17（8）：753-755.

陈青青，赖钟雄. 2010. 福建中药材生产存在的问题与发展思路[J]. 福建农林大学学报（哲学社会科学版），13（6）：41-44.

程世鹏，彭凤华，施安国. 2005. 我国特种经济动植物资源可持续利用与开发[J]. 中国农学通报（全国学术年会专刊）：343-345.

戴鼎震，王晓丽，夏兴霞，等. 2003. 我国中草药行业现状与发展对策[J]. 江苏农业科学（5）：14-16.

范小燕. 2003. 我国中草药原料发展情况及趋势[J]. 临床医药文献（5）：176.

龙兴超，宁晓玲，陈庆. 2018. 我国中药材市场现状及展望[J]. 中国食品药品监管，172（5）：28-32.

卢亚妹，王晓辉，王建忠，等. 2019. 中药材产业发展现状研究综述[J]. 现代商贸工业（2）：14-15.

孙文松，李玲. 2018. 辽宁中药材产业现状及发展建议[J]. 园艺与种苗，38（11）：71-75.

魏建和，屠鹏飞，李刚，等. 2015. 我国中药农业现状分析与发展趋势思考[J]. 中国现代中药，17（2）：94-98.

岳杰，陈师农. 2015. 安徽中药材产业发展现状与建议[J]. 安徽科技（3）：34-36.

郑百龙，刘明香. 2011. 福建中药材产业现状及发展思路[J]. 江西农业学报，23（12）：180-183.

（杜咏梅　张洪博　撰写）

10 典型区域特种作物发展情况概述

10.1 山东省特种作物发展现状

10.1.1 各类特种作物种植及产业化发展状况

10.1.1.1 特种粮食种植及产业化发展状况

（1）特种粮食生产与分布。山东省17地市均有特种粮食作物种植，集中分布在鲁中山脉周边县、胶东半岛的鲁东丘陵区、鲁西南黄河冲积平原和鲁北平原，以丘陵、山区分布较多。谷子、高粱种植面积相对较大，主产区多集中种植，良种覆盖率较高，种植基地多采用高产栽培技术，产量水平较高，其他特种粮食作物多为农户采用传统栽培方法，零星种植，管理粗放，产量水平不高。2004年之前，山东省特种粮食作物种植面积超过100万亩，其后，国家取消了农业税，加大了对主粮作物扶持力度，小麦、玉米等粮食作物种植面积逐年增加，受此影响，特种粮食作物面积有所下降。据统计，2014年全省特种粮食作物种植面积65.93万亩，其中豆类特种粮食作物种植面积28.83万亩，总产5.01万吨；谷类特种粮食作物种植面积37.1万亩，总产7.95万吨。

食用豆。山东气候资源优良，雨热同季，热量充足，适宜杂豆类生长。常年种植面积30万亩左右，平均单产150～200千克/亩。主要种类有芸豆、绿豆、豌豆和红小豆等，一般根据生产实际春夏兼播。杂豆育种研究滞后，绿豆主要品种有中绿1号、鲁绿2号、豫绿4号等；红小豆主要有冀红9218、冀红引2号等；豇豆、黑豆、芸豆等多为地方品种。杂豆多分布在贫瘠干旱地区，是当地农民主要收入来源。绿豆主要分布在巨野、高青、单县、曹县、东平、肥城市、沂水、乐陵市、夏津、齐河、临邑、泗水、鱼台、垦利、临朐、章丘、平阴、广饶、费县、冠县、鄄城、昌邑和利津等县（市）。豌豆主产区集中在莱阳、高密、临沂、平度、胶州等。小豆分布在鄄城、牡丹区、沂源、平阴、栖霞等地。芸豆主产区集中在胶南、平度、单县、宁阳、平原、齐河、临邑、宁津、五莲和峄城区。

谷子。山东省谷子面积常年约60万亩，主要分布在鲁中山脉周边县及胶东半岛的鲁东丘陵区，包括济南市的章丘、平阴、长清、历城，临沂市的沂南、沂水、费县、平邑，泰安市的新泰、肥城，潍坊市的青州、临朐等县（市）山地及烟台市、青岛市部分县（市、区）的丘陵区。以夏播为主，占播种面积的2/3。主要品种有济谷12、济谷13、济谷14、济谷16、阴天旱、菠菜根、鲁谷10、冀谷19、冀谷31等。受年度气候条件影响很大，品质和产量水平不稳定。谷子亩产量200～400千克，绝大多数在300千克左右。近年来，价格持续攀升，由2012年的3元/千克上升到2014年的7元/千克左右，种植比较效益明显，在平原地区有面积扩大的趋势。

高粱。山东省高粱目前保持在40万～50万亩，主要分布在济南市的章丘、历城，临沂市的沂南、苍山、平邑，潍坊市的青州、临朐等地。品种主要有鲁粱3号、抗4、兴湘梁2号等，这些品种适应性广、抗病性强，丰产性好，品质优，各地普遍种植。平均单产230千克左右。近几年东营市的垦利、利津，滨州市的沾化等地种植酒用高粱面积有所增加，其中垦利区计划用5年时间把垦利打造为10万亩的高粱种植基地。

（2）特种粮食产业化情况。近几年在国家产业政策的引导下，山东省各地区发展了许多规模化种植的合作社或专业大户等新型经济组织，种植面积从几十亩到上百亩，甚至上千亩。如聊城市的冠县、茌平，菏泽市的牡丹区、成武，潍坊市的寒亭区等平原地区都建立了规模上千亩的合作社；济宁市的金乡依托历史名牌“金乡小米”，建立了以圣谷米业有限公司为龙头的多个谷子企业和合作社，生产规模不断扩大，目前已近2万亩。黄河三角洲地区规模化、机械化种植高粱的趋势增加，出现多家5 000亩以上种植规模的公司、合作社或家庭农场。2013年，全国首个省级杂粮产业协会在济南成立，标志着山东特种粮食生产步入一个新的发展阶段。

山东省特种粮食加工大部分还于初级加工阶段，加工产品主要分为原粮（绿豆、红小豆、黑豆等）、粥料（小米、高粱米、大黄米等）、粉料（小米面、高粱面、绿豆面等）和豆制品（豆芽、豆浆、豆腐、蛋白粉）等。高粱除了做粥料和粉料以外，主要用于酿造、饲用、生产生物能源等，如景芝酒业集团在垦利建立了2万亩酒用高粱基地，用于酿酒。黍子除了加工成大黄米外，主要用于酿酒，如即墨老酒。红小豆主要是加工成豆沙。

特种粮食品牌化建设取得一定成绩，培育了一些独具地域特色的特种粮食品牌，像沂南“孙祖小米”、新泰“石井贡小米”、临淄“边河小米”、章丘“龙山小米”、济宁金乡“金米”“龙口粉丝”“五莲小杂粮”等，而且产品质量进一步提高。据统计，2013年以来，山东省各地特种粮食品牌无公害产品认证62个，绿色产品认证17个，有机产品认证1个。

10.1.1.2 特种蔬菜种植及产业化发展状况

（1）特种蔬菜类型与分布。山东省是传统蔬菜大省，栽培历史悠久，气候条件适宜，品种资源丰富，素有“世界三大菜园”之一的美誉。据统计，山东省共生产十几大类150多种蔬菜，约2 500个品种。经过近30年的不断发展与壮大，山东省蔬菜产业已经成为特色鲜明、效益显著的优势产业。就山东蔬菜产业来看，“三大类型”蔬菜特色鲜明。

设施栽培（特殊种植技术）蔬菜快速发展。以日光温室为代表的设施蔬菜发展迅速，2014年播种面积达到1 360多万亩，约占全国设施蔬菜的1/4，其中，日光温室440万亩，大中拱棚560万亩，小拱棚320万亩。寿光市、兰陵县等56个县（市、区）被列入《全国蔬菜重点区域发展规划》（2009—2015年）“黄淮海与环渤海设施蔬菜重点区域基地县”名单，占全国177个的30%以上。

加工出口蔬菜稳定增长。全省蔬菜出口量、出口额连续15年稳居全国第一，约占全国的1/3。已经形成了四大出口蔬菜生产和加工区，即以莱阳为中心的胶东半岛生产加工区，以安丘为中心的鲁中生产加工区，以兰陵为中心的鲁南生产加工区，以牡丹区为中心的鲁西南生产加工区。莱阳市、安丘市等35个县（市、区）被列入《全国蔬菜重点区域发展规划》（2009—2015年）“东南沿海出口蔬菜重点区域基地县”名单。到2014年，全省蔬菜加工出口企业达到3 000多家，出口市场覆盖世界五大洲的173个国家和地区，出口额达到32.69亿美元。“十一五”以来山东蔬菜加工出口情况见表10-1。

表10-1 “十一五”以来山东蔬菜加工出口情况

年份	全国		山东		山东居全国的位次及占比		
	出口量（万吨）	出口额（亿美元）	出口量（万吨）	出口额（亿美元）	位次	出口量（%）	出口额（%）
2006	734.08	54.82	240	16.7	1	32.69	30.47
2007	819.11	62.83	280.4	17.75	1	34.23	28.25
2008	821	65.2	258	15.6	1	31.4	23.9
2009	803.9	68.8	274.3	19.8	1	34.1	28.8
2010	844.6	99.9	289.2	34.5	1	34.2	34.6
2011	973.4	117.5	356.5	37.2	1	36.6	31.7
2012	935	100	315	28.4	1	33.7	28.4
2013	961.1	115.9	338.3	31.9	1	35.2	27.5
2014	976	125	353.8	32.7	1	36.3	26.2

地方名产（特定区域）蔬菜逐步提升。山东省蔬菜品种资源丰富，地方名产众

多，章丘大葱、苍山大蒜、潍县萝卜、胶州大白菜、莱芜生姜等传统的地方名产蔬菜享誉国内外，金乡大蒜、马家沟芹菜、沂南黄瓜、定陶山药、曹县芦笋、莱阳芋头等新兴地方品种异军突起，品牌优势明显。葱、姜、蒜等名产蔬菜面积稳定在600万亩以上，已成为出口创汇的主要蔬菜种类。截至2014年底，全省共有168个农产品获得地理标志产品认证，其中蔬菜产品53个，占31.5%。据调查，山东省地方名产蔬菜名录如下。

济南市：章丘大葱、唐王大白菜、明水白莲藕、鲍家芹菜、赵八洞香椿、仁风西瓜、曲堤黄瓜、瓦西黑皮冬瓜、北园大卧龙莲藕。青岛市：胶州大白菜、马家沟芹菜。淄博市：西长旺白莲藕、鲁村芹菜、祁家芹菜。枣庄市：滕州马铃薯、滕州大白菜。东营市：麻湾西瓜、大王秦椒。烟台市：莱阳芋头、烟台地黄瓜。潍坊市：昌乐西瓜、桂河芹菜、寿光独根红韭菜、浮桥萝卜、寿光大葱、昌邑大姜、安丘大葱、夏庄大金钩韭菜、前岭山药、寿光化龙胡萝卜、安丘两河大蒜、寿光羊角黄辣椒、青州银瓜。济宁市：金乡大蒜、胡集白梨瓜、瓦屋香椿芽、嘉祥细长毛山药。泰安市：王晋甜瓜、新泰芹菜、马家寨子香椿。威海市：乳山生姜。日照市：涛雒芹菜。莱芜市：莱芜鸡腿葱、高庄芹菜。临沂市：苍山大蒜、苍山辣椒、苍山牛蒡、沂南黄瓜、沂水大姜、踧山芹菜、八湖莲藕、双堠西瓜、孝河藕、胡阳番茄。德州市：武城辣椒、齐河西瓜。聊城市：许营西瓜、阳谷朝天椒。滨州市：邹平细毛山药。菏泽市：东明西瓜、定陶山药、曹县芦笋。

（2）特种蔬菜产业化情况。山东省蔬菜的产业化发展起步较早，现已基本形成了生产、加工、市场、流通各环节相衔接的产业化格局。到2014年，山东省蔬菜产业化组织达到4 932个，占种植业的34.3%；蔬菜农民专业合作社17 675个，占种植业的24.6%。山东省拥有农业农村部定点批发市场64家，其中蔬菜专业批发市场39家，占60%以上。山东省已经建立起超过150万人的蔬菜运销队伍，仅兰陵县就有10多万人从事蔬菜运销业。蔬菜产品质量安全水平不断提高，蔬菜品牌不断发展壮大，目前山东省不仅拥有全国知名的“乐义蔬菜”“七彩庄园”等蔬菜产品品牌，而且“伟丽种苗”“新世纪种苗”“安信种苗”等蔬菜种苗品牌也享誉全国。

10.1.1.3 特种果品

山东省是我国果品主要供应基地和加工出口基地，每年果品出口量占全国总量的40%～45%。同时，山东省果树品种资源丰富，栽培、半栽培的野生果树有90多个种及变种，隶属16科、34属，近3 000个品种或类型。落叶果树地方品种之丰富，名、特产品种之多，居全国首位。山东省是我国的主要干果产区之一。生产历史悠久，品种资源丰富，主要栽培树种有大枣、板栗、核桃、柿、花椒、山楂、银杏等，乐陵金丝小枣、曹州耿饼、郯城银杏、峄城石榴等许多名、特、优产品在国内外市场上享有盛名。目前，山东省水果产业发展呈现以下几个特点。

（1）综合生产能力明显提高。山东省水果生产经历了20世纪80年代末和90年代时期的大发展、大调整之后，基本走上了优质、高效的健康发展之路，表现为面积减少的同时产量大幅度增加。

（2）优势区域初步形成。初步形成了以胶州半岛和泰沂山区为主的苹果优势产区，以蒙阴、沂水、平邑和沂源为主的沂蒙山区桃优势产区，以烟台、滨州和聊城等为主的梨集中产地，以烟台和青岛等为主的酿酒葡萄集中产区和以德州、滨州为主的小枣和冬枣特色产区。

（3）树种、品种结构进一步优化。经过调整，降低了苹果的面积比重，提高了桃、葡萄等其他水果的比例；集中打造鲁北冬枣、胶东大樱桃特色水果产区，重点建设鲁西北红枣、泰沂山区银杏特色干果产区；加强对莱阳梨、肥城桃、青州蜜桃、峄城石榴、乐陵金丝小枣、大泽山葡萄、曹州耿饼等地方名优特产的保护和开发。

（4）产业化程度逐步提高。目前山东省各类型果品分级流水线680条，年处理果品能力300万吨；各类果品加工企业1 000余家，其中省级龙头企业28家，国家级龙头企业3家，果品加工能力350吨，果品贮藏能力380万吨。登记在册的各类果品专业批发市场33个，年流通量420万吨，交易额超40亿元。

（5）促进农民增收和出口创汇能力提升。水果生产时典型的优质高效特色农业，对农业增效、农民增收和出口创汇有重要推动作用。从出口规模和出口结构上看，山东省在中国水果出口的省际间具有较强的竞争力。

10.1.1.4　中药材

山东省是中药资源和中药材种植大省，中药资源种类、中药材种植面积均占全国10%以上。“十二五”以来，山东省中药材种植规模、优势产区布局、组织化程度、科技支撑能力、种植基地建设规范化水平等方面都取得了明显进展，进入国内先进行列。山东省中药材产业发展主要成效如下。

（1）种植规模不断扩大。随着中药材需求量逐年递增，山东省的中药材种植规模不断扩大。2015年，山东省中药材种植面积达到182万亩，种植品种70余个，总产值近90亿元，创历史新高。中药材种植已逐步发展成为许多地区的优势特色产业，成为山东省农业增效、农民增收、种植业结构调整的有效途径。金银花、丹参、桔梗、西洋参等中药材年交易量分别占全国同期同品种交易量的60%、50%、50%、30%以上。

（2）优势产区布局日趋合理。中药材具有道地性特点，只有在道地产区发展中药材种植才能保证和提高中药材质量。近年来，山东省中药材优势产区布局日趋合理，许多中药材都在道地产区建立了种植基地，质量优势日益凸显，中药材产量和质量均在全国名列前茅，如平邑金银花、郯城银杏叶、文登西洋参、临朐丹参、莒县黄芩、菏泽丹皮、鄄城白芷、长清瓜蒌、博山桔梗等，上述中药材在当地的种植面积分别占全省同品种种植面积的75%、70%、95%、60%、50%、60%、50%、50%、45%。山东省中药材品质区划范围规划见表10-2。

表10-2 山东省中药材品质区划范围规划

生产区域	重点品种	优势县（区）
鲁中南山区	金银花、桔梗、丹参、黄芩、瓜蒌、徐长卿、玫瑰、山楂	平邑、费县、博山、淄川、沂源、临朐、莒县、莱城、长清、岱岳、新泰、蒙阴、莱芜、青州、泰山、平阴、泗水、沂南、沂水、东港、山亭、章丘、黄岛、高密、郯城
胶东半岛	西洋参、太子参、北沙参、丹参	文登、乳山、莱阳、荣成、环翠
鲁西南(泛黄)地区	丹皮、白芍、白术、白芷、瓜蒌、半夏、皂角、山药、菊花、麦冬、灵芝、柏子仁、酸枣仁、土元、驴	牡丹区、鄄城、郓城、曹县、单县、定陶、嘉祥、金乡、东阿、汶上、冠县、高唐、邹城
黄河三角洲	罗布麻、枸杞、益母草、补血草、薄荷、茵陈、板蓝根、皂角、防风	陵城、垦利、夏津、邹平
微山湖与东平湖	芡实、莲子、芦根、薏米、水蛭	微山、东平、鱼台、金乡

（3）组织化程度不断提升。为适应中药产业发展需求，山东省中药材种植的组织化程度不断提升。据不完全统计，山东省已成立中药材种植专业合作社200余家，中药材销售专业合作社（公司）约300家，以中药材种植、提取、销售为主业的规模以上龙头企业20多家。“公司+基地+农户”和“合作社+基地+农户”正在成为山东省中药材产业发展的主要模式。组织化程度的提高，为山东省中药产业链的延长奠定了坚实的基础。

（4）基地规范化水平不断提高。在种植规模不断扩大的同时，中药材规范化种植水平不断提高。目前，山东省主要道地药材均建有规范化种植基地，已经通过国家食品药品监督管理总局现场认证的中药材有桔梗、金银花、丹参、黄芩、地黄、党参等，认证总面积近5万亩，处于全国先进行列。

随着人们生活水平和国际社会对中医药认可度的提高，中药产业已经成为古老而又充满活力的朝阳产业。在自然资源急剧减少的情况下，中药材市场供求矛盾日益尖锐，中药材产业发展有着巨大空间和潜力，中药材产业将呈现快速发展的趋势：一是需求量逐年大幅度递增。中药材是中药产品的基本原料，中药产业的不断发展，使得中药材需求量每年以10%以上的比例递增，许多品种仅仅依靠野生资源已经远远不能满足需要，必须依靠人工种植才能满足需要的品种越来越多、数量越来越大。中药材的人工种植在农业产业中所占的比重日益增大，2015年山东省中药材种植面积已占全省农作物播种面积的0.71%，产值占同期农业总产值的2.01%。二是对中药材质量安全要求越来越高。中药材作为医疗保健的基本原料，质量永远是第一位的。中药材质量包括有效性和安全性两个方面。随着人们保健意识的增强，中药材农药残留、重金属含量等已经成为社会关注的焦点之一。三是中药材产业链不断延伸。中药材产业涉及多个环节，每一个环节既决定着产业发展，也决定着经济效益。中药材除药用外，在化妆品、兽药、水产养殖、园艺观赏等领域均有广泛用途。对中药材综合开发利用研究的不断深入，使中药材产业链不断延伸，由单纯的种植业逐步向深加工、综合利用方向发展，中药材产业的经济效益也在逐步提升。四是中药材生产向集约化、规模化发展。单纯的农户个体生产，既不利于种植技术推广和中药材质量的有效控制，也不能满足“安全、有效、稳定、可控”的总体要求，所以中药材生产正逐步向集约化、规模化方向发展。目前，家庭农场、农业专业合作社、农业种植公司或企业正在成为中药材种植的重要力量。全省万亩以上规模的中药材种植基地已达20处以上，规模化种植的品种有金银花、丹参、桔梗、黄芩、西洋参、丹皮、银杏叶等，其中临沂（平邑）金银花有65万亩、威海（文登）西洋参有6万亩、济南（平阴）玫瑰达5万亩、菏泽牡丹达40余万亩。

10.1.1.5　食用菌

食用菌产业是山东省农业的优势产业之一，在现代农业建设和生态循环经济发展中发挥了重要作用。近些年特别是“十二五”以来，山东省食用菌产业实现了跨越式发展，初步形成了生产规模化、品种多样化、布局区域化、经营产业化的发展格局，产量、产值连续多年位居全国前列，已成为名副其实的食用菌大省。山东省食用菌产业发展主要成效如下。

（1）生产规模逐步扩大，产业地位显著提升。2010年以来，山东省食用菌产量、产值逐年提高，已成为山东省农业农村经济第五大产业。2014年，全省食用菌生产规模效益稳中有升，产量419.9万吨，产值248.2亿元。产量超万吨的县（市、区）达到42个，产值超亿元的县（市、区）达到37个。2006—2013年全国、山东食用菌产量、产值统计见表10-3。

表10-3 2006—2013年全国、山东食用菌产量、产值统计

年份	全国产量（万吨）	山东产量（万吨）	山东产量占比（%）	全国产值（亿元）	山东产值（亿元）	山东产值占比（%）
2006	1 474.5	150.0	10.2	590.0	63.8	10.8
2007	1 682.2	182.6	10.8	796.0	75.1	9.4
2008	1 800.1	190.0	10.6	820.0	76.9	9.4
2009	2 020.6	206.1	10.2	1 103.3	123.7	11.2
2010	2 201.2	249.8	11.3	1 413.2	159.4	11.3
2011	2 571.7	315.1	12.2	1 488.4	183.3	12.3
2012	2 828.0	366.2	12.9	1 772.1	207.4	11.7
2013	3 169.7	412.5	13.0	2 017.9	247.1	12.2

（2）品种结构逐步优化，区域布局初步形成。传统栽培大宗菇类稳步发展，形成了以青岛、济宁、聊城、临沂为主产区的平菇主产区；以滨州、淄博、青岛为主的香菇主产区，以德州、济宁、聊城为主的双孢菇主产区；以济宁、德州、临沂为主的金针菇主产区；以青岛、潍坊、济宁、临沂为主的木耳主产区。真姬菇、鸡腿菇、秀珍菇、银耳等珍稀菇类快速发展，产量已占到总产量的15%，栽培品种日趋丰富，形成了以泰安、济宁、滨州、聊城为主的优势产区。2014年山东省食用菌品种产量占比见图10-1。

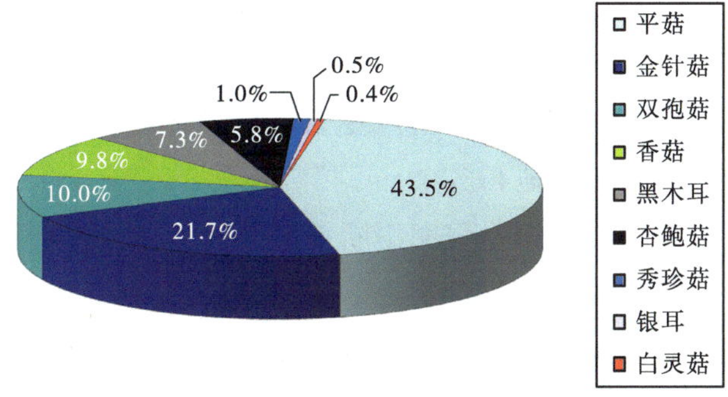

图10-1 2014年山东省食用菌品种产量占比

（3）栽培模式逐步升级，工厂化生产迅猛发展。栽培方式由平面栽培向立体栽培发展，由单季栽培向周年栽培发展，由传统栽培向工厂化生产发展。栽培设施由简易菇棚向智能型设施转变，菌菜复合棚、光伏食用菌大棚等新型栽培设施得以逐步推广应用。工厂化生产发展快速，生产企业从2005年的10家发展到2014年的124

家，企业数量占到全国的17%；年产量达80.9万吨，占全国的39.9%，位居首位。

10.1.2 特种作物产业现状分析

（1）特种作物资源丰富多样。山东省属于暖温带季风气候区，四季分明，气候温和，光照充足，热量丰富，雨热同季，适宜多种农作物生长发育，是我国种植业的发源地之一。全省地形复杂，山地占15.5%，丘陵占19.4%，平原占55.0%，湖泊占0.8%，其余为9.3%。东部半岛以丘陵为主；鲁中南有较多的中山和低山；黄河贯穿鲁西南和鲁北，形成大面积泛滥冲积平原；黄河入海口不断淤积延伸，形成黄河三角洲。丰富的气候资源和多样的地形地貌使得山东省特种作物资源的种类非常丰富，蔬菜、瓜类60多种，林木、果树、茶树、桑树等木本植物660多种，淀粉糖类、脂肪油类、纤维类、芳香油类、药用类、土农药类野生经济植物1 350多种。

（2）特种作物产业化经营形成一定规模。一批有较强竞争力和一定生产规模的特种作物产品在全国占有重要地位，各主要特色农产品产业化经营水平不断提高。例如，莱阳梨不但是美味的时鲜果品，还可以加工成梨干、梨脯、梨酱、梨罐头等，又可以用来酿酒、酿醋，其中天府“一支笔”莱阳梨汁已经闻名全国；大泽山葡萄，食用葡萄年产约30万吨，酿酒葡萄年产约10万吨，用于葡萄酒加工，以烟台的“张裕”、天津的“王朝”、北京的“长城”为代表的葡萄酒加工企业都将大泽山作为第一原料“生产车间”；乐陵小枣，年枣粮间作面积达到200万亩，干枣产量30万吨，加工能力20万吨，加工产品包括枣浸膏、枣汁、枣露、枣茶、枣酒、枣精、枣脯等10多个品种，红枣加工品出口率达70%。

（3）特种作物区域布局初步形成。目前，全省初步形成了鲁北特色枣、梨及鲁东特色水果产业区，泰沂山区特色干果产业区，鲁中特色蔬菜产业区，鲁西、鲁南特色花卉、中药材产业区，鲁东南特色产业区，鲁东及鲁东南特色杂粮产业区等地域特色鲜明和品牌效应突出的特种作物产业区。山东省具有相当规模的国家或省级特色农产品商品生产专业化基地40多个。

（4）龙头企业数量多，组织化程度不断提高。一批龙头企业和名牌产品快速成长，极大地推动了山东省优势、特色农业的快速发展，对促进山东优势特色农产品基地化建设、规模化布局、产业化发展起到了重要的示范和导向作用。围绕特种作物产品开发，全省建立了形式多样的农民合作经济组织或协会，形成了“基地农户＋合作社（协会）＋龙头企业”的基本组织格局。农民合作组织在特种作物产品技术推广、组织管理、市场开发中发挥了越来越大的作用，已成为农户与市场、农户与龙头企业的纽带与桥梁。

（5）品牌建设成效显著。近年来，山东省各地培育了一批区域农产品品牌，有力地提升了山东农产品的整体形象，增加了山东省农产品的市场竞争力。烟台苹果、日照绿茶、金乡大蒜、苍山大蒜、昌乐西瓜、滕州马铃薯、莱芜生姜、胶州大白菜、无棣金丝小枣等入选山东省首批知名农产品区域公用品牌名单。其中，烟台苹果的品牌价值达到了126.01亿元，金乡大蒜、苍山大蒜等品牌价值均在50亿元左右。随着经济全球化进程的不断加快、农业市场化程度的不断提升以及消费需求个性化、多元化、优质化的发展趋势，农业发展进入了转型升级的关键时期，农产品品牌的价值和地位越发突出。

（6）科技优势明显。山东省的科研和教育资源是比较丰富的，省内的农业科研及教育体系也已比较完善，这为山东省特种作物的产业化发展提供了强有力的科技支撑和人才支持。目前，山东省基本形成了山东省农业科学院、山东农业大学、青岛农业大学、地市农科院和农业龙头企业为框架的主要农业科研体系，科研队伍梯度得到优化。除拥有山东省农业科学院等众多农业科研机构外，山东省还有中国科学院烟台海岸带研究所、中国农业科学院烟草研究所、山东大学生命科学学院、鲁东大学生命科学学院等众多涉农院所，聚集着众多知名农业科技专家，培育出了一大批各级各类农业专业人才。

10.1.3 滩涂植物资源与开发情况

本次调研的盐碱地涉及东营和滨州等地，考虑到黄河三角洲农业高新区管委会主要依托东营市建设，而且东营和滨州两地的滩涂植物基本类似，本部分内容的撰写主要针对东营市的滩涂植物资源与开发利用情况。

（1）东营市盐碱地资源现状。东营市盐渍化土地面积约44.29万公顷，占全市总土地面积的50%以上，其中重度盐渍化和盐碱光板地23.63万公顷，约占全市总土地面积的28.4%。土壤以盐化潮土和滨海盐土为主，含盐量较高，一般在0.4%以上，局部地块高达2%～3%，0～100厘米土地加权平均含盐量达0.58%。土壤盐分组成以氯化物为主，占可溶性盐溶量的80%以上。地下水埋深一般2～3米，地下水矿化度10～40克/升，最高达200克/升。年平均温度12.0～12.7℃，无霜期200天，最低温度-23.3℃，最高温度41.3℃。年平均降水量572～640毫米，其中70%的降水量集中在6—8月，早春或秋季干旱，年蒸发量约为降水量的3.3～3.7倍，属季风温带气候。在季风影响下，盐渍土水盐运动有明显的季节变化，主要表现为春季强烈蒸发积盐期，初夏稳定期、雨季脱盐期、秋季蒸发积盐期和冬季稳定期。年周期内，水盐季节变化的动态过程与盐生植物的生长发育有密切关系。

东营市由于黄河每年携带大量泥沙入海，使海岸线向海延伸，年均造陆32.4平方千米，是世界上土地面积增长最快的地区。但由于风暴潮的袭击，使高矿化度的海水携带大量盐分浸淹了大片土地，导致土壤盐渍化，同时也滋生了大量野生耐盐植物。在地势低平、受海潮侵蚀的广大滩涂，主要簇生着一年生海篷子、碱蓬和多年生柽柳；由滩涂向内地推进，碱蓬逐渐增多，构成单优势的肉质盐生植物群落，同时有柽柳的地方发育成以柽柳为主的柽柳灌丛；随着地势升高，地表含盐量减少，有机质增加，形成了有一定抗盐特征的草甸植被，植物种类逐渐增多。耐盐植物分布广泛，数量巨大，如果在不影响生态系统的前提下对其进行合理开发，提高盐生植物的利用价值，这既可以充分利用当地自然资源，又可以提高当地农民的经济收入。利用丰富的盐生植物资源优势，筛选和培育耐盐性强的盐生植物，并加强其开发利用，是治理沿海地区盐碱地的有效措施，是推进盐碱地区农业结构调整、改善生态环境、促进可持续发展的重要途径。

（2）东营市主要耐盐植物。东营市野生植物种类大约有200种，分属40多科，100多属，以禾本科、菊科、豆科和藜科等草本植物为主。这些野生植物包括许多既耐盐又具有很高经济价值的植物，如耐盐绿化树木、耐盐药用植物、耐盐蔬菜、耐盐工业用原料及饲料等。东营市主要耐盐植物见表10-4。

表10-4　东营市主要耐盐植物

科名	属数量	种数量	主要代表植物
杨柳科	2	5	垂柳、杞柳、龙爪柳、旱柳
榆科	1	1	榆
桑科	4	4	桑树、葎草、构树、无花果
马兜铃科	1	1	马兜铃
蓼科	2	5	萹蓄、红蓼、水蓼、丛枝蓼、酸模叶蓼、羊蹄酸模
藜科	7	10	灰绿藜、藜、小藜、翅碱蓬、灰绿碱蓬、中亚滨藜、地肤、盐角草、猪毛菜
商陆科	1	1	商陆
苋科	2	6	皱果苋、苋、绿穗苋、凹头苋、繁穗苋
马齿苋科	1	2	马齿苋、大花马齿苋
落葵科	1	1	落葵
石竹科	3	3	牛繁缕、米瓦罐、石竹
毛茛科	1	1	白头翁
睡莲科	1	1	莲
小檗科	1	1	日本小檗
十字花科	6	6	荠菜、独行菜、盐芥、蔊菜、糖芥、播娘蒿
蔷薇科	2	2	杜梨、朝天委陵菜

（续表）

科名	属数量	种数量	主要代表植物
豆科	12	14	紫荆、小叶野决明、紫苜蓿、草木樨、紫穗槐、田菁、米口袋、直立黄芪、甘草、刺果甘草、胡枝子、野葛、野大豆
酢浆草科	1	1	酢浆草
蒺藜科	2	2	蒺藜、白刺
苦木科	1	1	臭椿
楝科	2	2	香椿、苦楝
大戟科	2	2	蓖麻、地棉
葡萄科	2	3	葡萄、爬山虎、掌叶地棉
卫矛科	1	1	冬青卫矛
黄杨科	1	1	黄杨
锦葵科	2	2	蜀葵、苘麻
柽柳科	1	1	柽柳
胡颓子科	1	1	沙枣
千屈菜科	1	1	紫薇
报春花科	1	1	点地梅
无患子科	1	1	栾
蓝雪科	1	2	中华补血草、二色补血草
木犀科	3	3	白蜡、连翘、紫丁香
夹竹桃科	2	2	夹竹桃、罗布麻
旋花科	4	6	菟丝子、打碗花、藤长苗、茑萝、裂叶牵牛、圆叶牵牛
萝摩科	2	3	萝摩、地梢瓜、鹅绒藤
紫草科	2	2	砂引草、附地菜
马鞭草科	1	1	蔓荆
唇形科	3	4	益母草、留兰香、野薄荷、夏至草
茄科	3	3	枸杞、中宁枸杞、曼陀罗、龙葵
玄参科	3	3	泡桐、地黄、蒲包花
紫葳科	1	2	凌霄花
胡麻科	1	1	芝麻

（续表）

科名	属数量	种数量	主要代表植物
车前科	1	1	车前
忍冬科	2	2	忍冬、八仙花
茜草科	1	1	茜草
桔梗科	1	1	桔梗
菊科	18	25	雏菊、紫菀、碱菀、小飞蓬、苍耳、向日葵、菊芋、鬼针草、茼蒿、猪毛蒿、茵陈蒿、黄花蒿、艾蒿、刺儿菜、大蓟、泥胡菜、苣荬菜、乳苣、蒙古雅葱、蒲公英、苦菊菜、抱茎苦荬菜、苦荬菜、山苦荬
香蒲科	1	1	东方香蒲
禾本科	13	13	芦苇、碱茅、鹅观草、看麦娘、拂子茅、獐茅、画眉草、狗牙根、狗尾草、高羊茅、荻、芦竹、白茅
水莎草科	1	1	水莎草
鸢尾科	1	3	马蔺、鸢尾、黄菖蒲
百合科	2	3	麦冬、丝兰、凤尾丝兰

（3）东营市耐盐植物的开发及利用价值。蔬菜食用价值。东营市盐生野菜种类十分丰富，其中食用价值较大的盐生植物有6科16种，以菊科和藜科居多。其中，菊科主要包括蒲公英、小蓟、苦菜、苣荬菜、蒙古雅葱、茵陈蒿，藜科主要包括盐地碱蓬、猪毛菜、盐角草、灰绿藜、地肤，蓼科中的萹蓄、酸模，蔷薇科中的朝天委陵菜，十字花科中的荠菜，马齿苋科中的马齿苋。在调研过程中发现的比较耐盐的水生蔬菜还包括莲藕等。

药用价值。经过实地调研，东营市的耐盐药用野生植物共计30余种，具有较高的药用价值，为医药行业的研究开发提供了更为广阔的空间。东营市具有药用价值的耐盐植物包括节节草、麻黄、萹蓄、藜、地肤、单叶蔓荆、猪毛菜、甘草、枸杞、杜梨、罗布麻、茵陈蒿、芦苇、马齿苋、二色补血草、柽柳、白刺。在调研过程中发现的比较耐盐中草药植物还包括薄荷、木香等。

用作饲料和饲料添加剂。许多耐盐植物的茎叶含有丰富的蛋白质和可消化的碳水化合物，其茎叶可直接用作动物饲料。羊草、麦滨草、碱茅、星星草、黑麦草、无芒雀麦、狗牙根、老芒麦、冰草、饲用高粱、饲用玉米、紫花苜蓿、黄花苜蓿、草木樨、滨藜、海边香豌豆等植物都是牧草类植物。牧草类植物的茎叶可以作为饲料或饲料添加剂进行开发利用。

用作造纸原料。芦竹和芦苇富含纤维，其纤维长度仅次于木浆，是造纸行业和人造纤维的优质原料。东营市河口区经过人工播种、大水漫灌，在白茫茫的盐碱荒地上培育了3.33万公顷优质芦苇，成为山东省最大的芦苇生产加工基地。河口区坚持经济效益和生态效益并重的原则，对芦苇实行产业化生产和规模化经营。为使芦苇品种从单一化向多元化转变，河口区还从江苏和浙江等省引进芦苇试种并获得成功。

用于提取植物油。碱蓬、盐地碱蓬、野大豆、马蔺、蒿类等植物都是油脂类和芳香油类植物，可用于提取植物油。蒿在滨海盐碱荒地分布广泛，藏量丰富，种子的含油量高达19%，可用来制作肥皂和油漆，也可食用，是值得研究开发利用的油脂资源。

用于盐碱地的绿化和观赏。很多盐生植物由于树形优美，绿叶期较长，花色鲜艳，可以作为绿化观赏植物种植。如用作行道树的盐生植物有白蜡、刺槐、苦楝、臭椿和垂柳等，可用作绿篱的盐生植物有日本小檗、冬青卫矛、枸杞和连翘等，可用作草坪草的盐生植物有三叶草、马蔺、高羊茅等。以上这些植物比较耐盐，种植后成活率较高，在东营市绿化建设中可作为首选植物进行种植。

用于发展海水灌溉农业。东营市盐碱地面积大，种植大量具有较高经济价值的耐盐植物，发展具有耐盐特色的海水农业，可以为人们提供丰富的粮食、油料、绿化、医药、工业原料等产品。由于滨海地区海水资源丰富，发展海水灌溉农业，将成为开发渤海沿海盐碱荒地、解决淡水资源短缺的重要途径。东营市具有丰富的盐生植物，可以从中选择有价值的盐生植物并种植于全海水浇灌的海滨区域中，通过鉴定、筛选出生存力强、具有一定经济价值、可供人类驯化利用的部分盐生植物品种，先对其进行大田栽培，然后在多途径产品增值开发利用上逐步商业化及规模化。抗盐性强的盐地碱蓬和纤维植物芦苇等，均具有较高经济价值，可作为发展海水农业的首选植物类型。

用于盐碱地的生物改良。盐生植物分为吸盐植物、泌盐植物和真盐生植物。例如，翅碱蓬和盐地碱蓬为吸盐植物，从土壤中吸收大量可溶性盐分并积累在肉质化的茎叶组织及绿色组织的液泡中；中亚滨藜、柽柳和白刺为泌盐植物，这类植物也能从盐渍土中吸取过多的盐分，但并不积存在体内，而是通过茎、叶表面密布的盐腺细胞把吸收的盐分分泌出体外，分泌排出的结晶盐在茎、叶表面经风吹雨淋得以扩散，能降低上层土壤水溶性盐分的含量，提高土壤肥力，改良土壤结构。通过种植吸盐植物和泌盐植物，并采用一定技术措施，可以改良盐碱地。例如，对翅碱蓬和盐地碱蓬进行人工栽培，生长过程中对其经过刈割可再生枝叶，把割掉的枝叶作为饲料处理，通过多次刈割再生，可回收土壤中的盐分，改良盐碱，经过2～3年的种植，土壤便可以达到种植绿化树木及农作物的要求。

（4）滩涂植物资源保护及利用情况。调研发现，滩涂植物资源虽然较为丰富，但对滩涂植物资源的保护和利用较为薄弱，目前在山东还没有进行过系统的滩涂植物资源调研、收集和保护研究，也没有一个滩涂植物被得到规模种植和开发利用。

（5）盐碱地开发和利用。目前，山东盐碱地规模种植的作物以枣树和棉花为主，有的地区建立了酿酒企业（五粮液酒厂）高粱种植基地，还有的地区开展苜蓿种植，生产的苜蓿用于饲养奶牛。但总体来说，盐碱地开发和利用还存在较大空间，主要问题是农民种植收益低，适用于盐碱地的特种作物品种缺乏。比如，近几年国内棉花价格大幅下跌，造成农民种植积极性大大降低。

10.1.4 特种作物科研情况

（1）山东省特种粮食作物科研情况。山东省特种粮食科研主要集中在省、市级科研院所。山东省农业科学院作物研究所长期从事谷子等特种粮食研究，目前是国家谷子糜子产业技术体系夏谷栽培科学家岗位、国家高粱产业技术体系济南综合试验站的依托单位，在高粱种质资源保存与利用、适合机械化作业高粱品种和能饲兼用型甜高粱品种选育及配套栽培技术、耐盐碱与能源相关性状分子遗传机制、耐盐碱生理基础和耐盐碱关键栽培技术研究等方面均取得了明显进展。山东棉花研究中心成立了食用豆研究团队。德州、泰安、淄博等市农业科学院新成立了杂粮研究所，部分人员从事谷子等特种粮食的研究工作。

现保存谷子种质2 200余份，高粱种质1 000余份，收集引进各类食用豆种质资源近100份，并进行了初步鉴定。相继育成优质谷子新品种济谷12、济谷14，抗除草剂品种济谷15、济谷16，以及灰小米品种济谷17、糯米品种济谷18等特色品种10多个，高粱杂交种5个。

（2）山东省特种蔬菜作物科研情况。山东农业大学蔬菜学科是我国蔬菜科学领域中具有重要影响力的学科之一。该学科1991年被山东省教委批准为省级重点专业，1996年被批准为省级重点学科，其后一直为省级重点学科，分别于1982年和1998年获得硕士学位和博士学位授予权，并在所属的园艺学一级学科设立博士后流动站。在长期的发展过程中，山东农业大学蔬菜系逐渐形成了自己的优势和特色。现设有瓜类蔬菜研究室、茄果类蔬菜研究室和山东名产蔬菜（葱、姜、蒜、大白菜等）研究室。山东农业大学蔬菜系是“作物生物学国家重点实验室”和“农业农村部黄淮地区园艺作物生物学与种质创制重点实验室”的重要组成部分，具有较完善的仪器设备。近5年来，蔬菜系教师主持国家自然科学基金、国家科技支撑计划、农业农村部行业科技重大专项、国际科技合作重点项目等国家及省部级科研课题90余项，立项经费7 000余万元。“十五”以来，先后获国家和省部级科技成果奖励20项，授权发明专利5项、实用新型专利10余项，每年发表学术论文40余篇，其中SCI论文10余篇。

山东省农业科学院蔬菜花卉研究所是山东省唯一从事蔬菜研究的省级科研机构，“十五”全国农业百强研究所，山东省一类科研院所，国家科技部重点技术推广依托单位，山东省“泰山学者”建设单位，山东省省级文明单位。现有在职职工95人，其中研究员20人，副研究员17人，博士15人，硕士13人，国家有突出贡献的中青年专家2人，省专业技术拔尖人才4人，“泰山学者”1人，山东省农业科学院“杰出人才岗位特聘专家”1人，在国内外蔬菜学术交流、科研、生产中作出了突出贡献，造就了一批有较大影响的知名蔬菜专家。该所下设十字花科研究室、果菜研究室、分子育种研究室、栽培植保研究室、花卉研究室、马铃薯研究中心、葱姜蒜研究中心等专业研究室，并建有国家蔬菜改良中心山东分中心和山东省设施蔬菜生物学重点实验室。“八五”以来共获得研究成果60多项，其中国家级奖励成果5项，省部级奖励成果50多项，厅院级成果13项。培育大白菜、萝卜、番茄、黄瓜、厚皮甜瓜、马铃薯、大葱、大蒜、洋葱、茄子等蔬菜新品种100余个。其中“中国秋冬萝卜核—胞质雄性不育系选育及应用”获1989年国家发明二等奖，“蔬菜种质资源的搜集、研究和利用”获1993年国家科技进步二等奖，“大白菜系列品种的繁育与推广”获1995年国家科技进步三等奖，“山东新型日光温室系统技术工程研究”获2002年国家科技进步二等奖，“大白菜不同类型亲本系及杂种一代的选育与推广”获2004年国家科技进步二等奖。

中国芦笋研究中心是由中国科学院、潍坊市农业科学院、山东省芦笋研究开发推广中心联合成立的科研机构，也是目前全国唯一的国家级专业芦笋科研单位。该中心对芦笋栽培、育种、组织培养、基因克隆、分子标记辅助选择等常规技术和现代生物技术进行了全面系统研究。中心育成的一系列芦笋新品种，如鲁芦笋一号、芦笋王、88-5改良系、冠军、新世纪等已成为笋农点名要种植的优良品种，已在全国推广50余万亩，新品种已占到全国总面积的40%以上。目前专门从事芦笋研究的科技人员20余人，其中高、中级专业技术人员16名，山东省突出贡献中青年专家2人，享受国务院津贴2人，市专业技术拔尖人才5人，博士2名，硕士4名，已形成了以年轻人为主、老中青专家合理搭配、具有顽强拼搏精神和勇于创新的科研团队。中心先后承担芦笋相关的国家、省、市级各类课题35项，荣获国家、省、市级奖励成果22项，其中“芦笋二倍体、多倍体、全雄新品种培育国产化及产业化开发”2002年获国家科技进步二等奖。

（3）山东省特种果品科研情况。山东农业大学果树系依托“果树学”国家重点学科建设，是山东农业大学最早建立的学科之一。经过60余年的发展，该学科成就斐然，1991年被山东省教委批准为省级重点学科，1999年被农业部批准为部级重点学科，2001年被评为“十五”国家重点学科，其后一直为国家重点学科，“十二五”期间，学科得到中央财政支持地方高校建设资金支持，极大促进了学科建设。该系有教授13名，副教授7名，讲师和其他教研或辅助人员8名，其中1人入选中国工程院院士，多人入选教育部长江学者、国家杰出青年科学基金获得者、国家百千万人才、国家有突出贡献中青年专家、山东省泰山学者等国家和省部级人才工程。为了将科研成果转化成生产力，支持我国果树产业的发展，果树学科在山东省科技厅的支持下，于1998年建成了“山东省苹果工程技术研究中心”，进而在国家科技部的资助下，整合我国苹果产业的研发和相关企业，依托山东农业大学果树学国家重点学科，2009年建设“国家苹果工程技术研究中心”，随后，在此基础上成立了“国家苹果产业技术创新战略联盟”，为我国苹果产业的发展提供了强有力的科技支撑。另外，果树学科作为骨干学科参与建设了“农业农村部黄淮地区园艺作物生物学与种质创制重点实验室”。拥有能满足各类研究所需要的大、中型仪器设备，综合实力雄厚。近年来，果树系承担了国家973、公益性行业（农业）科研专项、国家杰出青年科学基金、国家自然科学基金、国家科技支撑等国家级项目的研发工作，本学科曾获国家及省部级科技进步奖13项，培育新品种29个，近5年发表学术论文近300篇。

山东省果树研究所始建于1956年，隶属于山东省最大的农业专门研究机构——山东省农业科学院，主要从事苹果、梨、桃、杏、李、樱桃、石榴、山楂、板栗、核桃、枣、猕猴桃、葡萄、草莓等果树的研究与推广开发工作。该所在职职工238人，其中博士9人，硕士21人，高级职称专业技术人员46人，中级职称专业技术人员24人，设有果树资源、育种、水果、果品贮藏加工、植物保护、观赏园艺、情报资料8个研究室，1个试验场，建有国家外专局“国外果树良种引进与开发”农业引智成果推广示范基地”、山东省外专局“国外果树良种引进示范园”、国家果树种质核桃、板栗圃、科技部果树技术星火培训基地和山东省果树生物技术重点实验室，编辑出版《落叶果树》杂志（原《山东果树》，双月刊，国内外公开发行）。拥有重要科研仪器100多台（套）。先后承担国家、省（部）级课题100多项，育成和审定果树品种34个，获国家专利20项，获各类科技成果126项，其中国家、省（部）级以上科技成果48项。

（4）山东省中药材科研情况。山东作为国家中药现代化科技产业基地之一，经过多年建设，中药材产业的科技支撑能力逐步加强。目前已建有与中药材产业密切相关的省级工程技术研究中心5个、省高等学校重点实验室1处，省中药现代化科技产业示范园3个、示范县6个、示范基地1个、示范企业21个，承担完成了国家科技攻关项目、国家科技支撑项目、山东省自主创新重大项目等20余项，山东省中药材产业发展科技平台有了一定基础。

（5）山东省食用菌科研情况。近10年来，山东省实施的农业良种工程等各类科研、推广项目近100项，获得科技成果50多项，制定行业及省级地方标准70余项，有19个品种通过国家及省级审定，近30项生产关键技术得到大面积推广应用，成立了省农业专家顾问团食用菌分团，设立了国家食用菌产业技术体系山东岗、站和省食用菌产业创新团队，科研力量不断增强。山东农业大学、鲁东大学等高校相继设立了食用菌相关专业，进一步加大了专业技术人才的培养力度。

10.1.5 山东省特种作物发展现状调研过程

为了摸清以山东为代表的黄淮地区特种作物种质资源现状、产地分布状况，以及特种作物生产、加工、产业等情况，研究分析山东特种作物的发展趋势，提出相应的对策措施，为更好保护特种作物资源和产地，挖掘特种作物的营养价值，推进特种作物科学规划、支撑产业布局提供技术、政策支撑，2016年10月31日至11月4日，中国农业科学院烟草研究所许发辉书记带队对山东特种作物进行了实地调研（图10-2至图10-5）。调研的地点主要有山东省农业厅、山东省农业科学院农产品研究所、山东省农作物种质资源中心以及菏泽、滨州和东营等地区的农业政府部门、科研单位和企业等。

图10-2 在山东省农业厅召开座谈会

图10-3 在山东省农业科学院资源中心进行调研

图10-4 田间调研

图10-5 深入企业调研

10.2 湖北省特种作物发展现状

10.2.1 基本情况

10.2.1.1 特种粮食

特种粮食作物是粮食作物中的一类，是对其中一部分种植面积较小、食用功能比较独特而又具有市场需求或有市场开发前景的粮食作物总称。例如，蚕豆、豌豆、大麦、红米、高粱、糯米、荞麦等。与大宗作物相比，湖北特种粮食作物资源丰富，多数具有抗旱、耐瘠、适应性广等特点，可以生长在大宗粮食作物难以生长的瘠薄地。其与大宗作物间套种，能够提高土地利用率，杂豆还可以固氮，培肥地力。这些都对山区农业可持续发展具有重要意义，是种植业资源合理配置中不可缺少的重要组成部分。更重要的是特种粮食作物大多有特殊食用药用功能，在满足人们生活需要和推进地方经济发展方面具有重要作用。湖北省特种粮食作物发展具有以下几个特点：一是种植面积零星。2015年湖北省蚕豌豆种植面积为95万亩，仅占全省粮食作物面积的1.45%，高粱、杂豆等面积为57万亩，仅占全省粮食作物面积的0.88%。二是发展前景看好。湖北特种粮食由于产品生产环境优良，生产过程不使用农药，加之上市较早，食用功能较独特，随着人们生活水平提高，深受市场欢迎，逐渐成为农民收入的重要来源。湖北省特种粮食基本种植情况如表10–5所示。

表10–5　湖北省特种粮食基本种植情况

种类	面积（万亩）	主要品种	主要种植区域	单产（千克/亩）	备注
蚕（豌）豆	105	启豆2号、成胡系列、中豌6号、鄂蚕豆1号和地方品种	武陵山、秦巴山、大别山和幕埠山等山区和江汉平原、鄂东沿江平原等平原地区	130 ~ 150	鲜荚800 ~ 1 500千克；用于豆瓣酱，亦可油炸
大麦	200	鄂大麦32122、鄂大麦507、华大麦9号	鄂东和江汉平原为主	250 ~ 300	饲料大麦为主
高粱	8 ~ 10	地方品种	武陵山、秦巴山、大别山和幕埠山等山区	200 ~ 240	
绿豆	35	鄂绿2号、鄂绿4号、鄂绿5号、中绿1号、中绿2号、中绿5号	山区和丘陵地带	110	极高产的可达300千克
芸豆	16 ~ 20	地方品种	武陵山、秦巴山、大别山和幕埠山等山区高海拔地区	100 ~ 150	

（续表）

种类	面积（万亩）	主要品种	主要种植区域	单产（千克/亩）	备注
小豆	15	鄂红豆1号、地方品种	武陵山、秦巴山、大别山和幕埠山等山区高海拔地区	100～150	
饭豆	10	地方品种	武陵山、秦巴山区	120～150	制作豆沙，主要出口日本
荞麦	6～8	地方品种	幕埠山区	60～100	
红米	0.6	地方品种	江陵三湖农场	600	红米茶、红米稀饭

10.2.1.2 特种蔬菜

湖北省是我国蔬菜生产大省，蔬菜种植规模和产量多年来一直位居全国前7位。2015年全省蔬菜播种面积1 819万亩，产量3 850万吨，产值1 046亿元。其中特种蔬菜优势明显、很有特点，高山蔬菜、水生蔬菜和魔芋的种植规模及产量稳居全国第一。

（1）高山蔬菜生产情况。湖北省鄂西山区大都是海拔800米以上的山地，夏季气候天然冷凉（15～25℃），气候的垂直变化明显，发展高山蔬菜条件得天独厚。全省高山蔬菜基地面积80万亩左右，产量500万吨，主要分布在长阳、利川、恩施、巴东、神农架林区以及襄樊、十堰等地区。主栽品种为喜凉十字花科蔬菜、喜冷凉叶菜类蔬菜、喜温茄果类蔬菜，如薇菜、多种野菜等。利用高山高海拔地区夏季自然冷凉气候生产天然反季节商品蔬菜，有效地支撑了全国夏季蔬菜市场的供应，外销率达到80%以上，大幅增加了鄂西山区农民的收入。

（2）水生蔬菜生产情况。湖北位于长江中游、洞庭湖以北，长江、汉江横贯全省，水网密布，素有“千湖之省”美誉。全省水生蔬菜生产面积150余万亩，产量300多万吨，主要分布在蔡甸、东西湖、江夏、汉川、洪湖及仙桃等地，广泛栽培的有莲藕、茭白、菱、莼菜、芋头、荸荠等20多个品种。亚洲最大的水生蔬菜种质资源圃即位于武汉。80%水生蔬菜生产实现了规模化种植，莲藕占水生蔬菜面积的80%。水生蔬菜做到了周年生产均衡供应，对蔬菜市场调节和有效供应发挥了重要作用。

（3）魔芋生产情况。多年来湖北省魔芋种植面积、产量、产值均居全国第一，主要分布在鄂西和鄂西北地区。2015年，种植面积45万亩，产量58万吨，产值17亿元。生产规模占全国22%左右，成为我国名副其实的魔芋生产基地。

10.2.1.3 浆果

湖北省生产的特色浆果主要有猕猴桃、蓝莓、草莓等，小面积零星栽培的有无花果、石榴等。截至2015年底，湖北省水果种植面积620万亩，总产量615万吨，其中猕猴桃面积12.7万亩，产量2.65万吨；蓝莓面积3万亩，产量0.5万吨。

（1）猕猴桃生产情况。湖北猕猴桃主要集中分布在2个地区，即恩施州的建始县、咸宁市的赤壁市，这两个地方猕猴桃总种植面积约6万亩，约占湖北省总面积的50%。湖北省其他县（市）也有零星栽培，但面积都不太大。建始县位于鄂西武陵山区，猕猴桃种植面积3.5万亩，产量约1万吨，其中70%栽培在海拔800～1 100米的山上。“建始猕猴桃”已获得国家原产地保护标志。赤壁市位于鄂东南，是中国最早开展猕猴桃商业化栽培的地区，种植面积约2.5万亩，产量0.9万吨。

（2）蓝莓生产情况。近年来蓝莓因其营养价值高、效益好，越来越受到人们的重视。湖北省蓝莓在2005年开始规模化发展，起步相对较晚。目前种植面积3万亩，发展规模位居南方地区前列。集中分布在鄂西南幕埠山区、鄂东北大别山区、鄂西南武陵山区及鄂西北秦巴山区，分布于武汉、荆州、荆门、孝感、黄冈、宜昌、恩施、黄石、咸宁、随州等地区。种植品种主要有早熟高丛蓝莓中的密斯蒂、奥尼尔、布鲁吉塔和夏普蓝，主要为鲜食品种；中晚熟品种有兔眼蓝莓中圆蓝、灿烂、粉蓝、巴尔德温等。

10.2.1.4 中草药

湖北处于南北过渡地带，中药材资源十分丰富。中药材种类居全国第五位，产量居全国第七位，野生中药材蕴藏量居全国第十一位。近几年，湖北省中药材产业得到长足发展，正由小农经济向集约化方向发展，产业效益好，优势明显，潜力大，成为山区农民脱贫致富的优势产业，是精准扶贫首选产业。

（1）区域化生产格局已经形成。目前已经形成了武陵山、秦巴山、大别山、幕埠山、神农架和三峡六大中药材生产种植区。武陵山区以鸡爪黄连、板党、玄参等为主，秦巴山区以北柴胡、金银花、肚倍等为主，大别山区以茯苓、菊花、苍术、蕲艾等为主，幕埠山区以金刚藤、金银花、厚朴等为主，神农架以独活、当归、天麻等为主，三峡以天麻、杜仲、厚朴等为主。

（2）优势品种突出。湖北全省优势品种留存面积10万亩以上的有10个，其中厚朴54.7万亩，杜仲48.6万亩，黄柏40.3万亩，木瓜27.3万亩，银杏23万亩，黄连17.6万亩，连翘16.5万亩，栀子13.5万亩，金银花13.2万亩，肚倍11.5万亩。通过国家地理标志产品保护的品种有18个，如利川黄连、恩施板党、恩施紫油厚朴、咸丰白术、利川山药、巴东独活、恩施窑归、罗田九资河茯苓、罗田金银花、罗田苍术、英山桔梗、蕲春蕲艾、团风射干、麻城福白菊、襄樊麦冬、竹山肚倍、郧阳木瓜、竹溪黄连等。

（3）农民增收支柱产业。在中药材主产区，中药材已成为药农收入的主要来源。中药材主产区亩平均收入4 000～10 000元，人均增收2 000元，高出其他特色产业。

（4）产业化程度高。湖北省中成药工业、中药饮片工业和生物制药工业不断发展壮大，在市场上占有一定地位和影响力。中成药加工企业70家，总产值57.81亿元，有5家企业位居全国前120位；中药饮片加工企业23家，总产值8.53亿元，有3家企业位居全国前100位；生物生化制品企业31家，总产值25.07亿元，有3家企业位居全国前30位。

（5）新的发展模式正在形成。企业（合作社）加基地带农户的生产经营模式正在形成。订单药业初具规模，大型医药企业已参与兴建中药材种植基地，现代高效农业中药材产业园区建设开始起步。

10.2.2 调研过程

为了摸清以湖北为代表的华中区域特种作物种质资源现状、产地分布状况，以及特种作物生产、加工、产业等情况，研究分析湖北特种作物的发展趋势，提出相应的对策措施，为精准扶贫，更好保护特种作物资源和产地，挖掘特种作物的营养价值，推进特种作物科学规划、支撑产业布局提供技术、政策支撑，2016年8月底，中国农业科学院烟草研究所许发辉书记带队对湖北特种作物进行了实地调研（图10-6至图10-9）。调研的地点主要有恩施州农业科学院、华中农业大学、武汉市水生作物研究所、中国科学院武汉植物园、湖北省农业厅、蕲春艾草种植基地、李时珍医药集团。

图10-6　在湖北省农业厅召开座谈会

图10-7　田间调研蕲艾种植情况

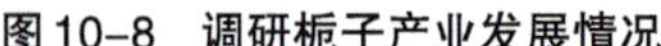
图10-8　调研栀子产业发展情况

图10-9　深入企业调研蕲艾产业发展情况

10.3　湖南省特种作物发展现状

10.3.1　特种作物产业发展现状

10.3.1.1　特种粮油作物

（1）产业情况。

作物种类及面积：湖南省特色旱粮作物主要有红薯、马铃薯、大豆、荞麦等10多种，常年生产面积500万亩以上。油料作物主要有油菜、花生、油葵、芝麻等，是全国重要商品油料生产基地，油菜面积稳定在1 900万亩，居全国第一位。

种植模式：湖南省在推进农业供给侧结构性改革进程中，适应市场需求大力调整粮食种植结构，发展薯类、豆类及稻油种植模式，油菜实施“西进南下”战略，在油用的基础上开发肥用、蜜用、菜用、观赏等功能，带动加工、休闲、旅游发展。

产品加工：湖南省积极创新加工工艺，提升产品质量，开发出众多适销对路的特色旱粮油脂产品，深受市场青睐，成为农民增收新的增长点。浏阳河农业产业集团股份有限公司是全省最大的特色旱粮加工企业。生产的“神洲杂粮”牌绿豆、荞麦、红豆、黑豆、芝麻、花生被中国绿色食品发展中心认定为绿色食品A级产品，生产的“神豆”牌杂粮系列产品获评中国著名品牌，“神豆”“神洲杂粮”已成为著名商标。2015年7月8日，浏阳河集团已成功在“新三板”挂牌上市，成为中国旱杂粮上市第一股。此外，还有上千家中小型特色旱粮油料加工企业，促进了农业增效、农民增收。

园区示范典型：石门县“丰瑞乐”家庭农场立足绿色环保理念，致力生产健康农产品，重点发展立体种养业、特色农业、生态农业，引领消费时尚。加工开发“富硒稻蛙米”“有机彩色米”“紫薯粉丝”“生态食用油”“紫妹土豆”“丰瑞乐青蛙”“特色蔬菜”等六大系列10多个特色、优质农产品，打造了“紫妹”“丰瑞乐”两个商标品牌。年均生产丰瑞乐品牌富硒大米500吨，紫色、红色、黑色等特色稻米20吨，高油酸菜油25吨，养殖青蛙40万只，生态蔬果60吨。安置就业80人，年创利润450万元。

（2）作物生产及系列产品。

油菜：2015年生产面积19 380万亩，平均单产103千克/亩，主推品种为湘杂油系列、丰油系列、中油杂系列、华杂系列等品种，油菜籽全部用于油脂加工。

花生：2015年生产面积177万亩，平均单产171千克/亩。湖南省花生研究已60余年，育成“湘花”“宝花”系列良种品种19个，均为主推品种，基本形成小、中、大粒型齐全，粉、紫、彩色搭配，食、油、奶用途多样，适应南方瘠薄旱地为主的较完善的湖南花生品种结构体系。打造了多个特色明显、市场畅销的品牌产品，如亚林、义丰祥、嗑得响、金健、盘中餐、盐津铺子等。湖南亚林食品有限公司、长沙市香香食品有限公司、岳阳县长盛食品厂、江永县义华花生制品有限公司，这4家公司花生产品年加工量超过2万吨，产值超过10亿元。其中湖南亚林食品有限公司系国家农业产业化重点龙头企业。主要栽培技术有瘠薄红壤旱地春花生避旱饱果栽培技术、缺水稻田改种春花生栽培技术、水稻轮作花生的栽培技术、花生机械化生产技术等。

芝麻、油葵、其他油料作物：近18万亩，主要用于榨油、食品加工等。生产加工企业为湖南长康集团、浏阳河农业产业集团股份有限公司等。

薯类作物：2015年399万亩，其中，马铃薯157万亩，平均单产255千克/亩（折粮），红薯242万亩，平均单产271千克/亩（折粮）。马铃薯主推品种为费乌瑞它、大西洋、东农303、中薯系列、鄂薯系列等，红薯主推品种为湘辐一号、南薯88等，主要用作鲜食、淀粉、粉条加工等，精深加工较少。耒阳市积极发展特色红薯产业，在政府支持下成立了“耒阳市红薯产业协会”，先后从湖南省农业科学院、湖南农业大学引进了“金叶”“紫金薯”“川山紫”“湘辐一号”“86-21”等品种进行示范、推广。同时开展了高产竞赛活动，水东江东鹿村9组村民刘新民通过实施标准化栽培技术，种植的特色红薯“三高”型品种“湘辐一号”单产达到了5 024千克。10多年来，政府和信贷部门累计投入红薯产业发展资金上千万元，扶持了“盛洋”“长明”“谭鸣”和“耒兴”等红薯专业合作社和机械化加工企业，红薯种植面积稳步发展，加工规模逐年扩大，薯农收入持续增加。2012年，全市种薯面积增至4.7万余亩，鲜薯单产提升至2 000千克，鲜薯及加工产值达到7 500万元，2013年总产值近8 000万元，特色红薯基地面积达8 500亩，走出了一条特色产业发展的新路子。其中，“耒阳红薯粉皮”经中华人民共和国农业部、国家工商行政管理总局注册为地理标志证明商标，成为耒阳农产品的拳头品牌，2012加工产值达1 400余万元，为薯农增收750余万元。2013年8月，“谭鸣”红薯粉皮荣获“湖南名优特产博览会金奖”。

豆类作物：2015年334.5万亩，平均单产141.8千克/亩。大豆生产面积205.4万亩，平均单产149.8千克/亩，主要品种为湘春豆系列、中黄系列、五月黄等。全省大豆种类有春、夏、秋3种类型，以春大豆为主。大豆种植形式除单种、田埂豆以外，还可间种玉米、间种幼龄果（茶）园、套种红薯等、豆油（油菜）轮作。大豆主要用于榨油、食品加工等。加工企业为益海嘉里（岳阳）粮油工业有限公司、永兴县原之源食品有限公司、湖南老大观生态农业发展有限公司、湖南满师傅食品有限公司等。其他豆类作物130余万亩，主要用于食品加工、鲜食等。生产加工企业为浏阳河农业产业集团股份有限公司等。

高粱：2015年生产面积13.9万亩，平均单产215.1千克/亩，主要品种为红缨子、红茅糯1号、湘两优糯粱1号、茅香糯等，大部分高粱用于酿酒。主要生产加工企业为湖南雁峰酒业有限公司、湖南天之衡酒业有限公司、娄底市古仙液酒业有限公司、湖南农牧达生态农业发展有限公司等。

10.3.1.2 特种蔬菜

湖南一年四季都有适宜的蔬菜品种可供选择种植，有3 000多份蔬菜种质资源，有很多种植面积大、在全国享有盛名、具有湖南地方特色的蔬菜品种。其中以黄花菜、香芋、辣椒、荠菜、百合、茯苓、竹笋等最负盛名。

湖南省黄花菜的栽培有500多年的历史，国家质量监督检验检疫总局于2002年发布115号公告将湖南省祁东县认定为黄花菜原产地。2015年湖南黄花菜栽培面积有38万亩，每年鲜花产量47万吨，干花产量达8万吨，产值超16亿元，面积约占全国的65%，外销量占全国的75%以上。主要分布在衡阳、邵阳、永州、娄底等市。湖南香芋是唐代从广西引进种植的，已有1 000多年种植历史。2002年湖南江永县被评为“中国香芋之乡”，2010年“江永香芋”成功注册“地理标志证明商标”，2011年被农业部评为绿色食品。2015年湖南香芋栽培面积有30万亩，产量75万吨，产值超过45亿元。主要分布在永州、衡阳等市，其中以永州市江永县最有名。湖南省芦苇面积超过110万亩，年产芦苇笋17万吨，产值超过20亿元，占全国总面积的13.3%，芦苇产量占全国总产量的30%左右。主要分布在洞庭湖区周边的益阳、岳阳、常德3市，其中益阳市沅江面积最大，常年芦苇面积近45万亩。

10.3.1.3 特种药材

“湘”字号品种特色突出，主要有隆回金银花、宝庆龙牙百合、龙山卷丹、邵阳猪屎蒌参、靖州茯苓、平江白术、龙山百合、芷江龙脑樟、怀化女贞子、怀化虫蜡、洪江鱼腥草、慈利三木药材、安江天麻、麻阳旱半夏、湘西黄精等道地药材品种驰名中外。

湖南省的中药材主要分布在武陵山脉、罗霄山脉和南岭山脉三大区域，药材总产量占70%以上。由于山区丰富的地理资源和气候资源，丰富的小气候资源孕育了上千个品种、上万吨中药材资源。

10.3.1.4 特种香料作物

株洲市众民生态农业种植养殖专业合作社正在打造的香料农业科技园，是集生产、科普教育、休闲娱乐、科技研发于一体的大型香料植物生产园区，拟建立香料植物园110亩，香料产业核心示范基地1 300亩，智能化香料种苗基地100亩，香料深加工工厂10 000平方米。目前，已建立1 000亩迷迭香种植和智能温室育苗基地。项目投产后，可亩产迷迭香干叶600～800千克，亩产值7 200～9 600元。深加工后每亩可提高附加值2 880～4 800元。大马士革玫瑰可亩产鲜花400千克，亩产值8 000元。

10.3.1.5 麻类作物

苎麻和蚕桑一直是湖南省的特色优势产业。湖南省种植麻类作物，以苎麻最多，红（黄）麻次之，也有少量亚麻。世界苎麻在中国，中国苎麻在湖南，苎麻面积总产稳居全国第一。国家苎麻产业中心，中国麻类科研所和麻纺工业唯一的上市公司，均设在长沙，长沙有中国麻都之称。2015年湖南省苎麻面积为17万亩，只占到2005年以前的1/20，湖南苎麻产业萎缩严重。

蚕桑近20年来的面积稳定在10万亩左右，产茧1万吨左右，居全国第二十位。麻和桑在国家长株潭重金属污染耕地试点的替代区有较快发展，近3年饲料用桑、麻和纤维用棉麻桑共发展了6.7万亩，成为湖南一个新的亮点。

10.3.2 特种作物产业开发及科学研究情况

（1）湖南省食用菌产业——湖南省湘蕈生物科技有限公司。湖南省湘蕈生物科技有限公司，成立于2005年，是湖南省规模较大的食用菌科研、培训、生产、加工、销售、进出口为一体的产业化龙头企业，具有自营食用菌进出口权的单位。位于长沙县“国家现代农业创新示范园区”。2014年被列为长沙县“国家级出口食品农产品安全示范区”4家食用菌重点创建单位之一。是长沙市食用菌协会会长单位，长沙市雨花区食用菌科技合作社社长单位，曾获中国科协、财政部“全国科普惠农兴村计划”先进单位，第四届国际食品博览会特别推荐奖；长沙市农村工作部等4家单位联合授予“自主创新奖”，长沙市科协授予节能蘑菇基地先进科普单位。长沙市雨花区授予创新型企业等荣誉。拥有国家级专利6项，获厅级以上科技进步奖三等奖3项，县区级二等奖2项，省级成果鉴定一项。

调研发现，湘蕈生物科技有限公司的运作模式为“公司+高效+合作社+基地+农户”。公司以食用菌科研、开发和产品收购加工销售为主，利用设备、技术和销售网络优势，结合长沙市雨花区食用菌科技合作社，长沙市食用菌协会推广新品种、新技术，带动食用菌产业发展和产业的转型升级，实现优势互补，提高农业种植业的机械化和现代化水平，产品公司收购加工销售，加工产品有干品类、罐头类、鲜品类等，产品已销往马来西亚、泰国、韩国等国家。公司已注册了“湘蕈”牌商标。短短的10年间，已经初步发展成为具有一定出口创汇能力的新型农业内销及出口企业。年生产销售2 000多万元，年出口食用菌干品、鲜品及罐头等系列产品近200万美元。

到目前为止，湘蕈生物科技有限公司内销及出口的产品从未出过质量问题，为确保食用菌出口产品质量安全以及公司声誉，2007年开始，以雨花区黎托乡为中心，建设公司自己的食用菌出口基地。2012年开始，前后投资1 000万元用于长沙县安沙镇新建食用菌工厂化栽培及加工节能专利基地。到目前为止，第一期工程已建成投产，并建设了食用菌生产、加工、二维码质量控制和跟踪体系。

湘蕈生物科技有限公司依托高校，运用先进的管理手段和食用菌栽培技术，在食用菌产业中不断发展、壮大，呈现广阔和美好的前景。

（2）湖南省蓝莓产业——星城明月蓝莓产业园。湖南省星城明月生态农业科技发展有限公司成立于2012年9月，是一家蓝莓种苗、种植、深加工、科技咨询及观光旅游服务的综合性农业企业。公司被评为长沙市优秀龙头企业，长沙市现代农业先进单位，是长沙市蓝莓科技栽培示范基地，湖南农业大学产学研基地，湖南农业科学院合作开发基地，湖南生物机电职业技术学院实践基地，长沙市中小学生素质教育基地。

公司下属明月蓝莓基地流转土地1 400多亩，其中有800亩蓝莓科技种植示范基地，1 000平方米的现代化育苗组培中心，100亩育苗基地和1 000平方米的农民技术培训学校。根据中央的精准扶贫政策，结合公司实际情况，在全省推广蓝莓种植，推行技术扶贫。目前在怀化、邵阳等8个地州市以公司+合作社+农户的方式，合作开发种植蓝莓4 000多亩。

公司拥有自己的核心技术，拥有20多人的专家团队，有大专以上学历的员工12人，中级职称员工6人，10年蓝莓种植经验的员工3人，在全省培育新型技术职业农民100余人。目前已开发的产品有蓝莓专用肥料、蓝莓种苗、蓝莓饮料、蓝莓干果、蓝莓色素等。合作开发的单位有湖南省农业科学院、湖南农业大学、中国国际生态产业研究院、吉林农业大学、湖南省生物机电职业技术学院、茂华生物科技有限公司、湖南硒哥生物科技有限责任公司等。公司商标为“星城明月”，产品商标为

“蓝莓姐姐”。生产的蓝莓鲜果通过了绿色食品认证。

（3）湖南省薯类产业——湖南沃园食品有限公司。长沙沃园生态农业科技有限公司，成立于2007年3月，是一家专注于有机农业发展的高科技农业产业化龙头企业，依托中国科学院亚热带农业生态研究所、浙江大学、湖南省农业科学院等科研院所的农业科研成果和高新技术，以基地为核心，实施科技成果产业化。沃园农业主要产品迷你香薯深受消费者欢迎。

湖南沃园食品有限公司由长沙沃园生态农业科技有限公司于2013年9月投资成立，引进日本及我国台湾先进的烘焙食品生产工艺，专注于以特色香薯为主要原料的糕点、休闲食品研发及生产。因产品集安全、营养、美味于一体而独具特色，颇受消费者赞誉。建立并完善可持续发展的生态农业循环经济模式，致力于生产安全、健康、环保的高品质有机产品是沃园矢志不移的追求。

长沙沃园生态农业科技有限公司瞄准市场，大力发展特色香薯选育、栽培、加工、销售。现已开发出一系列以香薯为原料的精深加工产品，如香薯片片情系列、紫薯小花片系列、紫薯烤饼系列等，深受消费者的喜爱，目前产品已进入北京、上海、杭州、南京、无锡、广州、重庆等大城市销售，同时进入德雅村炒货、零食满屋、小嘴零食、索味等知名零食连锁机构，市场反应很好，其中沃园香薯糕点已经成为黄花国际机场特约航空食品。

沃园生态农业科技有限公司在金融硕士彭焕新总经理先进理念的管理下，形成了自己独有的沃园文化：诚信创造健康，维护生态环境，提高生命质量。通过对香薯的不断研究，依托浙江大学、湖南省农业科学院开发了香薯种质、加工、生产、销售一条龙的产业体系，并通过连锁加盟的方式，使连锁专卖与代理经销相结合、品牌授权与品牌自营相结合，扩大沃园产品的销售渠道。同时，发展休闲农业，推出沃园—薯村人家体验式休闲服务，通过种植体验、梦里薯香、糕点DIY等丰富多彩的活动，大力发展特色休闲农业。近6年来，公司共带领2 000多名农户参与种植，每亩增收3 000余元。香薯精深加工及产业化项目带动120余名农民工就业和4 000多人次的季节性用工，为实现农民增收作出了有益的尝试。

（4）湖南省稻虾生态种植示范基地。长沙县联丰农机专业合作社稻虾生态养殖示范基地位于长沙县青山铺镇洪河村，占地70亩，种植早稻两优819和晚稻H优518。示范基地特点是稻虾共作、生态养殖、绿色优质、高产高效，采用高产品种、绿色防控、生态养殖、一水两用等措施，依托长沙市农委科教处、长沙县农业局和青山铺镇农业综合服务中心，开展稻虾生态养殖。

稻虾生态养殖基地充分利用稻田资源，将水稻种植和小龙虾养殖有机结合，提高了资源利用率，全程使用频振式杀虫灯，不施用农药，减少化肥使用，符合资源节约、环境友好、循环高效农业发展要求，实现水稻、小龙虾产量和品质的同步提高。推广双季稻“稻虾共作”生态模式，达到一田两季、一季双收高效高产与休闲垂钓有机结合的目标，也是现代化新型农业发展的一条新道路。

（5）湖南省农业科学研究院。为了进一步了解湖南特种作物种质资源及品种现状，还调研了湖南省作物种质资源库和湖南省农业科学院作物研究所，并与相关专家进行了沟通交流。

湖南省作物种质资源库保存来自全球59个国家（地区）的水稻种质资源21 524份（含重复），保存玉米、油菜、花生等旱作1 200份，辣椒等蔬菜资源4 356份，西瓜、甜瓜等瓜类资源185份，以及各类亲本中间材料万余份。目前累计向17个省市82家科研、教学、生产单位分发水稻种质资源23 073份次，为农业科研，特别是新品种培育发挥了重要作用。

在湖南省农业科学院作物研究所，与所内专家沟通了其在特种作物方面的研究工作，重点沟通了其在荞麦、薏苡作物方面的种质资源及品种研究情况，了解了湖南省在这两类作物上的研究历史和发展过程。

10.3.3 调研过程

为深入推进我国特种作物现状调查与发展趋势专题研究工作（农办农〔2015〕28号文件），2016年11月25—26日，中国农业科学院烟草研究所党委书记许发辉带队赴湖南省，开展特种作物研究现状及发展需求实地调研（图10-10至图10-13）。此次调研旨在摸清湖南特种作物种质资源现状、产业分布以及特种作物生产、加工、销售等情况，为我国特种作物现状与发展积累基础素材，为特种作物在湖南省农业增产增效、农民增收和“调结构转方式”供给侧改革中提供对策措施。

图10-10　在湖南省农业厅召开座谈会

图10-11　调研稻虾生态基地发展情况

图10-12 调研蓝莓产业标准化组培间

图10-13 实地调研蓝莓育苗工厂

10.4 重庆市特种作物发展现状

10.4.1 特种作物总体发展情况

“十二五”期间，重庆市特种作物发展紧扣“促增收”这项任务，积极适应新常态，稳增长、强基础、调结构、提品质、保安全、增效益，产业发展有了长足的进步，取得了较好的成效，为“十三五”迈向农业现代化目标奠定了良好的基础。

到2015年底，重庆市水果总面积572.4万亩、总产量443.6万吨、总产值421亿元，比2010年分别增加了131.2万亩、187.8万吨、229亿元，分别增长29.7%、73.4%、119.3%。其中，柑橘增长最为明显，达297.3万亩、249.2万吨（其中晚熟柑橘110万亩，产量60万吨）、综合产值220亿元，分别增长37.6%、55.8%、96.4%；特色水果275.1万亩、204.4万吨、201亿元，分别增长22.2%、113.4%、151.3%。茶园总面积67.1万亩，总产量3.24万吨、总产值17.3亿元，分别增长16.3%、23.2%、175%。中药材面积122.87万亩、产值25.68亿元，分别增长27.6%、25.1%。花卉种植面积47.1万亩、总产值19.4亿元，分别增长9.3%、55.8%。全市特种作物的产量和产值均达到历史最高点，为重庆市农业增效、农民增收作出重要贡献。

10.4.1.1 特种粮油作物

重庆主要的粮食作物有水稻、玉米、马铃薯、甘薯，以及高粱、大豆、绿豆、荞麦等特色杂粮，油料作物主要有油菜、花生、向日葵、芝麻等。从全国范围看，重庆不是粮油主产区，因此工作思路是抓特色，求效益，大力推进特色效益粮油作物生产发展，推动产加销融合，延长产业链，做特色和效益文章。

（1）特用水稻。重庆市常年水稻种植面积1 000万亩左右，主要分布在渝西地区和万州、开县、秀山等地区。水稻特色品种主要有优质稻、有色稻（红米、紫米、黑米）、特用功能稻等，这些特色品种有些已开发出较具影响力的品牌。据统计，

2016年重庆市优质稻比重比上年提高10个百分点，达到51%。其中比较有特色、有规模的有开县、永川、铜梁、潼南等地的再生稻，产地售价在5元/千克以上，市场供不应求；特用功能稻方面，江津的富硒大米有一定规模，目前该区已经和重庆粮食集团隆平人和健康产业投资有限公司进行合作，全力打造富硒产品。同时，还推广了稻虾、稻鳅、稻鱼、稻鸭等高效种养结合新模式，大力推进有机、无公害稻米品种发展。下一步打算：一是准备对重庆市33个传统的贡米之乡进行挖掘打造，比如南川的贡米、巴南的桥坪大米、彭水的苗妹香香、涪陵的龙潭大米、奉节的红土地大米、綦江的横山大米、武隆的鳅田稻等；二是建设一批优质再生稻米基地；三是发展500万亩中高档优质水稻，因地制宜发展糯稻、粳稻以及红米、紫米、黑米等特色水稻。

（2）特用玉米。重庆市常年玉米种植面积700万亩，积极推进落实种植结构调整，普通籽粒玉米面积下降明显，但甜糯玉米等特用玉米品种面积增加5万余亩，亩增1 010元，并打造了“渝北甜糯玉米”等一些地理标志品牌。同时，增种青贮饲料玉米37万亩，重庆天友乳业与渝北区农户签订青贮饲料玉米收购合同，平均亩产鲜饲料5吨以上，亩均增收2 000元以上，受到农户普遍欢迎。下一步打算：一是发展春、秋甜糯玉米60万亩，优化品种布局和季节布局，延长鲜玉米供应周期；二是在草食牲畜养殖企业较多、饲草需求量较大的区（县）发展青贮玉米基地40万亩。

（3）薯类。重庆市马铃薯种植面积500余万亩，主要分布在渝东南、渝东北两翼地区，其中以巫溪县整体产业打造比较完善。目前该县已经开发了从马铃薯良种（原原种、原种、良种）、商品薯、粉条、汤圆和全粉等一系列产品，而且春马铃薯售价在每斤1.2元左右，市场销售非常好。重庆市常年甘薯种植面积550多万亩，在产业开发方面也形成了一定的优势。彭水县将甘薯作为该县的特色核心粮油产业进行打造，培育了重庆郁山晶丝苕粉等一批企业，特别是郁山公司的粉条已经成功进入香港，其产品“伤心凉粉”在香港供不应求。下一步打算：一是发展高淀粉型和早熟菜用马铃薯各100万亩，普及淀粉加工或菜用专用马铃薯脱毒良种；二是发展100万亩高淀粉型甘薯和50万亩鲜食型甘薯，因地制宜发展红、黄、白、黑、紫色和高胡萝卜素的鲜食甘薯，适度发展菜用苕尖甘薯。

（4）小杂粮。由于重庆市独特的气候、地理条件，农民一直有种植小宗粮豆的习惯，类型多，分布广，主要有高粱、蚕豆、豌豆、荞麦等。重庆是高粱尤其是酿酒型糯高粱种植的传统优势区。在20世纪70—80年代，高粱一度占据着旱地作物的主体地位，但由于杂交玉米的推广，加之高粱常规品种的退化，高粱的种植面积不断缩减。近年来成功引进示范了泸糯8号等酿酒型糯高粱新品种，以渝西地区的荣昌区、永川区、璧山区等为试点，连续多年开展了大面积生产示范，种植面积迅速扩大，目前已接近40万亩。荞麦也是重庆市的特色杂粮之一，目前已发展到接近10

万亩。酉阳荞麦非常有特色，目前该县围绕这一产业打造了多家龙头企业，开发了米、面、茶、酒以及保健枕头等一系列特色产品。在重庆市豆类作物中，大豆种植面积约150万亩，其中比较有特色的是高蛋白品种和高油品种。此外，重庆市还有蚕豆、豌豆、绿豆、芸豆、小红豆等各种小豆类作物，总面积200万亩左右，各种豆类作物中具有不少地方特色品种。下一步打算：重点打造优质酿酒高粱20万亩，高蛋白大豆50万亩，菜用蚕豆30万亩主要布局在海拔400米以下的沿江河谷或低海拔地带，保健荞麦10万亩、特色小豆20万亩主要布局在丘陵山区。

（5）油料作物。油菜是重庆市主要的油料作物。2015年重庆市油菜种植面积363万亩，亩产128千克，总产46万多吨，实现了九连增，但自给率仍然只有40%，因此重庆市大力推广高产优质品种尤其是双低品种的种植规模。在抓总量的同时，注重抓特色，抓产业链，通过功能拓展促进农民增收。如潼南、南川、垫江、秀山等14个区（县）借助油菜高产创建示范片成功举办菜花观光旅游节，实现旅游收入2亿元，同时增加蜜源，促增蜂业收入2亿元。积极推广适合“一种双收”的油菜专用品种，既可采收菜薹，又能收获油菜籽，每亩增收200元以上。除油菜以外，花生也是重庆市比较重要的油料作物，全市种植面积超过80万亩，一批特色花生品种产业发展也初具规模。丰都县青龙乡打造黑花生生产种植示范带，规模已达4 000亩，成为当地支柱性扶贫产业。除此之外，重庆市还零星分布着向日葵和芝麻等16万亩其他油料作物。下一步打算：重点发展优质油菜200万亩，普及低芥酸、低硫苷的优质双低油菜，以及高含油、高油酸等专用油菜品种；发展优质菜用花生及保健黑花生20万亩。

10.4.1.2 特种水果

近年来，市场前景好、经济效益高的柑橘、伏季水果产业在重庆市发展较快。特别是柑橘、李子等商品化生产基地发展迅速，面积、产量都有大幅增长。到2015年底，重庆市柑橘增加81.3万亩，伏季水果增加50万亩。重庆市组织开展水果“三品”（品种、品质、品牌）提升行动，创建农业部水果标准园25个，带动柑橘、南方梨标准化基地发展。初步形成三个柑橘产业带，即万州、开县、云阳、奉节、巫山等地80万亩晚熟鲜销生产基地，环长寿湖20万亩晚熟柑橘生产与景观基地，以忠县为主，万州、开县、长寿为辅的100万亩加工柑橘基地。李子产业异军突起，发展较快，达到47万亩。

在布局上，柑橘产业向三峡优势区域聚集，三峡库区及长江干支流河谷区域集中了重庆市90%以上柑橘面积和产量，实现了集约化、规模化、商品化生产。其他特色水果梨、李、猕猴桃、龙眼等特色水果，重点围绕传统特色产业布局和发展；葡萄、枇杷、桃、樱桃、杨梅等重点布局在主城近郊区域，走精品化休闲观光农业的路子。

10.4.1.3 特种牧草

重庆市属亚热带季风性湿润气候，降雨量大，高温高湿，雨热同季，无霜期长，年积温高，立体气候明显，土壤偏酸性。草山草坡多，总面积3 237万亩，其中天然草地1 500多万亩，疏林草地1 700万亩，可利用草地有2 800万亩。但天然草地草质差，产量低，载畜量低。目前草地改良较少。重庆市通过全国草品种审定，列入中国审定登记草品种名录的草品种有4个，其中地方品种2个，即“巫溪红三叶”“涪陵十字马唐”，野生栽培品种1个，即“重高扁穗牛鞭草”，育成品种1个，即“渝苜1号”紫花苜蓿。

目前重庆市每年新增人工种草60万～80万亩。重庆市种植较多的牧草及饲草种类有多花黑麦草、多年生黑麦草、鸭茅、青饲玉米、饲用甜高粱、皇竹草、白三叶、红三叶等。近几年，重庆市经过不断探索实践，饲草生产呈现两种发展趋势：一是草畜一体，适度规模，循环发展；二是饲草专业化生产，草产业起步。目前，重庆市仅有部分订单式的青贮料饲草加工和商品出售。饲草生产企业少，商品草生产极少，还未真正形成草产业。

10.4.2 特种作物产业发展情况

10.4.2.1 重庆市万州区中药材发展现状

重庆市万州区地处三峡库区腹心，立体生态气候明显，适宜发展中药材的区域广阔，种植品种较丰富。目前万州区中药材种植面积8万亩，产量1.3万吨，产值1.1亿元。主要种植品种有青蒿、药用菊花、木瓜、桔梗、麦冬、丹皮、佛手、白花前胡、天麻等20多种。其中，青蒿种植面积达4万亩，药用菊花1万亩，木瓜0.8万亩，桔梗0.5万亩，麦冬0.5万亩，丹皮0.35万亩，佛手0.35万亩，天麻20万窝，其他品种0.5万亩。主要分布在18个贫困镇乡58个贫困村，重点以七曜山、方斗山、铁峰山脉等区域为主，规模化基地面积达到4万亩，种植大户及业主165家。

重庆市万州区现有中药材生产、加工及销售企业11家，其中国家级龙头企业1家，市级龙头企业1家，区级龙头企业7家。以彼迪正天生化（重庆）有限公司为代表的种植、加工、销售于一体的企业有7家；以重庆市三峡中药材物流中心有限公司为代表的加工、流通企业有4家。重庆市三峡中药材物流中心有限公司在万州新建1万多平方米的大型中药材批发市场，投资近2亿元。彼迪正天生化（重庆）有限公司主要负责青蒿生产、加工及销售，年加工青蒿素近20吨，出口创汇3 000万元以上。

2016年利用特色效益农业、扶贫专项资金投入到中药材产业发展的专项资金为950万元，业主自筹资金1 100万元，对支持产业发展起到了较好的推动作用。

10.4.2.2 重庆市涪陵榨菜产业现状

涪陵榨菜自1898年诞生并推向市场、走向世界以来，经历百年沧桑，与欧洲酸黄瓜、德国甜酸甘蓝并誉为世界三大名腌菜而闻名中外，已发展成为重庆市农村经济中产销规模最大、品牌知名度最高、辐射带动能力最强的优势特色产业。拥有“涪陵榨菜”“Fulingzhacai”“涪陵青菜头”3件地理标志证明商标；全区有半成品原料加工户近4 000户，年半成品加工能力在80万吨以上；有榨菜生产企业38家，其中有榨菜重点龙头企业23户（国家级农业产业化龙头企业2户、市级17户、区级4户），年成品榨菜生产能力60万吨以上；有榨菜商标品牌190余件，其中有“涪陵榨菜”“乌江”“辣妹子”“餐餐想”4件驰名商标、17件重庆市著名商标、37件涪陵区知名商标。形成了全形榨菜、方便榨菜、出口榨菜三大系列100余个产品品种，产品远销全国各大中城市及县乡市场，并出口50多个国家和地区。各式品牌的涪陵榨菜共获国际、国内省部级以上金、银、优质奖100余次。1995年3月，涪陵区被国家命名为“中国榨菜之乡”；2003年被国家授予“全国果蔬十强区（市、县）”和“全国农产品深加工十强区（市、县）”；2005年“涪陵榨菜”通过国家质检总局原产地域产品保护审定，同年被农业部认定为“全国无公害农产品（种植业）生产示范基地”和“全国榨菜加工示范基地”；2008年涪陵榨菜传统制作技艺获国家级非物质文化遗产保护；2009年11月“涪陵榨菜”证明商标被评为“2009年中国最具市场竞争力地理商标、农产品商标60强”；2012年，涪陵区被授予为“国家出口食品农产品质量安全示范区”；2014年，“涪陵榨菜”“涪陵青菜头”地理标志证明商标获“中国最具成长力商标”。2015年，“涪陵榨菜”品牌价值达138.78亿元，“涪陵青菜头”品牌价值达20.74亿元。

2015年，涪陵区青菜头种植面积72.5万亩，总产量150.6万吨，其中外运鲜销52.2万吨，产销成品榨菜47万吨，实现产业总产值85亿元，产业利税16.6亿元。涪陵榨菜通过坚持市场导向，做大产业规模；坚持培育龙头，增强带动能力；坚持科技支撑，提升产业品质；坚持品牌带动，增强竞争能力；坚持宣传促销，扩展鲜销市场；坚持加强监管，确保质量安全；坚持环保优先，解决发展制约；坚持服务扶持，强化发展保障。

10.4.2.3 重庆市万州区柑橘产业现状

重庆市万州区现有柑橘面积36万亩（玫瑰红橙12万亩，红橘12万亩，柠檬10万亩，其他柑橘2万亩），产量26万吨，产值8.4亿元；拟规划建成面积42万亩（玫瑰红橙20万亩，红橘10万亩，柠檬10万亩，其他柑橘2万亩）产量65万吨，产值30亿元。

柑橘产业营销主要以“节会”方式，扩大产品的知名度，打造自己的独特品牌，提高产品的价值。目前，万州区柑橘主要以鲜销为主，逐步开发深加工产品，形成鲜销与加工“两条腿走路”的模式，促进产业健康发展。

10.4.3 调研过程

为进一步加强我国特种作物原产地和种质资源保护，摸清生产、加工、市场等情况，研究分析西南区域的特种作物发展趋势，2016年11月14—16日，中国农业科学院烟草研究所遗传育种研究中心、科技处一行4人赴重庆对特种作物进行实地考察调研（图10-14至图10-17），主要调研了重庆市特种作物发展现状、重庆市万州区中药材发展现状、重庆市涪陵榨菜产业现状、重庆市万州区柑橘产业现状。

图10-14 在重庆市农委召开座谈会

图10-15 调研特种作物种质资源

图10-16 深入企业调研榨菜产业发展情况

图10-17 调研万州柑橘产业发展情况

10.5 四川省特种作物发展现状

10.5.1 特种作物产业发展状况

10.5.1.1 粮食作物种类及生产情况

根据区域气候条件和长期种植习惯的差异，不同地区对特种粮食作物的划分界限不同。常规的粮食作物主要指小麦、玉米、水稻、大豆、马铃薯、红薯等，而随着育种技术的发展，粮食作物中逐渐出现黑米、紫米、紫薯、鹰嘴豆、蚕豆等具有医疗保健功能的种类。对于特种粮食作物的种植，因其相对于传统粮食作物所占的比例较少，因此其在四川省粮食作物统计年鉴中并未将其单独列出。2015年，全省农业产值3 335.5亿元，比上年增长5.4%；全省粮食播种面积9 681万亩，产量3 442.8万吨（688亿斤），比上年增加2.0%，单产711斤/亩。其中，水稻播种面积2 986.2万亩，产量1 552.6万吨，比上年增长1.7%，单产1 040斤/亩；小麦播种面积1 678.5万亩，产量426.3万吨，比上年增长0.7%，单产508斤/亩；玉米播种面积2 103万亩，产量765.7万吨，比上年增长1.8%，单产728斤/亩；红薯播种面积714.8万亩，产量208.7万吨，比上年增长3.1%，单产584斤/亩；洋芋播种面积1 195.8万亩，产量307.6万吨，比上年增长5.3%，单产514斤/亩。四川豆类作物种类较多，其种植面积较大的有大豆、蚕豆、豌豆、绿豆、红小豆等，主要分布在乐山、自贡、泸州、甘孜等地区。受种植习惯与市场价格影响，近年来粮油作物播种面积呈现“粮减油增”的态势。2015年四川豆类种植面积742.2万亩，而2016年豆类户均播种面积0.31亩，同比上升16.67%。

10.5.1.2 经济作物种类及种植情况

据初步统计，2014年四川省经济作物播种面积4 805.9万亩，与上年基本持平。九大类经济作物中，效益较高的油料、中草药材、蔬菜、瓜果等发展较快，油料、中草药材、蔬菜及瓜果类四大类作物合计占经济作物种植面积的比重由上年的83.9%上升至86.1%，上升2.2个百分点。而棉花、麻类、糖料及其他农作物等5类作物由于其经济效益较低，农民不愿意种植，近年来种植面积一直呈现下降趋势；烟叶则为指令性计划种植，由于种植计划下调，致使面积下降。

四川蔬菜种质资源丰富，能满足市场多样化需求。四川蔬菜品种资源非常丰富，有十三大类、105个种或变种、上千个品种的蔬菜，绝大部分在四川都有栽培，其中以芥菜、萝卜、辣椒、茄子、莴笋、甘蓝、豇豆、菜豆、豌豆、南瓜和芋头最为丰富，莲藕、黄花菜、芦笋、葱、姜、蒜等特色蔬菜区域特点鲜明。

2014年四川省油料作物产量300.8万吨，比上年增长3.6%；药材41.9万吨，增长3.8%；瓜果类125.0万吨，增长3.0%；蔬菜产量突破4 000万吨，达到4 066.9万吨，比上年增长4.0%。四川省形成了攀西地区早市蔬菜产区、成都平原蔬菜产区、川南反季节蔬菜产区、川西高地淡季蔬菜产区等具有区域特色的各类蔬菜种植区，保证了四川省一年四季都有丰富的各种蔬菜品种上市。而棉花1.2万吨，减产4.8%；麻类5.4万吨，减产2.9%；糖料55.8万吨，减产2.3%；烟叶22.4万吨，减产10.7%。

据初步统计，到2015年四川省油料播种面积1 947.5万亩，比上年增长1.0%，产量307.5万吨，比上年增加6.7万吨、增长2.2%，其中油菜播种面积1 541.1万亩，产量238.5万吨，比上年增长2.3%。蔬菜播种面积2 024.4万亩，比上年增长2.5%，产量4 240.8万吨，比上年增长4.2%；茶叶产量24.8万吨，比上年增长5.9%；水果产量806.5万吨，比上年增长6.1%；烟叶产量22.2万吨，比上年减少1.4%；棉花产量1万吨，比上年减少17%；麻类产量5.3万吨，比上年减少2%；甘蔗产量54万吨，比上年减少3.1%；药材播种面积168.2万亩，比上年增长3.7%，产量43.9万吨，比上年增长3.7%。

10.5.1.3 特色水果的产业发展现状

（1）特色水果产业化概况——以葡萄、甜樱桃、李为例。

葡萄。全省目前总面积60余万亩，其中鲜食品种50余万亩，酿酒品种10万余亩。产量47万余吨，产值24亿元。主要分布在成都市、西昌市、其他地市州零星分布。结合四川高温、多湿、寡日照特点，创新性研究的“天膜+地膜”双膜覆盖、根域限制、精准肥水一体化和病虫草害绿色防控技术，使四川省的葡萄安全、优质、高效标准化栽培居全国领先地位，是经济较发达地区的主导产业。

甜樱桃。全省目前栽培面积10万余亩，产值近7亿元。主要分布在地震灾区的汉源县、汶川县、茂县等地，全省平均产量500～800千克/亩，个别高产园达到1 000～1 500千克，平均售价30～60元/千克，每亩平均纯收入1.0万～2.0万元，是精准扶贫区的主导产业。

李。全省李面积70余万亩，产值28亿元。主要分布在精准扶贫的高原藏区、秦巴山区、乌蒙山区和大小凉山。其中，茂县一个县种植羌脆李达6万余亩，平均亩产量2 500～5 000千克，批价5～30元/千克不等，产值已达6亿元，已成为当地农户的主导支柱产业。此外，巴山脆李等已享誉全国各地。

（2）特色水果规模化发展——以血橙为例。

自贡市贡井区白庙镇是自贡市九大特色产业带之“自荣路果畜产业带”的重要区域，是贡井区4个特色万亩产业基地（水果）之一。主导产业为以塔罗科血橙新系为主的柑橘产业，主要水果品种有塔罗科血橙、不知火、美国丰脐等。全镇现有塔罗科血橙新系面积1.2万亩，盛产面积近5 000亩，产量达0.8万吨，产值1 354万元，农民人均纯收入7 816元。目前，全镇2 643个农户从事与水果产业相关的投入品供应、种植、营销、务工等工作，水果产业从业人员近5 000人。白庙镇成为四川新的“血橙之乡”。

强化基地建设。白庙镇党委政府于2002年制订了万亩血橙基地建设计划，持续10余年进行了品种改良、塔罗科血橙种植推广。同时，大力整合国家级现代农业示范园区、退耕还林后续产业发展、小农水重点县、新农村建设等涉农项目资金，加快以血橙为主的水果产业基地建设。目前，血橙产业基地面积已达1.2万亩。同时，每年都邀请果树专家到镇开展技术培训，全镇已培养出高级农艺师2名、中级农艺师6名、科技示范户24户，并通过协会、专业合作社实现了生产经营“六统一”，血橙产业已成为全镇的主导产业，农民增收的主渠道，血橙产业得到持续健康快速发展。

开展标准化生产。大力推进血橙标准化生产，全镇现有血橙标准化生产示范园8个，新品种、新技术示范园1个，血橙标准化生产专业村4个，标准化生产示范户1 000户，面积达3 000亩，生产过程全部建立档案，果品品质和产量有较大提升，示范作用明显。大力推广主导品种和主推技术，全年开展水果栽培管理实用技术培训8期2 100人次。加强病虫害的监测，镇农服中心发布预测预报12期，推广测土配方施肥15 000亩次。

强化品牌建设。2002年，白庙血橙基地获得四川省无公害农产品基地认证。自贡市白庙塔罗科血橙专业合作社注册了“李必祥”商标，先后获得“四川省农产品知名品牌”“自贡市知名商标”称号。白庙血橙在2005年第二届“成都·中国西部国际农业博览会”被评为优质产品；2006年11月参加第三届“中国–东盟博览会先进适用技术暨中国星火计划20周年成果展”获优秀奖。2013年实施品牌培育工程，“李必祥”商标正申报“四川省著名商标”“四川省名牌”，并申报“绿色食品”认证。

注重农民专合组织引领示范。全镇现有种植业协会1个，种植业专业合作社3个。其中，省级示范专业合作社和市重点专业合作社各1个，区级重点专业合作社3个。加入协会和专业合作社的农户占农户总数75%左右。自贡市白庙塔罗科血橙专业合作社2008年获得“全国科普惠农兴村先进单位”表彰奖励，省级示范农民专业合作经济组织、自贡市首批市级农民专业合作社示范社等荣誉称号。

10.5.1.4 中药材产业发展概况与规模化生产现状

（1）中药材产业化概况。四川向来被称为“天府之国”，具有“中医之乡”“中药之库”的美誉，拥有丰富的道地中药材资源，全省共有中药资源5 340余种，占全国中草药品种的75%，其中川产道地药材49种。四川省早在20世纪80年代就形成了优质中药材生产区划，主要划分为四大片区：四川盆地中央丘陵平原区——发展川芎、麦冬、白芍、丹参、川明参、川红花等；川西南山地河谷区——发展芦荟、川续断、补骨脂、三七、茯苓等；盆地边缘山区——发展天麻、黄连、赶黄草、金银花等；川西北高原及川西高山峡谷区——发展川贝母、红景天、羌活等高山名贵药材。

2014年四川省中药材种植面积达为159万亩，生产规模在全国排名第五，西部排名第三。通过国家“中药材生产质量管理规范”（GAP）认证的基地达到22个。在全国率先开展中药材品种选育研究，目前选育审定并推广川芎、川麦冬等优良新品种28个。中药材规范化、标准化推进工作全面推进，制定了川芎、麦冬、丹参等川产道地（大宗）药材规范化生产技术规程30余项，药材种子种苗生产技术规程5项。但中药材生产发展不平衡，成都平原大宗药材规范化种植技术较为成熟，种植规模大，甘阿凉地区濒危名贵药材资源，研究基础薄弱，种植规模化小，产业化程度低。

（2）中药材规模化生产现状——以中江县集凤镇芍药种植为例。中江县集凤镇位于龙泉山脉尾端，毗邻成都、德阳、广汉等大中型城市，盛产白芍、丹参、菊花、桔梗等名贵中药材。近年来，集凤镇充分发挥山区自然优势，通过整合各方面资源，优化配置，把实施“一村一品”工程作为农业和农村工作的重要内容来抓，坚持以白芍为主导、多经协调发展的“一镇一主导产业，一村一品”的区域经济发展导向，现已基本形成“一村一品”的发展格局，有效地促进了全镇特色产业基地的形成及农民收入的增加。

发展成效。农业结构进一步优化，特色产业不断发展壮大。2013年，新栽芍药1 650亩，使全镇中药材种植面积达12 000余亩，同时新建了200亩芍药标准园，引进新发展樱桃200亩、牡丹花100亩，在石垭子村三社建起了“芍药良种繁育中心”，使整体竞争力得到了不断提升。优化农产品区域布局，农业增收潜力得到进一步挖掘。全镇以“一村一品”为突破，不断向“多村一品一主导产业”发展。通过狠抓“一村一品”布局的调整和优化，形成了“芍药主产、畜牧生产、粮经复合”3个产业功能区，使农民收入大大增加，提高了农民的种养积极性。以芍药产业为依托，乡村观光旅游发展势头强劲。充分发挥芍药花独特的观赏性，以花为媒，积极推进“中国芍药谷4A级风景区”建设，带动了全镇观光旅游的快速发展。2013年4月成功举办了“中国芍药之乡（四川・中江）首届生态旅游赏花节”，累计接待游客15万余人次，拉动国内消费1 500余万元，实现镇内旅游消费收入288万余元，为“一村一品”乡村观光旅游业的发展奠定了坚实的基础。

发展措施。一是做好规划设计工作。按照“产业富村、科技兴村、企业带村”的思路，集凤镇将“一村一品”作为推进新农村建设的重要举措，全面完成了《集凤镇产村相融推进新农村建设总体规划》《石垭子村产村相融建设美丽新村规划》，促进了“一村一品”向纵深发展，推动了新格局的尽快形成，夯实了新农村建设的产业基础。二是鼓励扶持行业协会和合作社的发展。通过多种途径大力支持行业协会和农村专业合作社建设，将农业产业化链条进一步延伸，做大、做强、做优农业产业，全镇现已建成中药材、慈姑、生姜、水果、蔬菜、生猪小畜禽等专业合作社12个、专业技术协会8个。通过鼓励和扶持行业协会和农业合作社的发展，提高农业产业化水平，带动了“一村一品”的发展，促进农民收入。三是大力推进产业化经营。在家庭承包经营的基础上，通过龙头企业带动和农民专合组织连接，形成产加销一体化，种养加一条龙格局，提高农产品的商品率、加工转化率和附加值。加强龙头企业和农户之间的协作和配合，形成企业和农户有效的利益联结机制，调动企业和农户两方面的积极性，不断扩大“一村一品”经营规模。四是不断提高品牌竞争力。通过大力培育名牌农产品，树立品牌形象，发挥品牌效应，推动“一村一品”的发展。认真组织开展了芎药GAP认证工作，加快了无公害农产品、绿色食品和有机农产品的质量安全认证，确保“一村一品”的质量安全。同时鼓励有条件的特色农产品，注册商标和原产地标识，加强品牌的宣传、保护和推广，提高了“一村一品”的信誉度和知名度。

10.5.1.5 茶产业的发展——以雅安蒙顶山茶为例

为推动雅安市茶产业的发展，雅安市市委、市政府每年安排专项资金用于“蒙顶山茶”的品牌推广，将全市范围内小而杂的茶叶品牌，纳入“蒙顶山茶”系列商标集中打造。鼓励企业参与国内外重要的茶事比赛活动和申报国家、省、市商标，对获奖或获得省著名商标、省名牌、中国驰名商标、中国名牌的企业给予奖励。每年组织具有代表性的茶企业参与外地举办的茶叶展销活动，强化雅安茶的营销优势，强力推介“蒙顶山茶”，提升市场知名度。建立“蒙顶山茶”系列产品严格的质量标准体系，规范茶叶采制工艺和产品质量，确保形成“蒙顶山茶”的独特风味和稳定品质。开展的重点工作如下。

基地为纽，齐抓共管，确保茶叶提质增效。以茶叶基地建设为基础、抓手和载体，积极推进茶叶标准化生产和质量安全监管。一是建立标准体系。严格执行蒙山茶国家地理标志产品保护，制定并实施蒙山茶国家标准，构建农产品（茶叶）质量安全监管体系框架，形成科学、统一、权威的茶叶产业标准体系。二是科学建立生态调控技术体系。大力推广“茶+贵”（桂花、银杏、桢楠、红豆杉、紫荆等珍贵树种）、“猪+沼+茶”生态立体循环种植栽培模式25万亩，实现了林业、畜禽养殖业与茶叶种植的有效对接，茶园绿色防控技术推广面积达12万亩。三是探索建立蒙顶山茶GAP基地联盟。由各相关职能部门联合制定了《蒙顶山茶种植基地联盟盟约》《蒙顶山茶种植基地经营联盟实施方案》等指导性文件。已有13家茶叶规模企业加入了联盟，基地面积达17.2万亩。四是加强源头监管。进一步加大宣传、监督和执法力度，通过农药连锁、购销备案等措施高压管控农资流通渠道；构建乡（镇）—区—市三级联动农产品（茶叶）质量安全监管体系框架，建立检验检测溯源制度，多举措确保茶叶基地安全，27.1万亩茶叶基地通过全国绿色食品原料标准化生产基地验收。

良种为基，多方合作，实现茶产业可持续。一是通过建立“四园一圃”（茶树种质资源圃+品比试验园+母本园+苗圃园+新品种生产示范园）的良种“育繁推”体系，构建“茶良场+新农村研究院茶叶产业部+专家团队+企业+茶叶专业合作社+茶农”的良种选育与推广模式，收集省内外茶树种质资源材料1 500多份，引进省内外茶树良种220个，建成“西南第一”的茶树种质资源基因库，筛选出适宜四川茶区推广的优质特色新品种20多个进行老茶园换种改植。二是依托四川省名山茶树良种繁育场，与四川农业大学、四川省农业科学院等单位合作，积极开展本地品种选育工作，先后选育和合作选育出蒙山系、名山系（名山特早芽213）、川茶系、天府系等四大系列14个省级茶树良种（国家级茶树良种2个），实现了当地茶树育种史上的重大突破，同时开展了“高密高效茶苗繁育技术”研究，亩出圃合格茶苗30万株，高于全国平均水平。三是形成了规模化良繁体系，全区每年可繁育出圃无性系良种茶苗11亿株，远销云南、贵州、四川、重庆、陕西、湖南等地，是全国茶树良种区域试验点和四川重点良种繁育基地。

园区搭台，企业唱戏，全方位培育产业龙头。一是针对全区茶叶加工企业数量多、规模小、布局分散的现状，名山区加大了对茶产业园区的建设力度，引导企业向园区集中，增强企业聚集效应，推动企业向集约化、规模化发展。二是培育旗舰型企业。由雅安市、名山区两级政府共同出资1亿元组建的四川蒙顶山茶业有限公司，成为“蒙顶山茶”品牌运营商，公司肩负着统领茶企、抱团发展的社会责任，争创国家级农业产业化龙头企业，力争成为引领蒙顶山茶科研、生产、加工、营销和品牌等转型升级的旗舰企业。三是雅攀共建蒙顶山茶产业园。即将建成的雅攀共建蒙顶山茶产业园区是一个集茶叶标准化生产加工、茶产业科技创新和生态观光旅游为一体的综合服务型基地。

强化宣传，着力打造，推动品牌上档升级。围绕“蒙顶山茶”品牌打造，大力开展和参与各种茶事活动。一是以“蒙顶山国际茶文化旅游节”和“四川国际茶叶博览会”为平台，将全国茶业界的专家、媒体、客商“请进来”；二是鼓励和带领企业“走出去”，积极参与各种展示展销；三是整合资源，发挥多种媒体宣传作用，拓展宣传空间，扩大宣传面，增强宣传效果，建立全时段、宽受众、立体化信息传播格局。2016年，“蒙顶山茶”品牌价值为23.68亿元，较2015年增加6.24亿元，位居全国第十一位，四川省第一位。

一三互动，茶旅融合，放大产业效应。紧紧围绕“生态、绿色、健康”，“以茶为本、文化为魂、茶旅融合、生态康养、全域旅游”的发展思路，立足“世界茶源·中国茶都”品牌，加快推进以“茶”为核心的休闲农业与乡村旅游融合发展。充分利用蒙顶山、百丈湖、清漪湖、牛碾坪、骑龙场、红草坪“一山二湖三观光茶园”自然条件，通过茶区变景区、茶园变公园、劳动变运动、产品变商品、茶山变金山这“五变”来打造“花香茶海”，发展乡村旅游和休闲农业。成功创建四川省旅游标准化示范区，“全国最美乡村示范县”。形成的“蒙顶山茶乡风情游”川西地区休闲农业精品旅游线路，已经连续两年被评为了“全国十佳茶旅线路”，生态茶产业文化旅游经济走廊初具雏形。截至2016年，全区茶园面积35.2万亩（占全区耕地85%以上），鲜叶总产量近19.08万吨，鲜叶产值17.82亿元，综合产值55亿元，总产值位居全国第二位；全区农村人均茶园面积达1.5亩以上，75%的人口在从事与茶相关的生产经营活动。拥有省级龙头企业9家、市级龙头企业14家，区级龙头企业4家，实现茶叶加工产值23.7亿元，12家企业35个系列产品获无公害农产品认证，4家企业28个产品获得国家绿色食品认证，2家企业15个系列产品获有机茶认证，82家企业已取得国家食品质量安全QS认证。“蒙顶山茶”“蒙山”“蒙顶”3件茶叶商标获得中国驰名商标称号，著名商标10件，知名商标13件。全区推广使用“蒙顶山茶”品牌企业41家，品牌销售达5.5亿元。2015年“蒙顶山茶”获百年世博中国名茶金奖使蒙顶山茶将代表雅安登上了米兰世博会中国馆的舞台，走向世界。在第一、第二产业稳步提升的同时，第三产业优势也逐渐体现，2016年，休闲农业和乡村旅游综合经营性收入31.7亿元，接待游客366万人次、带动农民就业人数1.58万人、实现农民人均增收253元。2016全区人均可支配收入12 113元，其中，人均茶叶经营性收入6 600元。

10.5.1.6 果桑产业的发展

近年来，围绕构建现代蚕桑产业体系和提高蚕桑综合资源的开发利用水平，加快培育蚕桑丝绸产业新的经济增长点，四川省积极推进果桑产业化发展。经过5年努力打造，已成为全国产量和名气最大的优质桑果生产加工基地。2016以来，全国已有50多家企业和商贩赴攀西采购桑果。截至目前，全省桑果产量已突破3万吨，农民桑果销售收入实现1.5亿元，果桑产业成为蚕桑丝绸产业发展新的增长点。

明确产业发展思路。桑果是国家卫生健康委员会公布的药食同源农产品，花青素含量极高，抗氧化功效明显。2012年，桑果饮料入选为航天食品并在“神州九号”上使用。桑果是开发潜力极大的特色水果，但由于市场认知度不高、常温储藏时间短、病虫害防治等技术成熟度不高，发展果桑产业面临诸多挑战。为此，四川省提出了“以市场开发为动力、以果叶兼用为模式、以质量安全为保障、以科技创新为支撑，坚持规模化、标准化、市场化原则，积极稳妥地推进果桑产业化发展，把四川省建成全国一流的果桑生产加工基地”的发展思路，明确建设80万亩高标准果叶兼用桑园的发展目标，引导优势区域加快发展、聚集发展。截至目前，德昌、盐边、南部、嘉陵、资中、涪城等县已累计发展果桑10万亩。

大力推广良种良法。重视加强产学研合作，紧紧围绕构建“既采果又养蚕”的果叶兼用桑产业模式，初步建立了良种良法的技术体系。组织省内科研生产单位成功选育出“蜀果1号”“蜀果2号”“叶果1号”“堡坎61号”“德果1号”等果桑优良品种，引进“无核大十”“红果1号”“红果2号”“嘉陵30号”等鲜食、加工型果桑新品种。通过区域比较试验，四川省明确了现阶段主推品种，研究提出了川中北“8尺*×4尺”“6尺×4尺”的单行稀植、攀西“4尺×2尺”的密植轮伐等栽培模式。目前，四川省在合理应用夏伐和冬伐技术，适时调控桑果、桑叶产量分配等方面已积累了一定的经验，创新了“茧价上升多养蚕、桑果好销多产果”的蚕桑丝绸产业体系内市场风险调控机制。

狠抓农产品质量安全。各地业务部门大力宣传、培训桑园病虫害防控技术，发挥农民合作组织对果叶兼用桑园农药统供、统防服务的作用，严格禁止在桑园使用农产品违禁农药、长效性农药。坚持物理防治为主，药物防治为辅。四川省农业科学院蚕业研究所、四川省蚕业管理总站在南部、嘉陵开展以病果清除、桑园冬耕、地膜覆盖、生物防治为主要内容的病虫害绿色防控技术示范，防治效果达到98%以上。德昌县、涪城区制定实施桑果采摘、储运技术标准，对运销桑果实行自律性检测，防止桑果在采摘、运输环节发生质量安全问题。

大力发展加工工业。始终坚持一手抓生产、一手抓市场。把签订桑果购销合同、招引加工企业作为发展果桑产业先决条件，形成了桑果鲜销、加工并存的市场格局。目前，全省已培育德昌元坤、威远国友、江油圣露、阆中醋业、南充第一坊酒业、大邑德源、南部劲椹等10多家桑果专业加工企业，已开发出桑果汁、桑果酒、桑果醋、桑果干等10余种产品，形成了2万吨加工能力，年产值10亿元的加工体系。加工工业的发展和加工企业体系的形成，有利于桑果保护价收购的实施，有利于收储和冷链体系的完善，大大降低了桑果鲜销受阻的市场风险。

着力打造产品品牌。牢固树立“品牌就是竞争力”的理念，下大力气抓好桑果及加工产品品牌培育打造和市场营销。“盐边桑椹”已获得农产品地理标志登记保护，“德昌桑果”被认定为绿色食品A级产品。最近，德昌县又在积极申报农产品地理标志登记保护。桑果品牌从无到有，如今已经涌现出“阳光味道”“桑道”“丝语”“桑圣红”等企业品牌已在全国小有名气，“攀西桑果”已逐渐成为全国闻名的区域品牌。

10.5.1.7 蔬菜种植——以江油市九岭镇为例

四川是全国重要的蔬菜产区及“南菜北运”和冬春商品蔬菜生产基地，45个县进入国家蔬菜产业发展规划区域，产业发展位居全国第三。2015年，全省蔬菜种植面积达130.8万公顷，较2010年增长了12.7%。初步形成了川西加工外销蔬菜、攀西喜温蔬菜、川南早春蔬菜、川东北特色蔬菜、川藏高原秋淡蔬菜等五大优势蔬菜区

*1尺≈33.3厘米，全书同

域。目前，四川蔬菜总产量4 036万吨，较2010年增长了20.2%，不但能保障四川省9 100多万人口每天500克蔬菜的基本需求，而且每年外销600多万吨鲜菜到甘肃、宁夏、青海、陕西、重庆和西藏等地，调剂保障了全国蔬菜市场供应。四川蔬菜产业的发展需求主要有以下4方面。

一是坚持分区域发展，突出特色，打造优势。要充分发挥四川省的自然资源禀赋和产业资源优势，坚持蔬菜区域布局规划，进一步突出区域特色，打造区域优势。

二是千方百计抓好质量，确保蔬菜卫生安全。要特别抓紧和加快蔬菜标准化生产体系建设，建立完善蔬菜产前、产中和产后几个主要环节的标准体系；加强标准化生产基地建设；强化质量监测体系；建立蔬菜安全生产评价认证体系。

三是走节本高产和适度规模道路，提高蔬菜生产效益。实现蔬菜的可持续发展，必须特别注意降低生产成本，尤其要降低栽培管理成本和劳动力成本，提高单产、提高劳动生产率和土地生产率。在成都平原地区，应积极发展各种形式的蔬菜适度规模生产。

四是围绕产业需求，加强蔬菜科技创新。第一，蔬菜科技创新必须进一步围绕产业发展需求的关键环节进行，培育一批高产、抗病（抗逆）、优质和专用新品种；第二，要加快开发新的蔬菜绿色生产技术；第三，研究丰产、高效、轻简化生产技术和适度规模生产技术；第四，加强蔬菜贮运和加工技术研究。

以江油市九岭镇为例。近年来，江油市九岭镇坚持按照“突出主导产业，建成产业强镇；突出产村相融，建成现代新农村”的工作思路，不断完善“一核两线三片”的产业布局，坚持走“一村一品、多村一品”发展道路，推动全镇产业扩规模、强基地、创特色、升品质，在巩固和深化“一村一品”发展方面走出了九岭的特色。

2013年，全镇已建成3 000亩大棚反季节时鲜蔬菜种植基地，形成了3 600亩折耳根基地、2 000亩韭菜基地、2 000亩莲藕基地和1 000亩番茄基地，总量达到11 600亩；从事蔬菜产业的农户总数达4 134户，占总户数的73%；蔬菜种植收入15 261万元，占农户家庭经营总收入的52%；实现农业总产值3.2亿元，农民人均收入12 506元，人均纯收入过万元村达到了8个。九岭镇先后获得国家级无公害蔬菜基地、国家级农业标准化示范区、全国环境优美乡镇建设试点镇、全国一村一品示范镇、省级新农村建设示范村、江油市现代农业示范园核心区等荣誉称号。

10.5.2 特种作物产业化体系构建措施

10.5.2.1 “一村一品”推进现代农业建设

“一村一品”，就是在一定区域范围内，以村为基本单位，按照国内外市场需求，充分发挥本地资源优势、传统优势和区位优势，通过大力推进规模化、标准化、品牌化和市场化建设，使一个村（或几个村、几个乡，甚至县）拥有一个（或几个）市场潜力大、区域特色明显、附加值高的主导产品和产业，从而大幅度提升农村经济整体实力和综合竞争力的农村经济发展模式。

“一村一品”起源于日本大分县的“一村一品”运动，事实上就是块状经济、带状产业，与我国推行的农业产业化经营在本质上是一致的，其内涵和外延就是我们建设的产业化基地和优势特色产业。“一村一品”应该满足以下几个条件：一是最能体现当地优势，二是最能占领消费市场，三是能创造最好的经济效益，四是靠质量打响产品的知名度。

发展“一村一品”是推进现代农业建设，促进农民增收，构建新型农业经营体系的重要途径。今天，我们走的是一条具有中国特色的农业现代化之路。这条路的显著特征和根本要求就是，现代化之路不能落下一个农民，必须让农民享有现代化的成果，这是历史的责任与任务。问题是：现代化如何“落地”、怎样惠农？中国的国情决定了村镇的最关键。一方面，村镇这一环节与农民联系最广泛，与农民利益最直接。强村富民，这是农业现代化的起点。另一方面，“一村一品”与“一村多品”“一村无品”的区别是农业的标准化、专业化、品牌化、市场化，而这些正是现代农业的基本单元。因此，新时期的“一村一品”，其内涵和外延已经拓展到推进农业现代化的基础环节和重要关口，赋予了新的更高要求。

一要加快培育壮大主导产业，促进产业优化升级，夯实现代农业产业基础。当前，农业产业化经营规模较小，产业技术含量不高、产品附加值低，产业组织发展滞后，产业链条不完整。这就要求加快发展“一村一品”，推动专业村镇发掘优势资源，实行整村推进、整体开发，一村带多村、多村连成片，推进农业生产专业化、规模化，培育壮大主导产业。

二要积极挖掘农业农村内部潜力，努力延长产业链条，促进农民就业增收。当前，农民收入构成主要是家庭经营收入、工资性收入、转移性和财产性收入。今后相当一段时期，家庭经营收入仍将是农民收入的重要支柱。这就要求大力发展“一村一品”，充分发挥农民自主创业的积极性，挖掘农业农村内部资源，开发农业多种功能，扩大农业产业就业和发展空间；发展精深加工和农村服务业，延伸产业链条，增强农村二三产业就业吸纳能力，不断开辟农民就业增收渠道。

三要大力推进农业产业结构调整，积极开发特色优质产品，不断适应市场多样化、多元化消费需求。随着我国城乡居民收入水平的提高，对农产品的消费需求呈现出多样化、差异化、个性化的特征，对健康、安全、优质、特色农产品的需求快速增长。这就要求大力推进“一村一品”，立足当地资源禀赋，根据消费需求，找准市场定位，加快产品更新换代，开展有机、绿色、无公害等质量认证，积极发展特而专、新而奇、精而美的产品，适应城乡居民不断升级的消费需求。

10.5.2.2 注重区域特色，发展高效农业——以成都市为例

一是集中连片科学规划。紧密结合新农村示范片建设，坚持多规衔接，打破村组、乡镇和区（市、县）区域界限，充分体现规模化集约化要求，在二圈、三圈层区（市、县）集中连片规划了10个十万亩粮经产业高产、高效成片示范基地。其中，崇州市隆兴白头水稻基地、邛崃市牟礼冉义水稻（制种）基地、彭州市濛阳菜—稻—菜基地、新津县柳江菜—稻—菜基地、大邑县蔡场粮经基地等5个十万亩粮经复合示范基地，总面积60万亩，涉及29个乡镇；金堂县丘区特色产业基地、蒲江县成佳茶叶基地、龙门山猕猴桃基地、五面山猕猴桃基地、龙泉山伏季水果基地等5个十万亩优势特色产业示范基地，总面积76万亩，涉及44乡镇。

二是集成推广实用技术。在示范基地内，全面集成和推广应用工厂化育苗、标准化生产、设施化栽培、种养循环、节水灌溉、采后处理和信息化智能化等节本、高效、生态、循环先进实用技术，全面引进、试验、示范推广水稻、蔬菜、果树、食用菌、茶叶的优良品种。计划3年时间，集成推广先进实用技术100项以上、优良品种80个以上，切实做到示范基地农作制度合理、种养模式先进、土壤无障碍因子、生态环境优良、生产过程无污染、产品优质高效，实用技术到位率、良种覆盖率和病虫害专业化防治率均达到100%。

三是整体建设硬件软件。在示范区域内，整体推进乡村道路、水利渠系、高标准农田、设施农业、农业机械化、种养循环示范点、农产品质量检测体系、社会化服务体系、采后处理设施、乡村旅游设施和新农村综合体建设，整体推进种养大户、家庭农场、专合组织、农业职业经理人、龙头企业等新型经营主体培育和品牌打造。计划3年时间，新建高标准农田30万亩、育苗中心30个、生态循环示范点120个、设施农业基地36万亩，新改建沟渠223千米、乡村道路118千米，提升建设农资、农机等社会化服务组织172个、采后处理设施129个、一三产业互动乡村旅游示范基地143个，培育农业新型经营主体1 292个，打造区域农产品品牌19个，并按实际需要完成新农村综合体配套建设，切实做到农田旱涝保收率、粮食综合机械化率、土地适度规模经营比重、农业社会化服务覆盖率均达到100%。

10.5.3 调研过程

2017年1月5—9日，中国农业科学院烟草研究所一行6人赴四川对特种作物进行实地考察调研（图10-18至图10-21）。走访了四川省农业科学院经济作物研究所，主要调研了四川特种作物发展现状、眉山市彭山区中药材发展现状、丹棱县橘橙产业发展情况、雅安市茶叶科研及产业发展现状。

图10-18　在四川省农业厅召开座谈会

图10-19　深入农户调研中草药种植情况

图10-20　中草药大田长势

图10-21　深入企业调研泡菜产业发展情况

（全体编写人员　撰写）

11　典型特种作物发展情况概述

11.1　中国菰与菰米产业

11.1.1　中国菰

11.1.1.1　菰的类型、分布与生物学特性

（1）菰的类型、分布。中国菰（*Zizania latifolia* Griseb.）属于禾本科稻亚科稻族菰属，是与水稻属亲缘关系除假稻属外最近的一个重要禾本科作物物种。世界上的菰属植物有4个种，包括产于亚洲的中国菰（*Z. latifolia*）以及产于北美洲的水生菰（*Zizania aquatic* L.）、沼生菰（*Zizania palustris* L.）和得克萨斯菰（*Zizania texana* Hitchc.）。菰属是稻族中唯一一个同时分布在欧亚和北美洲大陆之间的属，因此也被认为是东亚与北美植物区系联系的纽带之一。北美菰中，水生菰、沼生菰主要分布在加拿大和美国之间的五大湖区域以及大西洋沿海平原，而多年生的得克萨斯菰仅仅分布在得克萨斯州中南部的圣马科斯河上游约2.4千米的区域。由于地理位置上与主要的其他北美菰的生长位置距离太远，得克萨斯菰已成为北美濒临灭绝的物种。

菰米作为粮食已经有3 000多年的历史，是“六谷”（稌、黍、稷、粱、麦、菰）之一。在古代，野生菰主要分布在长江上游的四川到中游的洞庭湖、鄱阳湖及下游的太湖流域。目前，我国菰资源极其丰富，除新疆、西藏外，全国各地的湖泊、沟塘、河溪和湿地均有生长，尤其是长江中下游地区和淮河地区的一些水面更为常见。其中，在我国华东、东北地区有着大量野生菰生长，特别是江苏省的里下河地区资源尤为丰富；菰生长较大的水面有南四湖（南阳湖、独山湖、昭阳湖、微山湖）、洪湖、太湖、洪泽湖，另外还有巢湖、高邮湖、骆马湖、白马湖、宝应湖、石臼湖等湖泊。

与北美菰不同，中国菰是一种多年生草本植物，喜沼泽多湿环境，群生，常与芦苇、蒲草及水葱等挺水植物混生，耐水性较强（图11-1）。中国菰具根状茎，茎分地下茎和地上茎，地下茎发达，匍匐生长；地上茎可产生多次分蘖，茎秆粗壮直立。

图11-1　中国菰的生长环境及其伴生物种

（2）菰的生物学特性。菰为C_3植物，其叶片大而扁平，一般上表面光滑，下表面和边缘较粗糙，中脉突出明显，生长速度快，生物产量高。此外，菰叶含有较高的蛋白质、脂肪等，可以作为一种优良的牲畜饲料和鱼类饵料，同时也可以作为生产具有特异性能纸张的原料，或者生产高比表面积活性炭做吸附剂，用于污染环境治理。中国菰的花序为圆锥花序，长30～50厘米，多级分支，上升或展开。菰为单性花，雌雄同株；同一分支上既有雌花又有雄花，但雌花在上、雄花在下，这在花序中部的分支上尤为明显；同一分支，雌花、雄花因空间位置不同而花期不一致，一般偏上部的雌花先开，偏下部的雄花后开；种子较稀疏地排列在穗上，成熟期不一致，易脱落，不易收获。菰属植物的种子均为顽拗性种子，自然状态下，菰种子（菰米）成熟后经历脱落的过程后掉入水中，经过一定时间的冬眠和春化作用，等翌年春天水温达到适宜温度后萌发。因此，菰可以通过根茎进行无性繁殖，也可经过种子进行有性繁殖。菰种子经人工或机械方法去皮后得到颖果，称为菰米。中国菰及其颖果见图11-2。

图11-2　中国菰及其颖果

11.1.1.2 菰的优良特性及其在分子育种方面的研究利用

除了营养价值高以外，作为水稻亲缘关系最近的一个禾本科作物物种，菰还具有水稻所缺乏的很多优良性状，如高蛋白、高赖氨酸、高生物量、耐深水、耐低温、耐稻瘟病、抗纹枯病和异常快灌浆速度等，为克服水稻育种遗传资源狭窄瓶颈因素提供了重要途径。因此，对于如何将菰的这些优良性状应用到水稻育种工作中，许多学者已经做了较多的努力和研究。

自20世纪60年代起，为了选育适宜低洼地区种植的耐涝性强的优良水稻品种，有学者尝试进行菰与水稻的有性杂交。但由于菰与水稻亲缘关系较远，有性杂交不亲和，这些努力未能有较好结果。1976年，吉林省通化市农业科学院朴亨茂采用一种特殊的远缘杂交技术“复态授粉法”将中国野生植物菰的基因导入到水稻品种“松前”中，得到了丰富的转菰后代材料。通过对后代材料进行鉴定发现，选择性状互补材料进行杂交，经过多代选择鉴定培育出优质、多抗、高产大穗水稻品种通育221、通育335、通育403等一系列优质多抗高产水稻品种，并在吉林省得到大面积推广，产生了巨大的社会效益和经济效益。十几年来，东北师范大学刘宝实验室对上述中菰DNA导入水稻的机制和诱发变异的机理做了一系列的研究，从分子水平上证实了这些水稻材料中含有极少量的菰物种专化DNA序列，而且推测这些外源DNA片段导入水稻基因组导致的广泛的胞嘧啶甲基化变异很可能是渐渗杂交系中一些性状变异的主要原因。

关于菰的抗病基因的研究也取得了一些进展。根据烟草*N*基因和拟南芥*RPS2*基因编码区中的保守序列设计简并引物，通过PCR从菰基因组DNA中扩增同源片段，获得了8条NBS-LRR类抗病基因同源序列。以菰NBS-LRR抗病基因同源序列FZ14为模板设计特异性引物FZ14-P1/P2，通过克隆池PCR（pooled PCR）法经分级筛选，从菰基因组TAC文库中获得1个阳性克隆（ZR1）；通过农杆菌介导转化水稻品种日本晴，获得36个对白叶枯病菌PXO71具有明显抗性的独立转化子，结果表明，菰ZR1克隆至少含有1个白叶枯病抗性基因。

11.1.1.3 菰作为粮食作物（菰米、雕胡米）的历史

（1）中国菰米的悠久历史。在我国古代，菰的颖果也被称为苽、雕胡、雁膳、雕菰、王子米等，是我国最早的谷类作物之一。最早关于菰米的文献记载始于周朝，《周礼》将菰列为六谷之一，作为贡米供帝王食用。中国古代从晋到唐、宋时期，文人诗作中吟咏描绘雕胡菰米美味的诗句一直不断出现，如李白在《宿五松山下旬媪家》中的“跪进雕胡饭，月光明素盘”，杜甫在《江阁卧病走笔寄呈崔、卢两侍御》中“滑忆雕胡饭，香闻锦带羹”及陆游在《题斋壁》中的“二升菰米晨炊

饭，一碗松灯夜读书”等。唐宋以后，随着南方人口激增以及农业大开发，围湖垦田和水稻的推广，菰米仅作为充饥救荒使用。由此可见，唐宋时期后菰逐渐被水稻取代，菰米现在已鲜为人知，无人采收食用，成为我国濒临消失的作物之一和农耕文明。

（2）北美菰米的历史。北美菰米是原北美土著印第安人的粮食。1960年美国开始了北美菰米的改良及商业化运作，并逐步推向世界市场。目前，加拿大、匈牙利和澳大利亚已经形成了北美菰米的产业化。1999年全世界的菰米产量约为1亿千克。北美菰米已经作为一种营养价值高、风味独特、价值昂贵的健康食品，进入粮行、饭店、宾馆、土特产商店和超市，还大量出口到欧洲的法国、德国和意大利等国。美国和加拿大的研究结果表明，菰米富含蛋白质和维生素，且口感好。

11.1.1.4 菰米的营养保健价值

（1）菰米的营养价值。中国菰米属于全谷物，具有很高的营养价值，不仅含有丰富的蛋白质、人体必需氨基酸和脂肪酸、维生素以及各种微量元素，而且氨基酸构成比例合理。我国菰米还含有大量的生物活性物质，如抗性淀粉、膳食纤维、黄酮、皂苷、花色苷、植物甾醇等。此外，菰米具有调节异常血脂、血糖等功效，其营养保健功能已得到国内外广泛的认可和应用。

菰米的营养价值成分。我国历代均有菰米的食用记载。近代对于菰米的营养价值国内研究还比较少，20世纪90年代中期，翟成凯对中国菰米的一般营养成分、无机盐、微量元素和氨基酸以及蛋白质功效比（PER）进行了分析测定，并做了比较。以100克菰米计算，含水分9.51克、蛋白质13.22克、脂肪1.02克、灰分1.30克、粗纤维1.70克、总碳水化合物73.20克、钙23.81毫克、铬0.12毫克、钴0.06毫克、铜0.19毫克、铁2.60毫克、锂0.03毫克、镁114.42毫克、锰1.27毫克、镍0.03毫克、磷289.78毫克、钾203.89毫克、钠3.85毫克、锌1.61毫克、维生素B_1 0.59毫克、维生素B_2 0.11毫克、维生素E 0.29毫克，其中维生素B_1、维生素B_2、维生素E、锌、铁含量都高于普通大米。氨基酸含量及蛋白质功效比值如下：以100克菰米计，含有丙氨酸0.69克、精氨酸1.13克、天门冬氨酸1.19克、胱氨酸0.37克、谷氨酸2.4克、甘氨酸0.59克、组氨酸0.38克、异亮氨酸0.5克、亮氨酸0.95克、赖氨酸0.62克、蛋氨酸0.28克、苯丙氨酸0.65克、脯氨酸0.38克、丝氨酸0.66克、苏氨酸0.44克、色氨酸0.21克、酪氨酸0.44克、缬氨酸0.7克。菰米蛋白质中18种必需氨基酸齐全，且含量较高，特别是蛋氨酸、胱氨酸和赖氨酸的含量远远超过大米和小麦粉。菰米的第一限制性氨基酸为苏氨酸，其含量丰富，氨基酸评分为84，高于其他豆类和谷类。菰米的蛋白质含量为大米的2倍，蛋白质功效比值为2.75，高于精米面粉（0.6）和大米（2.18），也高于大豆（2.32），是一种优质蛋白质。菰米和稻米的营养成分和植物化学物质含量比较见表11-1。

表11-1　中国菰米与稻米的营养成分和植物化学物质含量比较

	中国菰米	稻米	差异倍数
蛋白质(克)	13.30	6.15	2.16
脂肪(克)	1.08	0.70	1.54
总糖(克)	73.18	79.38	0.92
总膳食纤维(克)	7.24	0.95	7.62
总矿物质(克)	1.30	0.68	1.91
钙(毫克)	23.74	7.15	3.32
镁(毫克)	114.74	36.50	3.14
磷(毫克)	291.20	99.53	2.93
钾(毫克)	218.47	77.33	2.83
钠(毫克)	4.48	2.85	1.57
铬(毫克)	0.12	0.03	4.00
铜(毫克)	0.22	0.12	1.83
铁(毫克)	2.80	1.17	2.39
锰(毫克)	1.34	1.02	1.31
锌(毫克)	2.40	1.73	1.39
类黄酮(毫克)	352	6.61	53.25
皂苷(毫克)	354.11	27.00	13.12
花青素(毫克)	258.00	—	∞(无穷大)
叶绿素(毫克)	108.40	—	∞(无穷大)
植物甾醇(毫克)	71.28	13.47	5.29

菰米的生物活性物质。中国菰米不仅含有丰富的营养成分，还富含大量的生物活性物质，平均每100克菰米总淀粉含量为65.47克，其中直链淀粉为8.37克、抗性淀粉11.73克；总膳食纤维（TDF）含量为7.24克，其中可溶性膳食纤维（SDF）为1.97克、不溶性膳食纤维（IDF）为5.20克；总黄酮为0.352克；总皂苷为0.254克；花色苷为2.4克；叶绿素为3.64毫克/千克；植物甾醇为8.82毫克/千克。中国农业科学院烟草研究所以中国菰米和北美菰米为研究对象，利用基于UHPLC-QqQ-MS代谢组学技术，从两种菰米中鉴定出672种代谢物以及357种差异代谢物（图11-3）。两种菰米差异代谢物主要在“苯丙烷生物合成”路径上富集，从357种差异代谢物中选取5种花青素和4种儿茶素衍生物进行了相对含量分析。利用大孔树脂柱层析从中国菰米提取物中纯化富集到抗氧化有效成分，从中鉴定出14种酚酸和20种黄酮类化合物，并对中国菰米典型分布区域的荆州和淮安菰米中的酚酸和黄酮类化合物进行了定量分析。与酚酸类化合物相比，菰米黄酮类化合物对其抗氧化活性的贡献更大。

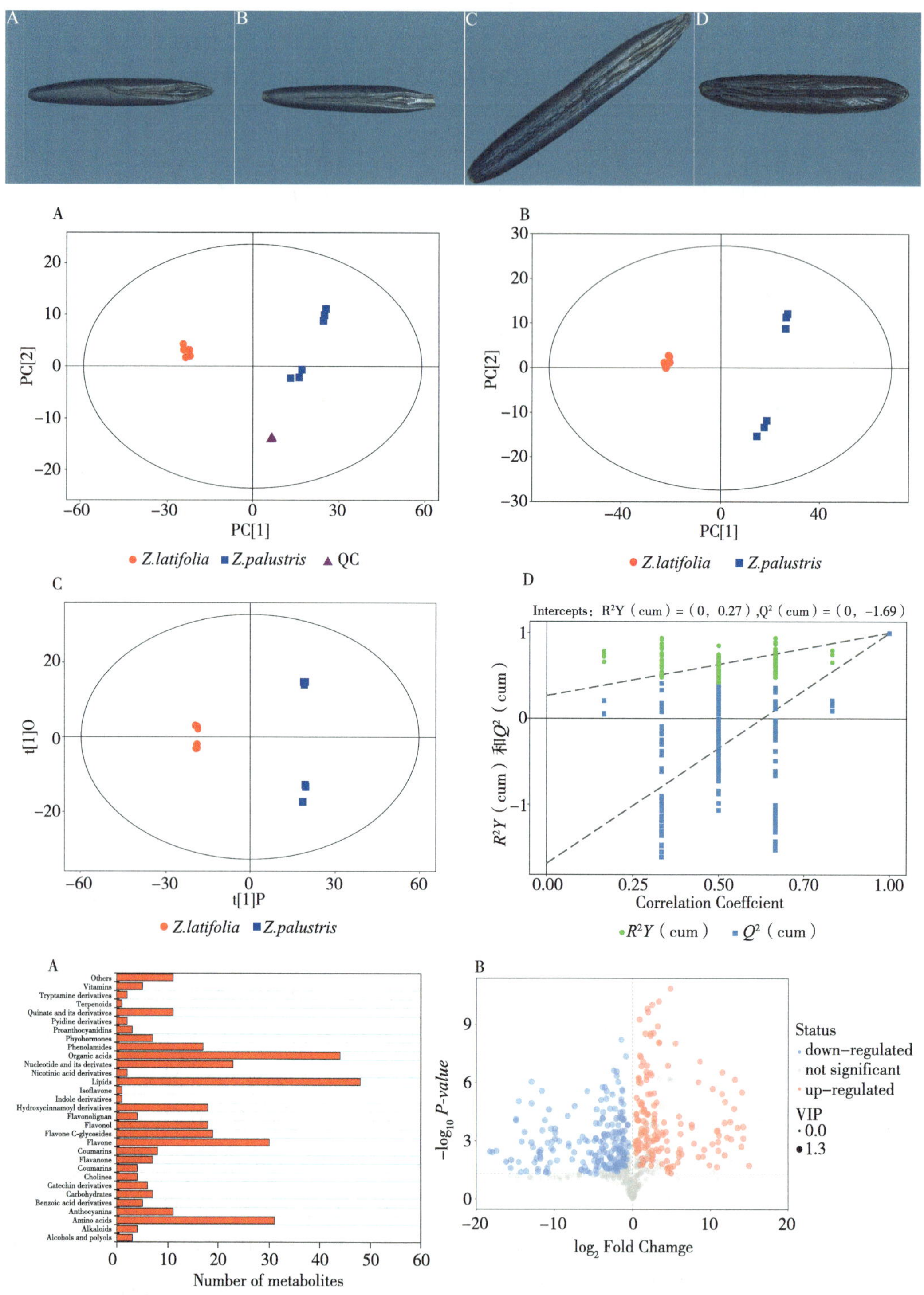

图 11-3　中国菰米和北美菰米形态和代谢组学比较

（2）菰米的保健价值。唐代以后菰米逐渐作为中药，明代李时珍《本草纲目》等著作记载了将菰米用于治疗消渴症和胃肠疾患。食品学研究证实菰米中砷、镉、铅等含量很低，动物试验和人群调查证明其食用安全。菰米含有很高的营养价值，特别是富含蛋白质、矿物质和维生素，其蛋白质功效比值为2.75，是优质蛋白质的来源，无疑为糖尿病、肥胖和高血脂患者提供了良好的食物资源。

菰米的抗氧化损伤作用。已有研究结果表明，全谷物富含大量生物活性物质，尤其是抗氧化物质，可以保护机体免受氧化应激损伤，在改善慢性代谢病中起重要作用，如肥胖、代谢综合征、糖尿病、心血管疾病和癌症等。菰米作为一种全谷物，并且含有丰富的黄酮、花色苷、皂苷和植物甾醇等抗氧化物质，可有效清除体内自由基，维持体内抗氧化和抗氧化体系平衡稳态。另外，菰米还含有维生素E、微量元素等，这些物质干预了非酶促及酶促体系的抗氧化过程。因此，菰米具有提高机体的抗氧化能力和抑制脂质过氧化反应的作用，能够很好地改善慢性代谢疾病。细胞试验和动物试验也表明菰米提取物能够调节脂质代谢水平，抑制因游离脂肪酸过多引起的细胞氧化损伤，具有很强的清除DPPH自由基能力。

菰米改善胰岛素抵抗的作用。菰米中含有较高水平的抗性淀粉和膳食纤维（包括可溶性膳食纤维、不溶性膳食纤维）。国内学者也通过动物试验发现，抗性淀粉能够预防高糖饲料诱发的大鼠葡萄糖耐量异常，并改善糖尿病大鼠的糖脂代谢紊乱，提高胰岛素敏感性，具有拮抗和减轻胰岛素抵抗的作用。也有研究显示，增加全谷物食物和膳食纤维的摄入，降低高能量脂肪食物的摄入，能够有效降低血清葡萄糖水平和减轻2型糖尿病患者的系统炎性反应，增强胰岛素敏感性和改善胰岛素抵抗状态。用菰米喂养高脂诱导的胰岛素抵抗大鼠，能明显改善其血脂水平和胰岛素抵抗。另外，中国菰米富含的其他生物活性物质，如植物甾醇、多酚类等物质在改善胰岛素抵抗中也发挥了重要作用。

菰米改善脂质毒性的作用。菰米抗性淀粉（11.73克/100克）的含量要高于精制米粉（7.71克/100克）和面粉（7.79克/100克），研究表明抗性淀粉能够降低餐后血糖和胰岛素抵抗，抑制血浆TC和TG浓度，改善全身机体胰岛素敏感性并减少脂肪的堆积。有研究显示，菰米脂质中富含大量多不饱和脂肪酸（主要是亚油酸和亚麻酸），不饱和脂肪酸可以减轻肝脏脂质的蓄积，降低机体毒性的发生。此外，菰米还富含其他生物活性物质，如膳食纤维可增加脂肪氧化和减少脂肪在体内的积蓄，皂苷可降低血脂和增强机体的抗氧化能力，它们共同作用使大鼠肝细胞内脂质减少，血清和肝匀浆FFAs浓度降低，从而加速脂肪的分解，抑制肝细胞脂质的蓄积，降低FFAs对脂肪外组织的脂质毒性。中国菰米具有降低高脂膳食诱导脂代谢紊乱大鼠血脂的作用，并能改善高脂血症的低度炎性状态。最近的研究表明，北美菰米的脂质含有丰富的营养成分，主要含有大量的植物甾醇、酚类物质和维生素E等，其含量高于普通的糙米、麦芽和麦麸等，而这些植物化学物质都具有改善血脂的生物学功能。

菰米控制体重预防肥胖的作用。全谷物摄入与肥胖相关指标呈负相关，如体质指数、腰围或腹型肥胖。菰米中含有较高水平的抗性淀粉和膳食纤维，通过增加肠道激素的分泌从而增加饱腹感，减少食欲，控制体重。菰米中富含的可溶性膳食纤维增加食物在肠道内的停留时间，延缓胃排空，减缓脂肪的吸收。不溶性膳食纤维的摄入可以软化粪便，增加粪脂和中性固醇排泄量。主要机制是增加脂肪氧化和减少脂肪蓄积发挥代谢性功能，通过产生短链脂肪酸发挥肠道功能。

菰米对心血管疾病和癌症的预防作用。流行病学研究已经证实，增加富含膳食纤维的全谷物食物，能够降低慢性代谢性疾病的发生，如肥胖、糖尿病、心血管疾病和癌症。水溶性膳食纤维（SDF）能够降低血糖水平，同时还能与胆汁酸结合并随粪便排出体外，有助于降低胆固醇，减少因胆固醇升高而导致的心脏病、动脉粥样硬化等疾病的发生。而水不溶性膳食纤维（IDF）能吸收水分，软化粪便，增加粪便的体积，刺激肠道蠕动，加速排便，以减少粪便中有害物质与肠道接触的时间，降低人体患肠癌的概率。菰米含有高比例的抗性淀粉和膳食纤维，有助于发挥降低胆固醇、调节血脂的功效，从而起到降低冠心病、动脉粥样硬化等心血管疾病发病率的作用。另外菰米中含有的植酸、维生素E和酚酸可以阻止致癌物质的生成，降低癌症的发生。菰米中含有的植物甾醇含量是富含植物甾醇副产品（米糠、麦芽、麦麸）的3.5倍，能降低食物中胆固醇的吸收，降低血中胆固醇的浓度，具有保护心脑血管的作用。

11.1.1.5 恢复古老作物菰米的重要性

菰是菰属中重要但已消失的作物，经济价值很大，用途广泛，亟待研究和恢复。作为消失的重要作物之一，育种家们有义务让当代人品尝到它的美味。菰米富含优质蛋白质，具有抗疲劳、抗肥胖和抗脂质毒性的保护潜力。菰具有较强的去氮、磷能力，可以防治湖泊富营养化，为鱼类提供饵料和越冬场所，亦可用于固堤绿化。同时，作为与水稻亲缘关系最近的一个禾本科作物物种，菰具有水稻所缺乏的很多优良性状，如高蛋白、高赖氨酸、高生物量、耐深水、耐低温、抗稻瘟病、抗纹枯病和快灌浆速度等。菰的这些特性对于水稻的种植改良具有实际应用价值，是扩大和丰富水稻基因库理想的野生材料，如何将这些性状基因转移到水稻中去，许多学者已经做了较多的努力和研究。

美国和加拿大已经形成了包括种植、收获、收购、加工、批发和零售等方面成熟的菰米工业化生产系统。北美菰米不但作为一种具有独特风味、较高营养价值、价格昂贵等特点的健康食品进入人们的生活中，而且还大量出口到欧洲。虽然我国菰应用开始于3 000多年前，但美国现在成为菰米人工种植的唯一国家（这是他们在禾本科中驯化的唯一作物，视为国宝级作物资源）。因此，如何将具有优良特性的中国野生菰驯化选育成可以人工栽培的菰品种，以使具有悠久历史和中国特色的菰米投放国内市场，应引起国内育种家的重视。

我国野生菰资源丰富，分布广泛，具有开发利用的条件和基础。从营养价值来看，我国野生菰米具有其他谷类以及国外野生菰米不具有的优良营养品质特征，营养成分丰富，活性功能物质含量较高，具有重要的营养学价值和生理学意义，是预防和治疗许多慢性疾病重要的参考食物，应对其进行开发和利用。从其保健功能来看，我国野生菰米具有抗氧化，降血糖预防糖尿病、降血脂预防脂代谢紊乱、降血压预防心血管疾病和癌症的保健功效；另外，还可以减轻体重预防肥胖。因此对菰米应进一步深入研究，将其研究结果应用于各种慢性病的预防和治疗当中，具有广阔的开发利用前景和实用价值。

随着人口的增加、可耕土地的相对减少，食物尤其是粮食作物的质量和产量已经受到世界各国的关注。菰米作为水稻的近缘属，其具有的优良品质对稻米品质的改良具有重要的生物学意义。积极开发菰米资源，对解决我国多数人的蛋白质问题，提高我国人口的素质和人群健康也具有十分重要的作用。我国野生菰米是很宝贵的物种资源，有着广阔的开发利用空间和巨大的社会效益。但其如何发挥各种功能及其相关机制还有待更深入的研究，中国野生菰米作为一种优良的食疗保健资源，为用于防治慢性代谢性疾病提供理论和试验支持。

11.1.1.6 菰的驯化育种目标

作物驯化的主要标准有以下几点：一是种子成熟不落粒。二是种子无休眠。三是植株成熟期（分蘖期）一致。四是群体植株成熟期一致。五是适应人为管理习惯。目前，半驯化菰材料虽然在株型紧凑方面得到了较好的改良，但还存在着株型太高、落粒性、花期偏晚、结实率低、分蘖成熟不一致、休眠等许多不利于人工栽培的性状。因此，如何获得符合栽培目标性状的菰材料，如较弱的落粒性、无休眠、分蘖成熟期一致等，成为菰驯化育种的重中之重。

沼生菰在北美称为“Wild rice”或“Wildrice”，是早期印第安人误认为是野生稻所引起的一种误传。菰米具有较高的经济效益，在北美菰得到极大商业关注和研究。虽然几个世纪以前菰就被当地居民印第安人手工采收后作为粮食和药物，而且在1852—1853年Joseph Bowron和Oliver Kelley就首次提出将菰作为一种作物来驯化栽培，但真正意义上首次成功实现菰水田栽种和收割是在1950年。直到20世纪60年代，人们才开始系统选育，北美菰的驯化才正式开始。在明尼苏达州已经人工栽培了将近60多年了，但根据驯化作物定义标准，仍然不能称之为完全的驯化作物。因为目前推广的所有品种中，均有所不足，例如落粒性克服不完全、分蘖成熟期不一致。这些与驯化作物相关的性状可以通过系统选择得到，即反复循环种植收获含有目的性状的种子。现在菰主要栽培于明尼苏达州和加利福尼亚州，与水稻栽培管理方法基本一致。

参照北美菰的驯化途径，中国菰的驯化关键还是含有目的性状（如无落粒性、低株高、花期早、结实率高等）的变异植株的获得。因此，结合诱变育种，对每次收获的种子进行辐射诱变，增加种子变异的可能性；同时，反复循环种植获得并辐射处理的种子，筛选出含有目的性状的植株，作为菰育种的候选资源。

11.1.2　湖北省荆州市菰资源及其开发利用现状调研

为了解菰资源及其开发利用现状，根据中国农业科学院烟草研究所工作部署，成立调研小组，2017年7月22—24日，由许发辉书记带队对湖北省荆州市菰资源进行了调研。调研以走访、实地考察相结合的形式进行。3天分别走访了江陵县三湖农场、荆州区太湖农场、监利县桐梓湖、洪湖市沙口镇与滨湖办事处实地考察了荆州地区菰米资源及其开发利用现状，与湖北省农业厅系统领导、专家进行座谈交流。现将调研情况总结如下。

11.1.2.1　菰的生长环境与分布区域

中国菰是一种多年生水生草本植物，喜沼泽多湿环境，群生，常与芦苇、蒲草、水葱以及水葫芦和水花生等植物混生，耐水性较强。菰具有很强的适应性，在湖泊、沟渠、浅水农田均能生长，要求光照充足，气候温和、较背风的环境下生长，风、雨易造成茎叶折断，要求土壤肥沃，土层不太深的黏土。本次调研的主要地点江陵县三湖农场、荆州区太湖农场、监利县桐梓湖、洪湖市沙口镇与滨湖办事处，位于湖北中南部、长江中游、江汉平原腹地，以平原地区为主体，海拔20～50米，相对高度在20米以下。值得关注的是，本次调研发现，水葫芦（凤眼蓝）和水花生（空心莲子草）等入侵物种侵占了野生菰的生长环境，抑制了菰的生长（图11-4）。

目前，荆州野生菰主要分布在湖泊的浅水区、沟渠和堰塘中。在一定范围内，随着菰生长的水层深度的增加，菰的地上茎长度和花序数量增加。与野生菰生长环境类似的常见水生植物有茭白、莲藕、菱角、芡实、睡莲、荸荠、芦苇、蒲草、稗草、水腥草、浮萍、蒲沉、水葫芦、水花生、水藻等；与野生菰生长环境类似的常见水生动物有水獭、蛇、鼠、青蛙、龟、鳖、螃蟹、水螺、河虾、贝类、水蛭、鳗鱼、泥鳅、刺泥鳅、墨鱼、七星墨鱼、鳙鱼、大头鳙鱼、青鱼、草鱼、鲫鱼、鲤鱼、白刁、野鸭、白鹭、水鸡子等。

图11-4 水葫芦和水花生等入侵物种侵占了野生菰的生长环境

11.1.2.2 菰的生物学特性

本次调研发现，一方面，菰种子成熟期很不一致（成熟期不集中），这要求菰米采收需要根据菰米的成熟度进行分批次采收；另一方面，菰种子易脱落，不易收获，而且菰种子还未成熟就已脱落（图11-5）。可见，成熟期不集中和落粒性强是中国菰米产业化开发首先要解决的两个限制因素。

图11-5 菰的种子易脱落，不易收获

菰的花序为圆锥花序，长30～50厘米，多级分支，上升或展开。菰为单性花，雌雄同株；同一分支上既有雌花又有雄花，但雌花在上、雄花在下，这在花序中部的分支上尤为明显（图11-6）。同一分支上，雌花、雄花因空间位置花期很不一致，一般偏上部的雌花先开，偏下部的雄花后开。菰种子较稀疏地排列在穗上，成熟期很不一致，易脱落，不易收获。

图11-6　菰的花序

菰具有根状茎，分为地下茎和地上茎，地下茎发达、匍匐生长；地上茎可产生多次分蘖，茎秆粗壮直立（图11-7）。主茎和分蘖进入生殖生长后，基部如有黑粉菌（*Ustilago esculenta*）寄生，则生殖生长转为营养生长，刺激茎基部组织异常增生形成膨大的肉质茎，并被驯化成为我国仅次于莲藕的第二大水生蔬菜——茭白（图11-8）。

图11-7　菰的根状茎

图11-8　茭白的膨大茎

荆州野生菰出苗期集中在清明节后，早花菰米资源的始穗期为5月底、6月初，晚花菰米资源的始穗期为6月底、7月初，盛花期为7月20日左右；菰米的集中成熟期为8月下旬至9月。总之，菰米的全生育期为4月初至9月底，共180～200天。有关菰米的产量，根据调研结果，由于菰米的成熟期不集中和落粒性强，荆州野生菰米产量较低，产业化开发难度较大。

11.1.2.3 菰的繁殖方法

根据调研结果，菰为多年生草本植物，基本依靠其根茎自然生长繁殖；菰的繁殖力极强，人工扦插根茎及分蘖均易成活，2—4月为菰扦插分生的最佳时节。自然状态下，菰种子成熟后经历脱落的过程后掉入水中，经过一定时间的冬眠和春化作用，等翌年水温达到适宜温度后萌发。因此，菰也可以通过种子进行有性繁殖。通过与武汉市农业科学院蔬菜研究所水生研究室主任柯卫东老师交流，他认为菰种子需要保存在水中和低温环境中，因此建议用于繁殖的菰种子需要浸泡在水中，保存在4℃冰箱中低温保存3个月后可以发芽。

11.1.2.4 野生菰资源尚不需要进行原生境保护

野生菰主要生长在湖泊边缘的浅水沼泽里，除新疆和西藏等地外，在全国各地的湖泊、沟塘、河溪和湿地均有生长，以长江中下游地区和淮河流域的一些水面更为常见。本次调研发现，荆州地区的湖泊浅水区、河沟和田边的菰资源丰富，而需要原生境保护的植物资源多数是濒临灭绝的野生植物。综上可见，野生菰资源丰富、分布广泛，目前尚不需要进行原生境保护。

11.1.2.5 荆州地区水域改造对菰资源的影响

20世纪50年代初期，江汉平原低湖地区广泛开展农垦建设，围湖囤地，湿地锐减；20世纪60年代中期，建设四湖地区（洪湖、长湖、白鹭湖、三湖）水系，人工水利工程彻底解决四湖内涝；20世纪80年代水产养殖承包到户，人工养殖规模化；21世纪初，水利工程沟渠硬化、护坡、机械作业压缩空间。综上可见，20世纪中后期和21世纪初，受农业生产和修建水利工程等的影响，荆州地区野生菰资源的生存环境受到了较大的破坏。但在最近，退田还湖、江湖拆围、禁止养殖、恢复原生态和保护水资源等则有利于野生菰资源生长环境的恢复。

11.1.2.6 菰米及菰在当地的应用价值

在荆州地区，菰（野茭白）又名篙苞、灰苞、篙瓜、菰笋、菰手、茭笋、茭菜、篙笋。目前，菰一般被作为防洪疏浚河道的“害草”来看待，是人们要消灭的有害生物。围湖造田、疏通河道以及农田挤占了菰的生长环境，菰的生存环境受到了较大的破坏。本次调研菰的生长环境主要为河沟和湖泊浅水区，当地为疏通河道把菰作为杂草进行了挖除；为不影响水稻等农作物的生长，人们对菰进行了割除，甚至使用百草枯和草甘膦等除草剂来清理菰，极大地破坏了菰的生长；水葫芦和水花生等入侵生物侵占了菰的生长环境，抑制了菰的生长。

通过调查走访发现，当地人对菰米的认识很少，只有少数人知道菰米（高草米），并且吃过菰米。据吃过菰米的老人介绍，菰米味道很好、营养价值较高。值得关注的是，菰米采收较为麻烦，主要通过摇船到湖里用包袱接住晃下来的菰米进行采收；同时由于菰米的成熟期不一致，往往需要分批多次采收。

菰在当地被称为“高草”，菰的鲜嫩芯叶和地下根茎可以作为蔬菜食用；茎叶还可作为鱼类饲料，但是转化率较低（50斤高草才能养1斤鱼）；叶片可以用来盖房子、做草绳以及喂牛；地下茎发达，可以用作柴火烧饭。

经过这次调研发现，野生菰资源具有净化水质和生物量大等的特性，可以结合立体种养（龙虾）和作为生物质燃料对野生菰资源进行综合开发利用。由于菰米的成熟度不集中和落粒性强，从采收菰米的角度对野生菰资源进行开发利用的难度较大。同时，由于防洪清沟的需要，菰米在河沟中进行规模化生产不可实现，但可考虑在低湖区池塘（藕塘、鱼塘）中对其进行规模化种植。

11.1.2.7 湖北省菰（茭白）科研单位简介

目前，武汉市农业科学院蔬菜研究所开展了菰（茭白）相关研究，主要从事茭白种质资源的收集、保存与评估、遗传育种和栽培技术等相关研究工作。目前，“国家种质武汉水生蔬菜资源圃”现保存茭白种质资源200余份，其中有22份资源可以开花结籽（菰米）。菰黑粉菌侵染菰导致其茎不断膨大，不论是菰黑粉菌的变异还是茭白植株的变异都会形成新的茭白品种。同时，灰茭的冬孢子可用于古代女子画眉的天然色素，而在日本则被用于生产不会反光的“立体油漆”。值得关注的是，武汉市蔬菜研究所水生研究室主任柯卫东老师也认为成熟期不集中和落粒性强是菰米产业化开发的限制因素。

11.2 薏苡产业发展情况

11.2.1 薏苡概述

薏苡属于禾本科苡属，一年生或多年生草本植物。《中国植物志》将我国薏苡属植物定为5种4变种。薏苡是传统的药食兼用作物，具有极高的营养价值和重要的药用价值，同时兼具重要的饲用价值。作为传统的中药材，近年来薏苡被发现具有抗肿瘤、免疫调节、降血糖、降血压、抗病毒等方面的药理活性，并用于抗癌药剂的生产。例如薏苡脂能抑制癌细胞，对于宫颈癌、直肠癌、乳腺癌、胃癌有阻止其生长及抑制作用；薏苡可以促进新陈代谢，治疗便秘，防止粉刺和皮肤粗糙，也是消痣的特效药。近年来研究表明，薏苡仁抗肿瘤的活性成分主要是薏苡仁油中的甘油三酯类，从薏苡仁中得到的多糖类化合物有薏苡多糖A、多糖B、多糖C，中性葡聚糖1～7以及酸性多糖CA-1、CA-2，薏苡甲醇室温冷浸提取物中，用制备HPLC分离纯化得到一个新的具有抗菌活性的Indene类化合物；从薏苡根的甲醇—氯仿（2:1）混合溶剂提取物中分得一个此类抗炎化合物薏苡素（Coixol），又叫薏苡内酯，除此之外，还具有甾醇类化合物，如阿魏酰豆甾醇、三萜类化合物、生物碱类化合物等。而薏苡不仅是中药材，也是粮食作物和制米作物。薏苡是小杂粮，药食同源，是重要的健康食品资源；薏苡分布区域较小，种植面积少，是区域性的特色作物。薏仁米加工成粉，进一步再加工成其他产品，可以制作薏苡挂面、薏苡糊、薏苡饼干和各种烘焙食品。

（1）薏苡是重要的食用杂粮作物。薏苡（*Coix lacryma-jobi* L.）又名薏仁米、薏苡仁和药玉米等，为禾本科玉蜀黍族薏苡属一年生或多年生草本植物。薏苡在我国有悠久的栽培历史，全国各地均有种植，属小杂粮作物。薏米含蛋白质18%～21%、脂肪4%～6%、碳水化合物约79.2%，还富含多种维生素（尤其是B族维生素）和人体所需的氨基酸及矿物质等，其营养价值远高于水稻、玉米等大田作物，享有“世界禾本科植物之王”的美誉。薏米产品还是重要的保健食品，如红豆薏米粥由于具有良好的祛湿效果，在我国和东南亚国家是传统的保健食品。

（2）薏苡具有重要的药用价值。薏苡是我国分布最广的药用经济作物，《神农本草经》《本草纲目》《本草经疏》等经典医学名著中均有薏苡治疗湿疹、风湿性关节炎、扁平疣等症的记载。1961年，日本科学家Ukita等首次发现薏苡仁丙酮提取物可抑制小鼠艾氏腹水癌细胞，并从中分离出有效成分——薏苡仁酯。薏苡仁甲醇提取物可使人肺癌A549细胞周期停滞，促使其凋亡。研究发现，薏苡仁种皮甲醇提取物能抑制人溶组织淋巴瘤U937单核细胞增殖。浙江康莱特药业有限公司生产的康莱特软胶囊和康莱特注射液，其有效成分就是薏苡仁油和薏苡仁酯，作为广谱抗肿瘤药，既能杀伤肿瘤细胞又能提高机体免疫功能，对治疗晚期肺癌有良好的效果，使用后还可使肿瘤患者的体重增加、改善患者睡眠、提高患者的生活质量。薏苡巨大的药用价值，尤其是在治疗癌症方面的作用，使其具有很高的生产和利用价值。

（3）薏苡是重要的饲料作物。薏苡茎叶蛋白质含量高、纤维素含量适中、适口性好，是一种重要的饲料作物。有报道称薏苡割青的生物产量较高，每公顷产量达75.82吨，比玉米品种墨白1号、凤引1号的60.14吨和57.20吨增产26.1%和32.5%；青饲喂奶牛后，产奶量明显增加，乳脂率由4.1%上升为4.85%，提高了0.75%。薏苡属中的野生薏苡，大多分蘖旺盛，植株高大。近年来，四川农业大学玉米研究所从野生薏苡中选育出高产、优质、多抗的饲用型薏苡新品系薏苡1401，在我国西南地区表现为多年生、耐刈割，最高亩产鲜草15.6吨，开花前整株粗蛋白10%，对照青贮玉米仅为7.5%，适口性好，为牛、羊、兔等喜食。薏苡作为饲料用作物，目前已在四川、重庆、西藏、湖南等南方省（区、市）大面积推广。

11.2.2 薏苡地理分布

中国农业科学院作物科学研究所于1985—1995年对国内的薏苡种质资源进行了较为广泛的调查、收集、整理工作，除青海、宁夏等省未见报道外，全国大部分省、市均有分布。野生薏苡多生于河边、溪涧或阴湿山谷中；栽培薏苡则在海拔30～2 500米的地区都有种植。薏苡喜生于湿润地区，但能耐涝耐旱，主产于广西、云南、贵州、江苏、河北、辽宁等地。全国各地的薏苡种质资源在形态、生育特性和品质特性上具有明显的多样性，主要分为南方、长江中下游和北方三大生态型。而不同生态型的薏苡，在生育期、株高、种子大小、颜色上有较大区别。

11.2.3 薏苡种质资源保存概况

薏苡主要保存在广西农业科学院水稻研究所，份数为810份，其中野水生薏苡26个居群、225份，野生薏苡77个居群、538份，韩国栽培薏苡资源30份，日本栽培薏苡资源17份。中国农业科学院作物科学研究所（284份）、云南省农业科学院生物技术与种质资源研究所（171份），山东省农业科学院也保存较多的薏苡种质资源。

11.2.4 薏苡产业概况

薏苡在中国栽培历史至少有6 000～10 000年，从西南的云南、广西、贵州，到东南地区福建、浙江一带，再到黄河流域都有种植。现在由于种种原因，薏苡早已退出黄河流域。目前广西、云南是我国薏苡的主产区，广西每年种植面积达到9万亩左右，云南每年种植面积在30万～50万亩。近年来，我国薏苡种植面积逐年扩大，薏苡一直是国内市场的抢手货，供不应求。再加上对外出口和发展相关产业，缺口就更大。这种日益扩大的国际国内市场需求为我国发展薏苡生产提供了良好的机遇。

（1）薏苡的生产现状。薏苡在全国都可以种植。由于原来薏米价格相对不高，人们对薏苡的生产处于小杂粮的认识，所以生产相对简单，没有形成大规模的种植。近些年来，随着薏米的各种价值被人们不断挖掘，加之出口量的逐年增加，致使薏苡的生产及研究得到了迅猛的发展。一些地方出现了一批初具生产规模的薏苡种植专业合作社和以薏米为原材料的食品深加工企业。薏苡分枝能力比较强，枝繁叶茂，所以蒸发量也相对比较大，通过灌溉能够提高产量。个别地区种一年薏米可以连收3年，第二年产量最高。薏苡是一种喜湿性植物，根、茎、叶和叶鞘都有明显的通气组织，水生栽培比旱地栽培更能提高产量，水生薏米每公顷超过5 250千克。

（2）加强优良薏苡品种选育。为了有效地预防薏苡品种的混杂及退化，选育优良品种是高产的基础。目前研究主要是选育优良的薏苡品种，通过不断加强对现有薏苡品种资源的综合研究利用来创新品种资源。一些专家曾经利用川谷和另外一个种的薏苡进行远缘杂交，之后得到一些新的品种，这些品种产量很高，平均每公顷超过8 000千克，同时具有很强的抗病能力，对于黑穗病、叶枯病达到高抗的水平。

（3）薏苡栽培技术研究。根据对薏苡产量影响较大的情况，例如黑穗病、科学施肥、旱作改为水生栽培等方面进行了一系列深入的研究，同时也取得了一定的效果。改旱作为水生栽培后，薏苡的每公顷产量达到3 750 ~ 4 850千克，比其他省份每公顷高1 500 ~ 2 550千克。1994年中国农业科学院进行了一系列综合增产措施的薏苡栽培试验，包括合理密植、按需施肥、人工授粉等，获得了高产效果，达到预期的目标，平均每公顷薏苡实际产量达到2 200千克，有利地验证了薏苡具有极大的增产潜力与空间。

11.2.5 薏苡产业存在的主要问题

制约我国薏苡深加工利用开发的主要因素之一是对我国薏苡资源缺乏系统深入的基础研究，一直以来只是依据薏米的药理性能定性表述薏米的功能性，而对于薏苡活性成分，缺乏必要的定量分析，基础数据库的建立也是空白，没有深入研究薏米口感与消化性的机理，薏苡相关食品高新技术开发中的应用研究严重缺乏，没有建立薏苡及相关产品的品质评价体系标准。

（1）薏苡在我国生产发展比较缓慢，平均单产水平低，高产潜力没有充分发挥。

（2）薏苡种植规模小，品种单一，技术落后。农户种植所使用品种基本上都是常规种，缺乏技术指导，普遍比较粗放，缺乏较大规模的种植基地，从而导致产量、品质均不稳定。

（3）产品加工档次低，深加工不足，发展水平较低。我国是薏米生产大国，也是生产薏米及相关产品相对比较古老的国家。而我国薏仁加工企业缺乏对薏米的深加工意识，薏仁的产品链条相对简单。出口产品多数只限于食品加工的原材料或初级原料，缺乏对薏仁产品的进一步深层次加工，而精深层次开发的产品数量更是凤毛麟角。这充分说明我国农产品的加工水平低，农业链条短，农产品附加值低。

（4）我国薏苡科研工作相对滞后，加工技术和设备创新能力不强。一直以来，因为人民群众对薏仁的综合价值没有充分的认识，导致薏苡的科学研究没有得到国家和地方各级科技主管部门的重视和资金支持，薏苡科学研究项目无法提升到产业化开发的档次，由于缺乏充分科研资金的支持，致使研究工作的深度和广度无法满足薏仁产业开发的要求。最重要的是从事薏苡专业的科研人员处于零水平，进行从事薏仁深加工的大多数中小企业的技术水平低，设备陈旧，无法保证生产出高质量、高品质的深加工产品。

11.2.6 薏苡发展的几个建议

针对薏苡产业存在的问题，要积极采取防范和降低风险的措施，引领我国的薏苡产业健康发展，着重从以下几方面入手。

（1）积极发展薏仁深加工，实现薏仁增值转化，延长产业链，分散风险。加强薏苡相关深加工产品的研发，充分发挥薏米本身的保健功能。

（2）要优化人员结构，聚集高素质人才，从多方面提高薏仁种植技术服务的工作水平和服务质量。加强薏苡品种的选育，选育出产量高、品质优的品种。同时做好配套高产栽培技术的研究，确保良种良法配套。

（3）要增强品牌意识，努力开拓市场。牢固树立品牌意识，大力宣传绿色健康以及天然保健功能，建立健全营销网络，巩固和拓展国内外市场，形成稳定的购销关系，不断提高我国“薏仁品牌”的影响和产品市场占有率。同时，要打造薏苡名优产品“贵州薏仁酒”“薏苡软糖”“晴隆薏仁米”“兴仁薏仁米”等。

（杨爱国　刘国祥　撰写）

11.3 野大豆产业发展情况

野大豆（*Glycine soja* Sieb.et Zucc.），又名马料豆、乌豆、鹿藿、饿马黄等，是豆科蝶形花亚科，菜豆族，大豆属，一年生缠绕草本，其羽状三出复叶，小叶薄纸质，分为卵形、椭圆形或披针形，总状花序腋生，具有多荚多粒的特性，易炸裂，果实多为黑色或褐色，被认为是栽培大豆的近缘野生种，是我国的国家二级保护植物，具有抗旱、耐旱、耐盐碱及抗寒特性，广泛分布于我国滩涂地区，是我国黄河三角洲地区滩涂特种作物资源之一，目前在黄河三角洲滩涂湿地已经开始人工规模化种植。野大豆通身是宝，全株可入药，具有广泛的药用价值。《本草蒙筌》记载：“大豆黑白种殊，惟取黑者入药；大小粒异，须求小粒入药方效。”以下对滩涂特种作物野大豆国内外研究进展、发展现状和问题进行综述分析，为野大豆的深入研究及合理化开发利用提供参考和梳理思路。

11.3.1 野大豆的主要营养成分及其活性

11.3.1.1 蛋白质

蛋白质是大豆的主要营养成分和重要品质性状，长期以来一直是种质资源研究的热点。野大豆中蕴含许多优异的蛋白质，国内外研究者对不同区域内的栽培大豆和野生大豆的贮藏蛋白质进行了深入系统的研究。早在20世纪90年代，我国科学家李福山对5 200份野大豆种子中蛋白质含量进行分析，发现各地区所产野大豆含量差别较大，以北纬30°～34.59°的江淮和北纬40°以北的松辽平原地区最高，蛋白质平均含量分别为45.9%和46.5%，含量最低的为北纬25°～29.59°的福建地区和北纬35°～39.59°的华北地区和西北地区，蛋白质平均含量分别为42.7%和42.4%。然而刘顺湖等通过对全国生态区的138份野生豆进行蛋白质含量分析，未发现野生豆蛋白质含量与来源地维度相关，而栽培大豆中蛋白质的含量与地理纬度出现显著负相关。前人的研究结果说明，野大豆处于一种野生环境下，其蛋白质的变异范围可能与生长环境密切相关。

大豆蛋白因其在食品中的重要作用而备受食品科学家的重视，2S、7S、11S和15S是大豆提取蛋白的主要组分，不同组分的比例会影响大豆制品的品质。刘顺湖对全国生态区的138份野生豆进行蛋白质组成分析，发现野生豆11S相对含量平均分别为54.7%，变幅在28.8%～82.6%，7S相对含量平均分别为44.7%，变幅为20.6%～71.2%。野生豆经过驯化后，其中11S的含量上升，7S的含量下降，而7S蛋白是大豆蛋白中主要的保肝活性因子，因此野大豆相比栽培大豆具有更好的保肝功效。胡超等报道大豆蛋白中11S和7S的比例会影响大豆蛋白乳化性、凝胶透明性和发泡性，11S/7S比例越低，乳化活性越高。野大豆蛋白具有较高的11S组分，说明野大豆蛋白具有更好的乳化性能。

此外，韩琳娜等对野大豆种子和栽培大豆种子蛋白进行电泳分析表明，两者在高分子量处各有一条特异的蛋白质谱带，说明两者在贮藏蛋白水平存在差异，野大豆种子贮藏蛋白中的盐溶性蛋白最高，而栽培大豆种子贮藏蛋白中的醇溶蛋白含量较高。Natarajan等用蛋白质组学技术对野大豆和栽培大豆中的β-伴大豆球蛋白和大豆球蛋白进行对比，结果得出，野大豆的β-伴大豆球蛋白中β-亚基含有更少的蛋白质斑点，而栽培大豆β-伴大豆球蛋白中α-亚基含有更少的蛋白质斑点。以上研究结果表明，野大豆中存在特殊的蛋白成分，其功能有待于进一步研究。

11.3.1.2 氨基酸

氨基酸是维系人体生命活动的重要物质，野大豆作为一种豆类食物资源，其蛋白质中必需氨基酸含量以及所占比例是决定其营养及食用价值的重要因素。表11-2综述了几种不同产地来源的野大豆中氨基酸种类及含量。野大豆中必需氨基酸含量较高，含有人体需要的9种必需氨基酸（异亮氨酸、亮氨酸、苏氨酸、缬氨酸、蛋氨酸、苯丙氨酸、酪氨酸、胱氨酸和赖氨酸），与FAO、WHO模式相近。从氨基酸总量来看，野大豆中氨基酸含量为33.58%，高于栽培大豆29.37%，其中，4种不同产地来源的野大豆中异亮氨酸、亮氨酸、苯丙氨酸和酪氨酸含量高于FAO/WHO模式，其中均含有较高的谷氨酸和天门冬氨酸。谷氨酸和天门冬氨酸具有甜味料和营养源的双重功能，已被广泛应用于调味品中，所以野大豆是鲜味调味品较好的氨基酸来源。此外，谷氨酸可在人体内合成谷氨酰胺，能够防止肠黏膜萎缩，增强机体免疫功能，天门冬氨酸在医药和食品方面有着广泛的用途。野大豆中谷氨酸和天门冬氨酸特殊功效的氨基酸含量较高，在食品和医药开发领域，可以作为营养补充剂、保鲜增味剂原料进行开发和综合利用。

表11-2　不同来源野大豆氨基酸含量分析

样品来源	氨基酸含量（%）																		
	Asp	Thr*	Ser	Glu	Gly	Ala	Cys	Pro	Val*	Met*	Ile*	Leu*	Phe*	Lys*	His	Arg	*T*	*E*/*T*	*E*/*N*
五河	5.46	1.51	2.02	7.63	1.65	1.61	0.31	2.34	1.71	0.69	1.53	2.81	1.98	2.45	1.01	2.95	38.85	32.63	48.40
吉林	5.40	1.70	2.30	8.85	1.96	—	0.60	1.16	2.84	1.03	2.06	3.47	2.27	2.75	1.20	4.17	41.76	38.60	62.87
即墨	3.76	1.00	1.73	6.7	1.42	1.77	0.13	1.03	2.02	0.68	1.71	3.15	1.99	2.48	0.69	2.18	32.44	40.17	67.13
垦利	5.37	1.60	1.97	8.06	1.58	1.72	0.43	1.87	1.71	0.64	1.62	2.92	1.89	2.56	1.24	2.95	33.16	36.09	57.63

注：*T*为氨基酸总量，*E*/*T*为必需氨基酸与氨基酸总量的百分比，*E*/*N*为必需氨基酸与非必需氨氨基酸百分比；*代表必需氨基酸

11.3.1.3　脂肪酸

王旻对即墨野大豆中脂肪酸进行分析，发现野大豆中脂肪酸含量比栽培大豆中少4种，完全不含胆固醇，其中野大豆中含量最高的是亚油酸（54.49%），其次是亚麻酸（15.04%）。亚油酸和亚麻酸是公认的不饱和必需脂肪酸，可以有效地预防高血脂、脂肪肝、心肌梗死及高血压等疾病，整体提高人体自身免疫能力。野大豆中亚麻酸和亚油酸含量分别高出栽培大豆5.68%和8.78%，可以防止人体的基础代谢紊乱。野大豆的这一特性可以应用于特用商业种的培育，利用野大豆高亚麻酸含量种质培育特用商业品种，发展亚麻酸产业。α-亚麻酸是人体必需脂肪酸之一，不能通过人体合成，必需通过食物摄入。α-亚麻酸具有很高的生物活性，大量科学研究证明其具有调节血脂、降低血液胆固醇、预防心血管疾病等作用。Sovetgul等发现野大豆油中富含α-亚麻酸（13.9%～15.2%），因此野大豆也可作为α-亚麻酸资源加以开发。

表11-3　野大豆与栽培大豆脂肪酸组成比较

名称	即墨野大豆（%）	五河野大豆（%）	栽培大豆（%）
肉豆蔻酸 Myristic acid	0.08	0.11	0.07
棕榈酸 Palmitic acid	12.38	11.38	12.21
棕榈酸油 Palmitoleic acid	0.09	0.14	0.07

（续表）

名称	即墨野大豆（%）	五河野大豆（%）	栽培大豆（%）
亚油酸 Linoleic acid	54.49	47.33	48.84
油酸 Oleic acid	10.66	4.29	16.58
硬脂酸 Stearic acid	5.41	4.29	4.05
亚麻酸 Linolenic acid	15.04	15.40	6.86
花生酸 Arachidic acid	0.29	0.41	0.35
花生烯酸 Cis-11-Eicosenoic acid	—	0.27	0.2
花生四烯酸 Arachidonic acid	0.47	0.01	0.47
二十二碳烯酸 Docosanoic acid	0.22	0.50	0.35

11.3.1.4 矿物质

矿质元素是人体必需的七大营养元素，是构成人体组织和维持正常生理功能所必需的各种元素的总称。在人体新陈代谢过程中，每天都有一定数量的矿物质通过粪便、尿液、汗液排出体外，因此必需通过饮食添加。野大豆是一类矿物质含量较高的豆类，其中富含钾、钠、钙、镁、磷、硫、氯和铁等，其矿物质元素含量高出一般的豆类。Raboy等报道，野生型大豆中植酸、总磷、总锌和钙的含量高出栽培大豆30%。以即墨野大豆为例，其钙和铁的含量分别为4 161.7毫克/千克和101.74毫克/千克，均高于栽培大豆，而Fe元素具有参与体内氧的运输和组织呼吸过程，维持正常的造血功能，预防缺铁性贫血。Zn和Cu为人体必需微量元素，Zn/Cu比值过高，易患冠心病，即墨野大豆中Zn/Cu值为2.66，栽培大豆为3.18，有益于防治冠心病。同时，野大豆中富含硒元素，硒元素是人体不可缺少的重要微量元素，具有清除自由基，有效抑制过氧化脂质的产生、增强免疫等生物学功能。由此可见，野大豆可以作为功能性保健食品应用。

11.3.2 野大豆中生物活性成分

野大豆种子中具有较高的蛋白质、不饱和脂肪酸、氨基酸和矿物质元素等，与人类生命活动的基本物质需求完美结合。此外，野大豆中含有丰富的黄酮类、皂苷类、花青素等活性成分，对于维持人类的身体健康具有十分重要的作用。

11.3.2.1 黄酮类

大豆异黄酮是大豆合成的一种次级代谢产物，属于植物雌激素，具有雌激素和抗雌激素双重生物活性，能缓解更年期综合征、预防骨质疏松、抗炎、抗菌、抗氧化等。野大豆中黄酮类结构类型有黄豆苷类、染料木苷类和黄豆黄素苷类三大类，每类又有苷元型、葡萄糖苷型、乙酰基葡萄糖苷型和丙二酰葡萄糖苷型4种。与栽培大豆相比，野大豆中具有更高的异黄酮种类和含量。周三等（2007）分别测定了盐生野大豆和当年同期收获的当年栽培大豆中异黄酮总含量，结果表明盐生野大豆种子中异黄酮的总含量为7 065微克/克，而栽培大豆种子中异黄酮总含量仅仅为1 222微克/克。同时，周三等（2008）也对野大豆、黑豆和大豆中的异黄酮类成分进行了比较，结果表明，同样种植条件下的野大豆含量最高，黑豆次之，其中野大豆和黑豆中黄豆苷和染料木苷含量特别突出，而且其相应的苷元含量较高，远远高于大豆，而染料木苷是大豆异黄酮中主要活性组分之一。此外，刘广阳（2008）对黑龙江省556份野大豆和栽培大豆的检测分析肯定了野大豆异黄酮含量高于栽培大豆。具体原因是大豆异黄酮是产生大豆食品苦涩味的主要因子，长期的人工选择丢掉了口味不佳的营养因子，因此形成了栽培大豆异黄酮含量低于野生大豆的现象。由此可见，野大豆是大豆异黄酮的良好来源。Zhou等（2011）报道从野生大豆种皮中也分离得到3种多酚黄酮类：表儿茶素、花青色素-3-O-葡萄糖苷与飞燕草色素-3-O-葡萄糖苷，并报道表儿茶素的多酚类与种皮的硬度有关，而表儿茶素具有广泛的生物活性。由以上研究结果可知，利用野生大豆积极开发大豆异黄酮的医药制品和保健食品，提高原料中异黄酮含量，促进大豆异黄酮产业的发展。

此外，也有研究报道野大豆中异黄酮组分具有增强机体免疫、抗氧化、抗癌、抗虫、抗真菌等生理活性。Eun-Mi等测定了几十种药用植物提取物对脂多糖刺激的RAW264.7细胞产生一氧化氮的影响及其细胞活性，并对其抗氧化效果做了评价，结果表明野大豆提取物对一氧化氮抑制率为79.2%和2.1%，其浓度为50微克/毫升和200微克/毫升时，其对细胞活度的影响为57.3%和60.8%，同时野大豆醇提物对DPPH的清除率为13.0%，总还原能力为206.9%。Zhou等（2011）对野生大豆（*Glycine soja* Sieb）中的次级代谢产物与其抗害虫的关系，从野生大豆的地上部分分离出13种化合物，其中7种大豆异黄酮，1种环多醇，2种甾醇衍生物，3种三萜类化合物，并对含量较高的黄豆苷元进行抗斜纹夜蛾的试验，试验结果表明喂食第三天发现黄豆苷元具有显著的抑制斜纹夜蛾生长活性。

11.3.2.2 皂苷类

皂苷又称为皂素、皂角苷，是一类普遍存在于植物体内具有重要生物活性的天然次级代谢产物，其主要物理特性是当与水混合并搅拌后产生稳定的泡沫。大豆皂苷是大豆种子生长过程中形成的主要次级代谢产物之一，主要分为A类、DDMP（2,3-dihydro-2,5-dihydroxy-6-methyl-4H-pyran-4-one）类、B类和E类皂苷。A类皂苷末端糖基乙酰化导致大豆及其制品具有苦味和涩味，而DDMP类、B类和E类皂苷具有降低胆固醇、抑制结肠癌细胞的增殖、抗血脂氧化、抗炎等多种对人体有益的生理功能。岳爱琴等采用高效液相色谱—电喷雾离子化串联质谱联用技术（HPLC-ESI-MS/MS）对野生、半野生和栽培大豆材料子叶和胚中的大豆皂苷进行分析，发现野生和半野生大豆中B类和E类大豆皂苷含量显著高于栽培大豆，野生大豆子叶中总皂苷、DDMP类皂苷含量平均值分别高达18.81毫克/克、12.21毫克/克，显著高于半野生和栽培大豆。此外，张倩等利用索氏提取器以甲醇回流提取野生大豆中的皂苷，通过薄层层析的方法测定皂苷含量，测得野生大豆脱脂粕总皂苷含量为1.91%，远远高于栽培大豆中总皂苷的含量。综上所述，野大豆是较好的皂苷来源，其B类和E类大豆皂苷含量较高，其具有多种对人体有益的生理功能。

此外，国外学者也对野大豆中的皂苷成分进行分析，但缺少生理活性评价。Panneerselvam Krishnamurthy等通过薄层色谱法对来源于中国、韩国、日本和俄罗斯远东地区的1 198份野大豆中的皂苷种类进行鉴定，鉴定出8种不同的皂素表型：Aa、Ab、AaBc、AbBc、Aa+α、Ab+α、AaBc+α、AbBc+α，其中来源于中国的野大豆中全部含有这8种表型，而来源于日本和俄罗斯的野大豆缺少Aa+α、Ab+α、AaBc+α、AbBc+α这4种新表型，韩国的野大豆缺少Aa+α表型，通过LC-PDA/MS/MS对+α型的分析得到6种新的三萜皂苷，并命名为Sg-6基因型，其包括H-αg、H-αa、I-αg、I-αa、J-αg和J-αa。Yuya Takahashi通过薄层色谱法对来源于中国的3 795份野大豆中的皂苷多样性进行研究，共得到23种皂苷成分，其中4种新的大豆皂苷，分别为K-αg［29-乙酰-H-αg］、Hab-αg［29-羟基-Ab］、A-αg［3-O-（Glc-Gal-GlcUA）-大豆皂醇A］和KA-αg［29-O-乙酰基A-αg］。以上研究结果表明，野大豆中具有独特的皂苷成分，其生理活性评价有待于进一步研究。

11.3.2.3 花青素类

野大豆黑色种皮色素提取物具有较强的抗氧化活性。野大豆中的色素为类黄酮化合物，属花色素类色素，主要成分为飞燕草素-3-葡萄糖苷和矢车菊素-3-葡萄糖苷，具有抗氧化作用。田萍等分别采用DPPH和FRAP法测定野生大豆黑色种皮色素提取物的自由基清除能力和总抗氧化能力，并与栽培黑豆品种的黑色种皮提取物和维生素C做比较，结果表明，3个生态型的野生大豆（孤岛生态型、即墨生态型和微山湖生态型）提取物的自由基清除能力和总抗氧化能力皆优于栽培黑大豆提取物，它们的自由基清除能力分别相当于维生素C的30.48%，40.80%和44.81%，总抗氧化能力分别相当于维生素C的27.65%、29.45%和30.12%。该特性也决定了野大豆具有重要的抗氧化功能。此外，Kwon报道野大豆其黑色种皮提取物可以降低肥胖型大鼠的血脂程度，减少大鼠体重，起到减肥的效果。

11.3.2.4 抗营养因子

野大豆同其他豆科植物一样均含有抗营养因子，其中活性较强的为蛋白酶抑制剂。蛋白酶抑制剂是一种小分子蛋白质，在体外试验中能与蛋白酶结合，或抑制蛋白酶活性，其分为两类：Kunitz类蛋白酶抑制剂、Bowman-Birk类蛋白酶抑制剂。Kunitz类抑制剂主要是抑制胰蛋白酶的活性，Bowman-Birk类抑制剂可以同时对胰蛋白酶和凝乳酶产生抑制作用。Masanobu等通过硫酸盐分级分离和SP-Toyopearl 650M，Sephacryl S-200SF和DEAE-Toyopearl 650S柱依次纯化，最后用反向HPLC法得到9种不同的蛋白酶抑制剂WSTI-Ⅶa、WST-Ⅶb和WST-Ⅷ，其电离常数为（3.2～6.2）× 10^{-9}。其中WST-Ⅶb和WST-Ⅷ分子量为20 000，属于Kunitz蛋白，而其余蛋白酶抑制剂的分子量为8 000，属于Bowman-Birk类蛋白酶抑制剂，而Bowman-Birk类的胰蛋白酶抑制剂可以预防肝癌、肠道癌、口腔病的发生。

11.3.2.5 多糖

Hou等对野大豆中的多糖进行提取和鉴定，最后得到野大豆中具有较高的蔗糖、棉籽糖和水苏糖。水苏糖属于棉籽糖半乳糖苷类非还原性功能性低聚糖，被誉为“超强双歧因子”。水苏糖能够增殖双歧杆菌，调节肠内菌群，改善排便功能，防治便秘，促进肠道内营养物质生成。其在食品和医药方面具有广泛的应用，因此，野大豆作为一种水苏糖较好的豆类来源，在食品和医药开发应用方面具有较好的开发前景。

11.3.2.6 其他

Abdul Gofur等研究野大豆提取物对高胆固醇雄鼠生殖能力的影响，通过对高胆固醇雄鼠灌胃30天分别为200毫克/千克、400毫克/千克和800毫克/千克的野大豆提取物，发现野大豆提取物能够显著增加睾酮水平，并且增加精子的密度和活力。Patrick等从野生大豆中分离出一种抗真菌蛋白，此蛋白为单分子蛋白，分子量为25kDa，对尖孢镰刀菌和褐斑病菌具有较强的抗真菌效果。以上两项研究表明，野大豆提取物可被用作动物脂肪代谢调节剂，同时也可以作为一种植物杀菌素来源。

11.3.3 野大豆产业应用拓展及展望

随着社会经济水平的提高，人们对健康的要求越来越高。人们面临各种各样的疾病，如高血糖、糖尿病、心血管疾病和肥胖等，人类对健康食品的需求越来越大，所以健康食品或功能性食品被誉为21世纪的食品。野大豆作为黄河三角洲滩涂重要的作物资源，其富含多种氨基酸、大豆异黄酮、皂苷、花青素和矿物质等营养物质，可能具有多方面的健康意义，为此人们开展部分产品开发工作。

（1）亚油酸和亚麻酸是公认的不饱和必需脂肪酸，可以有效地预防高血脂、脂肪肝、心肌梗死及高血压等疾病，整体提高人体自身免疫能力。野生大豆中亚麻酸和亚油酸含量分别高出栽培大豆5.68%和8.78%，野大豆可以作为α-亚麻酸的来源，开发富含α-亚麻酸的野大豆保健油。

（2）野大豆植株中富含丰富的蛋白质，是一种优质蛋白饲料来源，通过对不同的野大豆种植摸索，开发一种滩涂盐碱地牧草种植模式并推广应用。同时野大豆在滩涂盐碱地种植，具有增加土壤中有机质、改良盐碱地的作用，具有一定的生态效益。

（3）野大豆中富含丰富的异黄酮，含量高于普通大豆，目前人们建立的耐旱、耐盐碱材料的筛选等与野大豆中异黄酮相关，通过与药企合作，开发野大豆异黄酮保健品。

11.4 罗布麻产业发展情况

11.4.1 罗布麻简介

罗布麻（*Apoacynum venetum* L.）又称茶棵子、茶叶花、红柳子、羊肚拉角等，植物学分类属夹竹桃科（Apocynaceae），是一种半灌木状多年生草本宿根植物，通过种子和根蘖繁殖。能够在盐碱沙荒地等恶劣的自然环境下生长，具有改土保水等良好的生态效用，也可作为观赏植物种植。罗布麻纤维、叶提取物等也在纺织工业和药品市场得到青睐，综合利用潜力巨大。我国野生罗布麻资源曾十分丰富，但随着罗布麻生境的日益恶化以及工业生产对野生原料的过度开发，造成了目前我国罗布麻种质资源急剧减少的局面。

11.4.2 罗布麻生物学特性

罗布麻植株可分为根、茎、叶、花、果实和种子6个部分。罗布麻根系发达，根基部通常会形成休眠芽，在自然条件下主要通过根蘖繁殖，多年生罗布麻根系逐年生发，能够明显看出生长年限（图11-9）。虽然种子的繁殖系数很大，但种子繁殖成活率不高且生长缓慢，成林时间较长。一般在每年3—4月，随着气温的回升，地下根蘖由休眠状态开始萌动并陆续出土。5—7月我国北方地区温度较高且雨热同季，罗布麻生长迅速，株高可生长到1 米左右。一般在5月中旬开始现蕾，6月底至7月为盛花期，到10月中旬果实成熟。罗布麻种子形似枣核，顶端生有白色茸毛，可随风扩散。进入11月，随着气温的降低，罗布麻叶片脱落，根蘖进入休眠状态。

罗布麻茎直立生长，多分枝，其高度与分枝多少因种质和环境的不同而异，茎一般呈圆筒形且具白色乳汁。叶对生，多呈长椭圆状披针形至矩圆状卵形，叶缘具细齿。罗布麻花序为圆锥状聚伞花序，顶生或腋生，通常每个聚伞花序有3～5朵花，花萼裂深达萼基部，花冠为圆筒状钟形，颜色有紫红色和粉色等，一般雄蕊5枚。罗布麻果实为蓇葖果（图11-10），一般结2枚，平行或叉生，每对含种子数十到几百不等。由于罗布麻茎和叶表现形式多样，尤其是花的结构多样且特征复杂，故可作为区分物种类型的重要参照之一。

图11-9　罗布麻宿根

图11-10　罗布麻果实

11.4.3 国内罗布麻植物学分类

罗布麻自1952年首次在我国发现以后，董正钧先生将这一类群植物统称为罗布麻，其植物学分类问题并没有得到相应的解决，只是沿用当地俗称，分为红麻和白麻两种。之后，张鹏云、刘慎谔、关克俭、崔友文等多位学者就罗布麻的植物学分类问题发表不同意见，分歧主要在于分类体系是采用Woodson的分类方法还是林奈所创的林氏分类方法。1975年出版的《中国植物志》记载，在我国俗称“罗布麻”的植物有3种，可划归为2个属，具体包括罗布麻属（*Apocynum* L.）中的罗布麻（*Apocynum venetum* L.）和白麻属（*Poacynum* Baill）中的白麻［*Poacynum pictum*（schrenk）Baill］以及大叶白麻［*Poacynum hendersonii*（Hookf）Woodson］。直到近些年，罗布麻类植物的植物学分类问题依然没有得到明确解答，不同学者之间依然存在争执，焦点主要集中在白麻属与罗布麻属物种之间的亲缘关系远近以及白麻属类植物是否有必要另立新属的问题。陈锡沐和李秉滔（1991）等根据对罗布麻和大叶白麻叶表面气孔形态、叶片、花和种子等的结构形态的观察，认为两者在这些方面性状十分相似，大叶白麻没有另立新属的必要，建议将白麻属撤销，并将大叶白麻归并到罗布麻属。张卫明等（2007）通过对罗布麻属物种罗布麻（罗布红麻）、加拿大麻和白麻属物种大叶白麻和白麻的ITS、trnL内含子和trnL-F非编码区序列比对发现，罗布红麻、大叶白麻和白麻3种植物的ITS序列完全一致，与加拿大麻ITS序列差异较大；在trnL内含子和trnL-F非编码区，大叶白麻和白麻序列完全一致，与罗布红麻之间仅有3个位点的变异。彭雪梅等（2007）通过对南京野生植物综合利用研究院2005年全国罗布麻资源科学考察采集的罗布麻大叶白麻和加拿大麻相关基因PCR产物直接测序也得到了类似的结论，即来源于不同地区不同居群的罗布麻样品之间以及罗布麻和大叶白麻样品的ITS、trnL和trnL-F序列基本没有变化，但加拿大麻与此两种植物在这3个DNA标记序列上具有多达数十个SNP以及多处碱基插入/缺失的差异。因此认为罗布红麻与大叶白麻和白麻之间的亲缘关系可能较罗布红麻与罗布麻属内其他物种间的亲缘关系更近，建议撤销白麻属，将大叶白麻和白麻归于罗布麻属。在我国，大叶白麻实际上是指中花罗布麻，张卫明等（2006）通过形态解剖指出，中花罗布麻可作为罗布白麻的一个变型或者变种，目前我国中花罗布麻只在新疆与甘肃河西走廊等地有少量存世。综上所述，目前一般认为我国的罗布麻植物可划分为1属2种，即罗布麻属（*Apocynum* L.），包括罗布红麻（*A. venetum* L.）和罗布白麻（*A. hendersonii* Hookf）两个种。

11.4.4 罗布麻的地理分布

1952年我国农业经济学家董正钧先生在新疆罗布泊首次发现了罗布麻，随发现地命名，将这一类纤维品质优良的类群植物统称为“罗布麻”。罗布麻在世界各地分布较为广泛，在俄罗斯、中亚、地中海沿岸、蒙古国和北美洲等温带及寒温带地区都有分布。在我国，罗布麻主要分布在长江、淮河、秦岭和昆仑山以北的广大地区，在新疆、甘肃、内蒙古、陕西、山西、河北、吉林、山东等地均有分布。张绍武等（2000）根据我国罗布麻主要分布区年降水量的多少，将我国罗布麻地理分布划分为了3个主区。包括年降水量250毫米以下的西北内陆白麻和红麻干旱分布区，主要包括甘肃河西走廊、内蒙古西部、新疆塔里木盆地等区域；年降水量400毫米左右的北部红麻半干旱分布区，主要包括辽宁、吉林、内蒙古东南、山西、陕西和宁夏等地；以及年降水量500～700毫米的沿海及内地红麻半湿润及湿润分布区，主要包括江苏北部、安徽北部、河南北部、山西南部、山东、北京、天津等地。杨会枫等（2017）通过MaxEnt模型对国内44个罗布麻分布点的环境因子进行分析指出，最冷月低温、年平均温、最冷季平均降水量和最湿季平均温是影响罗布麻分布的主要环境因子，我国适宜罗布麻生长的地域占国土面积的11.94%，这与张绍武等（2000）划分的罗布麻分布地域基本一致。杨会枫等（2017）同时还预测随着全球气候变化的不可逆性，国内罗布麻适宜生境将会持续减少，因此罗布麻种质资源的收集和迁地保护工作需要得到重视。

11.4.5 罗布麻种质资源多样性研究

种质资源多样性对基础科学研究和品种选育具有重要的意义。虽然分布在我国的罗布麻只有两个种，但由于我国幅员辽阔，罗布麻几乎遍布中国北部各个省份，各地的生态环境差异极大以及物种长时间的自然进化，罗布麻的野生种质资源仍相当丰富。贾春林等（2016）调查了分布在黄河三角洲附近13个县（市）的34个罗布麻居群共计315份材料，根据罗布麻植株的分枝情况，将罗布麻株型分为直立型、半直立型和匍匐型3种，同时发现罗布麻叶形有椭圆形和柳叶形两种，花期茎秆多为绿色，少量植株呈现红色，不同居群罗布麻有非常明显的形态学特征。张卫明等（2006c）根据植株高度将罗布麻红麻分为丛生高秆型、灌丛矮秆型和旷地矮秆型3种类型，植株高度分别在3米以上、2.5～3米和1.5～2米；而罗布白麻类型较多，主要也分为展叶型、竖叶型、放牧型和盐渍型等几类，株高在0.6～1.8米不等，总体而言罗布白麻较罗布红麻变异较多，株高偏矮。虽然形态学特征是区分不同植物最直观最简便的分类手段，但是罗布麻可辨识的生物学特征有限，其形态学分类也多是根据生境地植株分枝、株高、叶型、茎色、叶色进行，受环境影响较大且也难以依靠其形态特征有效、准确地区分众多不同的种质资源。

分子标记能够在基因组水平上进行物种多样性鉴定，结果可靠准确，不受环境、生育时期等条件限制。刘志华等（2009）、苏前和邱连勇（2015）利用ALFP、

ISSR和RAPD标记对内蒙古、新疆、甘肃、宁夏、陕西、河南、吉林、江苏等地的多个罗布麻居群进行遗传多样性分析表明，这些地区的罗布麻种质具有丰富的遗传变异，生境差异是导致遗传变异丰富的主要原因。Lu等（2010）通过BSA筛选手段找到了两个能有效区分罗布红麻和罗布白麻的RAPD标记，并且成功地将其中一个RAPD转化成了SCAR标记，能够在罗布红麻中扩增出条带而白麻中则扩增不出条带。因此，利用各类分子标记是区分不同的罗布麻种质资源并进行遗传多样性分析的有效手段。随着分子生物学的不断发展，分子标记在各类物种种质资源的分类以及鉴定中应用越来越广泛。目前，通过第二代高通量测序寻找不同种质之间的差异SNP位点已成为趋势，甚至已在小麦、玉米、水稻等粮食作物中得到广泛的应用。然而目前罗布麻种质鉴定用到的分子标记仍然停留在RAPD、ISSR等第一代标记上，甚至连多态性位点良好、共显性且重复性良好的SSR标记都未见报道，这说明罗布麻遗传标记的开发利用已经严重滞后，并且制约了种质资源的收集鉴定和利用，需要在遗传分析标记开发这个方向上积极展开工作。不仅如此，关于罗布麻的遗传学研究也严重滞后。陈彦云等（2008）采用乳酸醋酸地衣红对新疆库尔勒地区罗布麻根尖进行染色，显微摄影分析指出罗布麻为二倍体植物，有14条染色体，即染色体组成为2n=14。而常洁等（2009）对新疆精河县采集的罗布麻根尖进行染色体组成分析则指出罗布麻染色体组成为2n=24，染色体条数较常洁等的报道多出10条。染色体组成是判定物种差异的重要指标，二者报道的研究对象是否为同一物种仍然存疑。染色体组成也是进行育种、遗传学研究的基本要素，因此明确罗布麻属中红麻和白麻的遗传组成对于物种、种质鉴定和后续的杂交育种等工作具有重要的意义。

11.4.6 罗布麻的开发利用现状

虽然目前对于罗布麻种质资源、育种、遗传学等基础研究较为薄弱，但是利用开发罗布麻的下游产业发展却如火如荼，目前对罗布麻的开发利用主要集中在纺织和叶提取物的药用保健两个方面。作为一种药食同源植物，罗布麻茶、保健饮料、药膳等相关产业开发也在蓬勃发展。

11.4.6.1 罗布麻的医药文献记载和药用价值

罗布麻叶、根、茎、花全草均可入药。罗布麻性味甘苦，凉。功能是平肝安神，清热利水，可用于肝阳眩晕、心悸失眠、浮肿尿少、高血压病、神经衰弱、肾炎浮肿。对高血压、神经衰弱、抑郁障碍、肝阳眩晕、浮肿尿少、心悸失眠等病症具有良好的治疗效果。《本草纲目》称：“罗布麻有平心静气、防治心悸失眠；消喘止咳、防止肝阳眩晕；强心利尿、防止浮肿尿少；还可对高血压病，神经衰弱，肾炎浮肿等病起一定的药用保健作用。”1977年罗布麻被正式录入《中华人民共和国药典》。1985年版《中华人民共和国药典》记载罗布麻有“清热利水，平肝安神，用于高血压，头晕，心悸，失眠，高血脂，神经衰弱，浮肿尿少”等功效。《中国药用植物图鉴》载：“嫩叶（罗布麻叶），蒸炒糅制后代茶，有清凉去火，防止头晕和强心功用。”《陕西中草药》载：“（罗布麻叶）清凉泻火，强心利尿，降血压。治心脏病，高血压，神经衰弱，肾炎浮肿。”目前罗布麻已开发出罗布麻茶、复方罗布麻片、罗布麻降压片、罗布麻霜等系列产品在市场销售。

11.4.6.2 罗布麻的化学成分

罗布麻叶中含有槲皮素（Quercetin）、异槲皮苷（Isoquercitrin）、金丝桃苷（Hyperoside）、芸香苷（Rutin）、儿茶酚（Catechin）、恩醌（Anthraquinone）、谷氨酸（Glutamicacid）、丙氨酸（Alanine）、缬氨酸（Valine）等多种氨基酸，二十九烷（Nona-cosane）、三十烷醇（1-triacontanol）、三十一烷（Hentriacontane）、羽扇醇棕榈酸酯（Lupenylpalmitate）、棕榈酸蜂花醇酯（Myricylpamitate）、十六烷酸十六酯（Hexadecylpalmitate）、内消旋肌醇（Meso-inositol）、β-谷甾醇（β-sitosterol）、氯化钾、鞣质及多糖、羽扇豆醇（Lupeol）、异嗪皮啶（Isofraxidin）和东莨菪素（7-羟基-6-甲氧基香豆素，Scopoletin）等。

罗布麻根含磁麻苷（Cymarin）、K-毒毛旋花子苷-β（K-strophanthin-β）及毒毛旋花子苷元（Strophanthidin）。

罗布麻花含有强心苷、黄酮类、酚类、花色素。种子含强心苷、黄酮类、酚类、芳香油、三萜类化合物等。

11.4.6.3 罗布麻纤维的开发利用

罗布麻在我国发现之初，正逢国内纺织原料短缺，作为一种新型纺织原料在国内逐渐得到利用。罗布麻纤维是指茎秆韧皮部中的韧皮纤维，长度在10～220毫米，长短差异大且延展性低，纤维脆性大，只能和其他纤维产品混纺。但是和其他麻类纤维和棉纤维相比，罗布麻纤维具有良好的回潮率、抗静电性能、热稳定性以及抗菌抑菌活性。这些特点使得罗布麻纺织制品具有良好的舒适性，吸湿透气不易粘身，并且具有一定的保健功效，因此被誉为“野生纤维之王”。罗布麻纤维的化学组分如表11-4所示，果胶含量19%～20%，水溶物含量17.68%，居各麻类纤维之首，木质素含量3.6%～4.5%，高于苎麻、亚麻纤维，而纤维素含量62%～72%，与苎麻纤维的含量相当。罗布麻纤维的化学组成决定了它的物理化学性质，根据罗布麻纤维射线衍射与红外光谱分析结果，罗布麻纤维的内部结构与棉、苎麻极为相似，分子结构紧密，在结晶区中纤维大分子排列较为整齐，结晶度与取向度均较高。

表11-4　各种麻纤维的化学组成（%）

成分	纤维素	半纤维素	果胶	木质素	水溶物	脂蜡质
罗布麻	62 ~ 72	8 ~ 10	19 ~ 20	3.6 ~ 4.5	17.68	1.02
苎麻	65 ~ 75	14 ~ 16	4 ~ 5	0.8 ~ 1.5	4 ~ 8	0.5 ~ 1.0
亚麻	70 ~ 80	12 ~ 15	1.4 ~ 5.7	2.5 ~ 5	5.5 ~ 9	1.2 ~ 1.8
黄麻	64 ~ 67	16 ~ 19	1.1 ~ 1.3	11 ~ 15	1.4 ~ 3.5	0.3 ~ 0.7
汉麻	67 ~ 78	15 ~ 18	5 ~ 8	6 ~ 10	3 ~ 5	1 ~ 3

但目前罗布麻在国内纺织领域的开发利用率在10%左右，这也与罗布麻纤维特性和加工难度较大有关。与其他麻类相比，罗布麻韧皮纤维含有高达55%的半纤维素、木质素和果胶等非纺织用成分，而纤维素含量较低只有45%左右。因此，利用罗布麻纤维的第一步就是去除这些半纤维素、木质素和果胶等的脱胶工艺。由于罗布麻纤维中非纺织用成分构成复杂，含量较多，脱胶一直是限制其应用的关键问题，在纺织领域内也一直是研究的热点。传统的热碱脱胶法不仅会破坏罗布麻的纤维品质，影响纺丝和编织的过程，而且还会消耗大量的化学药品和产能，带来严重的环境问题，清洁、高效的脱胶方法一直是行业探索的目标。

目前，纺织工业领域采用的脱胶方法主要包括物理微波脱胶、超声波脱胶、化学脱胶、生物酶脱胶以及联合脱胶等方式。Li等（2010）通过对碱处理过的罗布麻浸提物进行超声波处理，发现低频（28千赫兹）超声波能够进一步去除纤维表面10 ~ 50微米范围的杂质和胶连物，高频（53千赫兹）超声波则能够清除2 ~ 8微米的杂质。并且由于超声波处理环境友好且易控制，不但不改变罗布麻纤维素的结晶结构，而且还能提高纤维的结晶度，提高品质。Wang等（2007）经过傅里叶变换红外线光谱学测试、X-射线衍射、扫描电子显微镜成像以及纤维机械性能测试等方法比较了化学脱胶法、传统的手工处理方法、机械脱胶和微生物脱胶4种方法获得罗布麻纤维的效率和品质。结果表明，微生物脱胶法获得的纤维在纤维结晶度、取向度和适于纺织工业的纤维机械性能方面和其他方法差别不大，但微生物脱胶法和其他方法相比具有更高的脱胶效率、低成本并且环境友好等特点，在工业生产上具有更广泛的适应性。Duan等（2017）利用一种能够同时分泌果胶酶、甘露聚糖酶和木聚糖酶的果胶杆菌属细菌DCE-01对罗布麻非纤维素成分进行消化，通过细菌发酵处理的生物脱胶法较传统的化学脱胶法脱胶率提高了22.56%，纤维的抗断强度提高了18.14%，并且脱胶过程中的化学能需要量降低了44.33%，很好地降低了消耗并且提高了产出率和效率。

11.4.6.4 罗布麻提取物的药用价值

罗布麻根、茎、叶、花均能入药，是一味名贵的中药，1972年正式载入国家药典，并且于2017年被列入药食同源原料目录。目前，对罗布麻药用价值的研究主要集中在两个方面，一是对罗布麻提取物化学成分种类和含量的研究，二是对粗提物或某一成分的药理研究。

罗布麻的根、茎、叶提取物中的主要活性成分为总黄酮类化合物，包括槲皮素、芸香苷类物质、黄酮苷类物质和强心苷类物质等，具有降血压、抗氧化、抗抑郁焦虑等多种药理活性。此外，还有丰富的有机酸类化合物，氨基酸、K、Ca、Fe等微量元素，具有极大的药用价值。陈妙华和刘凤山（1991）从罗布麻叶镇静有效粗提物中分离出三十烷醇、槲皮素、金丝桃苷、异秦皮定等8个化合物，并证实异秦皮定和金丝桃苷是发挥镇静作用的有效成分。Li等（2012）通过GC-MS的方式从罗布麻纤维中鉴定出44种化学成分，主要包括脂肪酸、酯类、酮类、醛类、烷类、酚类和其他物质，其中的挥发油成分具有明显的抑菌性能，这也解释了罗布麻纤维能够抑菌的现象。张语迟等（2009）利用高效液相色谱—电喷雾质谱联用的分析方法对罗布红麻和罗布白麻叶中的16种化学成分进行了分析，结果表明罗布红麻和白麻叶的主要成分在种类和含量上存在较大差别，其中两者共有的成分有12种，包括槲皮素-3-O-葡萄糖醛酸、金丝桃苷、槲皮素-3-O-呋喃型阿拉伯糖苷、乙酰化金丝桃苷、乙酰化异槲皮素、紫云英苷、山柰酚-3-O-半乳糖苷、槲皮素、山柰酚和贯叶金丝桃素等，但含量在两者之中差别较大。刘斌等（2017）对新疆库尔勒和阿勒泰地区的野生及栽培罗布麻的叶总黄酮含量进行分析发现，6—7月罗布麻叶总黄酮含量在5.36 ~ 12.19毫克/克，不同地区、时间、罗布麻种质总黄酮含量变化差异大。李慕春等（2018）对来自新疆、吉林和广东等地不同月份的33份罗布红麻和白麻样品利用超高效液相色谱对绿原酸、金丝桃苷、槲皮素等共有化学成分的分析表明，这些成分含量在罗布红麻和白麻叶中存在一定差异，也证实罗布麻化学成分种类和含量受生长环境和采收季节等因素影响。针对特定环境下药效化学成分含量高的罗布麻种质鉴定筛选和人工驯化育种是增加药效成分产出率，降低生产成本，提高罗布麻推广应用的有效手段。

目前一般认为罗布麻提取物具有抗氧化、降血压、抗脂质过氧化、抗抑郁、抗焦虑、抗高血脂、镇静、利尿和预防动脉硬化等作用。Hao等（2016）等研究证实金丝桃苷具有多种生物活性，例如消炎、抗氧化等，并且金丝桃苷能够防止人静脉内皮细胞由于过氧化作用引起的细胞凋亡，在防治心血管疾病方面具有显著的疗效。Kim等（2000）的研究结果表明，罗布麻叶水提物能够有效降低大鼠的自发性高血压、肾性高血压和NaCl引起的高血压。但只有在肾切除大鼠的尿液中Na^+、K^+

和蛋白含量较对照明显升高，猜测罗布麻降血压的功效可能和改善肾功能有关。Lau等（2012）也证实10微克/毫升的罗布麻叶提取物能够有效地缓解由Ang Ⅱ诱导产生的大鼠主动脉血管收缩形成的高血压。虽然罗布麻叶粗提物降血压的机制以及何种化学物质发挥主要作用并不完全清楚，但其治疗效果非常显著，国内医药市场已广泛应用罗布麻浸膏、复方罗布麻片等中成药治疗高血压。Yamatsu等（2015）研究表明，服食罗布麻叶提取物还有益于人的睡眠，能够促进人体进入深睡眠状态。Oliver等（2006）将罗布麻叶的提取物在小鼠上进行抗焦虑试验，与阳性抗焦虑药安定和丁螺旋酮相比，摄食罗布麻叶提取物能够明显缩短EPM处理小鼠四肢由紧缩变成舒张的时间和小鼠数量。罗布麻的这种抗焦虑的功效能够与安定的拮抗剂氟马西尼和丁螺旋酮的拮抗剂WAY-100635相拮抗，这表明罗布麻叶提取物抗焦虑功能主要受氨基丁酸系统调控。另外，Lv等（2016）用罗布麻叶提取物喂养有明显动脉粥样硬化症状的大鼠后，大鼠血浆中总胆固醇和甘油三酸酯的含量都明显减少，主动脉中胶原和羟脯氨酸的含量都显著减少，Western blot试验表明患病大鼠服食罗布麻叶提取物后p-AMPK蛋白的含量明显增加而mTOR蛋白则显著减少，二者基因水平的表达量也是这个趋势，因此罗布麻提取物能够有效地减少血脂含量，通过抑制过量的胶原合成延缓动脉粥样硬化的进程，很有可能是通过AMPK/mTOR信号途径完成。罗布麻粗提物成分复杂，虽然大量动物试验表明粗提物对多种疾病具有很好的治疗作用，但是由于不确切地知道何种单体化学物质在各种疾病的治疗中发挥作用，不同生长环境、采收时间、种质之间的差别会造成其化学成分种类和含量的差异，会对其治疗效果产生潜在的威胁。因此加强罗布麻叶提取物单体化学成分的分离和药效研究是合理科学利用罗布麻的必要途径。

11.4.6.5 罗布麻茶开发利用现状

罗布麻保健茶缘于民间饮食用罗布红麻叶，可以清热消暑，因而开始研究它的功效和制作方法。在20世纪70年代初，我国医药研究单位和医院就开始罗布麻保健茶的药理研究与临床观察，作为医院给高血压患者的治疗药或辅助治疗使用。20世纪80年代后，随着中国对外交往增多，罗布麻茶很快引起素有饮茶习惯的日本人的注意，并开始研究和验证我国罗布红麻叶及其茶剂的药效与功能。英国、美国、日本和我国科学家对我国罗布红麻叶进行了深入研究，先后证实了它的相关成分及其抗脂质过氧化、保肝、抗抑郁、降血脂、抗衰老、利尿、抗炎、镇静镇痛等作用。目前，国内市场充斥着大量的罗布麻零售销售商，但其材料来源基本都来自新疆地区。

11.4.6.6 罗布麻生产品种育种目前存在的问题

罗布麻在我国的药用和纺织利用已经有很长时间，人们也多尝试不同地点、不同生境下罗布麻资源在形态、药用成分、纤维品质等各方面的特点，有目的地进行种质选择和人工驯化，然而目前罗布麻的应用仍以野生材料为主，人工培育驯化的专用型材料除了以做罗布麻茶为主的“戈宝麻”系列和纺织用的“波西努姆麻”系列外，未见其他报道。而这两个系列用麻材料也都在新疆地区——我国最大的野生罗布麻分布区，以基地栽培和野生罗布麻为材料，没有在生产上游形成专用固定的定名品种。人工驯化品种发展缓慢，在黑龙江、内蒙古、山东、新疆等地有少数几个规模不一的驯化基地，未能形成产业合力。

11.4.7 罗布麻产业发展的几个建议

野生罗布麻种质在形态、成分、品质等方面差异大，不易形成稳定的原料供应，制约着罗布麻相关产业的发展。罗布麻产业快速良性发展的关键突破点在于如下几个方面。

（1）从育种与加工的连接枢纽——优异罗布麻种质评价和品种（原料）培育上入手来实现突破。这就使选育不同专用型优异罗布麻类型很有必要，而要选育专用型优异罗布麻品种，就需要掌握和发掘丰富的罗布麻种质资源，促使我国罗布麻种质资源得到更充分利用，使遗传育种改良更具针对性，使加工和医疗保健利用更易掌握材料。

（2）在专用型品种选育基础上，从因材施用上入手来实现加工利用关键技术的创新突破。

（3）建设罗布麻规模化栽培基地，围绕优异罗布麻品种（系）和配套的加工利用关键技术，集成罗布麻大规模种植技术体系。

（4）规范市场管理，建立保健食品生产技术体系、纺织纤维脱胶生产技术体系等，形成罗布麻全产业链质量标准技术体系。

（徐宗昌　撰写）

参考文献

丁舟波. 2010. 中国野生菰米对胰岛素抵抗的作用及其3种淀粉和植物化学物的分析测定[D]. 南京：

东南大学.
韩琳娜，郭庆梅，周凤琴. 2009. 野生大豆与栽培大豆种子贮藏蛋白含量的PAGE分析[J]. 大豆科学（28）：321-324.
韩淑芬，刘亚琪，张红，等. 2012. 中国菰米对高脂膳食诱导大鼠胰岛素抵抗机制的研究[J]. 营养学报，34（5）：449-453.
韩淑芬. 2012. 全谷物对胰岛素抵抗的作用及其机制研究[D]. 南京：东南大学.
胡超，黄丽华，李文哲. 2004. 大豆球蛋白11S/7S比值对大豆蛋白功能性的影响[J]. 中国粮油学报（19）：40-42.
金鑫. 2010. 中国菰米对大鼠动脉粥样硬化的改善作用及其相关植物化学物成分分析[D]. 南京：东南大学.
金增辉. 2016. 菰米的营养化学与开发利用[J]. 粮食加工（1）：58-61.
李福山. 1993. 中国野生大豆资源的地理分布及生态分化研究[J]. 中国农业科学（26）：47-55.
李孟良，郑琳. 2011. 五河野生大豆种子营养成分及饲用价值研究[J]. 草业学报（20）：137-142.
刘广阳，齐宁，林红，等. 2008. 黑龙江省野生和栽培大豆异黄酮与其组分相关性分析[J]. 植物遗传资源学报（9）：378-380.
刘顺湖，周瑞宝，盖钧镒. 2009. 中国野生和栽培大豆11S及7S蛋白质相对含量的比较分析[J]. 大豆科学（28）：759-767.
刘顺湖，周瑞宝，盖钧镒. 2009. 中国野生和栽培大豆蛋白质及油脂含量的比较分析[J]. 大豆科学（28）：566-573.
刘维维，叶昱辉，胡君，等. 2016. 大豆分离蛋白及7S、11S蛋白对肝脏的保护作用[J]. 中国粮油学报（31）：32-36.
刘亚琪. 2011. 我国菰米改善胰岛素抵抗作用及其机制的实验研究[D]. 南京：东南大学.
刘洋. 2014. 中国野生菰米调控脂毒性改善胰岛素抵抗的研究[D]. 南京：东南大学.
田萍，周三，倪睿，等. 2008. 野生大豆黑色种皮色素提取物抗氧化活性研究[J]. 食品研究与开发（29）：178-180.
王旻. 2013. 即墨野生大豆（*Glycine soja* Sieb. et Zucc）的营养评价及其胰蛋白酶抑制剂的研究[D]. 青岛：中国海洋大学.
王营营. 2014. 菰（*Zizania latifolia*）主要生物学特性及其农艺性状分析[D]. 杭州：浙江大学.
邢花，翟成凯，金鑫，等. 2012. 中国菰米对大鼠动脉粥样硬化形成的影响[J]. 营养学报，34（6）：576-581.
邢花. 2012. 我国菰米中膳食纤维，类黄酮的分析及其对非酒精性肝脂肪变性Hep G2细胞作用的研究[D]. 南京：东南大学.
杨光宇，尹爱平. 1986. 野生大豆（*G. soja*）氨基酸组成的初步分析研究[J]. 大豆科学，5（2）：175-180.
杨光宇. 2015. 野生大豆资源的研究与利用[M]. 上海：上海科技教育出版社.
岳爱琴，王卫东，徐海军，等. 2017. 不同大豆品种大豆皂苷组成分析[J]. 中国粮油学报，5（32）：38-42.
翟成凯，孙桂菊，陆琮明，等. 2000. 中国菰资源及其应用价值的研究[J]. 资源科学，22（6）：22-26.
翟成凯，张小强. 2000. 中国菰米的营养成分及其蛋白质特性的研究[J]. 卫生研究，29（6）：375-378.
张红，曹佩，翟成凯，等. 2009. 我国菰米对高脂膳食大鼠血脂及炎性因子的影响[J]. 营养学报（3）：222-225.
张红，韩淑芬，曹佩，等. 2013. 菰米对高脂诱导脂代谢紊乱大鼠肝脏脂毒性的作用[J]. 卫生研究，

42（2）：190-195.

张红，刘洋，赵军红，等. 2015. 菰米血糖生成指数的测定及其改善大鼠胰岛素抵抗的作用[J]. 卫生研究，44（2）：173-178.

张倩，刘代成. 2011. 野生大豆皂苷的提取与薄层色谱分析[J]. 大豆科学（30）：857-860.

赵军红，翟成凯. 2013. 中国菰米及其营养保健价值[J]. 扬州大学烹饪学报（1）：34-38.

赵军红. 2013. 我国野生菰米的血糖生成指数及其调控脂毒性改善大鼠胰岛素抵抗的作用[D]. 扬州：扬州大学.

郑琳，李孟良，刘健南. 2012. 五河野生大豆油脂肪酸组成的GC/MS分析[J]. 安徽科技学院学报（26）：35-37.

郑世英，金桂芳，耿建芬，等. 2015. 野生大豆与栽培大豆种子营养成分比较[J]. 湖北农业科学（54）：520-522.

周三，岳旺，泽聪子，等. 2008. 野生大豆，黑豆和大豆的异黄酮类成分比较[J]. 大豆科学（27）：315-319.

周三，周明，张硕，等. 2007. 盐生野大豆的异黄酮积累及其生态学意义[J]. 植物生态学报（31）：930-936.

周思宇. 2013. 中国野生菰米对胰岛素抵抗大鼠和HepG2细胞脂肪细胞因子的影响及相关机制探讨[D]. 南京：东南大学.

Asekova S，Chae J H，Ha B K，et al. 2014. Stability of elevated α-linolenic acid derived from wild soybean（*Glycine soja* Sieb. & Zucc.）across environments[J]. Euphytica，195：409-418.

Choi E M，Hwang J K. 2005. Screening of Indonesian medicinal plants for inhibitor activity on nitric oxide production of RAW264. 7 cells and antioxidant activity[J]. Fitoterapia，76：194-203.

Chu M J，Liu X M，Yan N，et al. 2018. Partial purification，identification，and quantitation of antioxidants from wild rice（*Zizania latifolia*）[J]. Molecules，23（11）：2 782.

Cruz-Huerta E，Fernandez-Tome S，Carmen Arques M，et al. 2015. The protective role of the Bowman-Birk protease inhibitor in soybean lunasin digestion：the effect of released peptides on colon cancer growth[J]. Food Function，6：2 626-2 635.

Deshimaru Ma，Hanamoto R，Kusano C，et al. 2014. Purification and characterization of proteinase inhibitors from wild soja（*Glycine soja*）seeds[J]. Bioscience Biotechnology Biochemistry，66：1 897-1 903.

Ellington A A，Berhow M，Singletary K W，et al. 2005. Induction of macroautophagy in human colon cancer cells by soybean B-group triterpenoid saponins[J]. Carcinogenesis，26：159-167.

Farvid M S，Ding M，Pan A，et al. 2014. Dietary linoleic Acid and risk of coronary heart disease：a systematic review and meta-analysis of prospective cohort studies[J]. Circulation，130：1 568-1 578.

GC M，Ter W N，Boelens P G，et al. 2004. Glutamine：recent developments in research on the clinical significance of glutamine[J]. Current Opinion in Clinical Nutrition & Metabolic Care，7：59-70.

Gofur A，Lestari S R. 2016. Effect of black soybean natto extract（*Glycine soja*）on reproduction system of hypercholesterolemia male mice [J]. Asian Pacific Journal of Reproduction，5：387-390.

Grela E R，Günter K D. 1995. Fatty acid composition and tocopherol content of some legume seeds[J]. Animal Feed Science & Technology，52：325-331.

Halpern B P. 2000. Glutamate and the flavor of foods[J]. Journal of Nutrition，130（4s Suppl）：910S-4S.

Han S F，Zhang H，Qin L Q，et al. 2013. Effects of dietary carbohydrate replaced with wild rice [*Zizania latifolia*（Griseb）Turcz] on insulin resistance in rats fed with a high-fat/cholesterol diet[J]. Nutrients，5（2）：552-564.

Han S F, Zhang H, Zhai C K. 2012. Protective potentials of wild rice [*Zizania latifolia* (Griseb) Turcz] against obesity and lipotoxicity induced by a high-fat/cholesterol diet in rats[J]. Food and Chemical Toxicology, 50 (7): 2 263-2 269.

Hou A, Chen P, Shi A, et al. 2009. Sugar variation in soybean seed assessed with a rapid extraction and quantification method[J]. International Journal of Agronomy, 1-8.

Jhan J K, Chung Y C, Chen G H, et al. 2016. Anthocyanin contents in the seed coat of black soya bean and their anti-human tyrosinase activity and antioxidative activity[J]. International Journal of Cosmetic Science, 38: 319-324.

Jiang M X, Zhai L J, Yang H, et al. 2016. Analysis of active components and proteomics of Chinese wild rice [*Zizania latifolia* (Griseb) Turcz] and Indica rice (Nagina22) [J]. Journal of Medicinal Food, 19 (8): 798-804.

Krishnamurthy P, Tsukamoto C, Singh R J, et al. 2014. The Sg-6 saponins, new components in wild soybean (*Glycine soja* Sieb. and Zucc): polymorphism, geographical distribution and inheritance[J]. Euphytica, 198: 413-424.

Kwon S H, Ahn I S, Kim S O, et al. 2007. Anti-obesity and hypolipidemic effects of black soybean anthocyanins[J]. Journal of Medicinal Food, 10: 552-556.

Natarajan S S, Xu C, Bae H. 2006. Characterization of storage proteins in wild (*Glycine soja*) and cultivated (*Glycine max*) soybean seeds using proteomic analysis [J]. Journal of Agricultural and Food Chemistry, 54: 3 114-3 120.

Ngai P H, Ng T. 2003. Purification of glysojanin, an antifungal protein, from the black soybean *Glycine soja* [J]. Biochemistry and Cell Biology, 81: 387-394.

Norioka N, Hara S, Ikenaka T, et al. 1988. Distribution of the kunitz and the bowman - birk family proteinase inhibitors in leguminous seeds[J]. Agricultural & Biological Chemistry, 52: 1 245-1 252.

Raboy V, Dickinson D, Below F. 1984. Variation in seed total phosphorus, phytic acid, zinc, calcium, magnesium, and protein among lines of *Glycine max* and *G. soja*[J]. Crop Science, 24: 431-434.

Saio K, Watanabe T. 2007. Differences in functional properties of 7S and 11S soybean proteins [J]. Journal of Texture Studies, 9: 135-157.

Setchell K D, Brown N M, Desai P, et al. 2001. Bioavailability of pure isoflavones in healthy humans and analysis of commercial soy isoflavone supplements[J]. Journal of Nutrition, 131: 1 362-1 375S.

Shan X, Liu Z, Dong Z, et al. 2005. Mobilization of the active MITE transposons mPing and Pong in rice by introgression from wild rice (*Zizania latifolia* Griseb.) [J]. Molecular Biology and Evolution, 22 (4): 976-990.

Shen W, Song C, Jie C, et al. 2011. Transgenic rice plants harboring genomic DNA from Zizania latifolia confer bacterial blight resistance[J]. Rice Science, 18 (1): 17-22.

Stark A H, Reifen R, Crawford M A. 2015. Past and present insights on alpha linolenic acid and the Omega-3 fatty acid family[J]. Critical Reviews in Food Science & Nutrition, 56: 2 261.

Wang Z D, Yan N, Wang Z H, et al. 2017. RNA-seq analysis provides insight into reprogramming of culm development in Zizania latifolia induced by Ustilago esculenta[J]. Plant Molecular Biology, 95 (6): 533-547.

Xu X W, Wu J W, Qi M X, et al. 2015. Comparative phylogeography of the wild-rice genus Zizania (Poaceae) in eastern Asia and North America[J]. American Journal of Botany, 102 (2): 239-247.

Yan N, Du Y M, Liu X M, et al. 2018. Morphological characteristics, nutrients, and bioactive compounds of Zizania latifolia, and health benefits of its seeds[J]. Molecules, 23 (7): 1 561.

Yan N, Du Y M, Liu X M, et al. 2019. A comparative UHPLC–QqQ–MS–based metabolomics approach for evaluating Chinese and North American wild rice[J]. Food Chemistry, 275: 618–627.

Yuya Takahashi, Xiang Hua Li, Chigen Tsukamato, et al. 2016. Identification of a novel variant lacking group A soyasaponin in a Chinese wild soybean (*Glycine soja* Sieb. et Zucc.): implications for breeding significance[J]. Plant Breeding, 135: 607–613.

Zha L Y, Mao L M, Lu X C, et al. 2011. Anti–inflammatory effect of soyasaponins through suppressing nitric oxide production in LPS–stimulated RAW 264. 7 cells by attenuation of NF–κB–mediated nitric oxide synthase expression[J]. Bioorganic & Medicinal Chemistry Letters, 21: 2 415–2 418.

Zhai C K, Lu C M, Zhang X Q, et al. 2001. Comparative study on nutritional value of Chinese and North American wild rice[J]. Journal of Food Composition and Analysis, 14 (4): 371–382.

Zhang H, Cao P, Agellon L B, et al. 2009. Wild rice [*Zizania latifolia* (Griseb) Turcz] improves the serum lipid profile and antioxidant status of rats fed with a high fat/cholesterol diet[J]. British Journal of Nutrition, 102 (12): 1 723–1 727.

Zhou S, Sekizaki H, Yang Z, et al. 2010. Phenolics in the seed coat of wild soybean (*Glycine soja*) and their significance for seed hardness and seed germination[J]. Journal of Agricultural and Food chemistry, 58: 10 972–10 978.

Zhou Y Y, Luo S H, Yi T S, et al. 2011. Secondary metabolites from *Glycine soja* and their growth inhibitory effect against spodoptera litura[J]. Journal of Agricultural & Food Chemistry, 59: 6 004–6 010.

12 我国特种作物发展展望及建议

12.1 我国特种作物发展存在的主要问题

进入21世纪以来，特种作物在我国有了长足发展。发展历程主要分为3个阶段，分别以农业部在不同时间点发布的3个规划为代表。这3个规划分别为《优势农产品区域布局规划（2003—2007年）》《特色农产品区域布局规划（2006—2015年）》和《特色农产品区域布局规划（2013—2020年）》。这3个重要规划在特种作物概念的内涵和外延上、在战略意义、指导思想、基本原则、发展目标、布局重点、保障措施及主要建议上既有延续，又有升级，充分体现了我国对特种作物认识的与时俱进和不断加深。但是对照人民对美好生活的需要和实施创新驱动发展战略、乡村振兴战略要求，对照推进农业供给侧结构性改革和市场多样化需求，对照提高农业竞争力和农业走出去需要，我国特种作物产业发展存在诸多问题。

12.1.1 科研支持力度不够，缺乏科技引领，没有纳入国家战略科研规划

（1）科研支持力度不够，科研实力和水平较为低下。特种经济作物从播种到采收、初加工到形成商品，涉及农学、植物学、医药学、生态学、环境学及管理学等多领域，是一门跨系统的学科。但是，当前我国特种作物科研与生产方面相互脱节，在科学研究、生产技术及种植模式方面仍然存在诸多问题。

在科学研究方面，专门侧重特种作物研究的科研院所较少，科研人员比例非常低，国家及地方的科研项目支持非常少。在生产技术上，对特种经济植物的研究不深不透，如种质资源保护与良种选育、种子、种苗检测与标准、生产关键技术与共性技术、因种栽培技术、病虫草害发生防治技术与无毒、无残留协调技术、平衡施肥、专用肥使用与重金属污染防治配合技术、合理采收与产地加工技术、优质与高产协调栽培技术等没有深入系统地研究。多数科研成果侧重于基础研究或应用基础研究，技术成果的推广率、应用率和普及率不高，产业支撑能力差。

（2）缺乏科技引领，力量分散，没有统一高效的科技协同创新机制。我国经济科技发展到今天，内部竞争机制依然需要，因为这是提高创新效率的重要手段，但多种创新主体的协同创新作为解决复杂问题、提高自主创新能力的新的科研组织形

式和新的切入点，已成为特种作物发展和提高竞争力的全新组织模式。

首先，从科研管理体制来看，条块分割、各自为政，科技体制机制落后于特种作物发展的战略需求。当前，我国开展特种作物研究的科研机构主要由大学、科研院所和企业研发机构三大部分构成，分属不同部门、区域和企业，长期处于半封闭半竞争状态，自成体系独立运行，基础研究、应用研究、技术开发相互脱节，高等学校与科学研究分立、创新人才培养与科技创新活动分离，没有形成完整的创新体系，难以培养高水平创新人才，难以在前沿领域、关键技术上取得突破，难以带动生产力发生质的飞跃，难以推动经济增长从资源依赖型向创新驱动型转变。

其次，从科技投入渠道来看，缺乏统一规划和统筹安排，缺少稳定持续的经费支持。面对特种作物领域有限的科研资金投入，重复立项、多头申请、低水平重复现象严重。科技投入层层掌控，立项者各自为政，研究者多头申请，造成科技创新资源分散、力量分散、能力不强、效率不高，研究效果和成果应用效果不佳，年年增长的科技投入没有取得应有的效果和发挥应有的作用。

最后，从科技资源配置来看，缺乏有效整合科研力量的资源配置平台，产学研合作与分工链条不健全、不完善，难以形成协同创新的合力，难以建立有效的共享合作机制。从科研组织方式来看，散兵游勇的组织方式大量存在，难以适应现代科学技术活动复杂化、交叉化、综合化、现代化趋势。一些大学、科研机构、科研人员寄望于通过相对封闭的科研活动在科研过程中获得竞争性优势，科研人员考核机制、科研项目遴选机制、科技成果评选机制不利于协同创新，使得科研组织化程度低，产学研各环节间缺乏有效链接，科技资源使用效率难以提高，科技创新的整体效率难以提高，科技成果向现实生产力转化难以加快进行。

（3）科研投入重视程度不够，未纳入国家战略科研计划。科技计划（专项、基金等）是政府在科技创新领域发挥引领和指导作用的重要载体，对全社会的科技创新具有风向标的作用。同时，对于体现国家在有中国特色自主创新道路上的政策取向、战略布局、发展重点以及科技创新规律特点等方面也具有重要作用。科技计划（专项、基金等）的实施成效，直接关系到创新驱动发展战略能否真正落实好、推进好。中华人民共和国成立后及改革开放以来相继设立的一系列科研计划，培养和凝聚了一大批高水平创新人才和团队，解决了一大批制约经济和社会发展的技术瓶颈问题，全面提升了我国科技创新整体实力，强有力地支撑了我国改革与发展的进程。但是在特种作物科学研究方面，由于缺乏顶层设计和统筹考虑，该领域内科研投入远远落后于特种作物当前的发展要求，与其他领域相比更是远远不够。产生这种差距的根源主要是特种作物还不是关系国计民生的主要矛盾，因此在国家战略层面未把特种作物作为一项必要的科研投入纳入战略科研计划，造成科技资源紧缺，科研人员稀缺，科研进展缓慢，科研成果稀少。

（4）缺少政府引导，产业发展扶持力度低。特种作物产业的发展离不开国家的政策支持和政府的引导，但是各级政府在产业发展布局、科技服务体系建设、标准化生产、品牌规划、龙头企业带动、合作经济组织发展和“互联网+农业”发展模式等方面还缺少顶层设计和统筹考虑。一是产业的扶持政策存在空白。特种经济作物虽属涉农行业，但远不及粮食种植那样受到国家粮食安全战略的保护和支持，国家和省、市对特种经济作物基础设施建设缺乏专项投入，不享受国家和地方政府的优惠和补贴政策支持。特种经济市场的兴衰完全取决于市场机制的调节，更主要的是特种经济作物的市场变化诡秘多变且复杂多样、把握的难度大、农民抵御市场风险的能力低、产业集聚的能力脆弱。二是市场流通机制不够健全。市场宏观调控不足，产供销信息不畅。目前，大部分地区尚无规范统一的特种经济作物市场供求信息平台，特种经济作物的种植方向往往由往年市场行情所决定，农民种植带有很大的盲目性。市场主体主要是零散种植的农户，产品最终价格受产地经纪人和收购加工企业决定，部分地区虽然有公司（协会、企业）+农户等组织形式，但现有合作组织多为分散型或松散型，成员之间利益连接机制不紧密，规范运作、利益共享、风险共担意识不强，企业拓展外部市场能力有限，其运作的成效并不显著，也无力承担市场的风险。

12.1.2 规模化种植程度低，种植模式落后，产销问题突出

（1）种植规模分散，规模化程度低。我国特种作物往往依靠独特的地理环境，种植规模小、产量有限，限制了我国特种作物规模化经营和产业化发展。相对于大宗粮食作物，特种作物种植分散，耕地地形复杂，机械化程度低，生产水平普遍较低，加之品种混杂退化，优良品种少且推广困难，生产潜力发挥受到严重制约。据统计与调查，我国小杂粮种植面积占粮食作物播种面积的5%～6%，总产量占比不足3%。我国小杂粮作物单产水平普遍偏低，平均不足大宗粮食作物的40%，与其他管理水平相对较高的国家相比相差更多。以湖北省为例，2015年湖北省蚕豆种植面积为95万亩，仅占全省粮食作物面积的1.45%，高粱、杂豆等面积为57万亩，仅占全省粮食作物面积的0.88%。并且生产多以自食为主，生产区域分散，长期处于自产自食状态，商品异色率、异型率高，达不到市场要求的商品质量标准，影响了湖北省特种粮食作物销售和产品市场竞争力。

（2）缺乏市场产品统筹，产销矛盾凸显。目前社会形势下，随着农产品资源以及农产品生产能力的快速提升，农产品产销矛盾越发突出，制约着农业产业抵御市场风险能力的提高和农民增产增收。一边是农民守着大量农产品低价难销，一边是城市居民抱怨吃不上廉价果蔬。2014年，农产品“滞销、卖难、买贵”的怪圈曾多次上演。例如，安徽黄山市歙县三潭枇杷大丰收，但数百万斤枇杷囤积，由于枇杷

节令性非常强，不少枇杷已经瓜熟蒂落，归于泥土。果农们心急如焚，亟待寻求销路。在媒体的助推下，网络上一场帮助果农的爱心接力展开，而关于农产品为何频遭滞销的讨论也开始出现。多地频现农产品滞销难卖的现象，面对积压难销的果蔬，“丰产”的农民却满脸愁容，没有丝毫“丰收”的喜悦。在海南海口冬瓜滞销问题就被舆论广泛关注，由于平均气温较其他市县略低，加上授粉时遇上阴雨天气，在其他市县冬瓜销售已趋于尾声时，当地石山镇冬瓜销售才刚开始，3 000多万斤冬瓜出现滞销。在山东，当各地樱桃集中上市之际，著名“樱桃之乡”山东安丘的红樱桃却遭遇严重滞销问题，有媒体用“400亩樱桃将成烂果”描述当地樱桃难卖的困境。在河南虞城县，“菜农20多万斤花菜贱卖愁销”的报道也把这个小县城遇到的花菜销售难题呈现出来。一边是农民们守着水果、蔬菜面临低价滞销的尴尬，而另一边，城市居民却抱怨着自己身边的菜市场果蔬价格太贵，这种农产品滞销怪圈在近几年可谓年年出现，却年年难解。

（3）作物品种盲目引进，种植模式落后。特种作物种质资源市场缺乏引导，对本地特种作物品种引进缺乏必要的监管。部分农民缺乏必要的市场经济意识，急功近利思想严重，在没有完整考虑当地生态资源的适宜性，缺乏必要的生产技术培训指导的情况下，跟风引进不适宜本地种植的特种经济品种，造成不必要的损失，这既影响了政府监管部门的信誉，也挫伤了农民创业致富的积极性。特种粮食作物大多种植在瘠薄土壤或边缘土地，栽培管理粗放，种植技术、病虫害防治措施等应用较少，呈现出投入少、产量低、经济效益差的特点。山区生态环境恶劣、自然灾害频繁，总产量年度间变化大，种植风险较高。同时，特种经济作物科学研究处于发展阶段，多数特种作物的连作障碍机理尚待进行深入研究，实际推广种植过程中的连作重茬问题突出。大部分特种经济作物原产地及适宜种植区域的种植技术仍停留在落后的种植水平，没有对特种经济作物立地条件及种植区域生态资源进行匹配，并配套相应的种植模式。以盐城地区为例，在盐城市沿海地区，由于土地资源有限，小宗特种经济作物呈现集约化、复种指数高的发展趋势。在生产中，往往在固定的土地上多次种植同一种植物，或在同一块土地上连续多年种植，导致了植物发育不良、品质降低、产量下降、病虫害发生严重等连作障碍，严重影响了特种经济作物的可持续发展，并对生态环境造成了严重的干扰。以云南省文山州的三七产业为例，三七种植后一般要经过3～7年才能采挖，且三七的生长对土壤和气候有极高的要求，主要表现在三七不能实行连种，栽种过三七的土地必须经过至少10年的休整才能够再次种植，目前文山气候和土壤都适宜三七生长的资源已非常有限，这在一定程度上限制了文山三七产业的发展。

12.1.3 区域生产布局不合理，销售及加工原料供需不匹配

（1）生产布局不合理，农产品供需时间不匹配。目前由于特种经济作物的种植模式欠缺，生产布局不合理，导致特种经济作物销售及加工过程中的供应与需求不匹配。多数种植区缺乏不同适宜种植期品种的搭配，果实成熟期较短且集中，这就导致其销售价格的波动性较大。同时，在加工方面，加工企业存在季节性原料供应不足。例如，四川省蓬安县是重要的柑橘生产地，2007年以前，蓬安县仅有可口爽公司从事柑橘加工，有从瑞典引进的浓缩橙汁生产线一条，每小时可处理鲜果8吨，每年可处理加工鲜果2万吨。中国台湾佳美集团2007年落户蓬安，成为南充市最大的果蔬深加工企业，产品为浓缩果汁和香精油等。新厂占地157亩，兼并了原有的可口爽公司，又从德国引进一条浓缩橙汁加工生产线，加上原有设备，目前每天可加工处理原料果300吨，每年可处理原料果10万吨。由于缺少加工品种，熟期集中，10月底到翌年3月原料果供大于求，4—6月逐渐供不应求，6月以后完全停工。设备闲置使企业的生产成本提高，企业直接将降低成本的控制环节确定为降低原料价格，收购价400 ~ 1 200元/吨。由于果农的分散经营，原料收购难度加大，进一步增加了收购成本，果贩只得进一步降低对果农的收购价格（0.16 ~ 0.6元/千克），这种价格只能收到以残次果为主的原料，导致蓬安县柑橘主产区5个果贩每年的供货不过几百吨，其余的原料果主要来源于蓬安周边县、市、区和成都、金堂、眉山、丹棱和重庆的万州、长寿等地。上述因素导致生产者与加工方的链条断裂，出现果农卖果难、企业收果难的两难现状。

（2）产品深加工技术落后，产品附加值低。目前，我国特种作物农产品加工主要以初加工为主，深加工产品少。特种作物农产品加工企业因为各方面的原因，普遍生产规模小，技术装备水平和产品开发层次较低，中小企业占比高，缺乏具有竞争力的名牌企业或企业集团，企业效益低下，核心竞争力弱。同时，特色作物农产品加工领域科研投入严重不足，科技创新能力不足。

我国蔬菜总产量占世界的一半以上，已发展成为我国种植业中的第二大类产品，出口量居世界第一位。但我国蔬菜加工的比例和水平与世界先进国家相比还有很大的差距，绝大部分蔬菜未经清洗、分级就投放市场，保鲜和加工薄弱，蔬菜损耗浪费比发达国家高出20个百分点以上。加工产品仍以传统的腌菜、泡菜、制干为主，近几年才逐步在沿海地区建立了一些以出口为主的速冻菜、罐藏菜、脱水菜加工企业。我国已成为世界第一大水果生产国。我国水果90%以上是鲜销，与发达国家40% ~ 70%进行加工相比，存在相当大的差距。我国水果品质良莠不齐，多数品质不高，不适合进行加工，影响加工业的发展。我国茶园面积居世界第一位，产量居世界第二位，出口占全球贸易量的20%，居世界第三位。我国虽然是茶叶生产大

国，但人均消费量并不高，年人均消费茶叶300克，是世界人均消费量的60%。茶叶是我国具有出口优势的农产品，但加工的设备陈旧、产品的质量和包装档次低，综合利用不高。

（3）产业链不完善，国内外市场流通亟待开拓。目前，我国大多数特种经济作物种植区域的产业链均不完善，生产—供应—加工—销售存在部分或相互脱节。以四川省为例，四川省部分地区种植业生产实现了专业化分工，在优势农作物集中区建设了一批现代化产地批发市场，推行现代交易方式，为优势特色农产品销售创造优越条件。但是深加工产业、深加工产品销售及深加工品牌引导仍存在很大滞后问题。仅仅在农产品初加工产品销售方面，国内和国际两个市场仍待进一步开拓，产品外销和出口比例仍然较低。并且，四川省各地区种植业有较大差异，地区之间特色农产品时间及供需缺口差异较大，农产品流通不畅，原料供应时间不集中、空间调配不畅。高质量的深加工产品和企业欠缺，与之相配套的硬、软件设施水平低，高端品牌严重缺乏，产品附加值低。

12.1.4 品牌营销问题凸显，标准化生产程度普遍偏低

（1）品牌营销落后，市场战略缺失。我国特种作物农产品由于生产规模小、专业市场发育不完善、流通效率低而流通成本高和信息化服务水平不够完善等原因，导致农产品营销仍以政府推广为主，传统的生产者、批发商、零售商和消费者组成的传统营销模式为辅。随着市场经济的发展，特色作物农产品的买方市场逐渐形成，市场关注度大幅提高，需求也呈爆发式增长的态势，其产品品牌营销成为企业不可忽视的课题。目前在网络市场上，特色作物农产品的品牌尚处在初步发展阶段。就我国特种作物品牌战略管理而言，尚有相当长的路要走，多数品牌处于品牌战略缺失状态，一些品牌即使完成了战略规划，也往往是流于形式，一些区域甚至连品牌发展的基本战略问题都悬而未决。

（2）标准化生产程度普遍偏低，特种作物品质亟待提升。实施全过程的标准化生产是保证特色作物农产品产量和质量的重要手段。我国特色作物标准化工作滞后，而且制定的各种标准没有在生产过程中彻底执行，加上东、中、西部经济发展不平衡，在一些落后地区，根本不知道在生产过程中有何标准。在产前、产中和产后整个过程均缺乏对标准化问题的认识，在生产、加工和流通各环节的标准也不能很好的衔接。另外，我国现有的出口检疫标准并没有建立起完整的体系，各种检验检测标准没有跟上农产品加工技术的发展，影响了我国特色作物进入国际市场。

部分农户不熟悉特种经济作物的采收时间和加工方法，在采收上，有时季节把握不准，错失最佳采收时间；或采收混乱，不精心；或混等混级、掺假使杂等。在加工方面，没有根据植物自身特性，选择合适的加工方法，该用硫黄熏蒸的没有硫

熏，该蒸煮的没有蒸煮，该发汗的没有发汗，该干燥的没有干燥等。由于没有适时、合理地采收，直接导致植物生物学产量和品质下降、有效成分含量降低，降低了产品的美观和质量。并且，由于特种经济作物品种种类繁多，种植模式欠缺，一种作物可能会受到很多种病虫为害，特别是一些大引大调带进的新的病害缺少有效的药剂防治，部分农民盲目用药，造成了农药残留量严重超标，直接影响了产品质量和产地声誉。

以四川省蓬安县柑橘产业的发展为例，该地区生产过程中技术水平低造成果实商品性不强。大部分果农只注重柑橘产量，而忽视其质量，生产中的疏花疏果和果实套袋技术很难贯彻和运用。目前柑橘优质果率仅40%左右，高档果比例更是低于10%。由于果农习惯性早采，柑橘果面色淡而且着色不均匀，果实外观质量低，鲜果市场接受度大大低于江西、湖南的同类柑橘。采后的商品化处理程度低。销售者商品化处理意识淡薄，初级产品直接上市多，经过清洗、打蜡、分级和包装投放市场的不到1%。全县外销柑橘几乎全部用竹筐甚至散装外运，到批发市场后也没有采用市场普遍使用的纸箱包装，就投放市场，规格杂乱，果品腐损率高，导致果品的市场竞争能力减弱，限制了果品的升值和外销，价位低，即使增产，也很难增收。根据对西安、兰州等北方水果批发市场的调查，蓬安柑橘在北方市场不具有竞争优势，价格比江西、湖南的平均低1元/千克，而精包装的品牌柑橘（如砂糖橘和南丰贡柑）更是比蓬安柑橘价格高出1倍。

12.2 我国特种作物发展展望及建议

党中央、国务院历来高度重视“三农”工作，自2004年起，中央1号文件连续16年聚焦“三农”问题。尤其是党的十八大以来，先后实施了创新驱动发展战略和乡村振兴战略，印发了《关于深入推进农业供给侧结构性改革加快培育农业农村发展新动能的若干意见》《关于坚持农业农村优先发展做好“三农”工作的若干意见》等一系列配套政策，对开展做大做强优势特色产业进行了部署，提出了实施优势特色农业提质增效行动计划，开展特色农产品标准化生产示范，打造区域特色品牌，把地方土特产和小品种做成带动农民增收的大产业等一系列具体举措。可以看出，加快特种作物产业发展已经上升到国家战略高度，已经成为破解农产品供求结构失衡、农民收入持续增长乏力等难题的重要抓手。因此，有必要站在国家农业发展的高度，立足农业从温饱消费向多元化消费发展的现状，围绕人民群众对特种作物日益增大的需求，对特种作物产业发展进行顶层设计、系统谋划，进一步摸清特种作物发展现状，合理规划特种作物发展布局，全面提升特种作物产业发展科技贡献率，加快培育农业农村发展新动能，不断开创农业现代化建设新局面。特种作物产业发展离不开国家的政策支持和科技创新的驱动，特种作物产业支持政策制定应当从产业发展布局、产业扶持力度、科技服务体系建设、标准化生产与品牌建设、合作经济组织发展和“互联网+农业”发展模式等方面进行考虑。

12.2.1 优化特种作物产业化发展布局

以“立足优势、市场为先”为主线，强化对特种作物发展布局的宏观调控。紧扣区域独特资源与生态条件，突出区域特色和地方特色，将特种作物生产集中布局在最适宜区内。既要瞄准现实需要，也要着眼潜在需求，既要占领国内市场，又要开发国外市场，突出品质特色、功能特色、季节特色，满足市场需求的多样化、优质化、动态化要求。充分考虑资源与市场的特殊性，组织适度规模生产，坚决防止过度开发，加强生态环境保护，提高农业生产效率，保持产品自然特性和经济价值，促进特色农业可持续发展。以“粮头食尾”“农头工尾”为抓手，大力发展现代农产品加工业，提高特种作物产业整体开发和整体竞争力。依托县域形成农产品加工产业集群，尽可能把产业链留在县域，改变农村卖原料、城市搞加工的格局。支持发展适合家庭农场和农民合作社经营的农产品初加工，支持县域发展农产品精深加工，建成一批农产品专业村镇和加工强县。统筹农产品产地、集散地、销地批发市场建设，加强农产品物流骨干网络和冷链物流体系建设。培育农业产业化龙头企业和联合体，推进现代农业产业园、农村产业融合发展示范园、农业产业强镇建设。健全农村一二三产业融合发展利益联结机制，让农民更多分享产业增值收益。

12.2.2 加大特种作物产业扶持力度

按照增加总量、优化存量、提高效能的原则，强化高质量绿色发展导向，加快构建新型农业补贴政策体系。以支持农业发展、保护农民利益为重点，制定完善农业支持保护政策的意见，推进重点领域特色农产品期货期权品种上市。健全农业信贷担保费率补助和以奖代补机制，完善农业保险政策。建立金融机构服务“三农”的激励约束机制，降低“三农”信贷担保服务门槛，推动农村商业银行、农村合作银行、农村信用社为本地“三农”服务。在保持农村土地承包关系稳定并长久不变的基础上，尽快出台配套政策，确保政策衔接。加大对特种作物产业化龙头企业、现代农业示范园、高效特色农业等项目的支持力度，建立一个以政府财政为引导，以企业的商业投入为主体，广泛地吸收利用社会资金的投融资体制。在继续对特种作物龙头企业贷款贴息扶持的基础上，进一步加大力度扶持特种作物龙头企业原料生产标准化基地建设、企业监测设备购置以及企业对其联结的基地农户的技术培训。按照国家相关政策要求，对特种作物产品的生产企业给予税收优惠，对流通过程中的特种作物产品交易行为实行税收减免政策。

12.2.3 突出科技在特种作物产业发展中的支撑引领作用

习近平总书记强调，“农业的出路在现代化，农业现代化关键在科技进步和创新，要给农业插上科技的翅膀”。推进特种作物产业发展，必须依靠科技创新，紧紧围绕落实新的发展理念，加快推进农业现代化，大力推进农业供给侧结构性改革来谋划和展开，以提高特种作物产业质量效益和竞争力为核心目标，全面提升自主创新能力和转化应用水平。一是要突出科技引领，组建特种作物科技创新联盟。以区域为单元，选定种植面积较大、市场需求较高、产业发展较好的某几种或者某一类特种作物率先发起成立创新联盟。坚持科技创新“顶天”和“立地”两个导向，发挥行政领导和科技主导两个积极性，整合相关领域科研资源，通过项目牵引，破解特种作物发展瓶颈问题，为特种作物产业发展提供有效的科技供给，推动特种作物产业健康稳定发展，实现农业增效农民增收。二是要立足产业发展，优化现代农业产业技术体系布局。从特种作物调研和长远发展来看，有必要按照优势农产品区域布局规划，结合农业供给侧结构性改革的新任务新要求，新增部分特种作物产业技术体系。通过新的产业技术体系建设，进一步整合创新链、完善资金链、优化产业链，加大研发创新和转化推广力度，提高产业转型升级的科技支撑能力，形成以国家需求为导向，以农产品为单元，以产业为主线，各环节紧密衔接、环环相扣的完整体系，促进特种作物新业态、新模式、新产业不断发展。三是完善农业研发投入稳定增长的长效机制。加大涉农项目及科技计划资源向农业高新技术企业的倾斜力度，逐步提高农业科技研发投入比重，完善现有财政补贴政策，将新增补贴更多地用于提升农业产业创新能力。采取各种政策措施，引导社会资源投入创新，加快技术改造，大力引进、开发新技术和新产品，延长农业产业链条，发展特种作物产品精深加工，增加农业附加值，使特种作物农业的整体效益得到提高。四是要培育和壮大特种作物科技创新人才队伍。建立国家级特种作物研究所，搭建国家特种作物研发中心、重点实验室等科技平台，有效整合全国特种作物研究方面人才力量，通过项目牵引、协同攻关，突破一批特种作物产业发展中的关键技术问题，为特种作物产业发展提供人才支撑。

12.2.4 加强特种作物技术推广体系建设

要继续深化农技推广和农业科研体制改革，继续推进产学研和农科教企结合，进一步拓展基层农技推广机构服务职能，积极培育与特种作物生产相适应的技术推广体系。推动基层农技推广体系由“建机构、强队伍、补经费”向“强能力、建机制、提效能”转变，推进基层农技推广体系与新型农业经营体系紧密衔接。结合农业技术推广体系改革，鼓励和支持特种作物优势产区创新农技推广机制和方式，促进农业科技推广组织的多元化，在特种作物优势产区重点县、市创建一批以专业性区域农技站、农业科技示范场和专业合作组织相结合的“三位一体”农技推广组织，扶持适应特种作物专业化生产需要的各种民营科研推广企业，使科研与生产、推广紧密结合，为特种作物产品发展提供全面的技术支持。根据特种作物不同产品和产区，有针对性地组装配套和推广现代农业实用技术。面向特种作物产品生产、加工、销售全过程，扶持建设一批集中示范、引导性项目，发挥各项技术的综合运用效果，促进特种作物产品的提质增效。

12.2.5 推进特种作物产品标准化生产建设

突出特种作物的健康、绿色定位，健全特色农产品质量标准体系。实行特种作物产品标准化生产和管理，推行市场准入制度和产品质量追溯制度，加强对生产过程、生产投入品和产品质量的监测，全面提高特种作物产品的质量安全水平。按照产业化发展的要求，尽快制定和完善特种作物产品的质量安全标准，加快培育有竞争力的龙头企业和企业集团，建设一批标准化生产示范基地，加强标准化生产和管理技术培训，推动标准入户。建设完善特种作物病虫害防治体系，提高病虫害生物防治水平，降低化学农药的使用量，发展符合健康消费观念的绿色产业。在特种作物产区建设和完善一批农产品、农业投入品、农业环境质量、农药残留等综合性监督检测机构，提高检测水平和服务能力。

12.2.6 完善特种作物生产经营体系

坚持家庭经营基础性地位，突出抓好家庭农场和农民合作社两类新型农业经营主体，建立健全支持家庭农场、农民合作社发展的政策体系和管理制度。加快种植大户、龙头企业、农业产业化联合体等新型经营主体培育，鼓励新型经营主体通过土地流转、土地互换、土地入股等形式，发展适度规模经营，推进规模化种植、标准化生产、产业化经营。加快培育新型服务主体，积极发展多元化多层次农业生产性服务业，为一家一户提供全程社会化服务。落实扶持小农户和现代农业发展有机衔接的政策，完善“农户+合作社”“农户+公司”利益联结机制，带动农民分享农业产业链增值收益。全面建立职业农民制度，加快培育新型职业农民，实施好绿色高质高效创建、有机肥替代化肥、全程绿色防控试点等项目，培训种植大户、合作社和龙头企业的技术骨干，掌握技术要领，加强示范引导，提升科学种田整体水平。

12.2.7 打造特种作物产品知名品牌

按照“一村一品”“一县一业”规划导向，积极发展果菜茶、食用菌、杂粮杂豆、薯类、中药材、特色养殖、林特花卉苗木等产业，着力打造特色农产品优势区和特种作物产品品牌。扎实推进中国农业品牌提升行动，强化农产品地理标志和商标保护，促进质量兴农、品牌强农。引导优势产区按照“集中力量、整合资源、强化培育、扶优扶强”的思路，统筹制定本区域品牌发展规划，分年度、按计划、有步骤地培育发展品牌，加快培育一批品质好、叫得响、占有率高的知名大品牌。按照“拾回老味道、重塑老品牌、恢复老技艺、开发新产品”的思路，研究构建“企业主体、政府引导、专家指导、部门联动、社会参与”的产品品牌建设机制，充分发挥企业的主体作用、政府的推动作用、专家的指导作用和媒体的传播作用，推动形成线上线下融合发展，做好品牌推介，树立品牌形象，创响一批“土字号”“乡字号”特色产品品牌。

12.2.8 推进“互联网+农业”发展模式

坚持用“互联网+农业”提升特种作物产业，大力发展农村电子商务，完善配送及综合服务网络，推动特种作物流通、消费的全方位改革，促进农村一二三产业融合发展。“互联网+农业”就是依托互联网的信息技术和通信平台，使农业摆脱传统农业中信息闭塞、流通受限、农民分散经营、服务体系滞后的特点，使特种作物产业坐上互联网的快车，实现特种作物产业的信息化、规模化经营。构建农民合作社信息化公共服务平台，为农民合作社、农业龙头企业、家庭农场提供专业信息化服务，打造农民合作社农、优、特、稀产品“供应链大平台”，完善“环节少、流通畅、质量高、服务好”的特种作物产品及农资流通服务体系支撑平台。依托现有科研院所、大专院校的智力条件，构建技术服务与推广信息平台，为广大农户、专业合作社、有关种植加工销售企业等提供优质品种资源、病虫害防控、栽培技术指导等方面的服务。

参考文献

蔡文. 2014. 我国订单农业中的价格机制问题研究[J]. 价格理论与实践（1）：72–74.

樊西峰. 2013. 鲜活农产品流通电子商务模式构想[J]. 中国流通经济，27（4）：85-90.

葛红. 2015. 我国农产品商贸流通市场分割及其软因素实证检验[J]. 改革与战略（9）：104-106.

李大垒，仲伟周. 2017. 农业供给侧改革，区域品牌建设与农产品质量提升[J]. 理论月刊（4）：132-136.

李明铣，叶昌达. 1985. 对四川省种植业结构调整的探索[J]. 农村经济（11）：12-15.

农业部. 农业部特色农产品区域布局规划（2006—2015年）[EB/OL]. http://www.moa.gov.cn/nybgb/2007/dbq/201806/t20180614_6152016.htm.

农业部. 全国优势农产品区域布局规划（2008—2015年）[EB/OL]. http://jiuban.moa.gov.cn/zwllm/zwdt/200809/t20080912_1132619.htm.

农业部. 特色农产品区域布局规划（2006—2015年）[EB/OL]. http://www.moa.gov.cn/nybgb/2007/dbq/201806/t20180614_6152016.htm.

农业部. 特色农产品区域布局规划（2013—2020年）[EB/OL]. http://jiuban.moa.gov.cn/fwllm/tpgj/zcgh/201605/t20160523_5146633.htm.

农业部. 优势农产品区域布局规划（2003—2007年）[EB/OL]. http://www.moa.gov.cn/ztzl/ysncpqybjgh/200302/t20030212_54322.htm.

苏昕，于仁竹，张晓雨. 2014. 我国农产品诚信交易机制设计研究——基于农民专业合作社视角[J]. 宏观经济研究（4）：10-17.

王伯伦. 2010. 我国作物种植业发展现状的简要分析[C]. 2010年作物栽培学发展学术研讨会论文集. 61-66.

王伟. 2012. 山东省特色农产品产业化发展研究[D]. 泰安：山东农业大学.

尹秀波，张兆才. 2007. 山东省经济作物生产现状及前景展望[J]. 中国农技推广，23（1）：16-18.

张哲. 2017. 探讨我国生鲜农产品电商发展瓶颈及出路——以广西荔枝为例[D]. 武汉：华中师范大学.

（迟立鹏　许发辉　张玉　撰写）